行政法与行政诉讼法

主　　编　韩凤然
副 主 编　李苏平　张运鸿
参编人员　郝　静　苏　丽　高和平

图书在版编目(CIP)数据

行政法与行政诉讼法/韩凤然主编. —武汉:武汉大学出版社,2021.12
(2024.2 重印)
ISBN 978-7-307-22726-2

Ⅰ.行… Ⅱ.韩… Ⅲ.①行政法—中国—高等职业教育—教材 ②行政诉讼法—中国—高等职业教育—教材 Ⅳ.①D922.1 ②D925.3

中国版本图书馆 CIP 数据核字(2021)第 238005 号

责任编辑:张 欣　　责任校对:李孟潇　　版式设计:马 佳

出版发行:**武汉大学出版社**　(430072　武昌　珞珈山)
（电子邮箱:cbs22@whu.edu.cn　网址:www.wdp.com.cn）
印刷:武汉科源印刷设计有限公司
开本:787×1092　1/16　印张:19　字数:448 千字　插页:1
版次:2021 年 12 月第 1 版　　2024 年 2 月第 3 次印刷
ISBN 978-7-307-22726-2　　定价:49.00 元

版权所有,不得翻印;凡购买我社的图书,如有质量问题,请与当地图书销售部门联系调换。

前　　言

编者根据高职院校人才培养目标的要求，以培养学生的专业技能和专业素养为宗旨，以高职法律教育基础理论知识"必需、够用"为原则，结合高职院校学生注重实践的特点，邀请具有丰富执业经历的资深律师参与教材编写，围绕重能力、求创新的总体思路，编写了本教材。

本教材的特点之一是实践性。章节前有导例，章节中结合具体内容布置有案例，章节后增加了思考题和以案例为载体的综合训练题。这些案例数量大，内容多，形式新，分析准，既增强了教材的可读性，满足了高职学生的学习要求，又引导学生用理论知识指导社会实践，学会分析问题，解决问题，培养了学生动脑、动手的能力。教材的特点之二就是新颖性。文字内容和多媒体元素相结合，使用二维码链接了教学课件、法律规范、练习题目、典型案例以及社会热点事件等众多信息，拓展了教材内容，更加方便读者对教材内容的学习和理解。本教材既可以作为高等职业学校、高等专科学校、成人高等学校以及民办高校的法律及相关专业的教材使用，也可以作为从事法律实务人员的参考资料。

全书由韩凤然教授任主编并统稿，李苏平教授、张运鸿副教授任副主编。各章编写分工如下：第一章、第三章、第七章、第十九章由李苏平编写；第二章、第十章、第十八章由苏丽编写；第四章、第八章、第九章、第十六章由郝静编写；第五章、第六章、第十一章、第十二章由韩凤然编写；第十三章、第十四章、第十五章由张运鸿编写，第十七章由张运鸿和高和平编写。

在编写本教材的过程中，参考并引用了一些学者的观点，均在参考书目中列明，在此谨向所有作者深表谢意。

虽然编者精心组织，认真编写，但由于水平有限，书中不足、甚至错误之处在所难免，恳请诸位读者批评指正，各位同仁不吝赐教！

编者
2021 年 4 月

目　　录

第一章　行政法概述 ··· 1
第一节　行政法的概念 ·· 1
第二节　行政法的基本原则 ·· 11

第二章　行政法律关系主体 ·· 20
第一节　行政主体 ··· 20
第二节　行政机关 ··· 22
第三节　被授权组织 ··· 24
第四节　公务员 ·· 27
第五节　行政管理相对人 ··· 30

第三章　行政行为 ·· 34
第一节　行政行为概述 ·· 34
第二节　行政行为的分类 ··· 36
第三节　行政行为的内容 ··· 42
第四节　行政行为的效力 ··· 43

第四章　行政程序 ·· 51
第一节　行政程序概述 ·· 51
第二节　行政程序的基本原则 ·· 53
第三节　行政程序的基本制度 ·· 55

第五章　行政立法 ·· 63
第一节　行政立法概述 ·· 63
第二节　行政立法程序 ·· 67
第三节　对行政立法的监督 ··· 68
第四节　其他规范性文件 ··· 69

第六章　行政许可 ·· 73
第一节　行政许可概述 ·· 73
第二节　行政许可的设定 ··· 78

第三节 行政许可的实施机关 ·· 82
第四节 行政许可的程序 ·· 83
第五节 行政许可的监督检查 ·· 88

第七章 行政处罚 ·· 92
第一节 行政处罚概述 ·· 92
第二节 行政处罚的种类和设定 ·· 97
第三节 行政处罚的实施、管辖和适用 ······································· 102
第四节 行政处罚程序 ··· 110

第八章 行政强制 ··· 122
第一节 行政强制概述 ··· 122
第二节 行政强制措施 ··· 126
第三节 行政强制执行 ··· 132

第九章 行政确认、行政征收、行政给付与行政裁决 ··························· 142
第一节 行政确认 ··· 143
第二节 行政征收 ··· 144
第三节 行政给付 ··· 147
第四节 行政裁决 ··· 149

第十章 行政协议与行政指导 ··· 154
第一节 行政协议 ··· 154
第二节 行政指导 ··· 160

第十一章 行政复议 ··· 165
第一节 行政复议概述 ··· 165
第二节 行政复议范围 ··· 169
第三节 行政复议参加人 ··· 174
第四节 行政复议管辖 ··· 177
第五节 行政复议程序 ··· 179

第十二章 行政诉讼法概述 ··· 192
第一节 行政诉讼与行政诉讼法 ··· 192
第二节 行政诉讼的基本原则 ··· 197

第十三章 行政诉讼的受案范围与管辖 ······································· 203
第一节 行政诉讼受案范围 ··· 203
第二节 行政诉讼管辖 ··· 208

第十四章 行政诉讼参加人 ····· 214
第一节 行政诉讼参加人概述 ····· 214
第二节 行政诉讼原告 ····· 215
第三节 行政诉讼被告 ····· 218
第四节 行政诉讼第三人 ····· 221
第五节 行政诉讼共同诉讼人 ····· 222
第六节 行政诉讼代理人 ····· 223

第十五章 行政诉讼证据 ····· 228
第一节 行政诉讼证据概述 ····· 228
第二节 行政诉讼的举证责任 ····· 231
第三节 行政诉讼证据的调取、保全、质证、认证 ····· 234

第十六章 行政诉讼程序 ····· 239
第一节 起诉和受理 ····· 239
第二节 行政诉讼一审程序 ····· 244
第三节 行政诉讼二审程序 ····· 250
第四节 行政诉讼审判监督程序 ····· 251

第十七章 行政诉讼的判决、裁定与决定 ····· 254
第一节 行政诉讼法律适用 ····· 254
第二节 判决、裁定与决定 ····· 258

第十八章 行政诉讼的执行 ····· 268
第一节 行政诉讼执行的概述 ····· 268
第二节 行政诉讼执行主体与对象 ····· 269
第三节 行政诉讼执行措施和根据 ····· 271
第四节 行政诉讼执行程序 ····· 272

第十九章 行政赔偿与行政补偿 ····· 274
第一节 行政赔偿概述 ····· 274
第二节 行政赔偿的范围 ····· 278
第三节 行政赔偿请求人和行政赔偿义务机关 ····· 280
第四节 行政赔偿程序 ····· 282
第五节 行政赔偿的方式和计算标准 ····· 286
第六节 行政补偿 ····· 289

参考文献 ····· 295

第一章 行政法概述

◎ **知识目标**
　　了解什么是行政法
　　从行政法特有调整对象上，将行政法与民法等其他部门法区分开来
◎ **能力目标**
　　能识别行政法的表现形式
　　正确理解和运用行政法基本原则
◎ **素质目标**
　　正确认识行政权与公民权的关系，树立法治理念

◎ **本章导例**：王某系某大学教师，结婚后一直与父母同住。1993年学校建成30套两居室宿舍楼一栋。因王某调入该校时间较短，故分房时未将其列入分房名单。王某不服，以学校为被告，向人民法院提起行政诉讼。试分析，王某对该争议是否有权向人民法院提起行政诉讼？

第一节 行政法的概念

一、行政与行政权

（一）行政的涵义

行政法是关于行政的法。要了解什么是行政法，就必须首先对什么是行政有一个清晰的认识。

行政的英文表示是 Administration。在英文中，这是一个含义极为广泛的词汇，有管理、经营、执行事务等多种意思（在日常生活中人们经常在不同意义上使用行政一词）。从一般意义上讲，行政是指社会组织对一定范围内的事务进行组织和管理的活动。任何组织要生存、发展就必须有一定的机构和人员对组织事务进行管理，因而行政是组织的一种职能，在所有组织中都存在着行政。但是由于社会组织的性质不同，因而赋予行政的内容也就不同。通常将行政分为两类：一类是"公行政"，它不仅包括国家行政机关基于公共利益对国家和社会事务的组织与管理（国家行政），还包括一部分社会组织在得到法律、法规授权后对社会事务实施的组织与管理（非国家行政）；一类是"私行政"，即其他社会组织如企事业单位、社会团体等对自身事务的组织与管理。公行政与私行政相比，无论在

性质、目的、管理主体和管理手段等方面都有很大的不同。行政法上的行政无疑是指公行政，而且是指近代意义上的宪法产生、确立了民主政治以后的公行政。

所谓"公行政"是指国家行政机关或法律、法规授权的组织依法对国家和社会公共事务进行组织和管理的活动。

理解上述定义，应注意以下几点：

（1）行政是国家职能中的一种。行政是国家的一种活动，是行政主体为实现国家目的，执行国家法律实施的活动，而不是一般社会组织的活动；行政是国家对公共事务的组织与管理活动，故行政必须以实现公共利益为目标，针对公共事务作出，这完全不同于私行政对私益的追求。

（2）行政是行政主体的活动。行政主体是依法拥有行政职权，能以自己的名义实施行政管理的组织，在我国，它主要包括国家行政机关以及得到法律、法规授权的社会组织。在行政活动中与行政主体对应的一方即行政管理中的被管理者是行政相对人，包括公民、法人和其他组织。行政活动的主体具有鲜明的恒定性。

（3）行政并非行政主体的全部活动。行政主体只有行使行政职权对国家和社会事务进行组织与管理的活动才是行政，而其所进行的非职权活动，如租赁、买卖、借用等活动均不属行政。

（4）行政必须依法。在民主、法治政治中，从国家职能中分化出来的行政具有从属的性质：行政机关从属于权力机关，行政活动从属于法律。因为行政机关是权力机关的执行机关，由权力机关产生，受权力机关监督。

（二）行政权

1. 行政权的涵义

行政权是宪法、法律授予行政主体执行国家法律、政策，管理国家内政外交事务的国家权力，是国家政权的组成部分。这个定义包括三层含义：（1）行政权来自于宪法和法律；（2）行政权主要由国家行政机关代表国家行使，但不排除国家可以通过法律授权，使一部分社会组织行使一定的行政权。另外，行政机关根据法律规定也可以委托社会组织或个人行使一定的行政权。（3）行政权系国家政权组成部分，属国家公权范畴，因而，行政权多含有强制或命令的特性。

为了便于对行政权内涵的理解，有必要通过其与相关概念的比较来把握。

行政权与政权。政权是指一个国家的统治权，统治权完整而独立称之为主权。行政权是国家权力的一种，与国家的立法权、司法权、监察权、军事领导权共同构成国家政权。行政权不等于政权，政权的主体是国家，行政权的主体是政府。可以说，行政权是国家政权确立后组织管理国家和公共事务的权力。

行政权与权力、权利。权力与权利是法理学中容易混淆的两个不同的概念。一般来讲，权力是指一定的机关或组织所具有的支配力量；权利则是国家机关、社会组织和自然人可以依法进行一定的作为或不作为的资格。权力主体只能是国家机关或组织，而权利主体则不受此限制；权力意味着支配力，而权利则是法律所赋予的自由或利益。因此，行使权力的行为属于国家行为，享受权利的行为不属于国家行为；权力行为具有单方性，权力内容的实现取决于权力主体自身的权力行为，不以相对人的态度和行为为转移，而权利的实现取决于义务人相应的行为，因此，权利行为不具有单方性；权力不能自由处置，否则行为人应承担法律责任，但权利可以相对自由地放弃或转让。

行政权与行政职权。行政权与行政职权是抽象与具体的关系。行政权就是国家行政机关依法从事国家行政管理的权力，其内容多而复杂；行政职权则是具体行政机关、行政机构和公务员所拥有的、与其职务和职位相适应的管理资格和权能，是行政权的具体分配和转化形式。

2. 行政权的内容

现代国家行政机关纵横交错，部门林立，各自承担着繁杂的国家行政事务，具体到不同的行政机关行政职权也就多少不等，内容各异。但总的来说包括以下内容：行政规范制定权、行政监督检查权、行政命令权、行政处理决定权、行政复议权等。

3. 行政权的规制

行政权作为一种国家权力，它有两个较为显著的特征：一是命令性。行政权的行使，首先表现为可以对行政相对人即公民、法人或其他组织发出命令，如禁止其从事某种活动或要求其履行某种义务（比如缴纳税款、履行兵役义务等）。二是强制性。由于行政权是国家行政机关代表国家为了维护社会秩序、促进公共利益而行使的，因而具有强制力，即当公民、法人和其他组织不服从管理、不履行应当履行的法定义务时，行政机关可以采取强制措施，迫使其履行义务。当然，行政权还具有公共性、服务性、裁量性等特征。

从行政权的特征可以看出行政权具有如下的性质：其一，行政权是一种可以支配他人的力量。行政机关根据公共秩序、公共利益的需求，有权支配行政相对人，命令其从事某种活动，或禁止其从事某种活动，而行政相对人必须服从。其二，行政权是一种可以支配他人服从的力量。行政权具有单方性，即国家行政机关可以单方面处分行政相对人的权利义务，行政决定的作出不受行政相对人意志的左右。如果公民、法人或者其他组织不服从行政管理，不执行行政决定的内容，国家行政机关即可通过处罚予以制裁或通过强制执行措施予以实现。

由此可见，行政权的行使如果没有一定之规，势必会极大的侵害行政相对人的合法权益，损害公共利益。所以，对行政权进行法律调整是非常必要的，这也是行政权的性质所决定的。为了保障行政权的有效行使，充分发挥其积极的能动作用，同时消除或避免行政权对公共利益、行政相对人合法权益的损害以及对公共秩序的破坏，对行政权加以规范也就成为行政法的一项重要内容。

二、行政法

（一）行政法的概念

行政法一词最早出现于法国，法国由于在行政法的制定、实施和理论研究方面最早也最发达，被称为"行政法母国"。

关于行政法的涵义，由于各国历史传统不同，法律文化有别，制度各异，因而对行政法的理解不尽相同。我国学者对行政法的定义（理解）也存在着分歧，其根源在于理解问题的角度不同。鉴于法律是国家对社会关系的调整和规范，因此，根据法律所调整的对象给其下定义，更容易把握该部门法区别于其他部门法的本质特征。部门法区分的主要依据也就是调整对象的特殊性。所以，我们认为，行政法是调整行政关系，对行政权进行规范和控制的法律规范的总和。这一定义包含了如下几个方面的内容：

1. 行政法是一个独立的法律部门，以行政关系为调整对象，其调整结果为行政法律关系

（1）行政关系。

法律是调整社会关系的工具，每一个部门法都有其特定的调整对象，行政法也不例外。我们认为，行政法调整的是行政权在运用及被监督过程中发生的各种社会关系。具体来说，行政关系主要有三类：

第一，行政管理关系（外部行政关系）。行政管理关系是行政主体在行使行政职权的过程中与行政相对人发生的各种关系。行政主体是指依法拥有行政职权，能以自己的名义进行行政管理，并能独立承担其行政行为所产生的法律后果的组织。行政主体包括行政机关和法律、法规授权的组织。行政相对人即行政管理中的被管理者，是相对于行政主体的另一方当事人。行政相对人包括公民、法人和其他组织，另外，在我国的外国人、无国籍人和外国组织也可以成为我国行政管理的相对人。

这是行政法调整的社会关系中最大量的、也是最重要的部分。行政主体实施的大量行政行为，如行政许可、行政处罚、行政强制等，都是以公民或组织为对象实施的，从而形成一定的管理关系。在法治国家里，这些管理关系必须受到法的调整和规范，而调整和规范这种关系的法就是行政法。行政管理关系与其他行政关系相比较有两个显著特点：第一，行政管理关系的双方只能是行政主体和行政相对人；第二，行政管理关系双方的地位不对等，行政主体在行政管理关系中占据主导地位。

第二，内部行政关系。内部行政关系是行政主体内部发生的各种关系，包括上下级行政机关之间的关系，平行行政机关之间的关系，行政机关与所属机构、派出机构之间的关系，行政机关与行政公务员之间的关系，行政机关与法律、法规授权组织之间的关系，行政机关与被委托组织之间的关系等。其中，上下级行政机关之间的关系以及行政机关与行政公务员之间的关系是内部行政关系中最重要的部分。

在内部行政关系中，行政公务员是受行政主体的委托，代表行政主体行使行政职权或履行行政职责。因而在法律上，行政公务员行使行政权力或履行行政职责的全部法律后果均由行政主体承担。如行政相对人认为行政行为侵害自己的合法权益时，只能以行政主体为被告提起行政诉讼，而不能以行政公务员为被告提起行政诉讼。

实践中因行政管理的需要，行政机关往往会将其行政职权的一部分委托给一些社会组织，形成一种特殊的委托关系。在委托关系中，受委托组织要遵守委托权限的规定，要以委托机关的名义行使行政职权，行为后果由委托机关承担。委托机关要监督受托组织的执法行为。行政机关与受委托组织的委托关系一旦成立，在委托领域双方就形成了工作上的监督关系。

内部行政关系的主要特点是：①关系主体是多元的，关系类别是多样的；②这种关系通常具有层级节制和命令服从的特性；③这种关系受法律调整的范围和程度相对于外部行政关系要小。

第三，监督行政关系。建立对行政权实施的监督机制，是为了确保行政权的合法、正

当行使。由于监督行政的主体较多，因而，监督行政过程中的社会关系较为复杂。其中，监督主体包括：权力机关、监察机关、司法机关、行政机关以及公民、组织等；监督对象包括：行政主体、行政公务员以及其他行政执法组织、人员（被委托组织、不具有行政公务员身份而实施行政管理的人）。

监督行政关系的主要特点是：第一，监督主体与监督对象具有多元性；第二，监督关系的内容因监督主体不同而具有较大的差异性。例如，监察机关作为监督主体时，主要是和行政公务员发生关系，它主要通过追究政纪责任的方式对行政公务员依法履职、秉公用权、廉洁从政以及道德操守的情况进行监督。又如，权力机关作为监督主体时，主要是与行政主体发生关系，并且主要是对行政机关的抽象行政行为进行监督。又如，人民法院作为监督主体时，主要是与行政主体发生关系，并且主要是对行政主体的具体行政行为进行监督，但同时还可以针对行政公务员进行监督，如不依法出庭应诉可提出司法建议。第三，监督主体居主导地位，关系双方的地位不对等。

在上述行政关系中，行政主体与行政相对人之间的行政管理关系是基础，监督行政关系是行政管理关系派生的关系，而内部行政关系则是行政管理关系的一种从属关系，是行政管理关系中的行政主体一方的单方面内部关系。虽然各种行政关系在整个行政管理中所处地位不同，但他们都是行政法的调整对象。

(2)行政法律关系。

行政关系经由行政法规范调整后形成行政法律关系。

所谓行政法律关系是指行政法规范对行政主体在实现行政职能过程中所形成的各种社会关系加以调整后，所形成的一种行政法上的权利义务关系。

对这个概念的理解需注意以下两点：

第一，行政法律关系是行政法规范对行政主体在实现国家行政职能的范围内发生的各种社会关系调整后所形成的特定法律关系的总称。它不仅包括行政主体为实现行政职能而进行行政活动的范围，还同时包括为保证正确、有效实现行政职能而对行政职权实施监督活动的范围。

第二，行政主体在实现国家行政职能范围内发生的社会关系是多种多样的，从行政法治的角度出发，凡涉及权利义务的社会关系都应法律化和制度化。但行政关系即行政主体在实现国家行政职能范围内发生的各种社会关系，不可能也没必要都转化成行政法律关系。在现代行政管理过程中，行政职能的实现方式是很多的，有些行政活动要求行政相对人作出相应的行为，有些行政活动却不要求这样。因此，有些行政活动必须上升为法律关系，如行政机关实施的行政处罚行为、行政许可行为、行政征收行为、行政强制行为而引起的行政关系等；而有些行政关系则不必上升为法律关系，如由行政建议、行政咨询而发生的关系。因此，行政关系的范围要比行政法律关系的范围大，行政关系是行政法的调整对象，而行政法律关系是行政法调整的结果。

行政法律关系的特征：

第一，在行政法律关系中行政主体是不可缺少的一方当事人。

行政职权的实施是行政法律关系得以发生的前提。没有行政职权的存在及其行使，行政关系就无从产生，行政法律关系也就不可能形成。行政主体是行政职能的承担者，这决定了行政法律关系中必有一方是行政主体。但是，行政主体作为行政法律关系中不可缺少的一方当事人，只是表明了行政法律关系主体一方的恒定性，至于行政主体在不同的行政法律关系中的法律身份却可以是多样化的，如行政立法主体、管理主体、服务主体、行政司法主体、受监督主体、赔偿主体等等。

第二，行政法律关系的主体和内容都是由行政法规范预先确定的，当事人没有自由选择的余地。

在民事法律关系中，当事人不仅可以相互约定权利义务，协商改变权利义务，而且还可以任意选择对方当事人。行政法律关系则不同，当事人不能相互约定权利义务，也不能自由选择对方当事人，而只能依据法律规范的规定取得权利并承担义务。例如，在税收法律关系中，纳税人应纳税的税种、税率以及征税机关均由税法事先规定，纳税人不能自由选择征税机关，税种、税率也不能与税务机关协商，双方都只能依税法去实施相应行为。因此说，行政法律关系的主体和内容具有法定性。

第三，行政法律关系主体的权利义务具有不对等性。

在民事法律关系中，当事人之间的权利义务具有对等性，即一方所具有的权利义务，另一方也同样具有。这是因为民事主体双方在法律身份和性质上属于同一类型。而在行政法律关系中，各方主体的权利义务在性质上完全不同。如当行政主体与公民之间形成行政法律关系时，行政主体行使的是国家行政职权，履行的是行政职责，而公民行使和履行的却是普通公民的基本权利和义务，两类权利和义务具有根本不同的性质，而且一方所具有的权利义务是另一方不可能具有的，因而，双方的权利义务具有不对等性。主要表现为：第一，行政法律关系的产生、变更和消灭取决于行政主体的单方行为。一般来说，行政主体在履行其职能时，可以征询或依法应当征询行政相对人的意见，但行政相对人的同意并不是行政主体行使职权的必备条件。第二，在行政管理中，当行政相对人不履行行政法义务时，行政主体可以强制其履行，而行政主体不履行职责时，行政相对人只能请求其履行或通过行政复议、行政诉讼来解决。第三，行政主体在公务活动中，具有一些便于执行公务的特权（如推定有效权），而行政相对人却不具有这类权利。

第四，行政法律关系主体的实体性权利义务具有重合性。

在民事法律关系中当事人的权利义务的界限是分明的，权利就是权利，义务就是义务，一方享有权利，另一方即负有义务。但在行政法律关系中，权利义务往往是重合的。如受教育和劳动既是公民的权利，也是公民的义务。权利义务的这种重合性对行政主体来说更为明显、突出。同一行为在一种关系（行政主体与行政相对人）中是权利，在另一种关系（行政主体与国家的关系）中则是义务，行政职权与行政职责密不可分。如指挥交通，既是公安交通部门的权利，也是它的义务。行政法律关系当事人权利义务的重合性，意味着当事人在行政法上的权利义务不能转让、放弃，对行政主体来说尤为如此。行政主体放弃职权，意味着失职，将受到法律的追究。

【案例1-1】 甲县某兽药门市部从某市一家制药厂购进一批兽药在本县出售。县农牧局兽药监督员王某发现兽药质量存在不稳定现象，遂取走部分样品检验，结果发现该药品不符合国家标准。农牧局根据《兽药管理条例》对该门市部处以没收该种药品、违法所得以及罚款的处罚。该门市部不服处罚决定,向该县人民政府申请复议,政府经审查维持原决定,门市部仍然不服,遂向该县人民法院提起行政诉讼,法院受理了此案。

本案中存在哪些法律关系?哪些属于行政法律关系?

本案存在以下法律关系:甲县兽药门市部与某市药厂的买卖合同法律关系;甲县农牧局与王某之间的处罚法律关系;兽药门市部、县农牧局与甲县政府之间的复议法律关系;兽药门市部、县农牧局、县政府与甲县法院之间的诉讼法律关系。本案中的处罚法律关系、复议法律关系及诉讼法律关系属于行政法律关系。

2. 行政法的实质是对行政权的规范和控制

行政法作为一个独立的法律部门,是在19世纪末、20世纪初伴随着行政国的出现而逐步形成的。资本主义社会发展到一定阶段后,由于科技的发展使生产力得到了极大的解放,社会经济迅猛发展,但也同时带来了一系列的社会问题,如垄断、失业、罢工等。为了解决这些不断出现的问题,资本主义国家不得不增设大量的行政机构和行政人员,以便于对国家经济和社会生活进行干预,其结果是导致了行政权力的过度膨胀。突出的表现就是政府的职能从过去的仅限于国防、外交、治安、税收等领域扩大到社会生活的各个领域,并由原来的仅限于执行、管理的职能逐渐向立法、司法领域渗透,行使"准立法"权和"准司法"权。其结果是导致了行政权力的过度膨胀。对于西方国家政府职能和行政权的日益扩张和膨胀的情形,西方学者们称之为"行政国"现象。

行政国的出现意味着行政职能的增加和行政权的扩大,这虽然是社会经济发展对秩序的必然要求,但也同时带来了负面影响,即公民权利和自由受到侵害的威胁增大。因此,必须对行政权加以控制和规范,行政法由此而产生。行政法主要从三个方面控制和规范行政权:(1)事前——通过行政组织法等法律对行政机关的组织、权限作出明确的规定,以控制行政权的来源,达到职权法定的目的。(2)事中——通过行政程序法规范行政权的行使方式,以避免行政权对私益的侵害。(3)事后——通过行政监督法、行政救济法制约行政权的滥用,保护行政相对人的合法权益。

3. 行政法是一类法律规范的总称,不是单一的法律文件

国家行政权在其运行和接受监督的过程中发生的行政关系不仅内容广泛,而且情况也十分复杂。与此相适应,调整行政关系的法律规范表现形式多,数量大。因此,行政法是一类法律规范的总和,散见于各种法律规范中,且具有层次性。

(二) 行政法的渊源

行政法的渊源是指行政法的各种表现形式。我国属于成文法国家,行政法的渊源一般只能是国家机关制定的成文规范。我国行政法主要来源于以下法律文件:

1. 宪法

宪法是国家的根本大法,规定国家的基本制度,具有最高的法律地位和法律效力,是各项立法的依据。

宪法中包含的行政法规范主要有:关于国家行政机关组织和职权的规范、关于国家行政机关活动基本原则的规范、关于公民基本权利义务及其保障机制的规范等。

2. 法律

法律是我国行政法的基本法源。法律是由国家最高权力机关制定的规范性文件，是各部门法的法源。法律作为行政法的渊源有两种情况：一是其全部法律规范都属于行政法规范，即整体上具有行政法性质，可以称作"行政法律"，如《国务院组织法》《行政诉讼法》《行政复议法》等；一是部分法律规范属于行政法规范，即部分具有行政法性质，如《民法典》中关于不动产物权登记的规范，关于结婚离婚登记的规范等。

3. 行政法规

行政法规是指国务院在其职权范围内，根据宪法、法律制定的有关行政管理的规范性文件的总称。行政法规的名称有条例、规定、办法。行政法规的内容非常广泛，涵盖了国家行政管理的各个方面，因而是我国行政法的重要渊源之一。行政法规的效力低于宪法和法律，高于地方性法规、规章和其他的规范性文件。

4. 地方性法规、自治条例和单行条例

地方性法规是指省、自治区、直辖市的人民代表大会及其常务委员会及设区的市、自治州的人民代表大会及其常务委员会在不与宪法、法律和行政法规相抵触的情况下（设区的市的地方性法规还不得同省级的地方性法规相抵触），根据本地区或本市的具体情况和实际需要制定的规范性文件的总称。其中，设区的市、自治州的人大及其常委会可以对城乡建设与管理、环境保护、历史文化保护等方面的事项制定地方性法规，法律对设区的市制定地方性法规的事项另有规定的，从其规定。设区的市的人民代表大会及其常务委员制定的地方性法规须报省、自治区人大常委会批准后施行。另外，省、自治区、直辖市的人民代表大会及其常务委员会制定的地方性法规，报全国人民代表大会常务委员会和国务院备案；设区的市、自治州的人民代表大会及其常务委员会制定的地方性法规，由省、自治区的人民代表大会常务委员会报全国人民代表大会常务委员会和国务院备案。地方性法规的效力低于宪法、法律和行政法规，高于本级和下级地方政府规章。地方性法规在本行政区域内有效。

自治条例和单行条例是指民族自治地方的人民代表大会（自治区、自治州、自治县），依照当地民族政治、经济和文化的特点所制定的规范性文件的总称。自治区的自治条例和单行条例，报全国人民代表大会常务委员会批准后生效。自治州、自治县的自治条例和单行条例，报省、自治区、直辖市的人民代表大会常务委员会批准后生效，并报全国人民代表大会常务委员会和国务院备案。自治条例和单行条例可以依照当地民族的特点，对法律、行政法规的规定做出变通规定，但不得违背法律或者行政法规的基本原则，不得对宪法和民族区域自治法的规定以及其他有关法律、行政法规专门就民族自治地方所作的规定做出变通。自治条例和单行条例在本行政区域内有效。

5. 规章

规章分为部门规章和地方政府规章。

部门规章是指国务院各部、委员会、中国人民银行、审计署和具有行政管理职能的直属机构以及法律规定的机构，根据法律和国务院的行政法规、决定、命令，在本部门的权限范围内制定的规范性文件的总称。

地方政府规章是指省、自治区、直辖市和设区的市、自治州的人民政府，根据法律、行政法规和本省、自治区、直辖市的地方性法规制定的规范性文件的总称。其中，设区的市、自治州的政府可以对城乡建设与管理、环境保护、历史文化保护等方面的事项制定规章。部门规章在全国范围内有效，地方政府规章在本行政区域内有效。

规章的制定主体多，数量大，适用范围广，是行政法的主要渊源，但规章绝对不能违反上位阶的法律规范。

6. 法律解释

法律解释是法律规范在具体适用过程中，有权机关为进一步明确界限或进一步补充内容以及对法律规范如何具体适用所作的解释。有权解释包括立法解释、司法解释、行政解释和地方解释。这些解释许多是有关行政法律规范的解释，具有规范性，是行政法的补充渊源。

7. 国际条约

国际条约是国家之间意思表示一致的契约，对缔约国政府和人民都有约束力。国际条约的内容很广，只有涉及国家行政管理的我国批准和参加的国际条约，才可作为我国行政法的渊源。例如，我国于2001年11月1日签署的《中华人民共和国加入世界贸易组织议定书》及其附件即规定了许多有关行政审批、许可以及反倾销、反补贴等行政行为的准则。

(三) 行政法的特点

行政法作为一个独立的法律部门，不仅调整对象与其他部门法不同，而且在形式上和内容上也有自己的独特之处。

1. 行政法在形式上的特点

(1) 行政法没有统一、完整的法典。行政法不同于民法和刑法，它的法律规范广泛的散见于各种法律文件中，其在实体上很难形成一部集基本规范于一体的统一法典。行政法的这一特征是由公行政的广泛性、复杂性和多变性所决定的。

(2) 行政法律规范的表现形式多、数量大，居于部门法之首。行政法与民法、刑法不同，民法、刑法通常只能由最高权力机关制定，法律形式单一，法律文件不多。而行政法的立法体制呈多元化，不仅中央的权力机关、行政机关，而且地方的某些权力机关和行政机关都分别拥有不同的立法权。由于制定主体不同、层级不同、规范效力不同，自然表现形式不同，数量也就日益增多。行政法的这种多级立法体制，是由行政法内容的广泛性、复杂性、技术性和规范的易变性决定的。

2. 行政法在内容上的特点

(1) 行政法的内容具有广泛性。现代行政管理所涉及的范围十分宽广，可以说几乎所有的社会生活领域都有行政活动。中国有些公民形容其为"上管天下大事，下管鸡毛蒜皮"，西方学者形容其为"从摇篮到坟墓"的全方位的管理。作为上层建筑的法律，不可能不反映这一现实。因此，行政法的内容呈现出广泛性。

(2) 行政法的适时性强，稳定性差。相对于其他部门法来说，行政法的立、改、废较快。这一特征是由行政活动的易变性决定的。行政管理所面临的情况错综复杂，行政法必须适应变化了的情况及时作出调整。我国目前正处在改革阶段，许多制度建设尚不完善，许多关系正在理顺，因此，行政法易于变动、稳定性差的特征显得尤为突出。如为适应市场经济的需要，1994年5月，国务院曾发布命令废止了部分行政法规，其中从1986年至1993年废止的就有86件。又如，为适应加入WTO的需要，2001年6月，国务院发布了《关于废止2000年底以前发布的部分行政法规的决定》，废止行政法规71件。

(3)行政法中的实体性规范和程序性规范通常交织在一起，规定在同一个法律文件中。民法与民事诉讼法、刑法与刑事诉讼法都是实体性规范与程序性规范分开，独立成章，形成不同的法律部门，而行政法却不同。在行政法中，实体性规范与程序性规范往往在一个法律文件中同时出现，这主要是由行政活动本身的特点所决定的，也是民主与公正、科学与效率需求的体现。因为行政实质上就是管理、执行，因此，享有权力与行使权力是一体的。如果在一个法律文件中仅规定行政权力的取得，而不同时规定权力行使的程序，这不仅不利于提高行政法律规范的适应能力，更主要的是将会使行政权力失去控制。当然，行政法集实体与程序于一身的特点并不影响把行政活动中的共同的程序独立出来，作为统一的行政程序法加以规定，目前世界许多国家都有统一的行政程序法，如美国1946年的《联邦行政程序法》。需要说明的是，人们通常所说的行政程序法，主要是指规范行政职权如何行使的法，而不是指行政诉讼法。

(四)行政法的分类

行政法律规范的内容十分庞杂，为了便于研究和实施，有必要对其进行分类。由于分类标准的不同，行政法可以有不同的分类。下面讲述几种主要的分类：

1. 行政组织法、行政活动法与行政监督法

这是以行政法的作用为标准所作的分类。行政组织法可以分为两部分：一部分是关于国家行政机关的设置、编制、职权、职责、活动程序和方法的规范，即行政机关组织法；一部分是国家行政机关与公务员在录用、培训、考核、奖励、晋升中的权利义务关系的规范，即公务员法。行政活动法主要涉及行政权的运作，包括行政活动的方式、行使行政权的条件和程序等，如《行政处罚法》《行政许可法》《行政强制法》等。行政监督法是对行政权进行监督控制及对违法行政后果进行补救的行政法规范，具体包括《监察法》《行政诉讼法》《行政复议法》《国家赔偿法》等。上述三类行政法规范共同构成行政法体系的基本框架。

2. 行政实体法、行政程序法与行政诉讼法

这是以行政法规范的性质为标准所作的分类。行政实体法是规定行政法律关系主体的实体性权利义务；行政程序法则是规定这些实体性权利义务如何得以实现的规则。在行政法领域，尽管实体规范与程序规范总是交织在一起，但是区别行政实体法与行政程序法还是有理论和实践价值的。行政实体法与行政程序法各有不同的功能，其中行政程序法是使国家行政达到民主、公正、效率的重要保障。行政诉讼法是解决行政争议的法律规范，体现司法权对行政权的监督。

(五)行政法的地位和作用

1. 行政法在法律体系中的地位

法律体系是一个国家各部门法所组成的有机整体。我国的法律体系由宪法统帅下的行政法、民法、刑法、经济法、诉讼法等部门法所组成。行政法是独立的部门法，是一个国家法律体系中最重要的部门法之一，是宪法最为重要的实施法。宪法是国家的根本大法，

在法律体系中是最重要、地位最高的法律，它调整着国家根本的社会关系，确定着国家的基本制度。从部门法与宪法的关系来看，部门法都是宪法的实施法，而行政法是其中最重要的实施法。因为，民法、刑法等部门法，只是推行宪法所确定的某一方面的政策，而行政法是比较全面地推行宪法所确定的基本国策。因此，相对于其他部门法，行政法与宪法的关系更为密切，以至于不少学者将行政法称之为"小宪法"或"动态的宪法"。另外，现代行政活动的领域已逐渐渗透或扩展到其他部门法调整的领域，如民事纠纷应属民法调整的范围，但现在包括我国在内的世界上的许多国家都确立了行政裁决制度，使行政法也可以调整一部分民事关系。如《土地管理法》第 14 条规定："土地所有权和使用权争议，由当事人协商解决；协商不成的，由人民政府处理。"由此可见，行政法正在不断地影响着其他部门法。这也说明，行政法在法律体系中占据着重要的地位。

2. 行政法在社会生活中的地位

行政法调整的社会关系比其他部门法广泛而又重要，并且与国家权力和公民、组织的权利息息相关。行政关系是现代国家最重要的社会关系之一。当前，我国正处于市场经济的建设时期，有助于市场经济发育、发展和完善的各项法律、法规及政策需要行政机关在全社会极力推行。党的十一届三中全会以来，政府担当了改革、开放的重任，行政机关的活动领域不断扩大，行政关系的范围也越来越广。因此，不论从深度还是从广度上看，行政关系对社会的影响都比民事关系、刑事关系等社会关系的影响更为普遍、更为深刻。不仅如此，由于行政法对行政关系的调整直接涉及国家行政权力的确定、实施、监督，直接涉及公民、组织权利的享有和保障，因此显得尤为重要。所以说，行政法在社会生活中处于极为显著的地位。

行政法与我们每个社会成员的方方面面息息相关，无论是生、老、病、死，还是衣、食、住、行，几乎都有行政法的规范。更为重要的是行政法强化对公民权的保护，对行政权力的规制，这有利于法治政府的建设。可以说，每一方面行政关系是否都能实现有法可依、有法必依、执法必严、违法必究，每一领域的行政管理活动是否都受到相应的法律调控，已成为一国法制是否健全的重要标志。

3. 行政法的作用

行政法涉及公权与私权的关系，行政法的作用总体来说体现在"双保"：一是通过保障行政主体有效实施行政管理权来保证行政效率，以维护公共利益和社会秩序；一是通过规范、控制、监督行政权力，来保护公民、法人和其他组织的合法权益，以实现宪法目的。近 20 年来，我国行政法律规范的制定（如《行政处罚法》《行政许可法》《行政强制法》《行政复议法》《行政诉讼法》等法律的第一条规定），基本体现了这一精神和原则。

第二节 行政法的基本原则

行政法的基本原则，是指贯穿于行政法之中，指导行政法的制定和实施的基本准则。它是对行政法规范精神实质的概括，反映着行政法的价值和作用所在。

我国行政法没有统一的法典，行政法的基本原则是学者们对行政法规范所体现的共同原则的总结和概括。目前，我国学者多数认为行政法最基本的原则有两个，即行政合法性原则和行政合理性原则。

一、行政合法性原则

（一）行政合法性原则的涵义

行政合法性原则，是处理行政活动与法的关系的基本准则，是行政法的柱石，也是行政法区别于其他部门法的主要标志。行政合法性原则贯穿于行政法的始终，是指导、规范行政权力运作的基本准则，在行政法理论体系中具有重要地位。

行政合法性原则，要求行政主体实施行政行为应当符合法律的规定，是行政必须服从法律的基本准则，是民主、法治和人权保障原则在行政领域的具体体现与运用。

行政合法性原则的基本含义是指行政权力的取得、运用必须依据法律、符合法律、不得与法律相抵触。这里的"法"，包括宪法、法律、法规、规章。另外，合法有效的规范性文件也可以成为行政执法的依据。

合法行政是对行政执法最基本的要求，即一切行政活动都必须受到法律的拘束。

（二）行政合法性原则的内容

行政合法性原则的主要内容大致可以概括为以下几个方面：

1. 职权法定——行政职权的取得必须有法律根据

行政主体从事行政活动，首先要有相应的行政权力。合法性原则要求任何行政职权的存在都必须基于法律的授予，没有法律根据的职权是不应存在的，行政主体必须在法定权限范围内行使职权。法律规定了各个行政主体的职责权限及活动方式和手段，行政主体只能依据法律规定行事，超越法定权限的行为是无效的行为。

现代法治国家，行政权力与公民权利遵循完全不同的运行逻辑：就公民权而言，法不禁止即自由；就行政权力而言，法无授权即禁止。换言之，对于公民来说，在不违反法律和道德准则的情况下，可以从事一切活动，而无需法律的特别授权。只有在法律明令禁止时，公民才不得为之。但对行政机关来说，只有法律规定的才能为之，即行政机关的各项职权活动都必须有法可依，依法而行。行政机关的活动与公民的活动之所以存在这种差别，主要是因为行政机关是实施公权力的机关，而公权又是以影响私权为特征的。因此，为了防止行政职权的运用可能对行政相对人的合法权益造成侵害，需要通过法律设定行使职权的界限。没有法律的授权，行政机关不得剥夺或限制公民、组织的权利，也不能为公民、组织设定或增加义务。

行政主体的行政职权一是来自宪法的授权，二是来自组织法的授权，三是来自单行法律的授权，此外还可来自最高权力机关的特别授权。

2. 依法的规定行政——行政职权的运用必须依据法律、符合法律

行政合法性原则在行政法上经常性的要求是任何行政职权的行使不得与法律相违背。职权的运用必须符合法律条文的规定，不能与之相抵触。其具体要求是：

（1）行政职权的行使必须符合行政实体法的规定。法律在授予行政主体某项权力之时，通常规定行使该权力的条件、原则、范围、行为种类、幅度等。如《治安管理处罚法》对该法适用的范围、原则、违法的处罚种类及适用、公安机关的处罚权等都作了明确、具体的规定。遵守实体法的规定，不仅表现为行政主体必须依法行使权力，同时也表

现为行政主体必须依法履行义务。行政主体的职权、职责是密不可分的。

（2）行政职权的行使必须符合行政程序法的规定。行政程序法是关于行政行为的步骤、顺序、方式与时限的法律规范，是行政法的重要部分。行政职权如何运作，影响的不仅仅是行政相对人的合法权益，同时也会对国家利益及社会公共利益产生影响。因此，在现代法治国家，法律在授予行政主体行政职权的同时都对行政职权如何行使作出规范。一些国家还制定了统一的行政程序法典，如美国在1946年颁布了《联邦行政程序法》。

合乎程序法的实质在于保证行政行为公正而无偏私。它要求：其一，行政主体不能成为审理自己案件的法官；其二，行政机关在裁决纠纷时不能偏听偏信，应当给予当事人同等的辩论机会；其三，行政主体对当事人作出不利的行政决定之前，应预先通知当事人并给予其充分发表意见的机会。

3. 权责一致——违法行政必须承担法律责任

合法性原则的关键是行政主体必须依法承担行使职权产生的法律责任，否则合法性原则就没有实现的可能。现代国家的行政必须是责任行政，任何行政权力的行使，都必须承担相应的责任，无论是违反实体法规范还是违反程序法规范的行政活动，都将构成行政违法，接受必要的制裁。行政主体承担的法律责任是多种形式的，既包括行政责任，也包括民事责任、刑事责任。

4. 法律优位

法律优位也称法律优先，它是指法律规范对行政活动具有绝对的拘束力和支配力，行政主体不得采取任何违反法律规范的措施。它无限制和无条件地适用于一切行政领域，这源自有效法律的约束力。

法律优位主要缘于行政立法的存在。在当代各国行政法律规范已不再局限于国家立法机关制定的情况下，必须保证法律的优先地位。在我国，行政法律规范由宪法、法律、行政法规、地方性法规以及规章等几个层次的规范组成。法律优位强调的是在宪法之下，法律具有最重要的地位。首先，在立法上，重要的事项，如涉及公民的基本自由和权利的事项，或者国家的基本制度或重要制度的设定，都必须由法律规定。其次，在法律规范的效力层级方面，除宪法外，法律的效力高于其他法律规范。在已有法律规定的情况下，其他法律规范都不得与法律相抵触，凡有抵触，以法律为准。在没有法律规定的情况下，其他法律规范在不属于法律保留的范围内可以在法定权限或授权的范围内就某些事项做出规定，但一旦法律就同一事项作出规定时，以法律规定为准。

5. 法律保留

法律保留的本意是指有关人民基本权利限制等重大的立法事项，只能由最高立法机关通过法律作出规定，行政机关不得自行规定，行政机关如加以规定必须有法律的明确授权。法律保留严格区分国家立法权和行政立法权的界限，根本目的在于保证国家立法的至上性，划定立法机关和行政机关在创制法律规范方面的权限范围，以保证公民的基本权利（如自由权，生命权）不会因行政机关立法权的扩张、膨胀而受到损害。在法律保留的范围内，行政机关不得以任何理由自行创设规范并执行该规范。法律保留是权力创制意义上的保留，作为下位法的行政法规、地方性法规及规章在法律已有规定的情况下是可以作出相应的执行性的规定的。

法律保留又可分为相对保留与绝对保留。相对保留是指正常情况下法律可以将由其保留的立法事项委托给其他国家机关主要是中央政府行使。绝对保留是指有些立法事项除法律外其他规范都不得规定，法律也不得授权。我国在2000年3月15日颁布了《立法法》（2015年3月15日修订），其第8条对法律保留作了规定，第9条是关于相对保留与绝对保留的规定。具体内容如下：

第8条规定："下列事项只能制定法律：（一）国家主权的事项；（二）各级人民代表大会、人民政府、人民法院和人民检察院的产生、组织和职权；（三）民族区域自治制度、特别行政区制度、基层群众自治制度；（四）犯罪和刑罚；（五）对公民政治权利的剥夺、限制人身自由的强制措施和处罚；（六）税种的设立、税率的确定和税收征收管理等税收基本制度；（七）对非国有财产的征收、征用；（八）民事基本制度；（九）基本经济制度以及财政、税收、海关、金融和外贸的基本制度；（十）诉讼和仲裁制度；（十一）必须由全国人民代表大会及其常务委员会制定法律的其他事项。"第9条："本法第八条规定的事项尚未制定法律的，全国人民代表大会及其常务委员会有权作出决定，授权国务院可以根据实际需要，对其中的部分事项先制定行政法规，但是有关犯罪和刑罚、对公民政治权利的剥夺和限制人身自由的强制措施和处罚、司法制度等事项除外。"

（三）行政合法性原则的意义

1. 坚持合法性原则，有利于推进行政法治建设

党的二十大报告指出："我们要坚持走中国特色社会主义法治道路，建设中国特色社会主义法治体系、建设社会主义法治国家，围绕保障和促进社会公平正义，坚持依法治国、依法执政、依法行政共同推进，坚持法治国家、法治政府、法治社会一体建设，全面推进科学立法、严格执法、公正司法、全民守法，全面推进国家各方面工作法治化。"合法性原则是依法治国在行政管理领域里的具体体现，是依法行政的基本要求。它要求一切运用国家行政权力的组织及个人都必须依法实施行政活动，同时对其实施的违法行为承担法律责任。坚持合法性原则，可以使行政公务员树立"法律至上"的观念，用合法性原则指导自己的行为，从而将行政活动纳入法治的轨道。

2. 坚持合法性原则，有利于从根本上保护行政相对人的合法权益

在行政管理中，由于行政主体掌握着以国家强制力为后盾的行政权力，因而行政相对人在行政管理中始终处于弱者的地位。在两者的关系中，无论我们设置什么样的制度，都不能改变行政主体在管理中的优越地位。行政相对人滥用权利的行为通常比较容易纠正，而对于行政违法和滥用职权行为，通常由于考虑公共利益，需要更多的程序才能纠正。因此，坚持合法性原则能够使行政主体认识到权力要受法律的约束，促使行政主体依法行政，达到预防违法行为发生，进而有效保护行政相对人合法权益的目的。

二、行政合理性原则

（一）行政合理性原则的涵义

合理性原则又称公平、公正原则，是指行政主体不仅应当在法律、法规、规章规定的范围内实施管理，而且要求行政行为的内容要客观、适度、符合公平正义的法律理念。合理性原则中的"理"不同于"社会道德"、"伦理"之类的哲理，而是指体现全社会共同遵守

的行为准则的法理，即法律精神。合理性原则相对于合法性原则，是对行政主体权力行为更高的要求，既行政行为不仅要合法，而且要合理，要符合公平、正义的法律精神。

合理性原则产生的主要原因是行政自由裁量权的存在和扩大。行政自由裁量权，是行政主体在行政管理过程中对行为方式、范围、种类、幅度等的自由选择权。从严格依法行政的角度讲，行政主体的一切活动皆应受制于法律。换句话说，法律应对行政主体是否行为，以及如何行为均应有明确而详细的规定。但是，由于行政活动的千变万化、错综复杂，法律不可能规范全部行政活动，即便对其已规范的行政活动也不可能作到面面俱到、详细无遗。所以，不得不在事实上和法律上承认行政主体拥有根据具体情况选择采取适当措施履行行政职能的权力，即行政自由裁量权。否则，国家行政管理目标难以实现。由此，为了执行公务的需要，行政自由裁量权必须存在。美国学者伯纳德·施瓦茨曾说过，无限制的自由裁量权是残酷的统治，它比其他人为的统治手段对自由更具破坏性。因此，我们在肯定行政自由裁量权作用的同时，应当加强对其的制约与控制。合理性原则从实质方面对行政自由裁量行为提出了要求，即要求内容合理。合理性原则的出现和运用是行政法发展史上的一个飞跃。

(二)行政合理性原则的内容

行政合理性原则的主要内容可以概括为以下几个方面：

1. 遵循公平、公正原则——平等对待相对人、不偏私、不歧视

"公平""公正"是人类社会的普遍要求，因而也成为法的一般原则。公平、公正的词义比较接近，都有无私之意，但公平强调平等，公正强调不偏——即公平正直，没有偏私。

"公平、公正"原则的基本要求主要体现在以下两个方面：

(1)公平对待——同样情况同等对待，不同情况区别对待

平等对待相对人、不歧视、不偏私是公民在"法律面前人人平等"的宪法原则在行政法领域的具体体现。它要求行政主体对待行政相对人应当一视同仁，不偏不倚，任何行政决定的作出都不应夹带个人的成见、爱好，任何措施都应在内心无歧视和偏私的状态下采取。在条件基本相同的情况下，行政行为无论是授予权益还是要求履行义务，无论是赋予某种资格还是科处某种处罚，都必须依法平等的对待任何行政相对人，不能因其身份、民族、性别、宗教信仰等不同而厚此薄彼，对之予以不平等的待遇。行政主体所作行政决定应与行政相对人应受之处理相适应，而不能畸轻畸重，否则，即为不合理的行为。

公平对待的具体要求是：同样情况同等对待，不同情况区别对待。同等对待包括两种情形：其一，行政主体同时面对多个行政相对人时的同等对待。例如，甲、乙因故发生互殴，各有轻微伤。区公安分局对甲作出了拘留10日的处罚，却未对乙作出任何处罚，这显然没有遵循同等对待的规则(因为是互殴)。其二，行政主体先后面对多个行政相对人时的同等对待。在法律规范没有改变的情况下，行政机关对不同阶段出现的行政相对人权利义务的设定、变更或消灭，应当与以往同类行政相对人保持基本一致。这一规则也可称为遵循行政惯例规则、前后一致规则或反对反复无常规则。

不同情况要求区别对待，如果对不同情况给予同等对待，同样是不平等对待。如，同样是出国，省长是因公，公民因私，就可以区别对待。

(2)行为建立在正当考虑基础之上——合理考虑相关因素，排除无关因素

行政行为的作出会涉及多种因素，合理的行政行为应当考虑相关的因素，不应考虑与行政行为无关的因素。因此，行政主体在作出行政处理决定时，应当全面考虑行为所涉及或影响到的因素，尤其是法律、法规明示或默示的要求行政主体考虑的因素。这样才能使行政行为因有充分、合理的依据而具有合理性，而不能专断的凭自己的主观认识、推理、判断，任意地、武断地作出决定和实施行政行为。违反合理性相关因素的表现有两种：一是考虑了不相关的因素，如民政部门在决定给某人的救济金数额时，考虑了该人在法律上并无扶助义务的亲属的经济状况等。二是忽视了相关的因素，如公安机关在处理打架时，只考虑打架后果而没有考虑打架的起因等。

这里的相关因素包括法律、法规规定的条件、政策的要求、社会公正的准则，行政相对人的个人情况、行政行为可能产生的正面或负面效果，等等。例如，根据《行政处罚法》规定，设定和实施行政处罚必须以事实为依据，与违法行为的事实、性质、情节以及社会危害程度相当。

2. 符合比例原则——行为的内容、结果应公平、适度，合乎比例

行政主体行使权力的行为，不仅要建立在符合法律目的及正当考虑的基础上，而且行为的内容及结果还必须公平、适度，合乎比例。由于行政权力与个人权利相比，具有强制性、优先性等特点，在实施的过程中，稍有偏差，就会给行政相对人的合法权益造成损害。因此，合理性原则要求行政主体行使权力的方式和结果都应适度、公平、符合理性，以实现行政目的为限。在大陆法系国家，该项原则又称为"比例原则"。比例原则也称禁止过分原则，是指行政主体实施行政行为应兼顾行政目标的实现和行政相对人权益的保护，如果为了实现行政目标可能对行政相对人的权益造成某种不利影响时，应使这种不利影响限制在尽可能小的范围和限度，使二者处于适度的比例。德国学者称之谓"不可用大炮打小鸟"。德国行政法学鼻祖奥托·麦耶在其《德国行政法学》一书中最早明确地提出比例原则，即"行政权追求公益应有凌越私益的优越性，但行政权力对人民的侵权必须符合目的性，并采行最小侵害之方法"。比例原则强调了行政行为的实施，其目的与手段之间要成比例。

比例原则主要有三项要求，即包括三项次级原则：

(1)适当性原则。适当性原则要求行政主体采取的手段与追求的目标应当相适应，强调手段和目的的一致性，强调所采取的措施必须能够实现行政目标，或者至少有助于行政目标的达成，与目的之间保持一致。

(2)必要性原则。又叫最小侵害原则，它要求行政机关在针对同一目的的达成，有多种适合的路径、手段、措施可供选择时，应当选择对行政相对人损害最小的手段。

(3)均衡性原则。它是以"利益衡量"的方式，去衡量行政目的与行政相对人权利损失，两者之间是否成比例(公益大于可能损害的私益)。均衡性原则强调行政主体采取的管理方法、手段对行政相对人权益造成的侵害不得与要实现的行政目的之间显失均衡。该原则集中体现比例原则在手段与目标之间的衡量，因此也被誉为比例原则的灵魂。

另外，合理性原则还要求行政行为的内容必须合乎情理。这里的情理是指不与法律相

冲突的客观规律、社会道德、惯例和常理。例如，行政主体作出决定限市区内一家有污染的工厂三天内迁往市郊。此类决定即属不合理的行为。

3. 违反合理性原则也要承担法律责任

违反合理性原则实施的行政行为均应由法定的机关予以纠正，否则，合理性原则就失去了存在的意义。因此，行政机关对其实施的侵犯行政相对人合法权益的不合理的行政行为也要承担法律责任。根据《行政复议法》的规定，行政复议机关有权纠正不适当的具体行政行为。依照《行政诉讼法》的规定，人民法院对明显不当的行政行为可以作出撤销判决或确认违法判决，对明显不当的行政处罚行为可以判决变更。

【案例1-2】 个体户李某与公民杨某打架，李某将杨某打成轻微伤，杨某住院花费1600元，县公安局裁决李某支付杨某赔偿款1600元，李拒付。公安局责令李某停止营业，并查封李某所经营的门市部。公安局的行为是否违反了行政法的基本原则？为什么？公安局的行为违反了合法性原则，因公安局无权裁决赔偿纠纷，也无权作出停业、查封的决定，因此属于违反职权法定的情况。

如果公安局在李某拒付赔偿款后，将此事通知县市场监督管理局，县市场监督管理局就李某拒付赔偿款的行为责令李某停止营业，并查封李某所经营的门市部。市场监督管理局的行为是否违反了行政法的基本原则？为什么？市场监督管理局的行为也违反了行政合法性原则。市场监督管理局是政府主管市场监管的工作部门，其主要职能是贯彻执行国家市场监督行政法律、法规、方针、政策，组织、管理、监督市场主体以及查处相关违法行为。根据有关法律的规定，市场监督管理局拥有行政处罚权和行政强制权，但其实施处罚权和强制权的前提是存在违反市场监管的违法行为。就本案而言，李某的行为不属违反市场监管，而属违反治安管理，故县市场监督管理局在李某拒付赔偿款的情况下，实施责令停业并查封门市部的行政行为，是违法的，没有法律根据的。

三、合法性原则与合理性原则的关系

合法性原则与合理性原则，既有联系又有区别。准确把握两者之间的关系，对于正确适用和贯彻这两项原则极为重要。

联系：合法性原则与合理性原则同是行政法治原则的内容，二者不可偏废；两者互相作用，不可分割。行政行为不仅要合法，也要合理。

区别：

(1) 合法性原则是合理性原则的基础和前提，合理性原则是合法性原则的补充和发展。合法性原则是主要原则，没有合法性就谈不上合理性，合理是合法范围内的合理。

(2) 合法性原则是性质上的标准，是对行政行为质的要求，合理性原则是精度上的标准，是对行政行为量的要求。

(3)合法性原则与合理性原则适用范围有所不同,合法性原则适用于所有行政行为,而合理性原则仅适用于自由裁量行政行为。

四、行政法基本原则的作用

行政法的基本原则是行政法中最重要、最普遍运用的原理和准则,它在行政法的适用中具有重要作用。

(1)指导行政法的制定、修改、废止工作。由于社会事务常常处于发展变化中,使得行政活动具有易变性,导致行政法规范也经常需要制定、修改、废止。要保证前后规范的统一,就需要把握行政法的基本原则。只有用行政法的基本原则指导行政法规范的立、改、废,在立法过程中坚持同一标准,才能保证国家行政法制的统一。

(2)有助于人们理解行政法或对行政法进行解释。由于行政法的基本原则就是制定行政法的指导思想和基本精神,因此,无论是公民、组织学习行政法,学者注释行政法,还是有权机关解释行政法,行政法的基本原则都有重大的指导意义。

(3)行政法的基本原则可以指导行政法的实施。我国有大量的行政法规范,其间关系错综复杂,执法者时有无所适从之感。因此,深刻理解行政法的基本原则,有助于执法者准确地实施行政法规范,避免发生重大偏差。

(4)行政法基本原则可以弥补成文法不足。行政法是规范行政权力的法。然而,无论行政法规范如何缜密、如何严谨,仍有大量漏洞存在,这就需要行政法基本原则予以填充、弥补。因此,在行政法上通常执法者先适用具体法律条文解决行政管理中存在的问题,当没有具体的法律条文时,则可以根据行政法基本原则来加以处理。

◎ 导例分析:

导例中谈到的学校分房一事,是学校内部管理行为,属于"私行政"的范畴,不是行政法上的行政。行政法上的行政是指公行政,即国家行政机关和法律、法规授权行使行政职能的组织依法对国家和社会公共事务进行组织和管理的活动。因此,王某对单位未将其列入分房名单的做法不服,不能向人民法院提起行政诉讼。

◎ 思考题

1. 行政法的特点。
2. 行政法的具体表现形式。
3. 合法性原则与合理性原则的具体要求。
4. 比例原则的具体内容。

◎ 综合训练

2013年4月17日,某市某区某街道办事处将其闲置的临街房屋一间租给李某开办服装店,租金为一年15000元。1年后,李某以亏本无钱、原定租金过高为由,只交纳了租金6000元。2014年4月至5月,某街道办事处曾多次与李某交涉未果。2014年7月12日,某街道办事处主任指示所属该办事处的城市监察分队四名执法工作人员,佩戴执法标志将李的服装店查封，同时禁止李某再使用该房屋。李某不服，于 2014 年 7 月 20 日以街道办事处违法采取行政强制措施为由，向某市某区政府申请复议。区政府认为该案不属于行政案件，未予受理。李某便于 7 月 24 日向区人民法院提起行政诉讼。法院经审理认定，某区街道办事处既无法律依据，也无法定职权对李某实施查封，遂依据《中华人民共和国行政处罚法》《中华人民共和国行政诉讼法》以及《最高人民法院关于执行〈中华人民共和国行政诉讼法〉若干问题的解释》的有关规定，判决撤销了街道办事处的行政行为。

问题：1. 本案存在哪些法律关系？是否存在行政法律关系？

2. 本案中街道办事处的查封行为是否符合行政法的基本原则？

3. 本案适用的法律规范都是行政法渊源中哪种表现形式？

△要点提示：

1. 本案既存在民事法律关系，也存在行政法律关系。其中，街道办事处与李某之间的房屋租赁关系属于民事法律关系；街道办事处对李某实施的行政强制查封行为，形成了行政管理法律关系；李某对街道办事处的查封行为不服而申请行政复议和提起行政诉讼，形成了行政监督法律关系。

2. 街道办事处的查封行为不符合行政合法性原则。行政合法性原则要求行政主体实施行政行为必须遵循职权法定原则，同时还必须依据法律规定实施行政行为。本案中，街道办事处的查封行为既无法定职权，也无法律依据。

3. 法律：《中华人民共和国行政处罚法》《中华人民共和国行政诉讼法》。法律解释：《最高人民法院关于执行〈中华人民共和国行政诉讼法〉若干问题的解释》(已废止)。

第二章 行政法律关系主体

◎ **知识目标**

掌握行政主体的概念、行政授权与行政委托的概念、公务员的概念及公务员法律关系的概念

了解行政相对人的概念及其法律地位

◎ **能力目标**

能识别各种不同类型的行政主体

能确认复杂的行政主体资格

◎ **素质目标**

树立权力边界意识

增强法治政府观念和为人民服务意识

◎ **本章导例**：吴某系某大学的学生，在一次考试过程中，因为夹带小抄被查处。学校对吴某作出"按作弊处理，决定给予退学处分"的处理决定。2020 年 6 月，某大学以吴某已按退学处理，不具备某大学学籍为由，未向其颁发毕业证和学位证。吴某认为自己符合大学毕业生的法定条件，拒绝给其颁发毕业证、学位证是违法的，遂向某市某区人民法院递交了起诉书。法院认为，学校颁发毕业证、学位证行为是行政行为，是学校行使行政职权行为，学校在行使该职权时是法律法规授权组织，具有行政主体资格，可以作为行政案件受理。

第一节 行政主体

一、行政主体的概念

【案例 2-1】 小李是某居民小区的保安。一日小李发现某居民往家里搬运东西，因看其行为不正常，怀疑其搬运的东西有问题，小李代表小区物业上前要求对其物品进行治安检查，该居民拒绝检查，二人争执起来。

本案中，小区物业有治安检查权吗？要搞清该问题，首先需要了解什么是行政主体，因为只有行政主体才有可能进行治安检查(治安检查权是一种行政权)。

何谓行政主体？行政主体是指享有国家行政权力，能以自己的名义实施行政行为，并

能对外独立承担该行为所产生的法律责任的组织。从该定义中可以看出，行政主体有以下特征：

（1）行政主体是享有行政权力、实施行政活动的组织。组织是由个体所组成的有机整体，只有组织才能成为行政主体。但是，并非所有的组织都能成为行政主体，只有享有国家行政权，以行政管理为职责的组织才可能成为行政主体。小区物业虽然也是一个组织，但它不享有国家行政权，所以它不是行政主体。

（2）行政主体必须是能以自己的名义实施行政行为的组织。所谓"以自己的名义"，是指行政主体能够独立自主地表达自己的主张，按照自己的意志实施特定的行为。能否以自己的名义实施管理是判断一个组织是否是行政主体的标准。小区物业虽然只是一个普通的组织，但是如果它接受某行政机关委托，它就有了行政权，可以进行具体的行政活动。然而，由于行政权来自行政机关，不是小区物业自己的，所以它必须以委托行政机关的名义而不能以自己的名义行使行政权实施行政行为，因而它不能成为行政主体。

（3）行政主体必须是能依法独立承担其行为所产生的法律责任的组织。一个组织能否成为行政主体，还要看是否能独立承担其行政行为所产生的法律责任。如果仅仅行使了某些行政职权，但却不能承担由此而产生的法律责任，那么这个组织就不是行政主体。在上面案例中，假如小区物业受行政机关委托负责本辖区内的治安检查工作，尽管它能够行使行政职权进行治安检查，然而，由于它不是以自己的名义而是以委托机关的名义实施行政行为，所以其所为的一切行为的法律后果都不由自己承担，而归属于委托机关，因此，小区物业不具有行政主体的资格，在行政法律关系中不能成为行政主体。

二、行政主体与相关概念的区别

（一）行政主体与行政机关

（1）并非所有的行政机关都能成为行政主体。在行政活动中，行政机关是最主要的行政主体，但并不是所有的行政机关都是行政主体。行政机关只有在以自己的名义对外行使行政职权，并由自己承担法律责任时，才能成为行政主体，否则，只能是行政机关，而不是行政主体。例如，某市机关事务管理局，虽然是行政机关，但它仅负责管理、协调内部事务，不对外行使职权，因此，不具有行政主体资格。

（2）行政机关并非在任何场合都是行政主体。行政机关在法律上可以具有双重身份，即民事主体与行政主体。当行政机关参与民事活动时，其身份是"机关法人"而不是行政主体。

【案例 2-2】 2020 年，某县市场监督管理局扣押了一批红参，因为这批红参被怀疑为假红参，市场监督管理局要求药商提供药材购进的合法证明。市场监督管理局言明等拿到药材购进的合法证明之后再鉴定药材的真假。结果药商一去不复返。市场监督管理局将药材扣押一段时间后，见药商没有回来，就把药材卖给了一家药店。并将销售药材所得货款 5000 元，一半入账，一半由市场监督管理局的几个干部私分了。年底，该县药品监督管理局检查时发现市场上有假红参，追根溯源，发现售出者为某县市场监督管理局。县药品监督管理局鉴于市场监督管理局违反了药品管理法，即对其作出处罚。本案中，市场监督管理局虽为行政机关，但它所从事的是民事买卖活动，因此，此时此地市场监督管理局就是作为民事主体而非行政主体出现。

(3)成为行政主体的不限于行政机关。行政机关内部的某些机构和得到行政授权的社会组织同样可能成为行政主体。

(二)行政主体与行政法主体

行政法主体，即行政法律关系主体，是指一切能够在行政法上享有行政权利和承担行政义务的主体，如行政主体、行政相对人、监督主体。可见，行政法主体的范围大于行政主体。

(三)行政主体与国家公务员

国家的行政管理活动虽然是通过各个公务员的行为得以实现的，但是，公务员并不因此具有行政主体资格。公务员是行政行为的具体操作者，他们与行政机关之间是一种职务上的委托关系，没有行政机关，公务员也就没有存在的必要。因此，公务员不能以个人名义，而是以国家行政机关的名义，即代表行政机关行使行政权、执行公务。所以，他们并不直接承担实施行政行为所产生的法律责任，而是由其所在的行政机关承担该法律责任。如果公务员的公务行为有过错，则由具有行政主体资格的行政机关先行承担后，再根据公务员个人的过错程度追究其责任或行使追偿权。

第二节　行　政　机　关

一、行政机关的概念

行政机关，是指国家根据其统治意志，按照宪法和有关组织法的规定设立的、依法行使国家行政权、对国家行政事务进行组织和管理的机关。行政机关是国家权力机关的执行机关，它执行权力机关制定的法律和决定，管理国家内政、外交、军事等方面的行政事务。

(一)行政机关是国家机关，是由国家设置、代表国家行使国家职权的机关

这一点使它与政党、社会组织、团体相区别。政党，特别是执政党，虽然能对国家政治、经济的发展起重要的甚至是决定性的影响作用，但他们不是国家机关。社会团体、组织虽然经法律、法规的授权，也可能行使一定的国家行政职权，但它们不是由国家设置的专门代表国家行使国家职权的机关，因而不属于国家机关。

(二)行政机关是行使国家行政职能的国家机关

这一点使它与立法机关、司法机关相区别。立法机关、司法机关虽然也都是国家机关，但立法机关行使的是国家立法职能，司法机关行使的是国家司法职能，而行政机关行使的是国家行政职能，即执行法律、管理国家各项行政事务。

(三)行政机关是依宪法或行政组织法的规定而设置的行使国家行政职能的国家机关

这一点使它与法律、法规授权的组织相区别。法律、法规授权的组织不是依宪法或行政组织法设置的，它们行使的行政职权是基于具体法律、法规的授权，因此，行政机关是

固定的、基本的行政主体，而法律、法规授权的组织只有在行使其所授职权时才具有行政主体资格。

二、具有行政主体资格的国家行政机关

(一)中央国家行政机关

1. 国务院

国务院，即中央人民政府，是最高国家权力机关的执行机关，是最高国家行政机关。根据宪法和组织法规定，国务院由每届全国人民代表大会第一次会议选举产生。国务院依法享有领导和管理全国性行政事务的职权，可以制定行政法规、采取行政措施、发布决定和命令，具有行政主体资格。

2. 国务院的组成部门

国务院的组成部门包括国务院各部、委员会、审计署和中国人民银行。各部委都有其职能、职权范围，独立负责某一方面的行政管理事务，有权在自己的职权范围内，依照法律、行政法规制定规章，独立采取行政措施并自己承担因此而产生的法律责任，具有行政主体资格。

3. 国务院的直属机构

根据宪法和有关组织法的规定，国务院因工作需要可以设立若干直属机构。如海关总署等，它们是在国务院统一领导下，负责管理有关的专门业务的行政机关。直属机构的法律地位低于部委，但不隶属于部委而直属国务院领导。直属机构的行政首长不是国务院的组成人员。直属机构具有独立职权和专门职责，可以在主管事项的范围内制定规章，对外发布命令、指示和采取行政措施，因此，直属机构可以成为行政主体。

4. 国务院部、委归口管理的国家局

这是国务院因行政管理的需要，依法设立的，由相应的部、委管理的国家行政机关。如由交通运输部管理的中国民用航空局，又如由中国人民银行管理的国家外汇管理局。这些国家局自成立时就具有独立的法律地位，依法行使对某项专门事务的管理权和裁决争议权，故具有行政主体资格。

(二)地方国家行政机关

1. 地方人民政府

是指其活动范围仅限于国家地方行政区域范围内，其管辖事项仅限于地方性行政事务的行政机关。

地方人民政府的地位具有双重性。一方面，它是地方国家权力机关的执行机关，由它产生，对它负责，执行权力机关的法规和决议。另一方面，地方人民政府又是国务院统一领导下的地方行政机关，要对上一级国家行政机关负责并报告工作。但是，地方人民政府地位的双重性，并不影响地方各级人民政府的主体资格。根据立法法的规定，省、自治区、直辖市和设区的市、自治州的人民政府，可以根据法律、行政法规和本省、自治区、直辖市的地方性法规，制定规章。其他地方各级人民政府可依法发布决定和命令。地方各级人民政府在其管辖的区域范围内，有权管理本行政区域内的各项行政事务，并依法对该行为产生的法律后果承担责任。因此，地方各级人民政府都具有行政主体资格。

2. 县级以上地方各级人民政府的职能机关

县级以上地方各级人民政府因工作需要，根据宪法和有关组织法的规定，可以设立若干职能部门，承担某一方面行政事务的行政职能。职能部门对本级人民政府负责，依法独立享有并行使行政职权，以自己的名义作出决定，并承担相应的法律后果。因而，具有行政主体资格。

3. 县级以上地方人民政府的派出机关

派出机关是县级以上地方人民政府依照法定程序，在所辖行政区域内设立的行政机关。根据《地方组织法》的规定，我国地方人民政府的派出机关有三种类型：省、自治区人民政府经国务院批准而设立的行政公署；县、自治县人民政府经省、自治区、直辖市人民政府批准而设立的区公所；市辖区、不设区的市人民政府经上一级人民政府的批准而设立的街道办事处。派出机关不是一级政府，但在法律上和事实上能以自己的名义独立行使行政权，并能对行为后果承担法律责任。因此，地方人民政府的派出机关具有行政主体资格。

第三节 被授权组织

一、被授权组织的概念

被授权组织，是指除行政机关以外依照法律、法规具体授权规定而取得行政主体资格的组织。被授权组织有以下特点：

（一）被授权组织是指除行政机关以外的组织

行政机关以外的组织，既包括行政组织系统外的社会组织，如某些企事业单位或社会团体，也包括行政组织系统内的组织机构，如某些职能部门设立的行政机构。

（二）被授权组织是依照有关法律或法规的授权规定而取得行政主体资格

如税务局的派出机构税务所，它是依照《税收征收管理法》的有关规定取得行政主体资格。而行政机关是依照宪法和有关组织法的规定取得行政主体资格。

（三）被授权组织资格的取得与其组织机构设立的关系一般是——组织机构设立在前，行政主体资格取得在后

行政机关取得行政主体资格与其设立是同步的，即行政机关成立同时就取得行政主体资格。而被授权组织最突出的特点就是资格的取得是依照法律或法规授予某项或某方面行政职权的规定而取得的，在此之前，其可能是行政机关的内设机构，或可能只是普通社会组织。被授权组织主体资格是基于法律、法规的具体授权规定而取得，同时也将随着这些授权规定的废止或修改而消灭。

值得注意的是行政授权与行政委托是两个不同的法律概念，特别是在其职权来源方式、授权或委托对象及其法律后果等方面有着根本区别，被授权组织主体资格与行政授权紧密相关，但与行政委托没有直接的必然联系。

所谓行政授权，是指法律、法规将某项或某方面行政职权授予行政机关以外的组织，被授权者以自己的名义实施行政管理活动和行使行政职权，并由自己对外承担行政活动的

法律责任。行政授权有以下特征：

（1）被授权组织的行政职权来源于法律、法规的明确授予。被授权者依据法律、法规的明文规定直接或间接取得某项行政职权。因此，被授权者及授予的职权内容、范围等，均由法律、法规明确规定。而行政机关通过具体决定将某项职权授予某个组织或者个人，只是一种委托，不是行政授权。

（2）被授权组织是指除行政机关外的组织，包括行政机构和社会组织。因为授权的法律意义主要在于对行政主体资格的认定。行政机构与社会组织通常是没有行政主体资格的，只有在得到法律法规授权并行使所授职权时才具有行政主体资格，而行政机关则与此不同，行政机关自成立之时即取得行政主体资格，不存在对其主体资格认定问题。

（3）行政授权导致职权、职责及主体资格的转移。行政授权的结果，使得被授权组织取得了以自己的名义独立行使职权和承担法律责任的能力，也就相应取得了行政主体资格。

所谓行政委托，是行政机关在其职权、职责范围内依法将其行政职权或行政事项委托给有关行政机关、社会组织或者个人，受委托者以委托机关的名义行使职权和实施管理行为，并由委托机关承担法律责任。行政委托有以下特征：

（1）受委托组织或个人的行政职权来源于行政机关的委托行为。行政机关可以根据行政管理工作的实际需要，以法律、法规或规章为依据，将一部分行政职权委托给有关行政机关、社会组织或者个人，而被委托的主体则基于行政机关的委托决定而有权行使一定的行政权力。

（2）行政委托对象应当是符合法定条件的有关行政机关、社会组织和个人。行政机关通过其内设组织机构和所属公务员实施行政管理，虽然也是一种实质委托，但由于其与行政机关存在正常的内部职务关系，因而不包含在这里的行政委托之中。

（3）行政委托不发生职权、职责、法律后果及行政主体资格的转移。受委托者只能在委托的范围内以委托机关的名义实施行政活动，其行为后果也由委托机关承担，受委托者并不因为行政委托行为而取得行政主体资格。

【案例2-3】 2020年，温塘村村边的李一向当地乡镇人民政府提出申请，在没有取得采伐许可证的情况下将自己房屋四周杨树、泡桐等围村林树木砍伐。县林业和草原局接到举报后派执法人员到现场调查，经清点李一滥伐树木57棵。县林业和草原局根据《森林法》相关规定作出林业行政处罚决定。李一不服将未作出许可的乡镇人民政府诉至县人民法院。县法院认为，依照《森林法》57条第3款的规定，"农村居民采伐自留山和个人承包集体林地上的林木，由县级人民政府林业主管部门或者其委托的乡镇人民政府核发采伐许可证"。即本案中乡镇人民政府是受委托机关，委托的行政机关是被告。因此，本案的被告应变更为县林业和草原局。

可以看出，行政授权是特定法律规范规定的结果，是基于立法行为而产生，而行政委托是行政机关实施行政行为的结果，基本上是基于具体行政行为而产生；行政授权的结果发生职权、职责及行政主体资格转移，产生新的行政主体，而行政委托不导致新的行政主体的形成，其法律后果仍由原委托机关承担；行政授权只发生在原来没有取得行政主体资格的一定组织机构身上，而行政委托既可以发生在没有取得行政主体资格的社会组织身上，也可以发生在已取得行政主体资格的行政机关身上，还可以发生在个人身上。

二、被授权组织的范围

（一）行政机构

行政机构，是指行政机关因行政管理的需要而设置的，具体处理和承办各项行政事务的内部组织、派出组织和临时组织。行政机构不具有独立的编制和财政经费预算，没有行政主体资格，只能以所在行政机关的名义实施行政行为。但是，经法律、法规的授权，行政机构可以成为被授权组织。

(1) 内部机构。行政机关的内部机构在得到法定授权的情况下可以成为行政主体。例如，《商标法》授予国家工商行政管理局内设的商标局以行政主体资格，主管全国商标注册和管理工作。

(2) 派出机构。是指由国务院职能部门和县级以上地方各级人民政府职能部门根据工作需要而在一定区域内设置的管理某项行政事务的机构。派出机构原则上自身没有独立的法律地位，但是经过法定授权后，就可以以自己的名义行使行政权，实施具体行政行为，取得行政主体资格。例如，税务所、公安派出所等经有关法律、法规授权后，都具有行政主体资格。

(3) 非常设机构。包括议事协调机构和临时机构。议事协调机构是指为完成某项特殊性或临时性任务而设立的跨部门的协调机构，例如，国务院设立的国家国防动员委员会、国务院食品安全委员会等。临时机构是国家行政机关设立的、协助其处理某项临时性行政工作的组织。我国临时机构很多，例如，国务院就设有或曾经设有全国绿化委员会、国家防汛指挥部等临时机构。地方行政机关设置的临时机构则更多。非常设机构一般不具有行政主体资格，但经法律、法规授权后可以成为行政主体。

（二）社会组织

(1) 事业单位。事业单位包括研究机构、教育机构等。事业单位经过法律、法规授权后可以成为行政主体。例如，《学位条例》授予高等学校和科学研究机构具有授予硕士学位、博士学位的行政职权。

(2) 企业单位。企业是指从事生产经营活动、以赢利为目的的单位。企业中的公用企业、金融企业、专业公司往往可以成为法律、法规的授权对象。《烟草专卖法》授权全国烟草总公司下达卷烟产量指标的行政职能。

(3) 社会团体。社会团体也往往成为法律、法规的授权组织，包括群众团体、学术团体、宗教团体、公益团体等，特别是各种行业协会。例如，《注册会计师法》授予注册会计师协会准予会计师注册并颁发注册会计师证书就属此类。

(4) 基层群众性自治组织。基层群众性自治组织是指城市和农村按居民居住的地区设立的居民委员会和村民委员会。依据《中华人民共和国城市居民委员会组织法》的规定，居民委员会协助不设区的市、市辖区的人民政府或者它的派出机关开展下列工作：宣传宪法、法律、法规和国家的政策；教育和推动居民履行法律规定的义务，爱护公共财产，维护居民合法的权利和利益，发展文化教育，开展多种形式的社会主义精神文明建设活动；办理本居住地区居民的公共事务和公益事业，调解民间纠纷、协助维护社会治安，向人民政府反映居民的意见、要求和提出建议等；依据《中华人民共和国村民委员会组织法》的规定，村民委员会办理本村的公共事务和公益事业，调解民间纠纷，协助维护社会治安，向人民政府反映村民的意见、要求和提出建议。

第四节　公　务　员

一、公务员的概念

公务员是外来语，在西方，有的称"公务员"，有的称"文职人员"或"文官"。这些名词虽有不同，但基本含义相同，都是指在国家机关中行使国家权力，执行国家公务的人员。我国公务员是指"依法履行公职、纳入国家行政编制、由国家财政负担工资福利的工作人员"。其范围可以具体界定为：

1. 中国共产党机关的工作人员
2. 人大机关的工作人员
3. 行政机关的工作人员
4. 政协机关的工作人员
5. 审判机关的工作人员
6. 检察机关的工作人员
7. 民主党派机关的工作人员

本书所述公务员，限于行政机关中的公务员。

二、公务员法律关系

(一)公务员法律关系的概念

公务员法律关系，是指一般公民经过一定的法定程序成为行政机关公务员，基于其所担任的行政职务而与国家之间构成的权利义务关系。

1. 公务员和行政机关的关系

国家通过行政机关实现管理社会的行政职能，必须把统一的行政权分解成若干具体的可供操作的职权，并在行政机关内部设置行政职位。每一个行政职位均包含相应的法定权利和法定义务。当这种行政职位落实到某一个特定的公务员的时候，就形成行政职务关系，从而构成行政机关与公务员之间的公务员法律关系，并由公务员取得代表行政机关实施行政职务的权力与资格。公务员法律关系具有以下特征：

(1)公务员法律关系本质上是一种国家委托关系。行政职权是国家权力，通过一系列法律条件和程序定位到国家行政机关。行政机关又通过行政职位和任用国家公务员方式构成公务员法律关系，使公务员取得以国家名义实施行政职务的资格。据此，国家公务员所担任的是国家公职，实施的是国家公务行为，其所产生的法律效力及责任后果则都归属于国家。因此，从本质上讲，公务员法律关系是国家与公务员之间的一种行政职务上的委托关系。

（2）公务员法律关系内容是公务员法律方面的权利与义务。作为一种行政法律关系，其内容当然是行政法上的权利与义务。但由于公务员法律关系的核心是规范与界定公务员代表行政机关行使行政职权和履行行政职责的行为，因此，其内容都表现为行政职务及与公务员法律有关的权利与义务，即拥有与所承担行政职务相对应的行政职权与职责。就其所承担的法律责任，在内容方面也是与行政职务紧密相关。

（3）公务员法律关系具有劳动关系因素，可以说是一种特殊的劳动法律关系。从事行政管理和实施国家公务，其本身也是一种劳动。因此，在公务员法律关系中也就包含着与其所承担行政职务相适应的劳动报酬和福利待遇等。

（4）公务员法律关系属于内部行政法律关系。公务员法律关系中的双方当事人即国家行政机关和公务员，都属于行政组织系统内部主体；公务员法律关系的内容，都是行政职务方面的权利与义务；公务员法律关系的保障手段，如处分与行政申诉，也都是行政组织系统内的特定方式与程序。这是与外部行政法律关系明显不同之处。

2. 公务员作为行政主体的代表与行政相对人的关系

公务员代表行政主体与行政相对人之间形成的关系是基于行政机关与公务员之间的公务员法律关系而发生的，公务员如果不是作为行政主体的代表，便无权行使行政主体的职权，也就谈不上与行政相对人结成公务员法律关系。比如，税务人员对某企业进行纳税监督，是因为税务人员代表的是依法享有纳税监督权的税务机关，如果不是作为税务机关的代表，税务人员也就无权行使税务机关的纳税监督权，也就谈不上与企业之间结成的公务员法律关系。

(二) 公务员法律关系的内容

公务员法律关系的内容是行政法所规定的行政机关与公务员之间的权利义务。由于公务员法律关系所界定的是公务员代表行政机关行使行政职权和履行职责的问题，因而行政机关的权利和义务与公务员的权利和义务基本上是相对应的。即一方面，公务员的权利与义务主要是行政机关的职权与职责在公务员所承担行政职务上的转化和继续。另一方面，公务员的权利与义务主要是对行政机关的职权与职责的有效完成，因而行政机关对公务员行使的权利是公务员义务的体现，对公务员承担的义务也就是公务员权利的体现。因此，公务员职务上的权利与义务是公务员法律关系内容的核心。

1. 公务员的权利

获得履行职责应当具有的工作条件；非因法定事由、非经法定程序，不被免职、降职、辞退或者处分；获得工资报酬，享受福利、保险待遇；参加培训；对机关工作和领导人员提出批评和建议；提出申诉和控告；申请辞职；法律规定的其他权利。

2. 公务员的义务

忠于宪法，模范遵守、自觉维护宪法和法律，自觉接受中国共产党领导；忠于国家，维护国家的安全、荣誉和利益；忠于人民，全心全意为人民服务，接受人民监督；忠于职守，勤勉尽责，服从和执行上级依法作出的决定和命令，按照规定的权限和程序履行职责，努力提高工作质量和效率；保守国家秘密和工作秘密；带头践行社会主义核心价值观，坚守法治，遵守纪律，恪守职业道德，模范遵守社会公德、家庭美德；清正廉洁，公道正派；法律规定的其他义务。

（三）公务员法律关系的产生、变更和消灭

1. 公务员法律关系的产生

公务员法律关系的产生，是指公民经过法定程序开始担任行政职务，从而构成公务员法律关系。在我国，主要有选任、委任、考任、聘任几种法定程序引起公务员法律关系的产生。

2. 公务员法律关系的变更

公务员法律关系的变更，是指公务员在任职期间，公务员法律关系的内容部分发生变化，但其公务员的身份并没有改变。导致公务员法律关系变更的法律事实主要有：转任、升职、降职。

3. 公务员法律关系的消灭

公务员法律关系的消灭，是指公务员身份的丧失或行政职务关系内容的全部终止。引起公务员法律关系消灭的情况主要有：辞职、辞退、退休、离休、罢免、开除等几种。

公务员法律关系消灭的方式还有因判处刑罚、丧失国籍、死亡等自然消灭。

三、行政公务行为的确认

（一）公务员的双重身份及冲突

公务员以行政主体的名义实施行政行为，其行为所产生的后果由行政主体承担。但是，我们不能认为公务员所为的一切行为都是行政行为，也不能说其所有行为的后果都应由行政主体承担。这是因为公务员的行为具有双重性。当公务员以个人名义进行活动时，属于个人行为；当公务员以行政主体的名义实施行政管理活动时，属于公务行为。

公务员的双重行为源于公务员的双重身份。公务员的身份是基于公务员法律关系，他同时具有公民和公务员的双重身份。公民在未进入公务员队伍时，他只是一个普通公民，在进入公务员队伍后，他就既具有公民的身份，又具有公务员的身份。

国家赋予公务员比一般公民更多的权利，也规定了比一般公民更多的义务。公务员具有双重身份和双重行为，也就会产生双重效力，即无强制力和有强制力。

当公务员在活动中把身份与行为交错时，就出现两种违法现象；当公务员以公民身份去对待行政职责时，发生行政失职；相反，当以公务员身份去从事个人行为时，出现滥用职权。

【案例2-4】 某铁路公安分局民警张某下班后到饭馆吃饭，期间，邻桌两伙人打起架来。其中一人掏出刀子，将对方一人扎伤。警察见状掏出手枪准备过去捉拿罪犯，因不小心被绊到，手枪走火，将旁观者王某腿部打伤。王某医治好伤后，要求民警张某赔偿损失。王某认为自己是在执行制止犯罪、捉拿犯罪嫌疑人的警察职务，执行职务的结果不应由个人承担。王某随后找到铁路公安分局局长，要求公安分局赔偿损失。公安局长认为，该民警是在下班期间所为的行为，应当属于个人行为；同时该民警所管的事不是铁路上的事，而是饭馆吃饭人的事，应当算做个人行为，所以铁路公安分局不承担责任。那么，在该案中到底应该由谁来承担赔偿责任呢？

警察作为公务员与其所在公安局（代表国家）之间的关系是一种行政职务上的委

托关系，其行为结果当然归属于公安机关。张某虽然是在下班时间作出的行为，但是张某是在履行其作为警察维持社会治安、制止犯罪、捉拿犯罪嫌疑人的职责，是典型的履行职权表现，因此属于公务行为。根据《中华人民共和国国家赔偿法》的规定，李某所在的公安机关应对李某在执行职务过程中枪走火伤及群众的后果承担赔偿责任。但是应注意的是，这样一种法律关系，在实践中会遇到公务员的双重身份问题，需要认真地加以区分。

(二) 公务行为的确认

公务员的行为可分为公务行为和个人行为。确认公务行为和个人行为通常综合考虑以下几种因素：

1. 时间要素

公务员在上班和执行任务期间实施的行为，通常视为公务行为；而在下班和非执行任务期间实施的行为，一般应当认定为个人行为。

2. 公益要素

公务员的公务行为是以维护和促进公共利益为根本目的的。因此，公务员的行为是否具有公益目的在很大程度上反映其行为的性质。一般来说，公务员的行为涉及公共利益的，同公共事务有关的，通常视为公务行为；不涉及公共利益，与公共事务无关的，通常视为个人行为。

3. 职责要素

公务员的行为属于其职责范围的，通常视为公务行为；超出其职责范围的，通常视为个人行为。

4. 命令要素

公务员按照法律或者行政首长的命令、指示以及委托实施的行为，通常视为公务行为；无命令和法律根据的行为，通常视为个人行为。

5. 公务标志要素

由于公务行为是公务员代表国家作出的，因而必须表明其身份。公务员执行公务佩戴或出示能表明其身份的公务标志的行为，通常视为公务行为，反之则属于个人行为。例如，《行政处罚法》第52条规定，执法人员当场作出行政处罚决定的，应当向当事人出示执法证件，填写预定格式、编有号码的行政处罚决定书，并当场交付当事人。《植物检疫条例》第3条规定，植物检疫人员进入车站、机场、港口、仓库以及其他有关场所执行植物检疫任务，应穿着检疫制服和佩戴检疫标志。

上述几个方面的因素应综合考虑，并不存在绝对的、唯一的标准。

第五节 行政管理相对人

一、行政管理相对人的概念

行政管理相对人，也叫行政相对人，是指在具体的行政法律关系中与行政主体相对应

的另一方当事人,即在行政关系中处于被管理地位的组织和个人。行政相对人有以下法律特点:

1. 在法律地位上,行政相对人是与行政主体相对应的一方当事人,是相互对应的行政法主体,而不是被行政主体支配和控制的客体,行政相对人在行政法上是法定的权利主体。

2. 在权利义务上,行政相对人不具有国家行政权。行政相对人的权利属于私人权利,而行政主体的权力则是国家权力。

3. 在形成方式上,行政相对人是与行政主体之间具有特定法律关系的人,即他们并不是泛指所有的公民、法人和其他组织。只有当公民、法人或其他组织进入某个具体的行政法律关系时,他们才成为了该行政法律关系中与行政主体对应的行政相对人。

可以成为行政管理相对人的有国家机关,即权力机关、行政机关、司法机关和军事机关;企、事业单位,社会组织;中国公民、在华的外国人、无国籍人及外国企业。

【案例 2-5】 为了整治全市的卫生环境,某市生态环境局联合市卫生健康委员会对全市各单位的卫生情况进行检查。为了起表率作用,检查工作从市政府大院开始,市生态环境局与市卫生健康委员会工作人员在检查过程中认为,市政府大院卫生情况不符合卫生标准,因此对市政府作出罚款 500 元的行政处罚,并责令限期改进卫生状况。

在此案中,市生态环境局和市卫生健康委员会联合做出行政处罚,处罚的对象是市政府,虽然市政府是行政机关,在行政行为中一般作为行政主体出现,但在这起案件中它是处于被管理的一方,是行政行为的指向对象,所以是行政相对人。

二、行政管理相对人的法律地位

行政管理相对人一方的权利义务可以概括为:

(一)行政管理相对人的权利

行政管理相对人所享有的公民、法人和其他组织的法律地位与身份,并不因其成为行政相对人而发生法律性质上的变化。也正是基于此,行政相对人在进入某项行政管理领域后,其原来所享有的权利也不会因此而改变,除非法律有明确规定。所以,行政相对人的权利包括依照行政法律规范所规定的权利和被其他法律规范所规定而受到行政法确认和保护的权利,前者可以称为公法上的权利,后者可以称为私法上的权利。

(1)行政法规范规定的权利。这些权利都是行政相对人在进入行政领域后,依照行政法律规范所享有的权利。因此,这些权利的享有与行政相对人进入某项行政管理领域后的活动紧密相关,如果行政相对人离开该行政管理领域,也就不拥有这些权利。所以,这些权利是随着行政相对人资格的确定和行政法律关系的形成而产生的。这些权利包括参与行政管理权;要求提供管理服务方面的权利;有关涉及处理相对人权益时的权利;控告、检举、揭发权;申请复议、提起诉讼和请求赔偿的权利。

(2)行政法予以确认和保护的其他法律权利。主要是指行政相对人基于公民、法人和其他组织身份所享有的法律权益,而这些法律权益是行政相对人在进入某项行政法律关系前,就已依照其他法律、法规取得,在进入该行政领域后,除非法律、法规另有规定外,行政法规范也予以认可和保护。这些权利包括人身权、财产权以及其他权利。

(二)行政管理相对人的义务

行政相对人在行政法上的义务,总的来讲,就是要遵守国家行政管理秩序。具体而言,主要表现在以下方面:遵守行政法律秩序、服从行政决定以及协助行政管理。

◎ 导例分析:

通说认为,行政主体是行使国家行政管理职权的行政机关,或者是法律、法规授权其行使某一或者某些行政管理职权的组织。根据《教育法》第22条"经国家批准设立或者认可的学校及其他教育机构按照国家有关规定,颁发学历证书或者其他学业证书。"的规定,某大学属于法律直接授权的教育机构,负有履行颁发学历或其他学业证书的法定职责。又根据《学位条例》第8条"学士学位,由国务院授权的高等学校授予"的规定,某大学同时属于法律间接授权的教育机构,负有授予学士学位的法定职责。这些情况表明,尽管某大学不属于国家行政机关,但它属于法律、法规授权的履行部分教育行政管理职责的教育机构,某大学在依法履行教育行政管理职能的活动中,具备行政主体资格,对自身所作的行政行为承担责任,是行政诉讼的适格被告。

◎ 思考题

1. 行政主体和行政机关是什么关系?有何区别?
2. 行政授权和行政委托的主要区别是什么?
3. 公务员的身份及法律地位是怎样的?
4. 相对人有哪些权利?

◎ 综合训练

长春亚泰足球俱乐部有限公司(以下简称亚泰足球俱乐部)因不服中国足球协会作出的《关于对四川绵阳、成都五牛、长春亚泰、江苏舜吴和浙江绿城俱乐部足球队处理的决定》(以下简称"14号处理决定")中涉及对亚泰足球俱乐部及其教练和球员的处罚,向北京市第二中级人民法院正式提起两起行政诉讼。

原告在起诉书中称:"在参加全国足球甲级B组联赛中,原告发扬体育拼搏精神,终于在第22轮与浙江绿城足球队的比赛中,净胜6球,在整个赛季中排名甲B第二。按照中国足球协会发布的《全国足球甲级联赛规则》第9条的有关规定,长春亚泰足球队应升入甲A足球队之列。但是,中国足球协会在联赛后突然作出足纪字14号处理决定,该决定第一项处罚是取消原告升入甲A资格,第四项处罚是取消原告足球队后续两年甲乙级足球联赛引进国内球员的资格,第七项是限原告3个月内进行内部整顿。

原告不服中国足球协会的第14号处理决定,随后两次向中国足球协会提出申诉状,但中国足球协会未能在法定时间内答复,后原告提起行政诉讼,请求法院依法撤销中国足协对亚泰足球俱乐部、球队、教练员和球员的处罚,恢复主教练及受到处罚球员的工作和参赛权利，恢复亚泰足球俱乐部及其球队应该享有的其他合法权利，并要求中国足协赔偿因处罚给俱乐部造成的经济损失人民币300万元。

北京市第二中级人民法院对上述两案进行审查后作出不予受理的裁定。原告不服，又向北京市高级人民法院提起上诉，请求裁定撤销北京市第二中级人民法院的第37号行政裁定书，依法受理上诉人对被上诉人(中国足球协会)的处理决定提起的行政诉讼。

问题：中国足球协会是否具有行政主体资格？

△要点提示：

在我国，行政主体在范围上主要包括国家行政机关和法律、法规授予行政权力的组织，在得到法律法规授权的情况下，社会团体也可以成为行政主体。

依中国足球协会章程的规定，中国足球协会是根据《民法典》成立的全国足球专项体育社会团体法人，是国家体育总局下属的中国足球运动管理中心。而体育竞赛管理属于国家行政的一部分，出于体育竞赛专业化的要求，由某种社会团体管理更为妥当。因此《体育法》第31条规定："……全国单项体育竞赛由该项运动的全国性协会负责管理。"第40条规定："全国性的单项体育协会管理该项运动的普及与提高工作，代表中国参加相应的国际单项体育组织。"通过《体育法》的授权，中国足球协会可以行使强制性的权力，享有对足球俱乐部及运动员的处罚权，包括经济处罚、停赛、禁赛处罚等。

所以，本案中中国足球协会具有行政主体资格，法院应将该案作为行政案件受理。

第三章 行政行为

◎ **知识目标**
　　掌握行政行为的特征以及构成要件
　　熟悉行政行为的种类、内容和效力

◎ **能力目标**
　　能区分行政行为种类，确定行政行为生效时间
　　能判断行政行为效力

◎ **素质目标**
　　正确理解行政行为对私益的影响，深刻领悟行政法治的重要意义

◎ **本章导例**：某某县市场监督管理局为改善办公条件与一家家具公司签订了购买办公家具的购销合同。在合同履行过程中，市场监督管理局认为家具公司提供的办公家具质量不符合合同约定，由此要求降低价格。在家具公司不同意的情况下，市场监督管理局便以家具公司从事非法活动为由，责令其停业整顿，并处以罚款。本案中，市场监督管理局的行为都是行政行为吗？

第一节　行政行为概述

一、行政行为的概念

所谓行政行为又称行政法律行为，是指行政主体行使行政职权，在行政管理过程中能够产生法律效果的行为。

行政行为包含以下几层涵义：

（1）行政行为是行政主体的行为。这是行政行为的主体要素。从法律意义上讲，行政行为只能由行政主体作出，离开了行政主体，行政行为便无从存在。当然，由于行政主体是一个抽象体，所以行政行为又需要通过行为主体即公务人员作出，但行为主体的行为后果，无论是积极的还是消极的，都归属于行政主体。实践中，行政行为无论是由行政机关或授权组织直接以自己的名义作出，还是由行政机关委托的组织或行政公务人员作出，均不影响行政行为的构成。

（2）行政行为是行政主体运用国家行政权力的行为。这是行政行为的权力要素。行政职权是行政行为的内核，行政行为是行政职权的外化，是行政职权的动态表现形式。因

此，行政行为一定是行政主体行使行政职权，履行行政职责的行为。行政权力是行政行为的核心，一切不是运用国家行政权力的行为，均不属行政行为。

(3)行政行为是能够产生法律效果的行为。这是行政行为的法律要素。行政主体的行为多种多样，按其是否能够产生法律效果，分为事实行为与法律行为。事实行为是行政主体经常进行的一种不产生法律效果的行为，如行政机关对扣押物品的保管、对收缴物品的销毁等活动。行政行为一定是产生法律效果的行为，如行政许可赋予行政相对人某种资格，行政处罚剥夺行政相对人的权利。行政主体实施的产生法律效果的行为不一定就是行政行为，只有其行使行政职权产生法律效果的行为才是行政行为。

一个行政行为的构成必须同时具备以上三个要素。

二、行政行为的特征

(一)行政行为的国家意志性和强制性

行政行为是国家行政权的实际运用，只能体现国家意志，无论行政主体，还是公务人员都必须服从国家意志。

行政行为是行政主体代表国家，以国家名义实施的体现国家意志的行为，故其以国家强制力作为行为内容实现的保障。

(二)行政行为的法律性和裁量性

首先，行政行为是产生法律效果的行为，即行政行为的实施能够对行政相对人的权利义务产生影响，如行政行为的实施能够引起行政相对人权益的得、失、变更等；其次，行政行为受行政法律规范调整，是从属于法律的行为；再次，行政行为的实施必须严格遵守和执行法律。依法行政、合法行政，不仅是现代行政法的基本原则，同时也是民主与法治的基本要求。

法律的规范性并不否定和排斥行政行为在一定范围内的灵活性。任何法律规范，无论如何严密，都不可能将行政主体的每一个行政行为都规定的面面俱到，详细无遗。即便能够规定，也不该作此种规定。因为，现代国家社会经济在急剧发展变化，而法律具有相对的稳定性，一旦制定就不能随意修改。因此，立法机关在立法时应该给行政主体留有自由裁量的余地，以便于行政主体因地制宜、因事制宜，更有效地实施行政管理，维护国家和社会公共利益。

(三)行政行为的单方性和主动性

行政行为是行政主体行使国家行政权力的行为，行政主体是否实施行政行为以及实施何种行政行为，完全由行政主体依法而定，无需与行政相对人协商或征得其同意。现代国家，尽管行政相对人已能广泛地参与行政行为的实施，即参与意思表示，但这种意思表示仍然取决于行政主体的接受和采纳。并且行政主体一旦接受或采纳，所形成的最终意志仍然是行政主体的意志。因此，行政相对人的参与并没有改变行政行为的单方性。

行政行为的主动性主要是与司法活动相比较而言的。行政行为一般不待行政相对人的申请而主动实施，在纠纷发生以前，积极地指挥、调节、干预社会生活；而司法活动一般是在已经产生纠纷的情况下依原告的起诉进行管辖，是一种被动行为。

(四）行政行为的服务性和无偿性

现代国家，政府与行政相对人的关系已不仅仅是一种管理关系，命令服从关系，而是一种服务与合作的关系，行政行为常常被认为是行政主体在行政相对人的合作下所作的公共服务行为。这就从根本上改变了两种权力（政府权力和公民权利）的对立关系，强调了行政主体权力管制意识的弱化，人权保障意识的增强；强调了行政相对人增强积极配合和参与行政的意识，改变消极观望甚至对立的态度。

行政行为的无偿体现在行政行为的实施不是以等价交易、有偿服务为原则。等价交易、有偿服务是实施民事行为的原则。虽说行政行为具有服务性，但其服务性是通过实施、适用法律来实现的，而实施、适用法律既是行政主体的权力也是其职责、义务，而职责、义务的履行显然是无偿的，故行政主体实施、适用法律所需经费只能由国家财政负担。行政行为的无偿性也有例外，当特定的公民、组织分享了比其他行政相对人更多的公共利益（如采矿等）时，或者承担了比其他行政相对人更多的公共负担（如拆迁等）时，就是有偿的。实践中，行政行为的实施以无偿为原则，有偿为例外。

【案例3-1】 某市一个自行车寄存处的出口立着一块牌子，上面写着："寄存时间：上午7:00—下午5:30，过时罚款。"公民张某逾时取车，被罚2元。这一罚款行为是否是行政行为？这一罚款行为不是行政行为。首先，罚款属于行政处罚，而行政处罚是行政行为的一种。从行政行为的构成上看，行政行为的实施主体必须是行政主体，而自行车寄存处不是行政主体，其实施的行为不可能是行政行为。其次，就本案而言，双方之间形成的是一种保管合同关系，所以，保管人可以向寄存人收取合理的保管费用。由于张某逾时取车，违反了保管合同约定，理应补交过时期间的保管费。

第二节 行政行为的分类

根据不同的标准和目的，可对行政行为作不同的划分。每种划分都揭示了行政行为的某些特征，这不仅有助于我们从不同角度全面地认识纷繁复杂的行政行为，而且有助于我们作更加深入的分析研究，以便充分理解、把握行政行为。常见的分类有以下几种：

一、抽象行政行为与具体行政行为

1. 划分标准

这是以行政行为的对象是否特定为标准来划分的。

抽象行政行为是指行政主体针对不特定的对象，制定普遍适用的规范性文件的行为。抽象行政行为的核心特征就在于行为对象的不特定性，即行为对象具有普遍性，属于不确定的某一类人或某一类事并具有反复适用的效力。

具体行政行为是指行政主体针对特定的对象就其权利义务所作出的具体处理决定。这种行为的实施将直接影响某一个人或组织的权益，如行政处罚、行政许可、行政征收等行为。具体行政行为最突出的特点就是行为对象的特定性和具体化，属于某个人或组织，或者某一具体社会事项并且是一次性发生法律效力。

抽象行政行为与具体行政行为的主要区别是：

(1) 两者针对的对象不同，因而效力范围也不同。抽象行政行为针对的对象是不特定的多数人或事，而具体行政行为的对象是特定的人和事。因而，抽象行政行为具有普遍性和反复适用性，而具体行政行为具有针对性和一次适用性。因此，在实践中，抽象行政行为是具体行政行为的依据。

(2) 两者所针对的行政事项的确定性不同，因而对行政相对人权利义务的影响方式不同。由于抽象行政行为是针对未来发生的事项作出规定的一种行政行为，因而其本身一般不会直接导致行政相对人权利义务的变化，换句话说，抽象行政行为对行政相对人权利义务的影响一般是间接的。而具体行政行为则是针对已经发生的事项作出处理的一种行为，因而这种行为一旦作出，就会直接影响行政相对人的权利义务，表现为直接赋予、剥夺、设定、免除特定行政相对人在行政法上的权利和义务。

(3) 由于抽象行政行为与具体行政行为在实践中的功能不同，因而对其制定主体的限制不同。抽象行政行为制定主体有较严格的限制，而且多为较高层级的主体，尤其是行政立法主体必须是法定的有权机关。而具体行政行为没有特别限制，任何行政主体依法都可以作出具体行政行为。一般情况下，行政机关的层级越高，运用抽象行政行为进行管理就越多，而行政机关层级越低，运用具体行政行为进行管理就越多。

2. 判断标准

实践中，判断一个行为是抽象行政行为还是具体行政行为可以从以下几个方面进行界定：

(1) 看该行为所针对的对象是不是确定的。抽象行政行为与具体行政行为的区别不在于它所针对的人数的多少，而在于对象的确定与不确定。抽象行政行为的对象是不确定的、无法统计的；具体行政行为的对象是确定的，尽管有时涉及到的人很多，但人数是确定的、是可统计的。如房屋征收行政决定中，虽然涉及到多数人的权利义务，但是这一范围是确定不变的，因此，征收决定或补偿决定是具体行政行为；而有关行政机关制定的征收补偿方案，调整的对象是不特定的群体，因此是抽象行政行为。

(2) 看适用效力是一次性的，还是可以反复适用。一个具体行政行为原则上只对特定的对象有效，其效力不及于其他对象，如张军殴打他人被公安机关罚款；抽象行政行为则可以反复适用，如征收补偿方案。在此应当注意的是，这里所说的反复适用应当理解为对事项或事件的反复适用，而不应理解为对人的反复适用。

(3) 看行为的表现形式，具体行政行为的表现形式是对具体事件的处理，如行政处罚、行政许可；而抽象行政行为的表现形式则是规范性文件，如行政法规、规章、其他规范性文件等。实践中有些行为虽在形式上表现为一个文件，但内容却是全部或部分拘束特定相对人，在这种情况下，该行为是具体行政行为，而不是抽象行政行为。

(4) 看能否直接进入执行程序。具体行政行为具有直接的执行力；而一个抽象行政行为不能作为直接的执行根据，必须有一个具体行政行为作为中介，才能进入执行程序。

二、内部行政行为与外部行政行为

这是以行政行为效力范围的不同为标准来划分的。

内部行政行为是行政主体针对内部行政事务进行管理的一种行政行为,如机构、编制、人事等的管理和监督,行政系统内上下级和同级行政机关之间发生的各种工作关系以及行政机关与公务员之间关系等。

外部行政行为是行政主体针对行政系统外的公民、法人或其他组织所实施的行政行为,如行政给付、行政征收、行政处罚等。如果说内部行政行为体现为国家行政机关的自我管理,那么外部行政行为体现的就是国家对社会的管理。

划分内部行政行为与外部行政行为的主要意义在于:

(1)由于内部行政行为与外部行政行为的依据不同、对象不同、效力范围不同因而行为的主体、内容以及所采取的手段、方法、程序各不相同,两者不能任意交叉。例如,记过(处分的一种)是一种内部行政行为的方式,因而只能在内部行政行为中适用;而罚款(行政处罚的一种)是一种外部行政行为,因而只能在外部行政行为中适用,两者不能交叉使用。又如,作为外部行政行为依据的规范不能由行政主体自己制定,而必须由有关国家权力机关制定或授权行政机关制定;作为内部行政行为依据的规范有些情况下是可以由行政主体自己制定的。但这些内部规范及规则只能作为内部行政行为的依据,不能适用于外部行政行为。

(2)由于内部行政行为与外部行政行为针对的对象不同,因而各自产生的争议处理方式不同。内部行政行为针对的是行政系统内部的人员和事务,而行政机关对内部事务及人员的管理具有排他性,所以,内部行政行为产生的争议一般不通过司法途径解决。换言之,内部行政行为原则上不受司法审查,如果发生违法或不当,主要依赖于行政机关自身的救济手段。如依据《公务员法》的规定,行政公务员对处分不服的,可以向同级公务员主管部门、监察机关或者作出处分决定机关的上一级机关申诉,但不能向法院起诉,也不能申请行政复议。另外,《公务员法》针对聘任制公务员特别规定了不同于其他方式产生的公务员的内部争议处理办法。即聘任制公务员与所在机关之间因履行聘任合同发生争议时,可以向人事争议仲裁委员会申请仲裁。对仲裁裁决不服的,可以向人民法院提起民事诉讼。人事争议仲裁委员会由公务员主管部门的代表、聘用机关的代表、聘任制公务员的代表以及法律专家组成。外部行政行为针对的是相对人,当双方发生争议时,相对人可以请求法院通过司法途径解决。

(3)对于内部行政行为的主体资格,法律没有严格要求,而外部行政行为的主体资格,法律则有严格的要求。因此,某些具有内部行政行为主体资格的组织,不一定具有外部行政行为主体资格。如县政府办公室一般情况下就只有实施内部行政行为的主体资格,而无实施外部行政行为的主体资格。

三、羁束行政行为与自由裁量行政行为

这是以行政行为受法律规范拘束的程度不同为标准来划分的。

羁束行政行为是指行政主体必须严格按照法律规范明确规定的范围、条件、方式、程

序等实施的行政行为。如征收税款，税务机关必须严格按照法律规定的征税范围、征税对象以及税种、税率征收，不能有任何变动。又如结婚证的颁发，婚姻登记机关只能依法实施，没有自由裁量的余地。

自由裁量行政行为是指法律规范仅仅对行政行为的范围、条件、幅度、种类等作了概括性的规定，行政主体根据行政管理的实际情况，可以自主作出决定的行为。如治安拘留的期限一般是1至15日，公安机关可以根据行为人的违法事实、情节及社会危害程度，在此幅度内自行决定拘留期限。

这两种行为的分类并不是绝对的，就某一行政行为而言，它本身可能既包括自由裁量成分，又包含羁束成分。如行政主体依法对某一行政违法行为人可以处以20元至500元的罚款，那么，行政主体在处理方式的选择上为羁束行为，即只能选择罚款，但对罚款数额的选择上是自由裁量行为，即可以在20至500元之间根据具体情况进行选择。从行政的本质而言，任何行政行为都存在行政机关主观自由裁量的因素，而任何自由裁量行为又都是受法律拘束的。

区分羁束行政行为与自由裁量行政行为的意义在于：

（1）在行政管理中，对这两种行为提出的要求不同。行政主体在作出羁束行政行为时，必须严格依法进行；而在作出自由裁量行政行为时，则可以在不违反法律目的和超出法定范围、幅度的前提下，自行决定行政行为的内容、方式。

（2）在行政复议和行政诉讼中，对这两种行政行为的审查不同，处理不同。根据《行政复议法》的规定，复议机关对具体行政行为的合法性和适当性进行审查，因此不论是羁束行为还是裁量行为，复议机关都可以审查，也都可以作出撤销或变更的决定；而根据《行政诉讼法》的规定，人民法院对行政行为的合法性进行审查，一般不对行政行为的适当性进行审查。因此，对羁束行政行为，人民法院可以全面审查，如行为违法即可判决撤销；而对自由裁量行政行为，只要不违法，在是否适当的问题上人民法院一般不予审查，只有行政行为明显不当时才有权判决撤销。

四、依职权行政行为与依申请行政行为

这是以行政行为是否主动实施为标准所作的划分。

依职权行政行为是行政主体依据法律赋予的职权，主动实施行政管理的行为。在依职权行政行为中，不需要行政相对人的申请启动行政程序，而是行政主体根据自己的判断主动行使职权。行政行为大多是依职权的行为，如行政征收、行政处罚、行政强制等。

依申请行政行为是指行政主体必须根据行政相对人的申请才可依法实施的行为。如行政许可、行政复议等。

区分依职权行政行为和依申请行政行为的意义在于，区分行政主体在不同情况下的职责和责任。对于依职权的行政行为，行政主体有作为的义务，如果行政主体不主动实施将构成行政失职；对于依申请的行政行为，只有在行政相对人提出申请后，行政主体不予审查或审查确认合法后不予满足时，才构成失职。

另外，这种划分还决定了这两种行为在行政程序以及行政诉讼程序中的举证分配不同。首先，在行政程序中，依职权行政行为一般由行政主体主动调查取证，因此由行政主

体承担举证责任；而依申请行政行为，行政主体审查行政相对人提供的证据是否充分，一般由行政相对人承担举证责任。其次，在行政诉讼程序中，依职权的行政行为，被告负有举证责任，而依申请的行政行为，原告起诉被告不作为的，必须首先证明其提出申请的事实。

五、要式行政行为与非要式行政行为

这是以行政行为有无法定形式要求为标准所作的划分。

要式行政行为是指行政主体的意思表示必须具备某种法定方式或形式才能产生法律效果的行为，即法律对行政行为的形式有特别的要求。例如，行政处罚必须采用书面形式并加盖公章才能对行政相对人发生效力。

非要式行政行为是指法律规范对行政行为的外在表现形式没有明确的要求，行政主体可以根据实际的需要作出各种形式的行政行为。例如，行政主体的通知行为，即可以采用书面形式，也可以采用口头形式或电话、电报等形式。由于行政行为的职权性特点，采取非要式行政行为应受到严格控制，一般只在情况紧急或不影响行政相对人权利的情况下，才能采取。例如，行政机关的紧急封锁、戒严、交通管制等。

在实践中，行政行为应以要式为原则，以非要式为例外。由于行政行为的内容直接涉及行政相对人的权利义务，能够引起行政相对人权利义务的产生、变更、消灭，因此，必须通过一定的形式明确行为的内容，通过一定的程序保证行为的正确，这具有重要的诉讼意义。根据《行政诉讼法》的规定，在行政诉讼中，被告即行政主体承担举证责任，并且在诉讼过程中，行政主体及其诉讼代理人不得自行向原告和证人收集证据。因此，行政主体及其公务人员应当使自己的行政行为具备一定的形式，否则一旦产生争议引起诉讼，必将承担败诉的风险。

这种划分的意义在于，要式行政行为在形式上具有羁束性要求，如果不具备就会因形式违法而被有权机关撤销。而要式行政行为在形式上是自由裁量的，原则上不发生因形式而违法的问题。

六、单方行政行为与双方行政行为

这是以行政行为成立时，参与其意思表示的当事人的数目为标准来划分的。

单方行政行为是指依行政主体单方意思表示即可产生法律效力的行为。大部分行政行为都是单方行政行为，如行政奖励、行政征收、行政许可、行政处罚等。有些行政行为，如行政许可，虽然需要行政相对人提出申请，但是否许可仍由行政主体单方决定，仍属单方行政行为。

双方行政行为是行政主体为实现行政管理目标，与行政相对人意思表示一致后才能产生法律效力的行为，如行政合同、行政委托等。

七、作为行政行为与不作为行政行为

这是以行政行为是否以作为方式来表现为标准来划分的。

作为行政行为，是指以积极作为的方式表现出来的行政行为，如行政奖励、行政强制

行为。不作为行政行为是指以消极不作为方式表现出来的行政行为。如对行政相对人的申请不予答复的行为。

这种划分的意义在于，有利于确定行政机关是否积极履行法定职责。作为行政行为可能合法，也可能违法，但是不作为行政行为一般来说是违法的。

八、授益行政行为与负担行政行为

这是以行政行为对行政相对人利益的不同影响为标准来划分的。

授益性行政行为是指行政主体为行政相对人设定利益或免除其义务的行政行为。如行政许可。

负担行政行为是指行政主体为行政相对人设定义务或剥夺、限制其权益的行政行为，又称不利性行政行为。如行政处罚。

这种划分的意义在于探讨这两种行政行为的撤销与废止的特殊规则以及对行政相对人所产生的不同影响。

九、行政立法行为、行政执法行为与行政司法行为

这是以实施行政行为时所形成的法律关系不同为标准所作的划分。

行政立法行为是指特定的行政机关依法制定行政法规、规章的活动。它所形成的法律关系，是以行政机关为一方，以不特定的相对人为另一方的普遍性法律关系。任何公民、法人或者组织出现行政立法所规定的情况的，就可以被认为是行政立法行为的相对人。

行政执法行为是指行政主体执行法律规范，将法律规范具体适用于特定相对人，从而直接影响相对人权利义务的行为。它所形成的法律关系是以行政主体为一方，以特定相对人为另一方的具体法律关系。如行政征收、行政处罚、行政许可等行为。

行政司法行为是指行政主体作为裁决人，按照准司法程序审理特定行政争议或民事争议并作出决定的活动。它所形成的法律关系是三方的，即以行政主体为一方，以争议的双方当事人各为一方。如行政复议、行政裁决、行政调解等行为。

将行政行为划分为行政立法行为、行政执法行为和行政司法行为，有助于因行政权不同作用方式而形成的不同的行政关系进行法律调整，从而规范行政行为。同时，这种划分也是行政法学对行政行为体系结构进行研究的基本思路之一。

【案例3-2】 某市人民政府于2015年3月2日，召集城市公交公司和有关职能部门开了个协调会，会后向有关部门下发了《会议纪要》。其主要内容：(1)明确城市公交公司在城市规划区内从事运营服务并要保证已开通线路的正常运营，同时免缴交通规费；(2)在规划区范围内，原由交通部门负责的对城市公交公司违法运营的查处，交由建设部门负责。《会议纪要》下发后，甲市城区交通局按照《会议纪要》的要求，中止了对城市公交公司违法运营的查处。市政府的《会议纪要》是抽象行政行为还是具体行政行为？《会议纪要》的第二项内容所涉及的职能调整，属于内部行政行为还是外部行政行为？

《会议纪要》用于记载和传达会议情况和议定事项。会议纪要所记载、传达的会

议情况和议定事项,是与会者及其组织领导者的共同意志的体现,是会议成果的结晶,集中反映了会议的精神实质。通常情况下,《会议纪要》属于抽象行政行为,因为它不具体约束特定的行政相对人。但本案中,《会议纪要》的第一项内容,即城市公交公司免缴交通规费的内容,针对的对象是特定的,而且只能一次适用,故不属于抽象行政行为。

该《会议纪要》所涉职能调整事项,属于行政机关的内部行政行为。它是市政府基于其对所属部门的领导权所进行的内部事务管理活动,不涉及对社会的管理,不属外部行政行为。

第三节 行政行为的内容

任何法律行为都是以当事人的权利义务的产生、变更、消灭为内容的,行政行为也不例外。但不同的行政行为,其内容不同、功能不一,产生的法律效果也不同。行政主体正是凭借着不同内容的行政行为,实现其行政管理职能的,如行政立法、行政处罚、行政许可、行政强制、行政复议等。行政行为的内容是行政行为的核心,研究行政行为的内容,对于我们认识行政权,保护权利主体监督权力行为具有重要意义。就行政行为整体而言,其内容非常的广泛、复杂,不同种类行政行为的对象及目的是不一样的,就是同一种类的行政行为又有自己特定的对象及目的。因此,行政行为的内容具有复杂性、多样性,很难一一列举。根据行政行为对行政相对人权利义务的影响及引起的法律效果不同,行政行为的内容主要有以下几个方面:

一、赋予或剥夺权利、权能

赋予权利、权能是指行政主体依据法律规定,在行政相对人具备法定条件的情况下,通过行政行为使其获得以前所没有的某种权利、权能。如颁发许可证件、授予法律职业资格、授予专利权等。剥夺权利、权能则正好相反,是行政主体剥夺行政相对人某种既得的权利或权能,如撤销商标专用权、吊销许可证件等。无论是赋予权利、权能,还是剥夺权利、权能,都必须有法律根据并符合法律规定。

二、设定或免除义务

设定义务是指行政主体通过行政行为命令行政相对人为一定的行为或不为一定的行为,如行政罚款、责令拆除违章建筑等。免除义务是指行政主体解除行政相对人原来所负有的作为或不作为义务,如减免税收、出口退税等。设定义务同免除义务一样,均必须根据法律、符合法律。

三、确认法律事实或法律地位

确认法律事实是指行政主体通过行政行为对与某种法律关系有关联的事实作出认定。如婚姻登记、收养关系确认、交通事故认定等。法律事实的确认是行政相对人享有某种权利或承担某种义务的依据，是产生一定法律后果的行为。

确认法律地位是指行政主体通过行政行为对某种法律关系中当事人的权利义务是否存在及存在范围加以认定。如房管部门对房屋所有权的确认、土地管理部门对土地所有权或使用权的确认等。

第四节　行政行为的效力

一、行政行为效力的内容

行政行为是一种法律行为，自然能够引起法律关系的产生、变更或消灭。行政行为的效力是指行政行为在法律上所产生的效果及对当事人（对行政相对人以及行政主体本身发生什么样的影响）权利义务的影响。

行政行为效力的内容是指行政行为生效后，对有关各方主体所产生的法律约束力。这种约束力主要表现为以下几个方面：

（一）公定力

公定力是指行政行为生效后，即对任何人都具有被推定为合法、有效而予以尊重的法律效力。换言之，行政行为一旦实施，无论其是否合法，都首先被推定为合法有效，在没有被有权机关撤销或确认违法之前，相关的当事人都必须遵守和服从。正是基于行政行为的公定力，在行政法律关系中任何人均不能以自己的判断而否认其约束力，这显然与民事法律关系中双方当事人意思表示的效力有很大的不同。民事双方在发生争执时，在有权机关作出裁判以前，当事人对该意思表示没有承认的必要。因此，公定力的有无，是行政行为和民事行为的重要区别之一。

公定力之由来乃是基于法律的推定，公定力是一种假定的法律效力，它的"合法、有效"的推定，只是一种形式意义上而非实质意义上的推定。因此，当行政行为进入行政复议或行政诉讼程序时，行政主体必须遵守相关法律的规定，如承担举证责任等。

公定力存在的实际意义在于它有利于保证行政效率，稳定管理秩序。

（二）确定力

确定力，是指已生效的行政行为对行政主体及行政相对人所具有的不受任意改变的法律效力。即生效的行政行为非因法定事由和非经法定程序不得改变或撤销。无论行政主体还是行政相对人都受确定力的约束，都不得任意改变行政行为，否则要承担法律责任。因此说，确定力是指向双方的。

对行政主体而言，确定力又称不可变更力。行政行为是行政主体对行政相对人设定、变更或消灭权利义务的一种承诺，其有义务信守和兑现这一承诺，否则就是失信，就会损害行政相对人对政府承诺的信任。所以，行政行为的效力不因行政机关的变动以及行政工作人员的变动而受影响，也就是说，行政机关不得就同一事项重新作出行政行为。

对行政相对人而言，确定力又称不可争力。即一旦超过复议期限和诉讼期限，便不得再就行政行为的效力提起争讼。行政行为是行政主体代表国家对行政相对人的权利义务所作的处理决定，其具有一定的权威性。如果行政相对人有异议，可通过行政复议或行政诉讼等途径解决。但争讼期限一旦超过，行政相对人希望通过提起争讼撤销或变更行政行为的请求就会遭到拒绝。在此应当注意的是，不可争力是以争讼期限的超过为前提的，而不是行政行为成立之初就具有的。并且这种不可争力，只是对行政相对人通过提起争讼请求撤销或变更行政行为的拒绝，并不是对行政机关依职权进行撤销或变更行政行为的拒绝。

（三）拘束力

拘束力是指行政行为一经生效，即对有关的组织或人员产生法律上的约束和限制效力，凡与行为内容有关的组织、人员都必须遵守和服从该行为。拘束力是对行政主体和行政相对人双方而言的，对他人不具有拘束力。其中，抽象行政行为约束的是不特定的多数行政相对人，而具体行政行为约束的是特定的行政相对人。对行政相对人来说，行政行为是针对其作出的，因此，拘束力首先指向相对人。对已生效的行政行为，行政相对人必须严格遵守、服从和执行，全面履行行政行为所设定的义务，不能违反和拒绝，否则，承担相应的法律责任。对行政主体来说，无论是作出行为的行政主体，还是其他任何行政主体，在该行政行为未依法撤销或变更之前，都要受其约束，不仅要执行行政行为的内容，而且还要履行该行政行为为其设定的行政职责。如行政机关对已经注册的商标，就要履行保护的职责。又如，行政主体在实施行政处罚的同时，就要履行告知当事人拟作出的行政处罚内容及事实、理由、依据，并告知当事人依法享有的陈述、申辩、要求听证等权利的职责。

拘束力发生的时间，因对象的不同而不同。对行政主体来说，行政行为一旦作出就立即生效。行政主体从作出行为伊始就有遵守的义务。对行政相对人来说，只有在行政主体履行告知义务时(行政相对人通过法定途径知悉行为内容时)，拘束效力才开始发生。

（四）执行力

执行力是指行政行为生效后，行政主体有权采取一定的手段，使该行政行为的内容得以完全实现的效力。行政行为虽然是以行政主体的名义作出的，但却是国家意志的体现，其目的在于维护公共利益。因此，行政行为具有运用国家强制力予以实现的效力。关于行政行为执行力的理解需要明确以下几点：(1)行政行为具有执行力，并不等于所有的行政行为都必须执行，只有为行政相对人设定义务的行政行为才存在执行，如行政罚款。(2)行政行为具有执行力，并不意味着行政行为都必须强制执行。如果行政相对人在法定的时间内自动履行了行政行为所设定的义务，就不存在强制执行的问题。只有当行政相对人无正当理由逾期拒不履行义务时，行政主体才能依法强制执行或申请法院强制执行。(3)行政行为具有执行力，并不是说行政行为一成立就必须立即执行。根据法律规定，行政行为实行"不停止执行的原则"，即行为生效后立即执行，不因行政相对人申请复议或提起行政诉讼而停止执行，但有些行政行为依法可以暂缓执行。如《治安管理处罚法》第107条规定："被处罚人不服行政拘留处罚决定，申请行政复议、提起行政诉讼的，可以向公安机关提出暂缓执行行政拘留的申请。公安机关认为暂缓执行行政拘留不致发生社会危险的，由被处罚人或者其近亲属提出符合本法第一百零八条规定条件的担保人，或者按每日行政拘留二百元的标准交纳保证金，行政拘留的处罚决定暂缓执行。"

二、行政行为的生效规则

当一个行政行为具备生效要件后，并非立即就对行政相对人产生法律效力。因为，行政行为的有效成立和行政相对人对行为内容的知晓之间存在着时间上的间隔。行政行为对行政相对人生效的前提是行政相对人对行为内容的知悉。但是，因行政行为的对象、环境及法律规定等因素的不同，行政行为的成立与行政相对人知悉，在时间上具有一定的差异性。行政行为在效力时间上的差异便构成行政行为的生效规则。所谓生效规则，是指行政行为何时开始生效的规则。一般来说有以下几种情况：

（一）即时生效

即时生效是指行政行为一经作出即具有法律效力，对行政相对人立即生效。即时生效意味着行为的作出和行为的生效在时间上是同步的，如公安机关对醉酒的人强制约束的行为，又如医院保健机构、卫生防疫机构对特定的传染病人实施的隔离治疗。即时生效的行为因为是当场作出，立即生效，因而其适用范围较窄，适用条件较为严格。它一般适用于紧急情况下作出的需要立即执行的行为。《突发事件应对法》第50条第2款规定："严重危害社会治安秩序的事件发生时，公安机关应当立即依法出动警力，根据现场情况依法采取相应的强制性措施，尽快使社会秩序恢复正常。"

（二）送达生效

行政行为采用行政处理决定等书面形式作出时，应当送达给行政相对人使其对决定内容知悉后才能发生法律效力。送达包括直接送达、留置送达、邮寄送达、公告送达等形式。送达生效是行政行为生效的一般规则，具体行政行为通常采用送达生效方式。

（三）附条件生效

附条件生效是指行政行为本身附有生效的日期或其它条件，当所附期限届满或条件具备时，行政行为开始发生效力。如《土地管理法》第14条的规定："土地所有权和使用权争议，由当事人协商解决；协商不成的，由人民政府处理。单位之间的争议，由县级以上人民政府处理；个人之间、个人与单位之间的争议，由乡级人民政府或者县级以上人民政府处理。当事人对有关人民政府的处理决定不服的，可以自接到处理决定通知之日起三十日内，向人民法院起诉。在土地所有权和使用权争议解决前，任何一方不得改变土地利用现状。"

三、行政行为的合法要件

行政行为的合法要件，是指合法行政行为所必须具备的法定条件。合法要件，不仅为行政主体该不该实施行政行为以及如何实施行政行为提供了标准，而且也为有关国家机关监督行政行为提供了准绳。从法律、法规对行政行为的规定和要求来看，各类行政行为有其共同应当遵守的合法要件，也有各自特殊的条件，在此我们研究前者。

（一）行为主体合法

行政行为合法首先要求主体合法。所谓主体合法，是要求作出行政行为的主体必须具有行政主体资格，即能够以自己的名义实施行政行为，并能够独立承担相应的法律后果。根据我国法律、法规的规定，能够成为行政主体的应当是依法成立的行政机关或依法被授予行政职权的组织。其他国家机关及没有得到法律、法规授权的组织均无权以自己名义作出行政行为。

行政行为的主体是行政主体，但行政行为的直接实施者有时是行政主体本身，如行政机关及法律、法规授权的组织，有时则是行政主体的工作人员或行政机关委托的组织或个人。因此，要确定行政行为的行为主体是否合法时，必须审查行政行为的实施者是谁，审查具体实施者本身实施该行政行为是否具备了法定条件，只有这样，才能保证行政行为的合法有效。具体而言：如果是行政机关，就要审查该机关的成立是否合法，同时审查其是否拥有法律规范的明确授权；如果是被授权组织，则要审查法律、法规是否授予了该组织以相应的权限；如果是行政机关或被授权组织的工作人员，则须审查其是否拥有行政执法主体资格，同时是否为机关或被授权组织所委派行使相应职权；如果是行政机关委托的组织或个人，则须审查有无委托根据，受托者的行为是否在委托权限范围内。

总之，要确定行政行为的主体合法，首先必须确定行政行为是否确实为行政主体所为，其次要看行政行为的实施者是否有资格代表行政主体。《行政处罚法》规定，行政处罚应当由具有行政执法资格的执法人员实施；《行政强制法》规定，行政强制措施应当由行政机关具备资格的行政执法人员实施，其他人员不得实施。

（二）行为权限合法

权限合法强调行政主体必须在法定的职权范围内实施行政行为。任何权力都有范围的限制，行政权力也不例外，所有超越权限范围的行政行为都是违法无效的。如税务机关行使了公安机关的拘留权；区市场监督管理局行使了市市场监督管理局的职权；被授权组织行使了法律、法规未授予的行政立法权；受委托组织行使了委托机关未委托的职权等，都属违法的越权行为。判断权限范围的标准主要有事项、地域、级别、手段、程度等。

（三）行为内容合法

内容合法，是指行政行为所涉及到的权利义务以及对这些权利义务的影响或处理，均应符合法律、法规的规定和公共利益。内容合法的具体要求有：行政行为具有事实根据，且证据确凿；行政行为适用法律、法规正确；行政行为的目的符合立法本意等。

（四）行为程序合法

从一定意义上说，程序是法律的生命，没有一定的程序作保障，任何法律的充分、有效实现都是不可能的。所谓程序，就是行为从起始到终结的长短不等的过程。构成这一程序过程的不外是行为的步骤和行为的方式，以及实现这些步骤和方式的时间和顺序。行政程序，就是由行政机关作出行政行为的步骤、顺序、方式和时间构成的行为过程。行政程序是行政行为的表现形式，也是制约违法行政的有效手段。

程序合法要求行政行为既要符合法定的步骤、顺序、方法、形式、时限，又要符合行政程序的基本原则和制度的要求，如公开原则、参与原则、说明理由制度、回避制度、听证制度等。

【案例3-3】 个体工商户张某未经批准，于2012年5月擅自将座落在城关镇建华街的临时营业棚改建成两层楼房。在施工时，该县城区建设管理所曾多次劝阻无效，张某终将楼房建成并开始营业。6月1日，县城区建设管理所依法对张某的违章建房行为作出处理，责令其在 10 日内拆除，张某在限期内未执行这一决定。于是，县城区建设管理所派人将张某的违章建筑拆除。在拆房时，县城区建设管理所未通知张某或其成年家属到场，对室内物品也没有清点保管，致使张某经营的部分商品受损。张某对县城区建设管理所的强行拆除行为不服，向法院提起诉讼，要求被告赔偿其经济损失。

县城区建设管理所强行拆除张某房屋的行为不合法。首先，县城区建设管理所无权强行拆除张某的违章建筑。强行拆除违章建筑属于行政强制执行行为。所谓强制执行，是指依法拥有强制执行权的机关在行政相对人逾期拒不履行行政法义务时，采取强制手段迫使其履行义务的行为。在我国，行政强制执行的实施机关有两种：一是法律赋予行政强制执行权的行政机关；二是人民法院。行政机关实施行政强制执行必须享有行政强制执行权，否则应申请人民法院强制执行。本案中，县城区建设管理所对张某的违章建筑作出"强制拆除"的决定是合法的，但由于其没有行政强制执行权而实施了行政强制执行行为，其行为构成违法。其次，县城区建设管理所实施的行政强制执行行为在程序上存在瑕疵。行政强制执行行为直接影响着行政相对人的权益，因此必须严格遵守法定程序。本案中县城区建设管理所在张某不按时履行义务的情况下，没有履行催告程序，同时，在实施强制执行的过程中没有通知当事人到场，也没有对当事人的合法财产进行清点造册并妥善保管，这些都不符合行政强制执行程序的要求。

四、行政行为的无效、撤销、废止、变更

行政行为一经作出就具有法律效力，将对行政相对人权利义务产生影响。但有些行政行为作出后，由于客观情况的变化必须变更或废止，也有些行政行为由于存在违法或不当，必须撤销或变更。因此，行政行为的效力会因各种不同情况而存在发生变化的可能。对行政行为的无效、撤销、废止及变更等情况的研究有助于很好地把握行政行为的效力。

（一）行政行为的无效

行政行为的无效是指行政行为有重大且明显违法情形，自始至终不产生法律效力。《行政处罚法》第 38 条规定："行政处罚没有依据或者实施主体不具有行政主体资格的，行政处罚无效。违反法定程序构成重大且明显违法的，行政处罚无效。"《土地管理法》第 79 条规定："无权批准征收、使用土地的单位或者个人非法批准占用土地的，超越批准权限非法批准占用土地的，不按照土地利用总体规划确定的用途批准用地的，或者违反法律规定的程序批准占用、征收土地的，其批准文件无效……"《税收征收管理法》第 33 条第 2 款规定："地方各级人民政府、各级人民政府主管部门、单位和个人违反法律、行政法规规定，擅自作出的减税、免税决定无效，税务机关不得执行，并向上级税务机关报告。"

由于我国尚未制定统一的行政程序法，对无效行政行为的条件和法律后果尚无统一的法律规定，但根据现有法律的相关规定，可能导致行政行为无效的主要情形有：行为实施主体不具有行政主体资格、行为没有法律依据或超越法定职权、严重违反法定程序或正当程序以及其他明显违法的情形。如受胁迫作出的行为、没有可能实施的行为或实施将导致

犯罪的行为等。

行政行为无效的法律结果：(1)被确认无效的行政行为自始至终不产生法律效力，被该行为改变的状态应予以恢复原状。行政相对人已取得的利益应被收回，负担应予解除；导致行政相对人损失的，应依法承担赔偿责任，但如果由于行政相对人的欺诈、贿赂等原因导致行为无效的，那么行政相对人即便有损失，也不予赔偿。(2)行政相对人不受该行为的约束，不执行该行为并不承担法律责任。同时行政相对人可在任何时候请求有权国家机关宣布该行为无效，而不受法定复议和诉讼期限的限制。(3)有权机关可以在任何时候审查并宣布该行为无效，而不受时间限制。

（二）行政行为的撤销

行政行为的撤销是指已经生效的行政行为，由于合法要件的缺损或不当，由有权机关依法予以取消，使其失去法律效力。

行政行为撤销的条件通常有两种情况：(1)由于行政行为合法要件的缺损。合法行政行为必须具备四个要件：主体合法，权限合法，内容合法，程序合法。某一行政行为如果缺损其中一个或一个以上要件的，该行为就是可撤销的行政行为。如行政越权、滥用职权、违反法定程序等都会构成行为的撤销。(2)由于行政行为不适当。行政自由裁量权的运用不符合合理性原则时就构成行政的不适当，而不适当的行政行为同样会构成对相对人合法权益的侵害。一般情况下不适当的行政行为应由行政机关撤销或变更，人民法院通常不能以不适当为由撤销或变更行政行为，只有在行政行为明显不当的情况下才可以判决撤销行政行为。

行政行为撤销的法律结果：(1)撤销不仅使行政行为从撤销之日起失去效力，而且撤销效力通常溯及既往，即行政行为从生效之日起就丧失了效力。(2)如果撤销是因行政主体的过错引起的，行政相对人合法权益由此受到损失的，行政主体要予以赔偿。如果撤销是因行政相对人的过错引起的，其已获得的利益要收回，由此受到的损失自己承担。《行政许可法》第69条规定："有下列情形之一的，作出行政许可决定的行政机关或者其上级行政机关，根据利害关系人的请求或者依据职权，可以撤销行政许可：（一）行政机关工作人员滥用职权、玩忽职守作出准予行政许可决定的；（二）超越法定职权作出准予行政许可决定的；（三）违反法定程序作出准予行政许可决定的；（四）对不具备申请资格或者不符合法定条件的申请人准予行政许可的；（五）依法可以撤销行政许可的其他情形。被许可人以欺骗、贿赂等不正当手段取得行政许可的，应当予以撤销。依照前两款的规定撤销行政许可，可能对公共利益造成重大损害的，不予撤销。依照本条第一款的规定撤销行政许可，被许可人的合法权益受到损害的，行政机关应当依法给予赔偿。依照本条第二款的规定撤销行政许可的，被许可人基于行政许可取得的利益不受保护。"(3)如果撤销是因行政主体和行政相对人双方共同过错引起的，双方依其过错程度承担相应的责任。

（三）行政行为的废止

行政行为的废止是指已发生法律效力的行政行为，因具有法定情形而依法定程序宣布废止，使其失去法律效力。废止适用于合法的行政行为。

行政行为废止的条件通常有：(1)行政行为所依据的法律、法规、规章、政策经有权机关依法修改、废止或撤销，相应行为如继续实施，则与新的法律、法规、规章、政策相抵触。如2001年10月，为了适应改革开放和健全社会主义市场经济体制及我国加入世贸组织新形势的需要，国务院对1994年至2000年底现行行政法规(共756件)进行了全面清理，决定废止行政法规71件。(2)实际情况发生重大变化。由于行政行为所针对的客观情况发生变化，使该行政行为失去继续存在的意义，或原行政行为的继续存在将有碍社会政治、经济、文化的发展，甚至给国家和社会利益造成重大损失。(3)行政行为已完成原定目标、任务，实现了国家行政管理目的，从而没有继续存在的必要。

行政行为废止的法律结果：(1)行政行为废止后，其效力自行为废止之日起失效，行政主体在行为废止之前通过相应行为已给予行政相对人的利益不再收回；行政相对人依原行为已履行的义务亦不能要求行政主体予以任何补偿。(2)行政行为的废止如果是因法律、法规、规章、政策的废除、修改、撤销或形势变化而引起的，且此种废止给行政相对人的利益造成损失时，行政主体应予补偿。如《行政许可法》第8条规定："行政许可所依据的法律、法规、规章修改或者废止，或者准予行政许可所依据的客观情况发生重大变化的，为了公共利益的需要，行政机关可以依法变更或者撤回已经生效的行政许可。由此给公民、法人或者其他组织造成财产损失的，行政机关应当依法给予补偿。"

废止与撤销不同，虽然废止也是取消行政行为，但废止不影响行政行为废止前的效力，即废止不具有溯及力。撤销则是从行政行为成立时起无效力，视为自始至终没有发生效力。产生这种不同的根源在于导致行政行为失效的原因不同。

(四)行政行为的变更

行政行为的变更是指对已生效的行政行为的部分内容加以改变。变更通常是让行政行为仍然存在，只是在种类、幅度等内容上作一些变化，使之更为合理、适当，更适应客观实际。行政行为被变更的部分，自变更之日起丧失法律效力，行政行为未被变更的部分，仍然具有法律效力，不受变更的影响。在这一点上，它不同于无效、撤销和废止。

变更的原因，有些是因为行为内容的不适当，有些是由于法律、法规、政策的变动或事实情况的变化，因而，对原行为内容进行部分的修改，以适应新形势的需要。抽象行政行为的变更常称为修改。

◎ 导例分析：

行政行为是指行政主体行使行政职权，在行政管理过程中能够产生法律效果的行为。行政机关只有在行使行政职权时才是行政主体，而行政主体实施的能够在行政法上产生法律效力的行为才是行政行为。因此，某市市场监督管理局与家具公司签订的购销合同行为不是行政行为，而是民事行为，因为在该行为中不存在职权因素；而市市场监督管理局的责令停业整顿行为和罚款行为，属于行政行为，因为该行为是其作为行政主体实施行政职权并对家具公司权益产生实际影响的行为。

◎ 思考题

1. 行政行为有哪些特征？
2. 如何理解具体行政行为和抽象行政行为的区别和联系？
3. 举例说明行政行为的生效规则。

第三章　行政行为

◎ 综合训练

　　为了限制三轮车在西安市区内营运，2000 年西安市公安局出台了《2000 年 1 号通告》。通告中明确规定，从早 7：00 至晚 19：00 的 12 个小时内，西安市区内的一些路段禁止人力三轮车营运。于是，西安市交警大队开始集中治理三轮车辆。西安市的人力三轮车夫吕福山因违反市公安局的规定，被交警部门罚款 150 元并被没收了三轮车。吕福山认为交警的这种处罚方式不合理，在几次要车不成的情况下，他将西安市交警支队一大队告上法庭，请求要回他的三轮车。2005 年 7 月 15 日，一场长达 5 年的官司，在西安市中级人民法院进行终审判决。

　　问：1. 本案中西安市公安局出台的《2000 年 1 号通告》属于抽象行政行为还是具体行政行为？为什么？

　　2. 西安市公安局是否有权作出该通告？

　　3. 行政相对人对该通告不服可否直接向人民法院提起诉讼？为什么？

　　4. 交警大队没收吕福山三轮车的行为属于何种行政行为？

　　5. 本案中，公安局的行为应适用哪种生效规则？

　　△要点提示：

　　1.《2000 年 1 号通告》属抽象行政行为。因为该通告针对的是所有通过此路段的三轮车主。

　　2. 西安市公安局有权作出该通告。因为根据《道路交通安全法》的规定，公安机关是道路交通的管理机关，因此，各地公安机关可以根据本地交通的实际状况，限制有关车辆在特定路段的通行，以切实维护正常的交通秩序。

　　3. 不可以。根据《行政诉讼法》第 53 条的规定，公民、法人或者其他组织认为行政行为所依据的国务院部门和地方人民政府及其部门制定的规范性文件不合法，在对行政行为提起诉讼时，可以一并请求对该规范性文件进行审查。结合本案，《通告》属于法院司法审查的范围，但相对人不可直接针对《通告》提起行政诉讼。

　　4. 属于具体行政行为。因为该没收行为针对的对象是特定的，是就吕福山违反通告行为的处理，而该处理直接影响了吕福山的权利义务，因此是具体行政行为。

　　5.《通告》属于抽象行政行为，适用附条件生效规则；没收及罚款属于具体行政行为，适用送达生效规则。

第四章 行政程序

◎ **知识目标**
　　了解行政程序的概念、作用
　　了解我国行政程序的立法现状
◎ **能力目标**
　　掌握行政程序的基本原则和主要制度及其应用
◎ **素质目标**
　　树立程序正当是依法行政应有之义的理念

◎ **本章导例**：2020年2月16日，一段"一家人在家打麻将被疫情防控人员打砸"的视频在微博、微信热传，引发广泛关注。据报道，该视频反映的事件起因是疫情防控工作人员在巡逻时发现村民在家中打麻将，闯进民宅，掀桌子，扔麻将，于是参与打麻将的村民捡起一副麻将扔向疫情防控工作人员。随后，又有多名男子冲入屋内，合力对该村民进行殴打，并声称要"进行处罚"。该村民争辩，后再次遭殴打，最终麻将桌被砸得稀烂。①
　　请问该事件中疫情防控工作人员的防控措施是否合法？

第一节　行政程序概述

一、行政程序的概念

　　2014年10月5日，在某市进行食品卫生大检查的过程中，行政机关的一名工作人员走进王某开办的一家个体餐馆进行检查。该工作人员身着便装，没有佩戴检查标志，也未出示任何证件。王某见此情况提出要看看其证件，该工作人员才掏出证件给王某看。该工作人员检查完厨房之后，离开了餐馆。10月20日，该工作人员又来到王某的餐馆，并交给王某一份该行政机关作出的行政处罚决定。该处罚决定称王某的餐馆卫生不达标，予以罚款500元，但未说明法律依据。王某询问凭什么说其餐馆卫生不达标，并要求该工作人员拿出证据，该工作人员让王某自己到市卫生局去问，然后就离开了餐馆。此案中，行政机关的工作人员在执行公务过程中存在以下问题：检查之前未主动表明身份，出示执法证

---

① 李岩、刘栋杰、吉小平. 一家人在家打麻将，遭孝感疫情防控人员打砸？[EB/OL]. https：//news.dahebao.cn/dahe/appcommunity/1498064？newsId=1498064. 大河报，2020-02-18.

件；不能单独执法；检查之后未制作检查笔录；未履行告知义务；行政处罚决定书未载明处罚的法律依据等。这些问题不是行政行为的实体问题，而是行政行为的程序问题。

行政程序是指行政主体作出行政行为时必须遵守的方式、步骤、顺序和时限。

对于这一概念可以从以下两个方面来理解：

（1）行政程序是实施行政行为的程序。并非行政机关的任何行为都是行政行为，行政机关有时以普通民事行为主体的身份出现，实施的行为不是行政行为，而是民事行为，其行为遵循的程序是民事程序。再有，行政主体作为被告参加行政诉讼，其行政行为接受法院的司法审查，所遵循的不是行政程序而是行政诉讼程序。

（2）方式、步骤、顺序和时限是行政程序的基本要素。所谓方式，是指实施和完成行为的方法及行为结果的表现形式。所谓步骤，是指完成某一行为所要经历的阶段。所谓顺序，是指完成某一行为所必经的步骤间的前后次序。所谓时限，是指实施行为或行为某一步骤所必须遵守的时间限制。可见，方式、步骤、顺序和时限就是行政行为在空间和时间上的表现形式，即行政程序是行政行为空间和时间的表现形式，反映了行政行为的运行过程。实际上，行政程序发达与否，已经成为衡量一国行政法治程度的重要标志。

二、行政程序的作用

19世纪末期，伴随行政权力的膨胀，行政程序的作用才逐渐为人们所认可和重视。

（一）保护行政相对人的合法权益

首先，行政程序提供了保护行政相对人合法权益的新途径。从传统的事后监督转变为事前、事中的监督，为行政相对人合法权益免受行政权力侵害提供了又一道有效屏障。其次，行政相对人的合法权益是由实体权益和程序权益共同组成的。程序权益是实现实体权益的前提和基础，离开了程序权益的法律保护，实体权益难以完全实现。再次，程序权益有其独立存在的价值，可以让行政相对人直接介入行政权行使过程，不再只是接受管理的对象，而是成为与行政主体合作、博弈的行政法律关系一方主体，是现代民主法治社会公民参政权的体现。

（二）规范和控制行政权力的运用

传统行政法对行政权力进行实体控制，即从行政行为结果进行控制的手段日显乏力，尤其是对行政自由裁量权更是束手无策。而行政程序则不同，其从行政行为运行过程控制行政权力的优势日益凸显。行政程序为行政权力运用的每一个环节设置法定轨道，在过程中防止行政权力逾越法律，进而使实施结果合法有效。

（三）提高行政效率

首先，行政程序为行政权力运用的每一个环节设置法定轨道，既可规制行政权力的运用，防止滥权，同时，也使得行政权力运用规范统一，防止推诿拖拉。其次，特别行政程序的存在也为提高行政效率提供了保障。例如，行政处罚中的简易程序。再次，行政程序的参与性使得行政相对人与行政主体有更多的沟通渠道。在沟通了解基础上作出的行政行为，更易为行政相对人所接受和执行，从而以暂时的行政过程中的"低效率"换来行政行为结果执行的高效率。

第二节　行政程序的基本原则

行政程序的基本原则是指贯穿行政权力运行过程，指导行政程序的设置，始终为行政主体和行政相对人以及其他程序参加人所必需遵循的基本行为准则。

目前，虽然有一些地方政府已制定了本地方的行政程序法律规范，[①] 但从国家层面还不存在统一的行政程序法典，所以也就不存在实定法上的行政程序基本原则。但是根据其他国家行政程序法典的制定情况，以及学者的理论研究，我们介绍几个主要的行政程序基本原则。

一、公开原则

公开原则，是指行政权力运行的全过程，除法定情形之外，应当一律予以公开。行政公开是现代民主政治的必然要求，监督控制行政权力的有效途径，具体包括以下内容：

（1）行政立法和其他规范性文件公开。行政主体运用行政权力可以制定行政法规、行政规章等行政立法，还可以制定除行政立法之外的其他规范性文件，或称行政政策。这些行政立法和其他规范性文件往往成为行政机关作出行政命令、行政决定的具体依据，影响社会公众或行政相对人的合法权益，因此必须予以公开。具体而言，包括两项要求：一是制定行政立法、其他规范性文件的活动公开。制定行政立法、其他规范性文件之前应广泛征求和听取相对人的意见，涉及重大利益调整或者存在重大意见分歧，对公民、法人或者其他组织的权利义务有较大影响，人民群众普遍关注，需要进行听证的，起草单位还应当举行听证会听取意见。二是行政立法、其他规范性文件内容公开。行政立法，应通过法定的载体向社会予以公布，例如政府公报或其他公开刊物。其他规范性文件，除涉及保密内容之外，也应通过一定的形式予以公布。

（2）行政执法行为公开。行政执法行为是行政机关履行政府职能、管理经济社会事务的重要方式，一般包括行政处罚、行政许可、行政强制、行政征收、行政征用、行政给付、行政确认、行政检查等行为。2018年国务院在全国推行行政执法"三项制度"，其中"行政执法公示制度"是行政执法行为公开的具体体现，是保障行政相对人和社会公众知情权、参与权、表达权、监督权的重要措施。行政执法机关要按照"谁执法谁公示"的原则，明确公示内容的采集、传递、审核、发布职责，规范信息公示内容的标准、格式。建立统一的执法信息公示平台，及时通过政府网站及政务新媒体、办事大厅公示栏、服务窗口等平台向社会公开行政执法基本信息、结果信息。涉及国家秘密、商业秘密、个人隐私等不宜公开的信息，依法确需公开的，要作适当处理后公开。发现公开的行政执法信息不准确的，要及时予以更正。具体而言，包括以下要求：一是强化事前公开，二是规范事中公示，三是加强事后公开。

[①] 例如，湖南省人民政府2008年4月17日颁布、2008年10月1日施行的《湖南省行政程序规定》；山东省人民政府2011年6月22日颁布、2012年1月1日施行的《山东省行政程序规定》；江苏省人民政府2015年1月6日颁布、2015年3月1日施行的《江苏省行政程序规定》。

(3)行政司法行为公开。行政司法行为是行政机关作为中立第三方裁决特定民事争议和特定行政争议的行政职权行为,包括行政裁决和行政复议。

(4)行政信息公开。行政信息公开是指行政主体应将行政信息向社会和行政相对人予以公布,除非法律规定可以不公开。我国《政府信息公开条例》第2条规定:"本条例所称政府信息,是指行政机关在履行行政管理职能过程中制作或者获取的,以一定形式记录、保存的信息。"行政机关应当主动公开信息的范围包括:行政法规、规章和规范性文件;机关职能、机构设置、办公地址、办公时间、联系方式、负责人姓名;国民经济和社会发展规划、专项规划、区域规划及相关政策;国民经济和社会发展统计信息;办理行政许可和其他对外管理服务事项的依据、条件、程序以及办理结果;实施行政处罚、行政强制的依据、条件、程序以及本行政机关认为具有一定社会影响的行政处罚决定;财政预算、决算信息;行政事业性收费项目及其依据、标准;政府集中采购项目的目录、标准及实施情况;重大建设项目的批准和实施情况;扶贫、教育、医疗、社会保障、促进就业等方面的政策、措施及其实施情况;突发公共事件的应急预案、预警信息及应对情况;环境保护、公共卫生、安全生产、食品药品、产品质量的监督检查情况;公务员招考的职位、名额、报考条件等事项以及录用结果;法律、法规、规章和国家有关规定规定应当主动公开的其他政府信息。除上述信息之外,设区的市级、县级人民政府及其部门还应当根据本地方的具体情况,主动公开涉及市政建设、公共服务、公益事业、土地征收、房屋征收、治安管理、社会救助等方面的政府信息;乡(镇)人民政府还应当根据本地方的具体情况,主动公开贯彻落实农业农村政策、农田水利工程建设运营、农村土地承包经营权流转、宅基地使用情况审核、土地征收、房屋征收、筹资筹劳、社会救助等方面的政府信息。除行政机关主动公开的政府信息外,公民、法人或者其他组织可以向有关行政机关申请获取相关政府信息。

二、公正、公平原则

公正、公平原则是指行政主体运用行政权力应当公正、公平。这主要是约束行政主体行政自由裁量权的一项原则。面对纷繁复杂的社会,法律不得不为行政权力的运用保留一定的"自由空间"。在法律规定的幅度和范围之内,行政主体可以在不违背法律目的的前提下,根据行政事务的具体情况运用行政自由裁量权作出相应的决定。在因"事"制宜的同时,也为行政权力的滥用埋下了隐患。因此,必须借助行政程序的过程控制优势,防止行政自由裁量权为行政主体所滥用。

公正、公平原则要求行政主体排除可能造成偏见的因素,公平的对待行政相对人。可能造成行政主体对行政相对人有所偏见的因素有:行政主体掌握信息不充分、行政执法人员与案件有利害关系、行政执法人员先入为主、行政行为作出方式不统一等。为排除这些因素应建立相应的行政程序制度,公平对待行政相对人要求行政主体对于相同情况同等对待,不同情况区别对待,不能有所偏私、歧视。

三、参与原则

参与原则是指行政程序的规则设计和行政程序的规则运作过程中,应为行政相对人提供参与的条件和机会。行政主体在行使行政职权过程中，应当依法尽可能为行政相对人提供参与行政程序的条件和机会，重视其对行政行为的意见和建议，从而确保行政相对人实体和程序权益的实现。该原则的具体内容应包括：

（1）获得通知。行政主体在行使行政职权过程中，应依法通知行政相对人参与行政程序的时间和方式。该项内容可确保行政相对人可以知悉相关行政程序，了解自身权利和行政主体的义务，并有效地参与到行政程序过程中。例如，《行政许可法》第48条第1款第1项规定："行政机关应当于举行听证的七日前将举行听证的时间、地点通知申请人、利害关系人，必要时予以公告。"

（2）参与申请权获得保障。参与申请权，是指行政相对人主动向行政主体提出申请，要求参与行政程序的权利。参与申请权是行政相对人参与行政程序的启动程序，行政主体不给相对人提供参与申请的机会或漠视相对人的申请，均会直接导致行政相对人无法参与到行政程序中。因此，行政主体对于行政相对人的申请应认真审查，谨慎处理，根据法律的规定向行政相对人作出答复。例如，根据《行政许可法》第47条的规定，当行政机关告知行政相对人有申请听证的权利后，相对人在五日内申请听证的，行政机关应当在二十日内组织听证，换言之，只要有合法的申请，行政机关就应给行政相对人提供听证的机会。

（3）陈述权和申辩权获得保障。陈述权，是指行政相对人就所知悉的事实向行政主体陈述的权利；申辩权，是指行政相对人针对行政主体的不利指控，根据事实和法律进行反诘的权利。行政相对人的陈述和申辩有助于行政主体全面了解案件的事实情况和法律适用，是行政相对人保障自身合法权益不受侵害，监督行政权力运用的重要体现。为此，行政主体不得任意剥夺或克减行政相对人的陈述权、申辩权，并为行政相对人陈述权、申辩权的实现提供条件和机会。

四、效率原则

效率原则是指行政程序的设置应有利于提高行政效率。为了适应复杂多变的行政事务的需要，行政效率的提高始终是行政权力的不懈追求。因此，行政程序在设置上，应考虑运用行政权力的方式、步骤、顺序和时限，如何规定才是有效率的。效率与"快"并不是同义词。行政效率的实质是行政行为中"成本"和"收益"的比例关系。所谓"成本"，包括行政主体、行政相对人以及其他程序参加人所耗费的时间、人力、财力和物力之总和；所谓"收益"，包括行政相对人权益的维护以及公平、公正的行政行为结果等。在保证"收益"的前提下，"成本"越小，行政效率越高；反之，行政效率越低。当然，一味追求降低"成本"，而不顾"收益"如何，也是低效率的。

第三节 行政程序的基本制度

为了保证行政程序的基本原则得以贯彻实施，在行政程序中又确立了诸多基本制度。

一、行政回避制度

行政回避制度，是指行政主体依照法律法规规定，对其工作人员在有关职位担任领导职务或者职级、执行公务等作出限制或者调整的制度。行政回避制度源于英国自然公正原则的要求——任何人不得在与自己有关的案件中担任法官，是行政程序公正原则的制度体现，有利于行政主体公正的处理行政事务，作出公正的行政行为，维护行政相对人的合法权益。

根据《公务员法》《公务员回避规定》等法律规范的规定，我国行政回避制度主要分为以下三种：

(1)任职回避。任职回避，是指具有法定亲属关系的公务员，不得担任特定职务的制度。根据《公务员法》第74条的规定，需要任职回避的亲属关系包括：夫妻关系、直系血亲和三代以内旁系血亲以及近姻亲关系。根据《公务员回避规定》第5条的规定，直系血亲包括祖父母、外祖父母、父母、子女、孙子女，三代以内旁系血亲包括伯叔姑舅姨、兄弟姐妹、堂兄弟姐妹、表兄弟姐妹、侄子女、甥子女，近姻亲关系包括配偶的父母、配偶的兄弟姐妹及其配偶、子女的配偶及子女配偶的父母、三代以内旁系血亲的配偶。有上述亲属关系的公务员不得担任以下职务：在同一机关担任双方直接隶属于同一领导人员的职务；在同一机关担任有直接上下级领导关系的职务；在其中一方担任领导职务的机关从事组织、人事、纪检、检察、审计和财务工作。除此之外，公务员不得在其配偶、子女及其配偶经营的企业、营利性组织的行业监管或者主管部门担任领导成员。因地域或者工作性质特殊，需要变通执行任职回避的，由省级以上公务员主管部门规定。

(2)地域回避。地域回避，是指公务员一般不得在本人成长地担任特定领导职务的制度。《公务员法》第75条的规定："公务员担任乡级机关、县级机关、设区的市级机关及其有关部门主要领导职务的，应当按照有关规定实行地域回避。"根据《公务员回避规定》第11条的规定，实行地域回避的领导职务包括：乡(镇)党委、政府主要领导职务，县(市)党委和政府主要领导职务，市(地、盟)党委和政府主要领导职务，县(市)纪委监委、组织部门、法院、检察院、公安部门主要领导职务，市(地、盟)纪委监委、组织部门、法院、检察院、公安部门主要领导职务。民族自治地方的少数民族领导干部的地域回避按照有关法律规定并结合本地实际执行。

(3)公务回避。公务回避，是指公务员执行公务活动时，涉及法定情形，应当终止所处理公务活动的制度。根据《公务员法》第76条的规定，实行公务回避的法定情形包括：涉及本人利害关系的；涉及与本人有夫妻关系、直系血亲和三代以内旁系血亲以及近姻亲关系的利害关系的；其他可能影响公正执行公务的。根据《公务员回避规定》第13条的规定，公务员应当回避的公务活动包括：考试录用、聘任、调任、领导职务与职级升降任免、考核、考察、奖惩、转任、出国(境)审批；巡视、巡察、纪检、监察、审计、仲裁、案件侦办、审判、检察、信访举报处理；税费稽征、项目和资金审批、招标采购、行政许可、行政处罚；其他应当回避的公务活动。

【案例4-1】王某是税务局工作人员，参加调查一企业涉嫌偷漏税款案，在调查中税务局发现该企业的总经理助理系王某妻子的弟弟，于是决定停止王某调查该案的职务。根据《公务员法》第76条之规定，公务员执行公务时，涉及与本人有本法第74条第1款所列亲属关系人员的利害关系的，应当回避。本案中王某妻子的弟弟与王某有近姻亲关系，属于第74条第1款所列的亲属关系。与此同时，根据《行政处罚法》（2017年修正）第37条之规定，在行政机关调查或者进行检查取证时，"执法人员与当事人有直接利害关系的，应当回避"。因此，王某应当主动回避或者其所在税务局发现该情况责令王某回避。

二、行政听证制度

行政听证制度，是指行政主体在作出行政行为之前，应当听取行政相对人意见的法律制度。听证作为现代行政程序法的核心制度，是行政相对人参与行政程序的重要形式。通过向行政主体陈述意见，并将之体现在行政决定中，行政相对人能动的参与了行政程序，进而参与了影响自己权利义务的决定的作出，体现了行政公正和民主。

（一）听证的内涵

听证，基本内涵是听取当事人的意见，最初源于英国的自然公正原则。广义的听证，泛指所有"听取行政相对人意见的程序"，包括在调查过程中由调查人员听取行政相对人的意见，调查证据的程序；或由行政机关举行听证会，通过公开讨论，就某种行政行为向利害关系人、具有专门知识和经验的专家以及普通公众广泛听取意见的程序。狭义的听证，是指行政主体以听证会的形式听取行政相对人意见的程序。我国立法中采用的是狭义的听证。

（二）听证的范围

听证的范围，也即听证程序适用的范围。换言之，行政听证程序并非适用所有的行政程序，而是根据法律的规定适用于特定的行政程序中。

（1）行政立法程序。行政立法是行政主体运用行政立法权制定行政法规和行政规章的行为，亦即确立公众行为规则的行为，会对所有规则拘束对象的权利义务产生影响，因此行政主体进行行政立法过程中，需要广泛听取社会公众的意见，可以举行听证会。例如我国《规章制定程序条例》第15条规定："起草规章，应当深入调查研究，总结实践经验，广泛听取有关机关、组织和公民的意见。听取意见可以采取书面征求意见、座谈会、论证会、听证会等多种形式。"

（2）行政执法程序。行政执法是行政主体执行和适用法律规范的活动，亦即行政主体将法律规范适用于特定行政相对人，从而直接影响行政相对人权利义务的具体行政行为。由于行政执法会直接影响行政相对人的权利义务，所以也应该听取行政相对人的意见，设置听证程序。例如我国《行政许可法》第47条规定："行政许可直接涉及申请人与他人之间重大利益关系的，行政机关在作出行政许可决定前，应当告知申请人、利害关系人享有要求听证的权利。"

（三）听证的程序

听证，可以依当事人申请举行，也可以依行政主体职权举行。但是，无论是哪种情形，一般都包括以下程序：

（1）通知。行政主体决定举行听证会，应该在合理的时间内提前通知行政相对人，以便行政相对人做好听证的各项准备。

(2)举证、质证。在中立第三方——听证主持人的组织之下,行政主体和行政相对人可以就案件的事实问题和法律问题举证、质证。

(3)制作听证笔录。在听证过程中,应该制作听证笔录,作为行政主体日后作出行政决定的依据。

三、政府信息公开制度

政府信息公开制度,是指行政主体应依法将政府信息向社会和行政相对人予以公布,除非依法不得公开。政府信息是指行政机关在履行行政管理职能过程中制作或者获取的,以一定形式记录、保存的信息,包括有关法律、法规、规章、行政决策、行政决定、行政主体据以作出相应决定的有关资料、行政统计资料、行政主体的有关工作制度、工作规则等。政府信息的形式包括书面文件资料、音像资料或电子数据资料等。政府信息公开可以保障公民、法人或者其他组织依法获取政府信息,提高政府工作的透明度,促进依法行政,充分发挥政府信息对人民群众生产、生活和经济社会活动的服务工作。

(一)公开的主管部门及主要原则

(1)主管部门。政府信息公开的主管部门包括国务院办公厅、县级以上地方人民政府办公厅(室)或者实行垂直领导的部门的办公厅(室),其具体工作包括推进、指导、协调、监督本行政区域的政府信息公开工作。

(2)主要原则。行政机关公开政府信息,应当坚持以公开为常态、不公开为例外,遵循公正、公平、合法、便民的原则。行政机关应当及时、准确地公开政府信息。行政机关发现影响或者可能影响社会稳定、扰乱社会管理秩序的虚假或则不完整信息的,应当发布准确的政府信息予以澄清。

(二)公开的主体与范围

(1)公开的主体。行政机关制作的政府信息,由制作该政府信息的行政机关负责公开。行政机关从公民、法人和其他组织获取的政府信息,由保存该政府信息的行政机关负责公开;行政机关获取的其他行政机关的政府信息,由制作或者最初获取该政府信息的行政机关负责公开。法律、法规对政府信息公开的权限另有规定的,从其规定。行政机关设立的派出机构、内设机构依照法律、法规对外以自己名义履行行政管理职能的,可以由该派出机构、内设机构负责与所履行行政管理职能有关的政府信息公开工作。两个以上行政机关共同制作的政府信息,由牵头制作的行政机关负责公开。

(2)公开的范围。除法定不予公开的信息之外,政府信息应当公开。根据《政府信息公开条例》第14条、第15条、第16条的规定,不予公开的政府信息包括:第一,依法确定为国家秘密的政府信息,法律、行政法规禁止公开的政府信息,以及公开后可能危及国家安全、公共安全、经济安全、社会稳定的政府信息;第二,涉及商业秘密、个人隐私等公开会对第三方合法权益造成损害的政府信息(但是,第三方同意公开或者行政机关认为不公开会对公共利益造成重大影响的,予以公开);第三,行政机关的内部事务信息,包括人事管理、后勤管理、内部工作流程等方面的信息(可以不公开);第四,行政机关在履行行政管理职能过程中形成的讨论记录、过程稿、磋商信函、请示报告等过程性信息以及行政执法案卷信息(可以不予公开。法律、法规、规章规定上述信息应当公开的,从其规定）。

（三）公开的方式与程序

政府信息公开的方式包括行政机关主动公开与依申请公开两种方式，所遵循的程序规则各有不同。

1. 主动公开

（1）信息范围。对涉及公众利益调整、需要公众广泛知晓或者需要公众参与决策的政府信息，行政机关应当主动公开。根据《政府信息公开条例》第20条的规定，行政机关应主动公开本行政机关的政府信息具体包括：行政法规、规章和规范性文件；机关职能、机构设置、办公地址、办公时间、联系方式、负责人姓名；国民经济和社会发展规划、专项规划、区域规划及相关政策；国民经济和社会发展统计信息；办理行政许可和其他对外管理服务事项的依据、条件、程序以及办理结果；实施行政处罚、行政强制的依据、条件、程序以及本行政机关认为具有一定社会影响的行政处罚决定；财政预算、决算信息；行政事业性收费项目及其依据、标准；政府集中采购项目的目录、标准及实施情况；重大建设项目的批准和实施情况；扶贫、教育、医疗、社会保障、促进就业等方面的政策、措施及其实施情况；突发公共事件的应急预案、预警信息及应对情况；环境保护、公共卫生、安全生产、食品药品、产品质量的监督检查情况；公务员招考的职位、名额、报考条件等事项以及录用结果；法律、法规、规章和国家有关规定规定应当主动公开的其他政府信息。除上述政府信息外，设区的市级、县级人民政府及其部门还应当根据本地方的具体情况，主动公开涉及市政建设、公共服务、公益事业、土地征收、房屋征收、治安管理、社会救助等方面的政府信息；乡（镇）人民政府还应当根据本地方的具体情况，主动公开贯彻落实农业农村政策、农田水利工程建设运营、农村土地承包经营权流转、宅基地使用情况审核、土地征收、房屋征收、筹资筹劳、社会救助等方面的政府信息。

（2）程序规则。属于主动公开范围的政府信息，应当自该政府信息形成或者变更之日起20个工作日内及时公开。法律、法规对政府信息公开的期限另有规定的，从其规定。

2. 依申请公开

（1）信息范围。《政府信息公开条例》第27条规定："除行政机关主动公开的政府信息外，公民、法人或者其他组织可以向地方各级人民政府、对外以自己名义履行行政管理职能的县级以上人民政府部门（含本条例第十条第二款规定的派出机构、内设机构）申请获取相关政府信息。"

（2）申请方式。公民、法人或者其他组织申请获取政府信息的，应当向行政机关的政府信息公开工作机构提出，并采用包括信件、数据电文在内的书面形式；采用书面形式确有困难的，申请人可以口头提出，由受理该申请的政府信息公开工作机构代为填写政府信息公开申请。政府信息公开申请应当包括下列内容：申请人的姓名或者名称、身份证明、联系方式；申请公开的政府信息的名称、文号或者便于行政机关查询的其他特征性描述；申请公开的政府信息的形式要求，包括获取信息的方式、途径。

（3）答复。政府信息公开申请内容不明确的，行政机关应当给予指导和释明，并自收到申请之日起7个工作日内一次性告知申请人作出补正，说明需要补正的事项和合理的补正期限。答复期限自行政机关收到补正的申请之日起计算。申请人无正当理由逾期不补正的，视为放弃申请，行政机关不再处理该政府信息公开申请。行政机关收到政府信息公开申请，能够当场答复的，应当当场予以答复。行政机关不能当场答复的，应当自收到申请之日起20个工作日内予以答复；需要延长答复期限的，应当经政府信息公开工作机构负责人同意并告知申请人，延长的期限最长不得超过20个工作日。行政机关征求第三方和其他机关意见所需时间不计算在前款规定的期限内。

所申请公开信息已经主动公开的，告知申请人获取该政府信息的方式、途径；所申请公开信息可以公开的，向申请人提供该政府信息，或者告知申请人获取该政府信息的方式、途径和时间；行政机关依法决定不予公开的，告知申请人不予公开并说明理由；经检索没有所申请公开信息的，告知申请人该政府信息不存在；所申请公开信息不属于本行政机关负责公开的，告知申请人并说明理由；能够确定负责公开该政府信息的行政机关的，告知申请人该行政机关的名称、联系方式；行政机关已就申请人提出的政府信息公开申请作出答复、申请人重复申请公开相同政府信息的，告知申请人不予重复处理；所申请公开信息属于工商、不动产登记资料等信息，有关法律、行政法规对信息的获取有特别规定的，告知申请人依照有关法律、行政法规的规定办理。

（4）费用。行政机关依申请提供政府信息，不收取费用。但是，申请人申请公开政府信息的数量、频次明显超过合理范围的，行政机关可以收取信息处理费。行政机关收取信息处理费的具体办法由国务院价格主管部门会同国务院财政部门、全国政府信息公开工作主管部门制定。

【案例4-2】 2008年5月30日，北京大学三位教授王锡锌、沈岿、陈端洪向北京市发改委、交通委分别提交政府信息公开申请，要求了解机场高速公路收费数额、流向等信息。与此同时，三位教授还以邮寄方式，向负责该公路收费的企业——首都高速公路发展有限公司也提出了同样的申请。据悉，首都机场高速公路为北京市与交通部于1993年合资修建。前者使用市财政资金，后者则以投入车辆购置附加费的方式出资，这两项均为国家财政出资。机场高速收费数额、流向等信息属于政府信息，北京市发改委和交通委应该向公众予以公开；同时根据当时的《政府信息公开条例》，首都高速公路发展有限公司属于"与人民群众利益密切相关的公共企事业单位"，其信息也应向公众公开。

四、说明理由制度

说明理由制度，是指行政主体应将作出行政决定在事实上和法律上的理由对行政相对人说明的法律制度。

说明理由制度具有三个方面的功能：第一，说服功能。行政主体基于民主政治的要求，应将行政决定的理由明白、易懂、令人信服的向行政相对人说明，以便行政相对人心悦诚服的执行行政决定的内容。第二，自律功能。行政主体作出行政决定，必须向行政相对人说明作出决定的理由，防止行政主体恣意妄为，加强自身的自律。第三，证明功能。行政决定中的事实理由和法律理由都是日后行政主体和行政相对人发生争议，据以判断行政主体行政决定是否合法合理的证据。

说明理由的核心内容包括事实理由、法律理由以及行政自由裁量所考虑的因素。说明理由一般采用书面的形式，但是口头作出的行政行为可以口头说明理由。口头说明理由之后，当事人不服行政行为，还可以请求行政主体书面说明理由，行政主体不得拒绝。

◎ 导例分析：

在疫情防控过程中，执法人员也应依法实施疫情防控及应急措施。该事件中执法人员的防控措施是否实体合法暂且不论，但从程序角度考虑，存在未告知处罚理由和依据、听取当事人陈述申辩等违法之处，属于严重程序违法行为。

◎ 思考题

1. 行政程序的基本制度中哪些体现了行政程序的公正、公平原则？
2. 为什么行政听证制度被称为行政程序法的核心制度？

◎ 综合训练

1. 2000年12月21日铁道部（2013年3月国务院将铁道部拟定铁路发展规划和政策的行政职责划入交通运输部；组建国家铁路局，由交通运输部管理，承担铁道部的其他行政职责；组建中国铁路总公司，承担铁道部的企业职责；不再保留铁道部）发布了关于2001年春运期间部分旅客列车实行票价上浮的通知。河北人乔占祥认为该通知未经价格听证等侵害了其合法权利，向铁道部提起行政复议。铁道部在其后的复议中维持了票价上浮通知。乔遂将铁道部诉至北京市第一中级人民法院，请求判决撤销复议决定；撤销被告的票价上浮通知。同年11月5日，北京市第一中级人民法院一审判决乔占祥败诉。乔不服，遂提出上诉。二审过程中，双方争议的焦点主要集中在铁道部作出的《关于2001年春运期间部分旅客列车实行票价上浮的通知》的法律依据，铁道部作出上述通知的程序合法性，以及铁道部在行政复议期间是否履行了法定职责等问题。

北京市高级人民法院一位负责人在庭审结束后指出，就本案而言，乔占祥诉铁道部部分旅客列车票价上浮没有履行听证程序，这是事实。但如果脱离当时实际，以没有经过听证程序，就断然认定铁道部作出票价上浮通知不合法也是不可取的。由于价格法对听证制度的规定比较原则，实际运用中还需要一部具体的操作规程，而在当时缺乏相应的配套程序予以实施的情况下，铁道部组织有关物价等与消费者权益密切相关的单位进行过类似于听证会性质的咨询会，就价格上浮进行可行性论证，并在此基础上向有关主管部门履行批准手续，这是符合行政程序要求的。

请问：铁道部组织采用咨询会、可行性论证等方式是否属于狭义的听证程序？采用这些方式是否符合行政程序合法性的要求？

2. 某环保联合会对某公司提起环境民事公益诉讼，因在诉讼中需要该公司的相关环保资料，遂向县环保局提出申请公开该公司的排污许可证、排污口数量和位置等有关环境信息。申请书中载明了单位名称、住所地、联系人及电话并加盖了公章、获取信息的方式等。县环保局收到申请后，要求环保联合会提供申请人身份的证明材料。环保联合会提供了社会团体登记证复印件。县环保局以申请公开的内容不明确为由拒绝公开，该环保联合会遂提起行政诉讼。① 请问：

(1)环保联合会可以采用哪些方式提出信息公开申请？
(2)环保联合会是否具有提出此信息公开申请的资格？
(3)县环保局有权要求环保联合会提供申请人身份证明？
(4)县环保局以申请公开的内容不明确为由直接作出拒绝公开的决定是否合法？

△要点提示：

1.不属于。狭义的听证程序是指行政主体以听证会的形式听取行政相对人意见的程序。听证会对参加听证的人员、程序、议题都有严格的要求，显然，咨询会、可行性论证方式不符合听证会的要求，因此，铁道部采用此种方式对部分旅客列车实行票价上浮进行论证不属于听证程序。

不符合。听证制度的核心在于听取受到行政机关行政行为影响的行政相对人的意见，在本案中，铁道部应采用听证会的方式听取旅客的意见，由于其未听取行政相对人的意见，因此，采用咨询会、可行性论证等方式不具有行政程序的合法性。

2.(1)根据《政府信息公开条例》第29条第1款的规定，公民、法人或者其他组织申请获取政府信息的，应当向行政机关的政府信息公开工作机构提出，并采用包括信件、数据电文在内的书面形式；采用书面形式确有困难的，申请人可以口头提出，由受理该申请的政府信息公开工作机构代为填写政府信息公开申请。

(2)需要。《政府信息公开条例》第29条第2款的规定，政府信息公开申请应当包括下列内容：(一)申请人的姓名或者名称、身份证明、联系方式；(二)申请公开的政府信息的名称、文号或者便于行政机关查询的其他特征性描述；(三)申请公开的政府信息的形式要求，包括获取信息的方式、途径。因此，申请人申请公开政府信息必须提供身份证明等相关信息。

(3)不合法。《政府信息公开条例》第30条规定，政府信息公开申请内容不明确的，行政机关应当给予指导和释明，并自收到申请之日起7个工作日内一次性告知申请人作出补正，说明需要补正的事项和合理的补正期限。答复期限自行政机关收到补正的申请之日起计算。申请人无正当理由逾期不补正的，视为放弃申请，行政机关不再处理该政府信息公开申请。

---

① 2017年全国统一司法考试二卷第97题。

第五章 行政立法

◎ **知识目标**
　　了解行政立法的概念，其他规范性文件的制定主体、作用
　　掌握我国行政立法体系以及行政立法效力
◎ **能力目标**
　　能分辨不同形式的行政立法效力的不同
　　能够处理行政立法之间的冲突
◎ **素质目标**
　　培养宪法至上，依法立法的法治理念；
　　树立民主立法，科学立法的立法原则；

◎ **本章导例**：2003年3月17日，就职于广州一服装公司的大学毕业生孙志刚，在去网吧的路上被广州黄村街派出所民警拦住，派出所以其没有暂住证为由将其收容。3月18日，孙被送往广州收容遣送中转站，后又被收容站送往广州收容人员救治站，该站工作人员唆使其他被收容人员对孙志刚实施野蛮殴打，导致其3月20日死亡。中山大学中山医学院法医鉴定中心的鉴定表明："综合分析，孙志刚符合大面积软组织损伤致创伤性休克死亡"——即孙志刚是被打死的。经过相关司法程序，相关责任人员被追究法律责任。该案中广州黄村街派出所收容孙志刚依据的是1982年国务院颁布的《城市流浪乞讨人员收容遣送办法》。试分析，该办法是否行政立法？其和当时的法律法规存在哪些冲突？如何对行政立法进行监督？

第一节　行政立法概述

一、行政立法概念和特征

　　行政立法有广义和狭义之分，广义的行政立法是指国家权力机关和行政机关依法定的权限和程序，制定有关国家行政管理的一切规范性文件的活动。狭义的行政立法是指特定的国家行政机关根据法定权限和程序，制定、修改和废止有关行政管理方面行政法规和规章等规范性文件的活动。作为行政行为之一的行政立法，显然是指狭义的行政立法活动。
　　行政立法具有如下特征：
　　(1)行政立法主体是国家行政机关。国家权力机关虽然也能制定调整行政关系的法

律、法规，但不是这里所说的行政立法。根据《宪法》第89条，《国务院组织法》第10条，《地方各级人民代表大会和地方各级人民政府组织法》第60条和《立法法》第65条、第80条、第82条的规定，下列行政机关才能成为行政立法的主体：国务院及其部、委、行、署、具有行政管理职能的直属机构，省、自治区、直辖市和设区的市、自治州的人民政府。显然，行政立法的主体仅限于较高层级的行政机关。

（2）行政立法是依法进行的。行政立法的主体、权限、程序都是法定的。主体法定上文已做说明；就权限法定而言，立法权属于国家权力机关是一般原则，由行政机关来行使则是一种例外和补充，因此，行政机关进行行政立法必须具有明确、具体的法律依据和授权依据；就程序法定而言，《立法法》及国务院制定的《行政法规制定程序条例》《规章制定程序条例》等已对行政立法的程序作了明确的规定。

（3）行政立法是从属性立法活动。行政机关和权力机关之间是隶属关系，这就决定了行政立法必然从属于权力机关的立法，是权力机关立法的延伸和具体化。行政立法的从属性，决定了权力机关制定的法律、地方性法规，从效力上分别高于行政法规和规章。

（4）行政立法是一种抽象行政行为。行政立法的内容不是针对特定人、特定事，也不是一次性适用的，而是针对不特定人或者不特定事制定的，具有反复适用的特性，属于抽象行政行为。

【案例5-1】 2002年11月16日，我国发现首例非典病人，2003年春天非典疫情全面爆发，建立反应灵敏、运转高效的突发公共卫生事件应急机制就成为中共中央、国务院着力强调的工作重点之一。2003年4月14日，温家宝总理在国务院第四次常务会议上同意建立突发公共卫生事件应急机制。4月15日，国务院法制办紧急部署法规起草工作。5月7日，国务院常务会议审议并原则通过《突发公共卫生事件应急条例（草案）》，并于5月9日正式颁布实施。国务院在短短20多天时间里制定《突发公共卫生事件应急条例》的行为便是行政立法行为（2007年8月30日，第十届全国人民代表大会常务委员会第二十九次会议通过《突发事件应对法》，自2007年11月1日起施行）。

二、行政立法分类

（一）职权立法和授权立法

根据行政立法权的取得方式，可以将行政立法分为职权立法和授权立法。

职权立法是指行政机关根据宪法和组织法所赋予的行政立法权所进行的立法活动，职权立法不能和上位法相抵触。

授权立法是指行政机关根据单行法律、法规或授权决议授予的立法权而进行的立法。根据单行法律、法规所进行的立法一般称为普通授权立法，根据最高国家权力机关专门的授权决议所进行的立法称为特别授权立法。授权立法可以变通、补充法律或法规的规定。

（二）执行性立法和创制性立法

根据行政立法的功能，可以将行政立法分为执行性立法和创制性立法。

执行性立法是指行政机关为了执行或实现特定法律、法规或者上级行政机关行政规范的规定而进行的立法。

创制性立法是指行政机关为了填补法律法规的空白或者变通法律和法规的规定而进行的立法。

【案例 5-2】 2008 年 5 月 12 日 2 点 28 分,四川省汶川县发生了里氏 8.0 级大地震,约有 7 万人在地震中遇难,2 万人失踪,地震给国家造成巨大损失。汶川县位于震中,损失非常严重,震后重建是一项既严峻又紧迫的工作。2008 年 6 月 8 日,国务院公布了《汶川地震灾后恢复重建条例》,作为我国首个地震灾后恢复重建的专门条例,它使得灾区急切的重建工作纳入了法制化轨道。国务院制定颁布《汶川地震灾后恢复重建条例》的行为便是创制性立法。

(三) 中央立法和地方立法

根据行政立法的主体,可以将行政立法分为中央行政立法和地方行政立法。

中央行政立法是指中央行政机关依法制定和发布行政法规和部门规章的活动。中央立法在全国范围内具有法律效力。

地方行政立法是指地方部分行政机关依法制定和发布地方规章的活动。地方立法只在本行政区域内发生法律效力。

(四) 法规性立法和规章性立法

根据行政立法的形式,可以将行政立法分为法规性立法和规章性立法。

法规性立法是指国务院依法制定和发布行政法规的活动。行政法规的名称一般称"条例",也可以称"规定""办法"等。其中,"条例"是对某一方面行政工作做比较全面、系统的规定;"规定"是对某一方面行政工作做部分的规定;"办法"是对某一项行政工作做比较具体的规定。国务院根据全国人民代表大会及其常务委员会的授权决定制定的行政法规,称"暂行条例"或者"暂行规定"。

规章性立法是指国务院各部门和有立法权的地方人民政府依法制定和发布行政规章的活动。其中国务院各部门制定和发布的规章称为部门规章,地方人民政府制定和发布的称为地方规章。规章的名称不能称"条例",一般称"规定""办法"。

三、行政立法的效力

行政立法所制定的行政法规、部门规章、地方政府规章在效力层次和效力范围上是不同的。

(一) 行政立法的效力等级

行政立法的效力等级,是指行政法规和行政规章在国家的法律规范体系中所处的地位。在我国的法律体系中,法律规范的效力等级依次为:法律、行政法规、地方性法规、自治条例和单行条例、规章(见下图)。

法律的效力高于行政法规、地方性法规、规章。

行政法规的效力高于地方性法规、规章。行政法规之间对同一事项的新的一般规定与旧的特别规定不一致，不能确定如何适用时，由国务院裁决。

地方性法规的效力高于本级和下级地方政府规章。

自治条例和单行条例依法对法律、行政法规、地方性法规作变通规定的，在本自治地方适用自治条例和单行条例的规定。

省、自治区人民政府规章的效力高于本行政区域内设区的市和自治州人民政府制定的规章。

部门规章之间、部门规章和地方政府规章之间具有同等效力，在各自的权限范围内施行。如果各部门规章之间、部门规章和地方政府规章之间就同一事项规定不一致时，应当提请国务院裁决，国务院有权改变或撤销不适当的部门规章和地方规章。

地方性法规与部门规章对同一事项的规定不一致，不能确定如何适用时，由国务院提出意见，国务院认为应当适用地方性法规的，应当决定在该地方适用该地方性法规的规定；国务院认为应该适用部门规章的，应当提请全国人大常委会裁决。

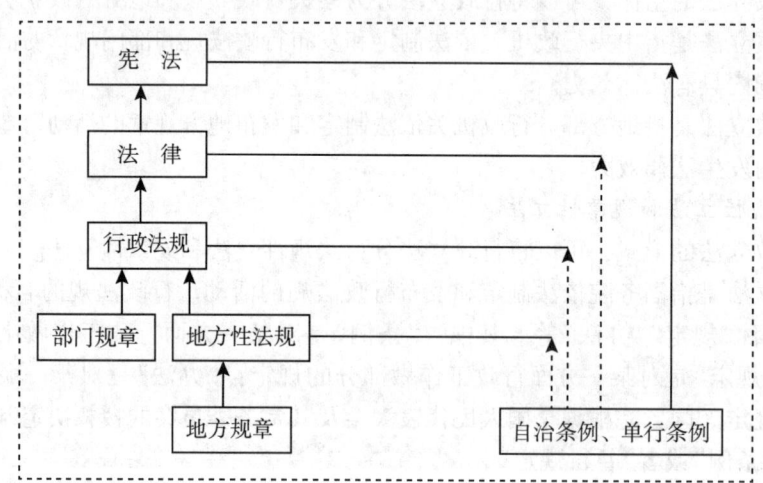

注：法律规范效力等级示意图。实线箭头表示效力的完全隶属，虚线箭头表示效力的不完全隶属。

(二) 效力范围

行政立法制定的法律规范的效力范围包括地域效力、时间效力和对人的效力。

(1) 地域效力。行政法规、部门规章的地域效力原则上适用于全国范围，包括我国领土、领海、领空以及领土延伸部分的一切领域。但如果行政法规、部门规章特别规定了适用范围，它的效力则仅限于特别规定的地域。如，国务院制定颁布的行政法规《汶川地震灾后恢复重建条例》只适用于汶川地方。地方规章的地域效力适用于制定机关所辖行政区域范围，在本行政区域内有效。

(2) 时间效力。行政法规、规章的时间效力是指其开始生效和终止效力的时间。生效时间通常有两种情况，自发布之日起开始生效和特别规定生效的时间。终止效力的时间主要有，新的法律规范明令废止相关的行政法规、规章，专门文件宣布废止行政法规、规章，行政法规、规章本身规定终止效力日期，因行政法规、规章所规定的社会关系事实已不存在而自然失效。

行政法规、规章不溯及既往，没有溯及力。但为了更好地保护公民、法人和其他组织的权利和利益而作的特别规定除外。

(3) 对人的效力。行政法规、规章对我国公民、法人或其他组织均适用。对在我国境内的外国人、无国籍人和外国组织也均适用，但依照国际惯例和法律、法规特别规定不适用的除外。

第二节 行政立法程序

行政立法程序，是指享有立法权的行政机关依照法律规定，制定、修改和废止行政法规和行政规章的方式和步骤。

结合 2000 年 3 月 15 日第九届全国人民代表大会第三次会议审议通过，2015 年 3 月 15 日第十二届全国人民代表大会第三次会议修正的《立法法》，2001 年 11 月 16 日国务院批准发布的《行政法规制定程序条例》和《规章制定程序条例》以及 2001 年 12 月 14 日国务院颁布的《法规规章备案条例》等规范性文件的规定，以行政法规为例，对行政立法程序作一概括性阐述。

一、立项

国务院有关部门认为需要制定行政法规的，应当于每年年初编制国务院年度立法工作计划前，向国务院报请立项。报送的立项申请，应当说明立法项目所要解决的主要问题、依据的方针政策和拟确立的主要制度。国务院法制机构应当根据国家总体工作部署对部门报送的行政法规立项申请汇总研究，突出重点，统筹兼顾，拟订国务院年度立法工作计划，报国务院审批。立法工作计划的主要内容包括行政法规的拟定、修改、补充、清理等各项工作。

二、起草

起草是指对列入规划的需要制定的行政法规，由国务院各主管部门分别草拟法案。行政法规的起草一般有两种情况，一是较为重要的行政法规，其主要内容与几个部门的业务有密切关系的，由政府法制机构或者主要部门负责，组成有各有关部门参加的起草小组进行工作。二是行政法规的主要内容不涉及其他部门业务的，则由主管部门负责起草。

在起草过程中应注意以下事项：(1) 是否需要制定实施细则。需要制定实施细则的，其实施细则的起草工作应一并考虑，同步进行；(2) 起草小组人员的组成，除主管部门、有关部门之外，应当吸收有关业务专家和法律专家参加，以便从不同方面对草案提出意见；(3) 草案应在广泛调查研究、充分收集并分析有关资料的基础上形成，力求做到内容切实可行，形式完整，结构严谨。

行政法规在制定过程中，对于涉及其他主管部门的业务或者与其他部门关系密切的规定，应当与有关部门协商一致。经过充分协商不能取得一致意见的，应当在上报草案时专门提出并说明情况和理由，由上级机关出面协商或决定。对于直接涉及公民、法人或其他组织切身利益的行政法规草案，应当采取论证会、听证会、座谈会等形式广泛听取人民群众的意见，特别是利害相关人的意见。对于各种意见都要当场记录，以供修改草案之用。

三、审查

审查是指行政法规草案完成之后，送交国务院法制机构进行审议、核查的制度。国务院法制机构对行政法规草案审查的主要内容有：(1)制定行政法规的必要性和可行性；(2)是否符合党和国家的方针、政策、法律以及上一层次规范性文件的规定；(3)是否在本机关的权限范围内，是否有越权或滥用职权的现象；(4)行政法规草案的结构、文字等立法技术是否规范；(5)是否符合上报手续，以及有关的资料、说明是否齐备等。法制机构审查后，写出审查报告，提出是否提交会议讨论通过的建议。若需要讨论通过，应将法规草案的上报稿和修改稿一并呈送。

四、决定

国务院法制机构对行政法规草案审查后，应向国务院提出审查报告，与行政法规草案一并提交国务院审议，由国务院常务会议或国务院审批行政法规草案。国务院法制机构应当根据国务院对行政法规草案的审议意见，对行政法规草案进行修改，形成草案修改稿，报请总理签署国务院令公布施行。

五、公布

公布是行政法规、规章生效的必经程序和必要条件。公布的法律意义在于让公众知晓必须遵守和执行的行为规则，凡是未经发布的行政法规不能认为已经发生法律效力。行政法规由总理签署国务院令公布，签署公布行政法规的国务院令载明该行政法规的施行日期。行政法规签署公布后，及时在国务院公报和中国政府法制信息网以及在全国范围内发行的报纸上刊登，在国务院公报上刊登的行政法规文本为标准文本。国务院法制机构应当及时汇编出版行政法规的国家正式版本。

六、备案

行政法规应当在公布后的30日内由国务院办公厅报全国人民代表大会常务委员会备案。备案的目的是接受全国人民代表大会常务委员会的审查，对行政法规中违反立法法等法律规定的内容，全国人大常务委员会依法有权予以撤销。

第三节　对行政立法的监督

行政立法是行政机关作出的对不特定行政相对人的权利义务具有重要影响的抽象行政行为，它的效力具有普遍性和反复适用性。行政立法的内容如果不合法或者不适当，将会对公民、法人或其他组织的权益造成比较重大的损害。因此，对行政立法进行监督是非常必要的。

我们所讲的对行政立法的监督是一种有法律效力的监督，主要表现在以下几个方面：

一、权力机关对行政立法的监督

权力机关对行政立法的监督，既可以是事前监督，也可以是事后监督。事前监督主要是针对授权立法。权力机关无论是授权行政机关进行创制性立法，还是授权行政机关进行执行性立法，都应该严格规定授权目的、性质和范围，行政机关进行立法必须遵守权力机关作出的授权规定。

权力机关对行政立法事后监督的主要形式是通过审查行政立法行为，撤销与宪法、法律相抵触的行政法规或行政规章。具体撤销行政法规、规章的权限是：

(1)全国人民代表大会常务委员会有权撤销同宪法和法律相抵触的行政法规；

(2)地方人民代表大会常务委员会有权撤销本级人民政府制定的不适当的规章；

(3)授权机关有权撤销被授权机关制定的超越授权范围或者违背授权目的的行政法规，必要时可以撤销授权。

二、行政机关对行政立法的监督

行政机关对行政立法的监督主要是基于行政机关系统内部的上下级行政机关所存在的领导与被领导、监督与被监督的关系。上级行政机关有权撤销和改变下级行政机关不适当的规章。

根据我国《宪法》和《立法法》的相关规定，国务院有权改变或者撤销不适当的部门规章和地方政府规章；省、自治区的人民政府有权改变或者撤销下一级人民政府制定的不适当的规章；其中的"不适当"是指：(1)超越权限的；(2)下位法违反上位法规定的；(3)规章之间对同一事项的规定不一致，经裁决应当改变或者撤销一方的规定的；(4)规章的规定被认为不适当，应当予以改变或者撤销的；(5)违背法定程序的。

三、司法机关对行政立法的监督

人民法院对行政立法的监督主要体现在行政诉讼中。人民法院在行政诉讼的法律适用中对规章具有选择适用权。《行政诉讼法》第63条第3款规定，人民法院审理行政案件，参照规章。由于人民法院在审理行政案件、裁决行政争议时可以参照规章，因此就要对规章进行司法审查，就要确定制定规章的行政立法行为是否合法有效，是否越权，是否违反法定程序。人民法院通过审查，如果认为相应行政规章违法或不适当，可以不予适用，并可以向有关国家机关提出改变或撤销的司法建议。人民法院虽然没有撤销行政法规、规章的权力，但法院对违法的行政法规、规章不予适用，也是对行政立法的有效监督形式，并且通过其具体的审判活动维护了法制的统一性。

第四节 其他规范性文件

行政立法行为是一种最重要的抽象行政行为，但在行政立法之外还存在着与之密切联系的另一种抽象行政行为，即行政机关制定具有普遍约束力的决定、命令、规定行政措施的行为，也就是行政机关制定规章以下的其他规范性文件的活动。由于它与行政立法同属抽象行政行为，且在行政管理实践中大量存在，并发挥着作用，因此，本章特辟一节，作为与行政立法既有共同之处又有区别的专门问题进行阐述。

一、其他规范性文件的概念

其他规范性文件又称"红头文件"，是指行政机关为实施法律、法规、规章，执行政策，在法定权限内制定的除行政法规和规章之外的具有普遍约束力的决定、命令等规范性文件。

其他规范性文件与行政立法同属抽象行政行为，但二者仍存在一些区别：

（1）制定主体范围不同。行政立法的主体仅限于宪法和法律规定的享有行政立法权的行政机关，其他规范性文件的制定主体既包括享有立法权的行政机关，也包括其他行政机关。

（2）效力高低不同。行政法规和规章都属于国家立法范畴，属于我国"法"的渊源；而其他规范性文件只是一种行政行为，具有行政行为的效力。因此，行政法规、规章的效力高于其他规范性文件。

（3）司法适用不同。由于二者的法律效力不同，在司法适用方面也有所区别。人民法院审理行政案件，以法律、法规为依据，参照规章。人民法院在审理行政案件时，可以在裁判文书中引用合法有效的规章及其他规范性文件，人民法院经审查认为规范性文件不合法的，不作为认定行政行为合法的依据，并向制定机关提出处理建议。

（4）规范的内容不同。两者最重要的区别在于其他规范性文件不可自主规定法律后果，不可自我设定强制手段，不可以作出涉及公民、法人或其他组织权利义务的规定，行政法规、行政规章则可在法定权限内为行政相对人设定权利义务。

（5）制定程序不同。行政法规、规章的制定需遵循严格、正式的行政立法程序，其他规范性文件的制定则没那么严格，程序较为简单。

【案例5-3】　某省有一居民在家发病，家属急忙拨打120急救热线，120迅速派出车辆和医护人员前往患者家中，司机为节省时间选择走机场高速公路，可收费站要收30元费用，司机及同车人员没带这么多钱，司机拿着出车命令单和120急救车免收费文件和收费人员进行交涉，可收费人员依据120急救车应该缴费的文件坚持收费，不交费不放行。双方依据各自手里的文件各执一词，互不相让。由于急救车没能及时赶到现场，患者救治不及时而死亡。原来2000年该省交通厅和省物价局专门就机场高速路收费发布一个文件，该文件规定急救车走机场高速路也要收费。然而2003年该省物价局、省交通厅及省财政厅又联合下发《关于"120"急救车辆免征车辆通行费的通知》。《通知》中明确指出，对正在执行紧急任务并设有固定装置的"120"急救车，一律免征车辆通行费。前后两个文件同属其他规范性文件，但内容不同，相互矛盾，导致这次事件的发生。

二、对其他规范性文件的监督

制定其他规范性文件属于抽象行政行为,对其进行监督有三种方式。

第一种是权力机关的监督。全国人民代表大会常务委员会以及地方各级人民代表大会常务委员会有权撤销本级政府的不适当的决定和命令;

第二种是行政机关的监督。国务院有权改变或撤销各部委发布的不适当的命令、指示,以及地方各级国家行政机关的不适当的决定和命令。县级以上的地方各级人民政府有权改变或者撤销所属各工作部门和下级人民政府的不适当的决定;

第三种是司法机关的监督。人民法院在审理行政案件时,在审查行政行为合法性的同时,还要对作出该行政行为所依据的各种规范性文件是否合法附带进行审查,对其进行鉴别、评价和判断,发现其他规范性文件违法或不当的,有权拒绝适用。如果原告起诉要求一并审查其他规范性文件,法院还有权向有关国家机关提出司法建议,建议有权机关撤销或改变违法或不当的其他规范性文件。虽然人民法院无权直接撤销或改变违法或不当的其他规范性文件,但不予适用和提出司法建议也是对其他规范性文件进行监督的一种有效方式。

◎ 导例分析:

1982年国务院颁布的《城市流浪乞讨人员收容遣送办法》属于行政法规,是行政立法之一。该法第2条规定:"对下列人员,予以收容、遣送:(一)家居农村流入城市乞讨的;(二)城市居民中流浪街头乞讨的;(三)其他露宿街头生活无着的。"其内容与《行政处罚法》及《立法法》均相抵触。1996年施行的《行政处罚法》第9条规定:"限制人身自由的行政处罚,只能由法律设定。"2000年施行的《立法法》第8条和第9条明确规定,对公民政治权利的剥夺、限制人身自由的强制措施和处罚只能制定法律。因此,1982年国务院颁布的行政法规违反了《行政处罚法》和《立法法》的规定。根据我国法律规定,全国人民代表大会常务委员会有权撤销同宪法和法律相抵触的行政法规。

◎ 思考题

1. 行政立法的主体有哪些?行政立法有哪些表现形式?
2. 简述行政立法的程序。
3. 对行政立法进行监督的主要途径有哪些?
4. 其他规范性文件和行政立法的区别有哪些?

◎ 综合训练

南京江宁区某化工厂厂长杨某于2002年5月接到江宁区建设局下属部门——科学园发展公司的拆迁通知,得知该化工厂要拆迁,但在补偿数额上双方存在严重分歧,未能达成拆迁补偿协议,杨某只好依法向区建设局提起行政裁决申请。同年7月31日,江宁区建设局依据1996年发布的《江宁县城镇房屋拆迁管理暂行办法》,裁决科学园发展公司给予某化工厂拆迁补偿安置费用135万余元。而杨某认为根据2001年《南京市城市房屋拆迁

第五章 行政立法

管理办法》的规定，补偿安置费应为447万余元。两者之所以差距这么大，原因在于双方所依据的法律根据不同。原江宁县(江宁县在2001年撤县建区)政府于1996年发布的《江宁县城镇房屋拆迁管理办法》，是依据1996年3月《南京市房屋拆迁管理办法》制定的，2000年3月，南京市已制定了新的拆迁办法，同时废止1996年的拆迁办法。2001年11月，国务院颁布了《城市房屋拆迁管理条例》(该条例已废止，《国有土地上房屋征收与补偿条例》于2011年1月19日公布施行)。一个月后，南京市政府据此再一次制定了新的拆迁办法并颁布实施，而江宁区政府却一直坚持延用7年前的暂行办法。

2003年3月24日，杨某以化工厂为原告向南京市中级人民法院递交了一份行政起诉书，状告南京市江宁区政府不及时修改《江宁县城镇房屋拆迁管理暂行办法》致使自己损失惨重的行政不作为。南京市中级法院依相关规定将此案移交江宁区法院受理，5月26日，江宁区法院正式给美亭化工厂发出了立案受理通知书。6月12日，江苏省南京市江宁区人民法院发出行政裁定书，驳回化工厂对江宁区政府立法不作为的起诉。理由是政府发布《江宁县城镇房屋拆迁管理暂行办法》属于抽象行政行为，不属于行政诉讼受案范围，同时向江宁区政府提出司法建议。

问：江宁区政府的行为是否行政立法？是否可诉？

△要点提示

行政立法是特定的国家行政机关根据法定权限和程序，制定和发布<u>行政法规</u>和<u>行政规章</u>的活动。江宁区政府的行为不是行政立法，是制定其他规范性文件的行为，属于抽象行政行为。(根据2015年修订后的《行政诉讼法》的规定，对该抽象行政行为直接起诉不可以，但可以对具体行政行为起诉时附带要求审查该抽象行政行为)

第六章 行政许可

◎ **知识目标**
  了解行政许可的范围、设定
  理解行政许可的原则
  掌握行政许可的概念、特征、程序等内容
◎ **能力目标**
  掌握行政许可实施的步骤、期限等程序内容
◎ **素质目标**
  能够深刻领悟法律规范对行政许可权规制的重要意义,了解《行政许可法》在法治政府建设中的重要作用;理解信赖保护原则对行政相对人权益保护的重要意义。

◎ **本章导例**:2019年1月,某省卫生健康委员会(以下简称卫健委)向全省所有医院下发文件,规定凡是在本省医院销售的药品,必须在该省卫健委办理"登记"手续,否则医院不得采购。某药品生产企业将其刚投入试产的新药报到卫健委备案,结果卫健委要求其提交营业执照等资质文件十余种,并指出其中的三份资质文件不合格,不能办理登记手续,也不能在该省的医疗机构销售。此药品生产企业认为该省卫健委违法设定行政许可,遂将其告上法庭。此案中省卫健委的行为是否符合行政许可设定的法律规定?

第一节 行政许可概述

一、行政许可概念、特征及作用

(一)行政许可的概念、特征

《行政许可法》第2条规定:"本法所称行政许可,是指行政机关根据公民、法人或者其他组织的申请,经依法审查,准予其从事特定活动的行为。"

行政许可的特征如下:

(1)法律禁止是行政许可存在的前提条件。行政许可是对禁止的解除,没有法律禁止也就无所谓行政许可。法律禁止事项分一般禁止和绝对禁止,一般禁止事项是指不经过行政机关个别批准、认可、核准或者资质确认等便不能从事的活动。一般来说,国家为了公共利益、社会秩序的需要,经常要设定某一领域或某一事项禁止一般人从事,只有具备一定条件和资格,经行政主体审查批准,方能解除这种禁止。例如,法律禁止一般人随意经商，公民若从事个体工商经营，必须取得行政审批局的许可，要取得许可，必须具备资金、人力、场地等条件。绝对禁止事项是指法律禁止任何人从事的行为，如，《水污染防治法》第33条规定："禁止向水体排放油类、酸液、碱液或者剧毒废液。禁止在水体清洗装贮过油类或者有毒污染物的车辆和容器。"再如卖淫嫖娼、走私等事项，此类事项不存在解禁的问题，便没有许可。行政许可是针对法律一般禁止的事项作出的解除禁止的行为。

（2）行政许可是依申请的行政行为。行政相对人提出申请是行政许可的必要前提条件，没有行政相对人的申请，行政主体不能主动予以许可。

（3）行政许可是授益性行政行为。行政许可与行政处罚和行政强制行为不同，它不是对行政相对人科以义务或限制与剥夺行政相对人的某种权利，而是赋予行政相对人某种权利或资格的行为。如开业、生产、经营许可，使行政相对人获得了实施某种活动的权利；而法律职业资格考试合格证、注册会计师证的颁发，则使行政相对人获得了实施某种活动、从事某种职业的资格。

（4）行政许可是要式行政行为。由于行政许可是赋予行政相对人某种权利或资格，而往往许可是有期限的，为便于载明许可的内容，也为便于使获得许可的行政相对人和没有获得许可的行政相对人区别开来，更便于行政主体对被许可人进行监督检查，行政许可的实施必须有特定的形式要件。这种特定的形式要件主要就是许可证、执照等，具体名称包括准运证、通行证、执照等。

需要注意的是，根据《行政许可法》第3条第2款的规定，有关行政机关对其他行政机关或者对其直接管理的事业单位的人事、财务、外事等事项的审批，不属于行政许可。

【案例6-1】 张先生参加并通过了2002年度国家司法考试（现改为法律职业资格考试）后，按规定向当地司法局提交了他的双专科学历及法律专科学历证书等材料，申领《法律职业资格证书》。司法部收到他报送的材料后，认为他的双专科学历不能等同于本科学历，所以向其颁发了B类《法律职业资格证书》。张先生对此不满，故起诉到北京市二中院，请求判令司法部将B类《法律职业资格证书》变更为A类。司法部颁发B类《法律职业资格证书》的行为是何行为？能否起诉？

该行为是行政许可行为，根据法律规定该行为是可诉的。

（二）行政许可的作用

行政许可是现代社会各国普遍使用的一种对社会经济和其他事务进行有效管理的重要手段。行政许可是对公民、法人或者其他组织特定活动的事前控制手段，其适用范围是有限制的，而且成本很高。在运用行政许可这一手段时，必须要考虑实施成本、管理范围以及管理结果等因素，必须对行政许可的作用有着正确的认识。

（1）有利于加强国家对社会经济活动进行宏观管理，实现从直接管理到间接管理的过渡，协调行政主体和行政相对人之间的关系。

（2）有利于保护行政相对人的合法权益，制止不法经营，维护社会经济秩序和生活秩序。

(3) 有利于保护并合理分配和利用有限的社会、经济资源，搞好生态平衡，避免资源、财力及人力的浪费。

(4) 有利于控制进出口贸易，发展民族经济，保持国内市场的稳定。

(5) 有利于消除危害社会公共安全的因素，保障社会经济活动有一个良好的环境。

二、行政许可的种类

根据不同的标准，行政许可可以分为不同的种类。

1. 以许可的范围为标准，分为一般许可和特别许可

一般许可即无特殊限制的许可，申请人只要符合法定条件，行政机关就可发放许可证，如驾驶许可、营业许可大多数许可即是属于此类许可。一般许可的背景条件是有关许可事项本来属于社会或私人自由的范畴，只是基于行政法上的目的而受到一定的制约或者限制。特别许可是指除必须符合一般条件外，还对申请人有特殊限制的许可，如持枪许可、烟草专卖许可即属于此类许可。二者的相同点在于都基于行政相对人的申请而作出，其不同点在于，一般许可仅对法律一般禁止的解除，而特别许可是赋予行政相对人可以与第三人抗衡的新的法律效力的行为，是为特定人设定新的权利和资格的行为。

2. 以许可的享有程度为标准，分为排他性许可和非排他性的许可

排他性许可是指某些人或组织获得该许可后，其他任何人不得再申请或获得此许可，如烟草专卖许可等。非排他性许可是指可以为所有具备法定条件者申请、获得的许可，如驾驶执照、营业执照等。

3. 以许可存续时间为标准，分为长期的许可和附期限的许可

长期的许可是指申请人取得许可证后，只要本人不放弃或者不因法定事由被主管机关吊销，该许可证长期有效，如生产某种产品的许可。附期限的许可是指许可只在一定时间内有效，如林业采伐许可等。

4. 以许可是否有附件为标准，分为独立许可和附文件许可

独立许可是指许可证或执照本身已包涵了许可的内容和范围，无须再用其他文件加以说明的许可，如律师执业证、持枪证等。附文件许可是指许可证或执照本身没有对许可的内容和范围加以说明，还需要其他附加文件予以说明的许可，如建设工程规划许可，该许可包括许可证，以及附加文件如总平面图、各层建筑平面图、各项立面图和剖面图等。此类证照持有人在从事被许可的活动时，除了必须持有证照外，还必须同时持有该证照的附加文件。

5. 以许可的目的形式为标准，分为行为许可和资格许可

行为许可是允许符合条件的行政相对人从事某种活动，实施某种行为的许可，如生产、经营、开业许可。资格许可是行政机关根据行政相对人的申请，通过考试、考核程序后，给合格者核发证明文书，允许其享有某种资格或具备某种能力的许可，如法律职业资格证、注册会计师证、医师证等。

6. 以许可是否附加义务为标准，分为权利性许可和附义务的许可

权利性许可是指被许可人可以自由决定是否行使该许可所赋予的权利和资格的行政许可。被许可人在获得该项许可时，并没有附有相关义务，因此，被许可人即使放弃行使该

项许可所赋予的权利,其本人并不需要为此承担法律责任和后果。如驾驶执照、律师执照、捕捞许可证等。

附义务许可是指被许可人获得许可后必须同时承担一定时期内从事该项活动的义务,否则要承担一定法律责任的行政许可。如建设用地许可,电视剧制作许可等。

三、行政许可的原则

根据《行政许可法》的规定,设定和实施行政许可应遵循法定原则,公开、公平、公正和非歧视原则,便民、效率原则,救济原则和信赖保护原则。

1. 法定原则

法定原则的基本含义是,设定和实施行政许可,应当依照法定的权限、范围、条件和程序进行。

依法设定有以下三方面的含义,一是依法定权限设定。设定许可须遵循法律规定的设定权限,越权设定许可无效。二是依法定事项设定。设定许可只能就《行政许可法》第12条规定的事项设定行政许可,不得擅自扩大设定许可的范围。三是依法定程序设定。

依法实施有以下五个方面的含义:一是依法定种类实施;二是依法定权限实施;三是依法定条件实施;四是依法定方式实施;五是依法定程序实施。

2. 公开、公平、公正、非歧视原则

公开原则要求有关行政许可的事项、权限、条件、方式和程序要求的规定应当公布,未经公布的,不得作为实施行政许可的依据。并且行政许可的实施程序和结果应当公开,接受行政相对人和社会公众的监督。

公平原则要求行政机关对符合法定条件、标准的申请人,应平等对待,一视同仁,不得歧视任何人。

公正原则的最重要的价值是维护正义,防止因亲情、友情和其他利害关系产生偏向性和损害公职的中立性。

非歧视原则是指行政机关在实施许可时对各类市场主体一视同仁,各类市场主体按照竞争中性原则公平竞争。非歧视原则是WTO的基本法律原则之一,非歧视原则包括最惠国待遇和国民待遇。不管是内资企业还是外资企业,不管是大型国有企业还是中小民营企业,只要符合法定申请条件和标准,都有取得行政许可的平等权利。

该原则要求政府许可行为增加透明度做一个透明政府。

3. 便民、效率原则

便民原则是指行政机关实施行政许可应当尽可能手续简化,方便快捷,从而确保申请人以最低的成本获得许可目的的实现。如相对集中行使许可权的规定,灵活多样的申请方式的规定,申请处理程序化的规定。

效率原则是指行政机关在履行职责时应当以尽可能小的社会成本来实现既定的行政管理目标,使社会效益最大化。

该原则的意义是行政机关实施行政许可既要便民,又要讲究效率,旨在建设一个服务型政府。

【案例6-2】 2011年5月,某国有企业新上一项目,计划用地100亩。项目获上级主管部门审核通过后,该企业向国土资源部门(现改为自然资源部门)提出用地申请。半年后,企业的用地申请仍未获通过。原因是国土资源部门每次都要求企业提交新的用地申请材料,本案国土资源部门有何违法之处呢?违反了行政许可便民原则。《行政许可法》第32条第1款第四项规定,行政机关对申请人提出的行政许可申请,认为申请材料不齐全或者不符合法定形式的,应当当场或者在五日内一次告知申请人需要补正的全部内容,逾期不告知的,自收到申请材料之日起即为受理。对此类行为,应按照《行政许可法》第72条规定进行处理,即由其上级行政机关或者监察机关责令改正;情节严重的,对直接负责的主管人员和其他直接责任人员依法给予行政处分。

4. 救济原则

救济原则有以下三个方面的含义,一是行政相对人享有陈述权和申辩权。公民、法人或其他组织在申请行政许可时,在行政主体审查申请材料时,在行政主体对实施被许可行为进行监督检查时,均可进行陈述和申辩,争取行政机关作出有利于行政相对人的行为,或避免作出不利的行为。二是行政相对人享有申请行政复议或提起行政诉讼的权利。公民、法人或其他组织的这一权利通常是在行政主体对申请人作出某种不利决定之后行使的。如,行政主体拒绝受理申请,或作出不予许可的决定,或对申请不予答复等。三是行政相对人享有请求赔偿的权利。如果行政主体实施违法的行政许可侵害行政相对人合法权益的,其可以行使请求赔偿权,要求行政主体予以赔偿。

该原则体现了有权利必定有救济的法治理念,贯彻此原则旨在建设一个责任政府。

5. 信赖保护原则

信赖保护原则的基本含义是,公民、法人或其他组织依法取得的行政许可受法律保护,行政机关不得擅自改变已经生效的行政许可。依法确需改变或撤回许可,由此给行政相对人合法权益造成损害的,应当依法给予行政补偿。

该原则的主要内容如下:一是行政主体的行政许可决定一经作出并生效,非有法定事由和依法定程序,不得擅自废止或改变;二是行政主体只有在下述情形下,才能废止或改变已经生效的行政许可决定。行政许可所依据的法律、法规、规章修改或者废止;准予行政许可所依据的客观情况发生重大变化的,且基于公共利益,需要变更或者撤回已经生效的行政许可;三是行政机关依法变更或废止已经生效的行政许可,由此给公民、法人或者其他组织造成财产损失的,应当依法给予补偿。

《行政许可法》首次确立信赖保护原则,该原则的核心内涵便是要求政府实施行政许可要信守承诺,保护公民、法人和其他组织的合法权益,建设诚信政府。

【案例6-3】 2010年7月,某市卫生健康委员会出台一文件,其中规定"2010年6月之前所有经营面积小于60平米的餐厅一律关闭"。原因是当地卫健委连续接到几起顾客投诉案件,投诉餐饮店食品不卫生等现象,而被投诉的餐饮店都是经营面积较小的店,因此,该市卫健委便欲出重拳治理,于是便出台了上述文件。文件涉及的餐饮店面积虽小，但多有特色，满足了大众不同口味的需求，有其存在的市场价值。且这些店是依法得到许可，并依法经营，在没有违反国家法律的情况下，只是因为经营面积小而被强令关闭，破坏了经营者对行政许可的信赖，损害了行政机关的执法权威，势必也会给这些经营者造成经济损失，因此，该市出台这一文件违反了信赖保护原则，后该文件被撤销。

6. 监督原则

《行政许可法》在第一章总则中规定，县级以上人民政府应当建立、健全对行政机关实施行政许可的监督制度，加强对行政机关实施行政许可的监督、检查。行政机关应当对公民、法人或者其他组织从事行政许可事项的活动实施有效监督。为了落实总则的这一规定，《行政许可法》第六章用专门的章节对监督事项做了详细具体的规定，彰显了督促履责、建规立制、加强监督的立法宗旨。

第二节　行政许可的设定

一、行政许可的设定范围

行政许可的设定范围是指由法律确定的国家可以设定行政许可的具体行政管理领域及事项。即哪些事项可以设定行政许可，哪些事项不可以设定行政许可。行政许可的范围也是行政相对人未经许可不得从事特定活动的范围，是国家权力与个人自由之间的界限。行政许可是以法律的一般禁止为前提的，因此实行许可制度的范围大小直接影响到行政相对人的行为和自由。哪些事项可以设定许可，哪些事项不可以设定许可，应该考虑既要保证国家对特殊行业行为的严格控制，又不能过多地干预人们正常的无须禁止的自由。行政许可的范围便是权衡国家和社会公共利益与公民个人利益的结果。

（一）可以设定行政许可的事项

1. 需要依照法定条件予以批准的事项

此类事项包括：

（1）国家安全和社会公共安全的事项。比如外国组织在我国进行的科学研究影响到国家安全，需经许可方可从事相关的研究。

（2）经济宏观调控的事项。经济宏观调控是国家在市场运作的基础上对有关的经济行为作出的宏观控制和宏观管理。

（3）人身健康和生命财产安全的事项。如食品卫生许可，药品生产经营许可，麻醉药品的生产使用许可等。

上述事项设定许可的目的主要是防范危险和保障安全，这类许可的特点是一般没有数量限制，这类许可与被许可人的自身条件有关，一般不能转让。

2. 需要赋予特定权利的事项

此类事项包括：

（1）有限自然资源的开发利用事项。比如，土地、矿藏、水流、海域、森林、山岭、草原、荒地、滩涂、湖泊等开发利用。由于自然资源的有限性，故对其开发利用必须受到行政许可法的规制。

（2）公共资源的配置事项。比如，公共交通、公共通信、公共环境等资源，此类资源本身的公共性使得对其运用和配置与公共利益密切联系，因此涉及到公共资源的配置事项属于可以设定行政许可的范围。

（3）有关市场准入的事项。市场准入在一般情况下是自由的，就是通过自由市场机制调节市场主体的市场准入行为，但是，直接关系公共利益的垄断性行业的市场准入则实行许可制度，如电力、铁路、邮政、民航以及其他公用事业。

上述事项设定许可的目的在于分配稀缺资源，一般有数量控制。此类许可一般可依法转让。

3. 获得特定资质、资格的事项

此类事项包括：

（1）需要具备特殊信誉才能从事的事项。即只有具备一定的信誉度才能从事的事项，如从事某种资格的鉴定部门。

（2）需要具备特殊条件才能从事的事项。如从事律师执业者必须通过国家司法考试，取得司法考试职业资格证和律师执业证后方可从事律师执业。

（3）需要具备特殊技能才能从事的事项。如建筑施工企业必须具备修建房屋的特殊建筑技能。

此类许可有以下特点：一般都需通过考试、考核方式决定是否准予许可；没有数量限制；行政主体实施许可一般没有自由裁量权；资格、资质的许可与申请人的身份相联系，资格、资质证书不能转让。

上述事项设定许可的目的在于防止不具备相应资格、资质的人员或组织从事相关职业，以维护公共利益和保障公民、法人和其他组织的合法权益。

4. 须检验、检疫以及检测的事项

此类事项是指对于直接关系公共安全、人身健康、生命财产安全的重要设备、设施、产品、物品，需要按照技术标准、技术规范，通过检验、检测、检疫等方式进行审定的事项。

上述事项设定许可的目的是防止危险，保障安全。这类许可与许可事项的自身条件有关，不能转让。

5. 获得主体资格的事项

此类事项是指企业或者其他组织的设立等，需要确定主体资格的事项。

市场经济条件下强调市场主体要为自己的行为承担责任，如果任由行政相对人随意成立法人或者其他组织，势必使得那些不具备相应条件和不能独立承担法律责任的组织体进入市场，影响到交易的稳定和市场经济秩序的维护。法律规定了企业或其他组织的设立需要满足一定的条件，这些条件是否满足是衡量该主体是否能够独立承担其行为法律效果的标准。在条件满足后方可具备相应主体资格。如，财团法人的成立、社团法人的成立、有限责任公司的成立、教育机构的成立等。

上述事项设定许可的目的是确立市场主体资格，一般没有数量限制。行政机关在实施许可时一般只对申请登记的材料进行形式审查，申请人对申请材料的真实性负责，申请人提交的申请材料齐全，符合法定形式的，行政机关应当当场予以登记；登记本身就是确认企业或者其他组织主体资格的许可，此类许可不能转让。

此类许可既然只是予以形式审查，因此，更侧重事后监督，如对一般实行登记制的前提条件是相应的事后监督体制的完善。

6. 法律、行政法规规定可以设定行政许可的其他事项

上述五类事项是《行政许可法》具体列举的行政许可设定的具体范围，但上述范围不一定覆盖行政许可设定事项的所有范围，行政管理的复杂性和多变性决定了上述列举还不足以穷尽行政许可设定事项。因此，第6项规定是对上述列举规定的有效补充。

以上是《行政许可法》规定的可以设定许可的事项。可以设定的意思是，需要设定许可只能在上述事项范围内设定许可，但是上述事项并不是必须设定许可，能够通过下列方式予以规范的，可以不设行政许可。

(二) 可以不设定行政许可的事项

1. 公民、法人或者其他组织能够自主决定的

行政相对人能够自主决定的事项一般是指，相对人在符合法律规定的情况下，无须行政机关干涉而能够按照自己的意愿处理且不会危及他人或社会公众利益的事情。

现代社会，尽管人们的行为受到各种限制，但国家仍然为公民保留属于自己活动范围的自主权。只要是作为社会成员的公民、法人或者其他组织能够自主决定的事情，都应该留给他们自己去做主，不仅政府不要去干预，自律组织也不要去干预。如，聘请保姆，企业负责人聘用秘书之类的事情。

2. 市场竞争机制能够有效调节的

在市场经济条件下，对经济的调节有两种：一种是市场竞争调节，还有一种是政府调节。行政许可作为一种政府宏观调节的手段，是在市场调节失灵或滞后的情况下采取的一种行政干预。如果市场调节能够解决的事情，政府就不要干预，不要设定许可，如商品定价，一般由经营者自主定价，只有极少数商品或因与国计民生关系重大，或因资源稀缺，才由政府限价、定价。政府对经济的干预应限于宏观调控，而不应在微观层面上具体地介入市场运行的各个环节。

3. 行业组织或者中介组织能够自律管理的

目前，在我国已经存在的行业组织、中介组织主要有注册会计师协会，律师协会，消费者协会，证券业协会，汽车工业联合会，互联网协会，中国银行协会等。

这类组织是国家权力和市场经济之间的桥梁，他们吸纳和承接了从政府分离出来的部分职能。这类组织的成员本身来自同一行业，最清楚自己的利益所在，且在正确引导下能实现政府难以达到的效果。行业组织或者中介组织的自律管理是建立在成员共同的利益和自愿的基础之上，其发挥作用的机制是利益和信誉。因此，自律管理一般成本比较低、效率比较高。

这类组织具有自律性、服务性、公正性，能充分反映市场主体的利益和要求。随着市场经济体制的进一步完善，现行的许多资质、资格的许可、产品质量的许可等，将退出行政许可的范围，由行业组织或中介机构的自律管理来替代。

4. 行政机关采用事后监督等其他行政管理方式能够解决的

行政管理方式多种多样,针对不同的事项可以采取不同的管理手段。行政许可是一种事前审批、成本较高的行政管理方式。行政许可的事项一般是与公民生活息息相关,甚至为公民基本生存所必需的事项。由行政主体事前审批进行规范管理,可以控制风险,防止严重后果的发生。如果行政主体能通过事后监督等其他管理方式进行管理的,就没有必要通过事前审批的方式进行管理。这样不仅可以节省管理成本,还可以防止行政主体权力寻租行为的发生。

二、行政许可的设定权限

行政许可的设定分创设和规定,创设是指在上位法律规范尚未涉及某种行政许可,下位法首次对该种行政许可的实施机关、对象范围、条件、程序、期限等作出创设性规定的活动。创设使某种行政许可从无到有,产生首次性规范。

行政许可的规定是指上位法已经设定了行政许可,一定层级的下位法对实施该行政许可的有关事项作出进一步具体化规定的活动。规定使某种行政许可更详细,更具体,更具操作性。如果说创设是使行政许可从无到有,那么规定则是使行政许可从有到细。

行政许可法对行政许可的设定权限作了明确规定,内容如下:

1. 创设权

(1)法律。在《行政许可法》规定的可以设定许可的事项上,法律可以设定许可。

(2)行政法规。行政法规的设定权受到一定条件的限制,即尚未制定法律的,行政法规才可以设定行政许可。

(3)国务院的决定。国务院除以行政法规的形式设定行政许可外,还可以在必要时采用发布决定的方式设定行政许可。实施后,除临时性行政许可事项外,国务院应当及时提请全国人民代表大会及其常务委员会制定法律,或者自行制定行政法规。

(4)地方性法规。尚未制定法律、行政法规的,地方性法规可以设定行政许可。

(5)省、自治区、直辖市人民政府规章。尚未制定法律、行政法规和地方性法规的,因行政管理需要,确需立即实施行政许可的,省、自治区、直辖市人民政府规章可以设定临时性的行政许可。临时性的行政许可实施满一年需要继续实施的,应当提请本级人民代表大会及其常务委员会制定地方性法规。

需要注意的是,地方性法规和省、自治区、直辖市人民政府规章设定许可不得设定应当由国家统一确定的公民、法人或者其他组织的资格、资质的行政许可;不得设定企业或者其他组织的设立登记及其前置性行政许可。其设定的行政许可,不得限制其他地区的个人或者企业到本地区从事生产经营和提供服务,不得限制其他地区的商品进入本地区市场。《行政许可法》中的上述规定契合了党的二十大报告中强调的"加强反垄断和反不正当竞争,破除地方保护和行政性垄断,依法规范和引导资本健康发展"的基本要求。

2. 规定权

行政法规可以在法律设定的行政许可事项范围内,对实施该行政许可作出具体规定;地方性法规可以在法律、行政法规设定的行政许可事项范围内,对实施该行政许可作出具体规定;规章可以在上位法设定的行政许可事项范围内,对实施该行政许可作出具体规定；

法规、规章对实施上位法设定的行政许可作出的具体规定，不得增设行政许可；对行政许可条件作出的具体规定，不得增设违反上位法的其他条件。

除以上规范性文件外，其他规范性文件一律不得设定行政许可。

第三节 行政许可的实施机关

根据《行政许可法》规定，行政许可的实施机关有以下几种：

一、行政机关

《行政许可法》第22条规定："行政许可由具有行政许可权的行政机关在其法定职权范围内实施。"由此可见，实施行政许可的应该是法定的行政机关。

根据《行政许可法》第25条的规定，经国务院批准，省、自治区、直辖市人民政府根据精简、统一、效能的原则，可以决定一个行政机关行使有关行政机关的行政许可权。

行政许可法关于行政许可实施机关的规定，既体现了原则性，又体现了灵活性；既限制了行政许可的任意性，又保证了行政许可的及时有效性。

二、被授权组织

《行政许可法》第23条规定："法律、法规授权的具有管理公共事务职能的组织，在法定授权范围内，可以以自己的名义实施行政许可。被授权的组织适用本法有关行政机关的规定。"如根据《证券法》规定，中国证券监督管理委员会统一监督管理全国证券期货市场，其有权向证券期货经营机构颁(换)发证券、基金、期货业务许可。

《行政许可法》第28条规定："对直接关系公共安全、人身健康、生命财产安全的设备、设施、产品、物品的检验、检测、检疫，除法律、行政法规规定由行政机关实施的以外，应当逐步由符合法定条件的专业技术组织实施。"这意味着，对于这方面的许可，只要法律、行政法规没有明确规定由行政机关实施，那么，就应该经过法律、法规授权，由行政机关之外的组织实施。

三、受委托机关

《行政许可法》第24条第1款规定："行政机关在其法定职权范围内，依照法律、法规、规章的规定，可以委托其他行政机关实施行政许可。"

本条款是关于受委托机关实施许可的规定。这里的委托机关与受委托机关都有一定的限定性。委托机关只能是行政机关，受委托机关也只能是行政机关，其他社会组织不能接受委托实施许可。如，《森林法》第57条第3款规定："农村居民采伐自留山和个人承包集体林地上的林木，由县级人民政府林业主管部门或者其委托的乡镇人民政府核发采伐许可证。"

为了贯彻公开原则，尊重和保障申请人的知情权，确保对行政机关实施行政许可的监督，必须将受委托行政机关和受委托实施行政许可的内容予以公告。

《行政许可法》不仅对行政许可实施机关作出明确的规定，而且也规定了行政机关及其工作人员在实施许可过程中不得谋取不正当利益。《行政许可法》第27条第1款规定："行政机关实施行政许可，不得向申请人提出购买指定商品、接受有偿服务等不正当要求。"此条款是对行政机关的要求，行政机关实施行政许可，不得在法定条件之外附加任何不正当的要求。这里列举了向申请人提出购买指定商品、接受有偿服务两种不正当要求，而其中的"等"表明不正当要求还不止所列举的两项事项。《行政许可法》第27条第2款规定："行政机关工作人员办理行政许可，不得索取或者收受申请人的财物，不得谋取其他利益。"该条款是对行政机关工作人员的要求。作为国家公务员，履行公职应该克己奉公，秉公办事，遵守纪律，不徇私情，不以权谋私，不贪赃枉法。因此，在办理行政许可时，不得索取或者收受申请人的财物，不得谋取其他利益。

第四节　行政许可的程序

行政许可程序是指行政主体实施许可应遵守的步骤、顺序、形式、时限等内容。分为一般程序和特别程序，一般程序是实施许可的基础程序，特别程序是一般程序的例外，只对法律特别规定的事项适用。这里只介绍行政许可的一般程序。即申请、受理、审查、决定及期限和听证程序。变更和延续是适用于获得许可之后的两个后续程序。

一、申请

公民、法人或者其他组织从事特定活动，依法需要取得行政许可的，应当向有权行政机关或者被授权组织提出申请。

1. 申请许可须符合下列条件

(1)申请许可须向有行政许可权的行政机关提出。

(2)申请许可的事项属于可以设定许可的范围。

(3)申请许可应有明确的意思表示。申请许可须通过一定方式提出，如可以以信函、电报、电传、传真、电子数据交换和电子邮件等方式提出。

(4)申请人必须以自己的名义提出申请。为方便申请人申请许可，法律规定申请人可以委托代理人提出行政许可申请，但是依法应当由申请人亲自到行政机关提出行政许可申请的除外。如申请机动车驾驶证，则须申请人本人录入指纹，别人不能代替。

2. 申请人的权利义务

申请人的权利包括：

(1)知情权。申请人有权从行政许可机关那里知悉有关行政许可事项的信息。行政机关应当将法律、法规、规章规定的有关行政许可的事项、依据、条件、数量、程序、期限以及需要提交的全部材料的目录和申请书示范文本等在办公场所公示。行政机关应当建立和完善有关制度，推广电子政务，在其网站上公布行政许可事项，方便申请人采取数据电文等方式提出行政许可申请。

(2)要求解释权。申请人有权要求行政机关对公示内容予以说明、解释，行政机关应当提供准确、可靠的信息。

(3) 申请人有拒绝提交与许可无关的材料的权利。行政机关不得要求申请人提交与其申请的行政许可事项无关的技术资料和其他材料。否则，申请人有权予以拒绝。

(4) 申请人有权获得格式文本。申请许可需要采用格式文本的，行政机关有义务免费提供申请书格式文本，申请书格式文本中不得包含与申请许可事项没有直接关系的内容。

申请人的义务包括：

(1) 提交许可所需材料的义务。

(2) 依照法定方式提交的义务。

(3) 提供真实信息的义务。申请人申请行政许可，应当如实向行政机关提交有关材料和反映真实情况，并对其申请材料实质内容的真实性负责。

二、受理

行政机关对申请人提出的行政许可申请依法进行审查，并根据不同情况作出不同处理：

1. 不予受理

主要包括两种情况：(1) 申请事项依法不需要取得许可的，应当即时告知申请人不予受理。(2) 申请事项不属于本行政机关职权范围的，应当即时作出不予受理的决定。同时，行政机关有义务告知申请人向有许可权的行政机关申请许可。

2. 要求当场更正或者限期补正

申请人的申请符合法定条件，但申请材料有错误或者不齐全，行政许可机关应当告知其当场更正或限期补正相关材料。(1) 如果申请材料存在可以当场更正的错误的，应当允许申请人当场更正。(2) 如果申请材料不齐全或者不符合法定形式的，应当当场或者在五日内一次告知申请人需要补正的全部内容，逾期不告知的，自收到申请材料之日起即为受理。

3. 决定受理

申请事项属于本行政机关职权范围，申请材料齐全、符合法定形式，或者申请人按照本行政机关的要求提交全部补正申请材料的，行政许可机关应当受理行政许可申请。

行政机关受理或者不予受理行政许可申请，应当出具加盖本行政机关专用印章和注明日期的书面凭证。

三、审查

行政机关应当对申请人提交的申请材料进行审查，对行政许可的审查可以分为形式审查和实质审查两个阶段。

1. 形式审查

是指行政机关对申请人提交的申请材料是否齐全、是否符合法定形式进行审查。如果申请人的申请符合形式审查的条件，行政机关应尽快确定具体实施此项行政许可的程序（一般程序还是特别程序），同时决定是否需要对与申请事项有关的材料进行实地、实物核查，并将以上内容及其实施期限告知申请人。

2. 实质审查

是指行政机关对申请人提交的申请材料内容的真实性进行审查，防止虚假的或伪造的材料，审查的着重点是形式材料是否与客观实际相符。

实质审查的内容如下：

(1)申请人是否具有相应的权利能力。例如，申请律师执业证的申请人只能是参加司法考试合格的人员以及法律规定的其他人员。(2)申请人是否具有相应的行为能力。(3)申请是否符合法定的程序和形式。(4)准予许可是否会损害公共利益和利害关系人利益。(5)申请人的申请是否符合法律、法规规定的其他条件。

实质审查的方式如下：

(1)核查。是指行政机关根据法定条件和程序对有关申请材料的实质内容核实是否符合实际情况。对于那些法定许可条件比较严格、涉及社会公共利益及第三人重大利益、案件事实较为复杂的许可申请，其申请材料的真实性、可靠性往往难以通过书面形式加以判断的，行政机关应当指派两名以上工作人员对其进行核实。强调行政机关必须指派两名以上工作人员进行核查，其目的在于通过工作人员之间的互相制约、互相监督，保证核查过程、核查结果的公正性。

(2)上级机关书面复查。是指依法应当先经下级行政机关审查后报上级行政机关决定的行政许可，下级行政机关应当在法定期限内将初步审查意见和全部申请材料直接报送上级行政机关。下级行政机关负责初审阶段的工作，主要为申请材料形式上的审查，上级行政机关负责终审阶段的工作，主要包括更进一步的形式审查、实质性审查以及对申请材料的核实等，这体现了上下级行政机关在行政许可工作中的分工。例如，《水生野生动物保护实施条例》第13条第1款第1项规定，需要捕捉国家一级保护野生动物的，必须附具申请人所在地和捕捉地的省、自治区、直辖市人民政府渔业行政主管部门签署的意见，向国务院渔业行政主管部门申请特许捕捉证。

(3)听证核查。是指行政许可决定作出前召开听证会，听取申请人或者利害关系人的意见。听证核查是西方国家许可证制度经常采用的一种方式，我国行政许可法也规定了这一方式。

四、决定

行政机关对申请人提交的申请材料进行审查后，根据不同情况作出不同处理，具体情况如下：

1. 当场作出许可决定

申请人提交的申请材料齐全、符合法定形式，不需要对行政许可申请作实质性审查、核实，行政机关能够当场作出决定的，应当当场作出是否准予行政许可的书面决定。

2. 限期作出许可决定

行政机关对行政许可申请进行审查后，除当场作出行政许可决定的外，应当在法定期限内按照规定程序作出行政许可决定。许可决定的期限一般都由相应法律作出明确规定。申请人的申请符合法定条件、标准的，行政机关应当依法作出准予行政许可的书面决定。

对有数量限制的行政许可，两个或两个以上申请人的申请均符合法定条件和标准的，行政机关应当根据受理行政许可申请的先后顺序作出准予行政许可的决定。但是法律、行政法规另有规定以及依法应当采用招标、拍卖等公平竞争方式择优作出准予行政许可决定的，应当按照有关规定办理。

行政机关作出准予行政许可的决定，需要颁发行政许可证件的，应当向申请人颁发加盖本行政机关印章的行政许可证件。行政许可证件包括：许可证、执照或者其他许可证书；资格证、资质证或者其他合格证书；行政机关的批准文件或者证明文件以及法律、法规规定的其他行政许可证件。实施检验、检测、检疫的，可以在设备、设施、产品、物品上加贴标签或者加盖检验、检测、检疫印章。

行政机关作出的准予行政许可决定，应当予以公开，公众有权查阅。

3. 不予许可决定

行政机关通过审查申请人提交的材料，认为申请人不符合法定条件、标准的，应当作出不予许可的决定。不予许可的决定应当以书面形式作出，并说明不予许可的理由，同时告知申请人依法享有申请复议或者提起行政诉讼的权利。

五、期限

1. 即时实施

根据法律规定可以当场作出行政许可决定的，行政机关应当即时作出行政许可决定。

2. 法定期限内实施

（1）单机关实施许可的期限。除可以当场作出行政许可决定的外，行政机关应当自受理行政许可申请之日起20日内作出行政许可决定。20内不能作出行政许可决定的，经本行政机关负责人批准，可以延长10日，并应当将延长期限的理由告知申请人。但是，法律、法规另有规定的，依照其规定。如《文物保护法实施条例》第45条第1款规定，运送、邮寄、携带文物出境，应当在文物出境前依法报文物进出境审核机构审核。文物进出境审核机构应当自收到申请之日起15个工作日内作出是否允许出境的决定。《导游人员管理条例》第6条规定，省、自治区、直辖市人民政府旅游部门应当自收到申请领取导游证之日起15日内颁发导游证。

（2）多机关实施许可的期限。依法可以采取统一办理或者联合办理、集中办理行政许可的，办理的时间不得超过45日。45日内不能作出行政许可决定的，经本级人民政府负责人批准，可以延长15日，并应当将延长期限的理由告知申请人。

依法应当先经下级行政机关审查后报上级行政机关决定的行政许可，下级行政机关应当自其受理行政许可申请之日起20日内审查完毕。但是法律、法规另有规定的，依照其规定。

行政机关作出准予行政许可的决定，应当自作出决定之日起10日内向申请人颁发、送达行政许可证件，或者加贴标签、加盖检验、检测、检疫印章。

期限以工作日计算，不含法定节假日。行政许可决定过程中，依法需要听证、招标、拍卖、检验、检测、检疫、鉴定和专家评审的，行政机关应当将所需时间书面告知申请人，其时间不计算在期限内。

六、听证

1. 听证范围

(1) 依职权举行听证的事项

第一，法律、法规、规章规定实施行政许可应当听证的事项。例如，《公共文化体育设施条例》第 27 条第 1 款和第 2 款规定，因城乡建设确需拆除大型公共文化体育设施或者改变其功能、用途的，有关地方人民政府应报上一级人民政府批准，上一级人民政府在批准前，应当举行听证会，听取公众意见。对于法律、法规、规章规定的行政许可听证事项都与公共利益或者他人利益有关，之所以由行政许可机关主动作出听证决定是为了维护国家利益或者公共利益。

其二，行政机关认为需要听证的其他涉及公共利益的重大行政许可事项。至于何谓涉及公共利益的重大行政许可事项，行政许可法并没有明确规定，应由单行法加以规定，或由行政许可机关自己决定。也就是说哪些是涉及公共利益的重大行政许可事项，行政许可机关可以行使自由裁量权作出决定。

(2) 依申请举行听证的事项

行政许可直接涉及申请人与他人之间重大利益关系的，行政机关在作出行政许可决定前，应当告知申请人、利害关系人享有要求听证的权利；申请人、利害关系人在被告知听证权利之日起五日内提出听证申请的，行政机关应当在 20 日内组织听证。

这里的"他人"是指行政许可机关和申请人之外的同行政许可的实施有直接利益关系的人或组织。如何判断申请人与他人之间的利害关系属于"重大利益关系"，法律没有明确规定和解释，留给行政机关自由裁量。现实中，重大利益关系经常体现在申请人与第三人之间的民事相邻权关系上。如，城市规划部门在受理某房地产开发商建房许可时，若这一事项被许可，将会给附近的居民的采光、交通、环境等产生影响，行政许可机关在作出许可决定前应当告知与该事项有利害关系的居民有要求举行听证的权利。一般认为，"重大利益关系"是指申请许可事项对他人的生产或生活造成了严重的损害、妨碍，如果存在重大损害和妨碍的情形就应认定为重大利益关系。

2. 听证程序

(1) 告知。行政机关应当于举行听证的七日前将举行听证的时间、地点通知申请人、利害关系人，必要时予以公告。

(2) 听证应当公开举行。行政许可听证应当公开进行，这就要求在听证的过程中，应当允许公众旁听，允许新闻媒体进行采访和报道，以便于人民群众对行政许可予以监督。但对于涉及国家秘密、商业秘密和个人隐私权的听证案件，不宜公开进行。

(3) 行政机关应当指定审查该行政许可申请的工作人员以外的人员为听证主持人，申请人、利害关系人认为主持人与该行政许可事项有直接利害关系的，有权申请回避。

(4) 听证开始后，审查该行政许可申请的工作人员应当首先提供审查意见，包括拟作出行政许可决定的证据、理由和依据以及行政机关拟作出的决定本身。申请人、利害关系人也可以提出证据，并进行申辩、质证以及辩论。

(5) 听证应当制作笔录，听证笔录应当交听证参加人确认无误后签字或者盖章。行政机关应当根据听证笔录，作出行政许可决定。

对整个听证过程，行政机关应当制作笔录，笔录是听证程序如实、全面的书面记载。听证笔录一般应记载下列内容：第一，听证案件的名称；第二，听证主持人的姓名、职务；第三，听证参加人的姓名、住址、职务等；第四，听证举行的时间、地点；第五，听证当事人的陈述、申辩、质证等；第六，证据调查的内容；第七，其他应当记录的事项。听证结束后，听证记录应出示给听证参加人，并由审查行政许可申请的工作人员、申请人、利害关系人以及证人确认听证笔录无误后签字盖章。

关于听证笔录的效力，我国《行政许可法》第48条第2款明确规定："行政机关应当根据听证笔录，作出行政许可决定。"这表明在我国，行政许可机关只能根据听证笔录中认定的事实作出决定。

申请人、利害关系人不承担行政机关组织听证的费用。

七、变更与延续

行政许可的变更是指根据被许可人的申请，行政机关对已许可事项的具体内容根据法定程序加以变更的行为。原许可的内容需要变更的，被许可人可以向原许可机关申请变更许可内容，行政机关依法定条件和程序可以予以变更。

行政许可的延续是指行政机关根据被许可人的申请，对有效期满的行政许可，作出是否延长有效期的行为。许可期满后，被许可人希望继续从事许可活动，则必须在该行政许可有效期届满30日前向作出行政许可决定的行政机关提出延续行政许可的申请。法律、法规、规章对申请延续的期限另有规定的，从其规定。行政机关经审查，在该行政许可有效期届满前作出是否准予延续的决定。逾期未作决定的，视为准予延续。

八、行政许可的费用

根据《行政许可法》第58条的规定，行政机关实施行政许可和对行政许可事项进行监督检查，不得收取任何费用。但是，法律、行政法规另有规定的，依照其规定。

行政机关提供行政许可申请书格式文本，不得收费。

行政机关实施行政许可所需经费列入本行政机关的预算，由本级财政予以保障，按照批准的预算予以核拨。

行政机关实施行政许可，依照法律、行政法规收取费用的，应当按照公布的法定项目和标准收费；所收取的费用必须全部上缴国库，任何机关或者个人不得以任何形式截留、挪用、私分或者变相私分。财政部门不得以任何形式向行政机关返还或者变相返还实施行政许可所收取的费用。

第五节　行政许可的监督检查

行政许可的监督检查是行政许可权的自然延伸，它要求对被许可的事项进行事后监督检查，从而把事前审批与事后监督统一起来。有利于提高行政机关的工作质量，也有利于行政管理工作有序的进行。

一、概念

根据《行政许可法》第七章的规定，行政许可监督检查是指上级行政机关对下级行政机关实施行政许可行为进行的监督检查，以及行政许可机关对被许可人是否遵守法律、法规及其他有关行政许可规则的情况所进行的监督检查。因此，行政许可监督检查可以分为内部监督和外部监督两种情况。

为了进一步加强行政许可行为的规范管理，行政许可法明确了上级行政机关在行政许可实施方面对下级行政机关的监督检查职责，确立了内部监督制度。上级行政机关在监督检查后发现下级在行政许可实施中存在违法行为时应当及时予以纠正。如可以撤销违法实施的行政许可。

行政许可机关对被许可人是否遵守法律、法规及其他有关行政许可规则的情况所进行的监督检查即外部监督检查是行政许可监督检查的重要内容。行政机关应建立健全监督制度，将监督检查的情况和处理结果予以记录，由监督检查人员签字后归档，并供社会公众查阅。

行政机关实施监督检查，不得妨碍被许可人正常的生产经营活动，不得索取或者收受被许可人的财物，不得谋取其他利益。

二、行政许可的撤销

行政许可的撤销是指被许可人已经取得的行政许可由于存在某种瑕疵，作出行政许可决定的机关或者其上级行政机关，决定终止其效力的行为。行政许可的撤销分为可以撤销、应当撤销及不予撤销几种情形。

根据《行政许可法》第69条第1款的规定，有下列情形之一的，作出行政许可决定的行政机关或其上级机关，根据利害关系人的请求或者依据行政职权，可以撤销行政许可：

(1)行政机关工作人员滥用职权、玩忽职守作出准予行政许可决定的；
(2)超越法定职权作出准予行政许可决定的；
(3)违反法定程序作出准予行政许可决定的；
(4)对不具备申请资格或者不符合法定条件的申请人准予行政许可的；
(5)依法可以撤销行政许可的其他情形。

该条第2款规定，被许可人以欺骗、贿赂等不正当手段取得行政许可的，应当予以撤销。

该条第3款规定，依照前两款的规定撤销行政许可，可能对公共利益造成重大损害的，不予撤销。

依照该条第1款的规定撤销行政许可，被许可人的合法权益受到损害的，行政机关应当依法给予赔偿。

依照该条第2款的规定撤销行政许可的，被许可人基于行政许可取得的利益不受保护。

【案例6-4】 2005年1月，市民张某向某市审计事务所出具一张资信证明要求验资。该事务所在未实际验资的情况下,出具了一份"某公司拥有资金100万元"的虚假证明。同年2月,张某凭虚假证明,到市工商局(现改为市场监督管理局)申请设立某公司并获得了营业执照。2006年1月,市工商局接到举报,以其虚报注册资本为由,撤销了该公司的工商登记,并吊销了其营业执照。

三、行政许可的注销

注销是行政许可机关对被许可人取得的许可因各种原因使许可终止的一个最后的程序性活动。即行政许可依法结束后由行政许可机关采取的一种注明取消的措施,是行政许可机关办理的一种程序性的手续。

根据《行政许可法》第70条的规定,有下列情形之一的,行政机关应当依法办理有关行政许可的注销手续:

(1)行政许可有效期届满未延续的;
(2)赋予公民特定资格的行政许可,该公民死亡或者丧失行为能力的;
(3)法人或者其他组织依法终止的;
(4)行政许可依法被撤销、撤回,或者行政许可证件依法被吊销的;
(5)因不可抗力导致行政许可事项无法实施的;
(6)法律、法规规定的应当注销行政许可的其他情形。

◎ **导例分析:**

本案属于典型的违法设定行政许可案件。根据《中华人民共和国药品管理法》和《中华人民共和国药品管理法实施条例》的规定,药品生产企业具有合法的营业执照和生产许可证,即为合法药品生产企业,其产品经国家药品监督管理部门批准上市后(取得药品生产批件),就可以投入生产并在全国范围内销售。本案的省卫生健康委员会无权对药品生产企业的产品在本省的销售设置"登记"程序。该登记行为的设定是违法的,既违反了行政许可设定事项的规定,也违反了行政许可设定权的分配规则(作为省级人民政府的组成部分,省卫生健康委员会没有行政许可设定权)。

◎ **思考题**

1. 试述《行政许可法》确立信赖保护原则的立法宗旨及其具体内容。
2. 行政许可的吊销、撤销和注销有何区别?
3. 简述行政许可听证的范围及程序。

◎ **综合训练**

某省盐业公司从外省盐厂购进300吨工业盐运回本地,当地市盐务管理局认为购进工业盐的行为涉嫌违法。其后,市盐务管理局经听证、集体讨论后,认定该公司未办理工业盐准运证从省外购进工业盐,违反了省政府制定的《盐业管理办法》第20条,决定没收该公司违法购进的工业盐,并处罚款15万元。公司不服处罚决定,向市政府申请行政复议。

市政府维持市盐务管理局的处罚决定。公司不服向法院起诉。

《盐业管理条例》(国务院1990年3月2日第51号令发布,自发布之日起施行)第24条规定,运输部门应当将盐列为重要运输物资,对食用盐和指令性计划的纯碱、烧碱用盐的运输应当重点保证。

《盐业管理办法》(2003年6月29日省人民政府发布,2009年3月20日修正)第20条规定,盐的运销站发运盐产品实行准运证制度。在途及运输期间必须货、单、证同行。无单、无证的,运输部门不得承运,购盐单位不得入库。

问:市盐务管理局以某公司未办理工业盐准运证从省外购进工业盐构成违法的理由是否成立?为什么?

(2017年国家司法考试卷四第七题)

△要点提示:

不成立。根据《行政许可法》第15、16条的规定,在已经制定法律、行政法规的情况下,地方政府规章只能在法律、行政法规设定的行政许可事项范围内对实施该行政许可作出具体规定,不能设定新的行政许可。法律及国务院《盐业管理条例》没有设定工业盐准运证这一行政许可,地方政府规章不能设定工业盐准运证制度。故市盐务管理局认定有限公司未办理工业盐准运证从省外购进工业盐构成违法的理由不成立。

第七章　行政处罚

◎ **知识目标**
　　掌握行政处罚的概念与特征、基本原则、种类与设定、实施机关、管辖与适用、程序
◎ **能力目标**
　　能运用《行政处罚法》的相关规定解决实践中的具体问题
◎ **素质目标**
　　能够深刻领悟法律规范对行政处罚权规制的重要意义，了解《行政处罚法》在法治政府建设中的重要作用
　　理解尊重保护当事人合法权益与文明执法的关系

◎ **本章导例**：张某是某省一所高校三年级的学生。2004年12月5日中午，他在学校宿舍里私自煮饭时不慎失火，造成部分公私财物毁损。因其行为违反了学校关于禁止在学生宿舍使用燃煤、燃油炉具和各种用于煮饭、烧水的电热器的规定，故受到记大过的处分，同时学校后勤管理部门依据学校有关规定给予其500元的"行政处罚"。张某认为学校不是行政机关，无权对他实施行政处罚，要求退还500元罚款，但校方不予退还。学校对学生违反校纪的行为有否处罚的权力？500元是"行政罚款"吗？

第一节　行政处罚概述

　　行政处罚是行政主体在行政管理中经常运用并行之有效的一种管理手段，对该手段加以法律调控，对于有效维护公共利益和社会秩序，切实保障行政相对人的合法权益，推进行政法治进程具有重要意义。1996年3月17日，第八届全国人民代表大会第四次会议审议通过《中华人民共和国行政处罚法》，并于同年10月1日正式施行。后经全国人大常委会于2009年、2017年、2021年三次修改（两次修正、一次修订），现该法共8章86条，全面规范了我国的行政处罚制度。
　　《行政处罚法》的出台，对我国行政法治建设具有重要意义，在规制行政主体正确实施处罚，有效履行国家行政管理职能，切实保障行政相对人的合法权益方面起到了重要作用。《行政处罚法》是我国第一部统一规范行政行为的法律。

一、行政处罚的概念

行政处罚是指行政机关依法对违反行政管理秩序的公民、法人或者其他组织,以减损权益或者增加义务的方式予以惩戒的行为。行政处罚对行政主体而言,是一种进行行政管理的有效手段,对行政相对人而言,是因其实施行政违法行为而承担的一种行政法律责任。

(一)行政处罚的特征

1. 实施行政处罚的主体是特定的行政主体

行政处罚尽管是行政主体的一种行政管理行为,但并不是所有的行政主体都当然的拥有行政处罚权,可以作出行政处罚行为。根据《行政处罚法》的规定,只有法律、法规、规章明确授予某一行政主体特定的行政处罚权时,这一主体才可实施行政处罚行为。因此,一个行政主体是否享有行政处罚权以及享有何种、多大范围的处罚权,都是由法律、法规、规章明确规定的。

2. 行政处罚的对象是作为行政相对人的公民、法人或其他组织

行政处罚是法律赋予行政主体的一种行政管理手段,因此,行政处罚的对象是作为被管理者的公民、法人或其他组织,这与针对行政公务员实施的行政处分是不同的。在此应当注意的是,自然人作为被处罚的对象时,必须具有行政责任能力。

3. 行政处罚的前提是有违反行政管理秩序的行为存在

行政处罚是一种法律制裁,通过减损权益或者增加义务的方式惩戒违反行政管理秩序的行为人,体现的是法律对某种行为的否定。

在此应注意以下几点:(1)违法性质。行政处罚并不是针对所有的违法行为,它所针对的是违反行政管理秩序的行政违法行为,即违反行政法律规范的行为。行政处罚仅限于保障、落实行政法律规范,而不是所有的法律规范。(2)罚刑并处。违法与犯罪有质的区别,但有量上的联系,当行政违法行为后果严重构成犯罪时,应当追究行为人的刑事责任,而不能以行政处罚代替刑罚。当然,给予行为人刑罚的同时,并不当然绝对排除了行政处罚,在一定条件下,刑罚与行政处罚可以并处。(3)对违法行为实施处罚的法律依据——法无明文规定不罚。行政处罚必须针对法律、法规、规章规定应予处罚的行政违法行为实施。对于法律、法规、规章没有规定处罚的不能实施处罚。(4)对违法行为实施处罚的事实依据——查证属实。行政处罚所针对的行政违法行为必须事实清楚,证据确凿,否则不得处罚。

4. 行政处罚是一种法律制裁

法律制裁包括司法制裁和行政制裁,其中,司法制裁又包括刑事制裁和民事制裁,行政制裁又包括行政处罚和行政处分。行政处罚是一种具有惩罚性质的具体行政行为,其惩罚性体现在对违法行为人权益的减损(限制从业、吊销许可证件)或者义务的增加(罚款)。

(二)行政处罚与相关概念的区别

为了更好地把握行政处罚这一概念,应注意区别以下相关概念:

1. 行政处罚与刑罚

(1)行为主体不同。行政处罚是行政行为,只能由享有行政处罚权的行政主体实施;

刑罚是司法行为，只能由人民法院通过判决实施。

（2）适用对象不同。行政处罚的对象是违反行政法律规范尚未构成犯罪的行政相对人，当行政相对人既违反行政法律规范又违反刑事法律规范的情况下，也可行政处罚与刑罚并处；刑罚只能针对违反刑事法律规范的犯罪分子实施。

（3）依据的法律不同。行政处罚依据有关行政管理方面的法律、法规、规章，如《治安管理处罚法》《河北省土地管理条例》《河北省铁路安全管理规定》等；刑事处罚依据《刑法》和《刑事诉讼法》。

（4）适用的程序不同。行政处罚按照《行政处罚法》规定的行政程序作出；刑罚根据《刑事诉讼法》所确立的司法程序作出。

（5）处罚的种类不同。行政处罚的种类很多，既有《行政处罚法》的统一规定，又有单行法律、行政法规的分散规定。刑罚的种类统一由《刑法》规定，其中主刑的种类包括管制、拘役、有期徒刑、无期徒刑、死刑。附加刑的种类包括罚金、剥夺政治权利和没收财产。此外，我国《刑法》还规定了对于犯罪的外国人适用驱逐出境的刑罚以及《中华人民共和国惩治军人违反职责罪暂行条例》中规定了适用于犯罪军人的剥夺勋章、奖章和荣誉称号，也是一种附加刑。

2. 行政处罚与行政处分

行政处分是指国家行政机关依照行政隶属关系给予有违法失职行为的行政机关工作人员的一种惩戒措施。行政处分与行政处罚的区别表现在以下几个方面：

（1）作出决定的主体不同。行政处罚是由具有外部管理职能并享有行政处罚权的行政主体作出；行政处分的作出没有此限制。

（2）适用对象不同。行政处罚的对象是违反行政法律规范的行政相对人；行政处分的对象是有违法、违纪行为的行政机关系统内部的公务人员。

（3）采取的形式不同。行政处罚的形式、种类很多，有警告、通报批评、罚款、没收、限制开展生产经营活动、责令停产停业、责令关闭、限制从业、暂扣或吊销许可证件、降低资质等级、行政拘留等；行政处分的形式包括警告、记过、记大过、降级、撤职和开除等。

（4）依据的法律规范不同。行政处罚依据的是有关行政管理方面的法律规范，如《土地管理法》《环境保护法》《食品安全法》等；行政处分依据的是有关调整行政机关工作人员的法律规范，如《公务员法》《人民警察法》《行政监察法》等。

（5）救济途径不同。行政处罚属于外部行政行为，行政相对人不服，除法律、法规另有规定外，可以申请行政复议或提起行政诉讼；行政处分属于内部行政行为，根据我国现有法律规定，行政机关享有对行政公务员管理的排他权力，行政公务员对行政处分不服可以向同级公务员主管部门、监察机关或者作出处分决定机关的上一级机关申诉，但不能向法院起诉，也不能申请行政复议。

3. 行政处罚与行政强制执行

（1）性质不同。行政处罚是一种制裁手段，它以依法减损相对人的权益，为其设定某种义务为根本属性，行政处罚决定不因行政相对人停止或改正违法而失效、解除，且罚、没款不能返回；行政强制执行不是制裁手段，只是以强制方法实现义务或促使法定义务人履行义务，本质上属于执行行为，在行政相对人开始履行义务或应允履行义务后，强制执行即应停止，如扣留的物品要返回、滞纳金的征收要停止。

(2)实施的机关不完全相同。行政强制执行除由行政机关实施外，主要由人民法院依行政机关的申请而实施；行政处罚只能由行政机关或符合法定条件的组织实施。

(3)起因不同。行政处罚是以行政相对人有行政违法行为为前提；行政强制执行是以行政相对人拒不履行行政法义务为前提。

(4)目的不同。行政处罚的目的在于对行政相对人的行政违法行为进行制裁，行政强制执行的目的在于保障行政法义务的实现。

二、行政处罚的基本原则

行政处罚的基本原则是指国家机关在设定和实施行政处罚时所必须遵循的准则。根据《行政处罚法》的规定，我国行政处罚的基本原则主要有以下几项：

(一)行政处罚法定原则

行政处罚法定原则是行政合法性原则在行政处罚领域的具体体现。《行政处罚法》第4条规定："公民、法人或者其他组织违反行政管理秩序的行为，应当给予行政处罚的，依照本法由法律、法规或者规章规定，并由行政机关依照本法规定的程序实施。"

处罚法定原则具体包括以下几个方面内容：

1. 处罚设定的法定。行政处罚依法由有权设定行政处罚的国家机关在职权范围内设定。根据《行政处罚法》的规定，法律、法规、规章可以设定行政处罚，其他规范性文件不得设定行政处罚。因此，法律、法规、规章是实施行政处罚的依据。

2. 实施主体的法定。行政处罚是一种特定的行政权力，除法律、法规、规章规定有行政处罚权的行政机关以及法律、法规授权的组织外，其他任何机关、组织和个人均不拥有行政处罚权。此外，具备了行政处罚主体资格的机关和组织在行使行政处罚权时，还必须符合法定的权限范围及管辖范围，并不得滥用权力。另外，行政机关可以依法委托具备法定条件的依法成立并具有管理公共事务职能的组织实施行政处罚。

3. 处罚依据的法定。公民、法人或其他组织违反行政管理秩序的行为只有法律、法规、规章明文规定应当予以行政处罚的才受处罚，因此，行政处罚的依据是法定的，即法无明文规定不得处罚。

4. 实施程序的法定。《行政处罚法》第五章、第六章对行政处罚的决定程序和执行程序做了较为详尽地规定，行政主体在实施行政处罚时应当严格遵守。

《行政处罚法》第38条规定，行政处罚没有依据或者实施主体不具有行政主体资格以及行政处罚违反法定程序构成重大且明显违法的，行政处罚无效。

(二)公正、公开原则

行政处罚公正原则是行政合理性原则在行政处罚领域的具体体现。《行政处罚法》第5条规定："行政处罚遵循公正、公开的原则。设定和实施行政处罚必须以事实为依据，与违法行为的事实、性质、情节以及社会危害程度相当。对违法行为给予行政处罚的规定必须公布；未经公布的，不得作为行政处罚的依据。"

公正，是指行政主体在实施行政处罚时，应以事实为根据，以法律为准绳，恰当、准确的适用法律、法规、规章的规定，即不夸大或缩小行政违法行为的事实，也不随意的从重或从轻、减轻进行处罚。这就要求行政主体必须首先查清事实，然后选择与行为人实施违法行为的事实、性质、情节以及社会危害程度相一致的行政处罚种类和幅度给予处罚。坚决杜绝行政处罚中滥用自由裁量权的行为发生。为了保障行政处罚裁量权的公正实施，《行政处罚法》第34条特别规定，行政机关可以依法制定行政处罚裁量基准，规范行使行政处罚裁量权。行政处罚裁量基准应当向社会公布。近年来，各级人民政府及其职能部门纷纷通过规范性文件的形式确定行政处罚裁量基准。如2019年9月，河北省自然资源厅发布《河北省自然资源行政处罚裁量办法（试行）》，2020年12月，河北省生态环境厅发布《河北省生态环境厅环境行政处罚自由裁量权裁量标准》。

为确保行政处罚的公平和公正，实施行政处罚还必须坚持公开的原则，公开是正当程序原则的体现。

公开，包含两层意义：第一，对于行政违法行为给予行政处罚的规定要公开。有关处罚的实体性规定和程序性规定必须公开；未经公布的，不得作为行政处罚的依据。第二，对违法者实施行政处罚的程序要公开。《行政处罚法》对行政处罚程序的公开作了一系列的规定，如表明公务身份（第52条第1款），告知权利（第44条），充分听取意见（第45条、第62条），听证程序（第63条、64条、65条）等。实施处罚公开，一来可以使公民、组织对行政机关及其工作人员行使职权的行为进行监督，以确保其依法、公正的实施处罚；二来可以加强法制宣传教育，增强公民及组织的守法意识。

（三）处罚与教育相结合原则

《行政处罚法》第6条规定："实施行政处罚，纠正违法行为，应当坚持处罚与教育相结合，教育公民、法人或者其他组织自觉守法。"

行政主体实施行政处罚的直接目的是惩处违法当事人，以纠正违法行为。但其最终目的是通过行政处罚教育被处罚人以及其他公民、组织自觉守法。因此，在行政处罚实施过程中，既要注重对违法行为的惩戒，恢复被破坏的行政管理秩序，又要考虑加强教育，避免或减少违法行为的再次出现，提高人们的法治观念，使广大公民自觉遵守法律、维护法律、崇尚法律。《行政处罚法》规定，初次违法且危害后果轻微并及时改正的，可以不予行政处罚。另外，当事人有证据足以证明没有主观过错的，不予行政处罚，除非法律、行政法规另有规定。对当事人的违法行为依法不予行政处罚的，行政机关应当对当事人进行教育。以上内容充分体现了处罚与教育相结合的原则。

（四）保障相对人权利原则

《行政处罚法》第7条规定："公民、法人或者其他组织对行政机关所给予的行政处罚，享有陈述权、申辩权；对行政处罚不服的，有权依法申请行政复议或者提起行政诉讼。公民、法人或者其他组织因行政机关违法给予行政处罚受到损害的，有权依法提出赔偿要求。"

由于行政处罚的实施直接影响行政相对人的权利，因而一旦处罚违法或不当，就必将对行政相对人的合法权益造成极大损害。另外，在行政处罚法律关系中，处罚机关与行政相对人的地位不对等，处罚机关处于优越的地位，可以凭借手中的权力制裁行政相对人，而行政相对人处于弱者的地位。因此，如果没有充分的公正程序保障机制以及救济机制，就无法预防、纠正违法和不当的行政处罚行为，同时也就无法保护行政相对人的合法权益。

《行政处罚法》不仅在总则中确立了保障行政相对人权利的原则，而且在有关行政处罚的设定、实施及其程序规定中均体现了这一立法指导思想。保障行政相对人权利原则，对于增强公民的"权利意识"，特别是对于增强行政公务人员的"职责意识"，转化行政公务人员的执法观念，将起到极大的推动作用。这一原则的主要内容是：

1. 行政相对人对行政主体所给予的行政处罚，享有陈述权、申辩权。陈述权是指行政相对人对行政主体所指控的事实和适用法律规范是否准确、得当，陈述自己的看法、意见，同时有权提出自己的主张、要求。申辩权就是行政相对人为自己辩护的权利。在实施行政处罚的过程中，行政相对人有权与行政执法人员当面对质、辩论，这对澄清事实，防止行政执法人员的主观臆断具有积极的作用，并且有利于行政相对人维护自己的合法权益。

2. 行政相对人对行政处罚不服的，有权依法申请行政复议或者提起行政诉讼；因行政机关违法给予行政处罚受到损害的，有权依法提出赔偿要求。

第二节　行政处罚的种类和设定

一、行政处罚的种类

（一）学理分类

行政处罚的种类，是行政处罚外在的具体表现形式。在学理上通常将行政处罚分为申诫罚、财产罚、资格罚、行为罚和人身自由罚。

申诫罚，亦称精神罚或声誉罚，是对违法行为人的声誉给予不利影响，使其精神上有一定压力的处罚。这种处罚对行为人的实体权利不产生影响，属于最轻的处罚，一般适用于情节轻微或实际危害不大的违法行为，既可以单处，也可与其他种类并处，其主要形式有警告、通报批评。

财产罚，是强迫违法行为人缴纳一定数额的金钱或实物的处罚。这种处罚一般适用于以营利为目的或损害公共利益的违法行为，其主要形式有罚款和没收。

资格罚，是通过降低资质、暂扣或收回资格证书，以限制或剥夺违法行为人从事某种活动的资格的处罚，是在行政许可领域适用的较为严厉的处罚形式。其主要形式有吊销许可证件、降低资质等级等。

行为罚，是限制或剥夺违法行为人从事生产经营活动的处罚。其主要形式有责令停产停业、限制从业等。

行为罚与资格罚关系密切，因为"行为"与"资格"是不可分的，在特定领域，行为以资格为前提，任何资格的剥夺或限制均意味着行为人基于资格所从事的行为被禁止。无论是行为罚还是资格罚，对行为人而言都是一种比较严厉的处罚，因此，实践中这两类处罚一般针对较为严重的违法行为实施。

人身自由罚，是短期内限制或剥夺违法行为人的人身自由的处罚，其主要形式是行政拘留。

(二)法定种类

1. 警告、通报批评

警告是申诫罚的主要形式，它是指行政主体对行政相对人的违法行为通过谴责、告诫予以及时纠正和警示的一种处罚形式。其目的是向违法行为人发出警诫，申明其有违法行为，避免其再犯。由于警告仅对行为人的声誉、名誉、信誉产生不利影响，而不涉及实体权利，因而，一般适用于情节轻微或者未造成实际危害后果的违法行为。例如，《治安管理处罚法》第58条规定，违反关于社会生活噪声污染防治的法律规定，制造噪声干扰他人正常生活的，处警告；警告后不改正的，处二百元以上五百元以下罚款。

通报批评也属申诫罚，它是行政机关在一定范围内以公布违法行为人违法事实的方式对其声誉造成损害，进而达到制裁和教育违法者，警诫其他人的一种措施。虽然通报批评不是向违法当事人本人提出，而是在一定范围内甚至向全社会公开，但其一样能够达到"纠正违法行为，教育公民、法人或者其他组织自觉守法"的行政处罚目的。《财政违法行为处罚处分条例》第9条第1款规定："单位和个人有下列违反国家有关投资建设项目规定的行为之一的，责令改正，调整有关会计账目，追回被截留、挪用、骗取的国家建设资金，没收违法所得，核减或者停止拨付工程投资。对单位给予警告或者通报批评，其直接负责的主管人员和其他直接责任人员属于国家公务员的，给予记大过处分；情节较重的，给予降级或者撤职处分；情节严重的，给予开除处分：（一）截留、挪用国家建设资金；（二）以虚报、冒领、关联交易等手段骗取国家建设资金；（三）违反规定超概算投资；（四）虚列投资完成额；（五）其他违反国家投资建设项目有关规定的行为。"

通报批评与警告都是对违法者通过书面形式予以谴责和告诫，指明其违法及危害，避免再犯错误，但两者还是有很大区别的。一是对违法行为人的影响不同。警告在实践中虽是公开进行，但行政主体制作的行政处罚决定书只送达给违法行为人本人或只在很小的范围内使人知晓；而通报批评是行政主体在一定范围内对违法行为人的违法事实予以公布，可能对违法行为人的声誉、信誉造成损害，并导致违法行为人其他更为重要的利益受到损害。二是适用范围不同。警告既可以适用于自然人，也可以适用于法人或其他组织，而通报批评一般只适用于法人或其他组织；警告可以单处，也可以并处，而通报批评只能单独使用。三是处罚程度不同。警告与通报批评虽都是申诫罚，但通报批评由于造成影响的范围广，因而其处罚程度比警告重。

2. 罚款、没收违法所得、没收非法财物

罚款是指行政处罚主体依法强制违法行为人在一定期限内缴纳一定数额钱款的处罚形式。罚款是一种典型的财产罚，只适用于合法收入。由于罚款的特点是既不影响被处罚人的人身自由及其合法活动，又能起到惩戒作用，因而在行政处罚中应用很广，许多法律、法规、规章中都有关于罚款的规定。《道路交通安全法》第97条规定，非法安装警报器、标志灯具的，由公安机关交通管理部门强制拆除，予以收缴，并处二百元以上二千元以下罚款。《治安管理处罚法》第57条规定，房屋出租人将房屋出租给无身份证件的人居住的，或者不按规定登记承租人姓名、身份证件种类和号码的，处二百元以上五百元以下罚款。

没收违法所得和没收非法财物是指行政主体依法将违法行为人的违法所得和非法财物收归国有的处罚形式。这里的"违法所得"是指行为人实施违法行为所取得的款项,如通过赌博或生产销售假冒伪劣商品所获得的收入等。这里的"非法财物"是指违禁品和实施违法行为的工具和物品等。前者是法律严禁生产、销售、储存的物品,如走私物品、毒品、淫秽物品、在车船飞机上携带的易燃、易爆物品;后者主要是指非法获利的工具、物品,如用于非法捕捞的渔具、用于捕杀珍贵动物的猎枪、用于赌博的赌具等。行政主体只能没收法律、法规明确规定属于违法所得和非法财物的财产和物品。根据《行政处罚法》的规定,当事人有违法所得,除依法应当退赔的外,应当予以没收。违法所得是指实施违法行为所取得的款项。法律、行政法规、部门规章对违法所得的计算另有规定的,从其规定。行政相对人的合法收入和没有用于违法行为的物品,不能成为没收的对象。没收的财产和物品,必须依法上缴国库或按法定方式处理,行政处罚主体不得私分、截留、随意毁坏,不得通过非法途径低价处理或者随意使用。《海关法》第88条规定,未经海关注册登记从事报关业务的,由海关予以取缔,没收违法所得,可以并处罚款。《海关法》第92条规定,人民法院判决没收或者海关决定没收的走私货物、物品、违法所得、走私运输工具、特制设备,由海关依法统一处理,所得价款和海关决定处以的罚款,全部上缴中央国库。

3. 暂扣或者吊销许可证件、降低资质等级

暂扣或者吊销许可证件是指行政主体依法暂时扣留或者收回违法行为人已获得的从事某种活动的资格证书,以限制或剥夺其从事该项活动的资格的处罚形式。

吊销与暂扣许可证件是典型的资格罚,但吊销与暂扣是有区别的。吊销许可证件是对违法者享有的某种资格的取消;而暂扣许可证件则是中止违法者从事某种活动的资格,待其改正后或经过一定期限后,再发还许可证件。《道路交通安全法》第91条第1款规定,饮酒后驾驶机动车的,处暂扣六个月机动车驾驶证,并处一千元以上二千元以下罚款。因饮酒后驾驶机动车被处罚,再次饮酒后驾驶机动车的,处十日以下拘留,并处一千元以上二千元以下罚款,吊销机动车驾驶证。第2款规定,醉酒驾驶机动车的,由公安机关交通管理部门约束至酒醒,吊销机动车驾驶证,依法追究刑事责任;五年内不得重新取得机动车驾驶证。第3款规定,饮酒后驾驶营运机动车的,处十五日拘留,并处五千元罚款,吊销机动车驾驶证,五年内不得重新取得机动车驾驶证。第4款规定,醉酒驾驶营运机动车的,由公安机关交通管理部门约束至酒醒,吊销机动车驾驶证,依法追究刑事责任;十年内不得重新取得机动车驾驶证,重新取得机动车驾驶证后,不得驾驶营运机动车。第5款规定,饮酒后或者醉酒驾驶机动车发生重大交通事故,构成犯罪的,依法追究刑事责任,并由公安机关交通管理部门吊销机动车驾驶证,终生不得重新取得机动车驾驶证。

降低资质等级也属资格罚,是指行政主体针对已取得从事某种活动资质的当事人,由于其实施违法行为而降低其活动资质的一种处罚形式。例如,《建筑法》第67条规定,承包单位将承包的工程转包的,或者违反本法规定进行分包的,责令改正,没收违法所得,并处罚款,可以责令停业整顿,降低资质等级;情节严重的,吊销资质证书。

4. 限制开展生产经营活动、责令停产停业、责令关闭、限制从业

限制开展生产经营活动、责令停产停业、责令关闭是针对从事生产经营活动的组织或

公民违反行政法规范的一种处罚。这类处罚通常被称为行为罚，即剥夺或限制违法行为人从事生产经营活动的一类处罚。例如，《食品安全法》第128条规定，违反本法规定，事故单位在发生食品安全事故后未进行处置、报告的，由有关主管部门按照各自职责分工责令改正，给予警告；隐匿、伪造、毁灭有关证据的，责令停产停业，没收违法所得，并处十万元以上五十万元以下罚款；造成严重后果的，吊销许可证。又如，《防止拆船污染环境管理条例》第20条第1款规定，对经限期治理逾期未完成任务的拆船单位，可以根据其造成的危害后果，责令停业整顿或者关闭。

限制从业也属行为罚，它是针对从事特定行业的公民、组织违反行政法律规范的一种处罚。例如，《行政许可法》第79条规定，被许可人以欺骗、贿赂等不正当手段取得行政许可的，行政机关应当依法给予行政处罚；取得的行政许可属于直接关系公共安全、人身健康、生命财产安全事项的，申请人在三年内不得再次申请该行政许可；构成犯罪的，依法追究刑事责任。《食品安全法》第135条规定，被吊销许可证的食品生产经营者及其法定代表人、直接负责的主管人员和其他直接责任人员自处罚决定作出之日起五年内不得申请食品生产经营许可，或者从事食品生产经营管理工作、担任食品生产经营企业食品安全管理人员。

限制开展生产经营活动、责令停产停业、限制从业往往附有改正违法的期限或其它条件，当违法行为人改正了违法行为，按期履行了法定义务后，仍可继续从事被限制或停止的生产经营活动或执业活动。

5. 行政拘留

行政拘留是指法定的行政机关依法对违反行政法律规范的人，在短期内限制人身自由的一种行政处罚。行政拘留是最严厉的一种行政处罚，通常适用于治安管理领域，故又称治安拘留。根据《治安管理处罚法》第91条、第16条的规定，治安管理处罚由县级以上人民政府公安机关决定；其中警告、500元以下的罚款可以由公安派出所决定。治安拘留处罚的期限一般为1至15日，但有两种以上违反治安管理行为的，公安机关可以分别决定，合并执行。行政拘留处罚合并执行的，最长不超过20日。

另外，行政拘留在其他管理领域也有适用。《道路交通安全法》第99条规定，未取得机动车驾驶证、机动车驾驶证被吊销或者机动车驾驶证被暂扣期间驾驶机动车的，由公安机关交通管理部门处二百元以上二千元以下罚款，可以并处十五日以下拘留。《反恐怖主义法》第82条规定，明知他人有恐怖活动犯罪、极端主义犯罪行为，窝藏、包庇，情节轻微，尚不构成犯罪的，或者在司法机关向其调查有关情况、收集有关证据时，拒绝提供的，由公安机关处十日以上十五日以下拘留，可以并处一万元以下罚款。

6. 法律、行政法规规定的其他行政处罚

这一规定，从立法技术上讲是一种"包容"条款，旨在补充没有被《行政处罚法》具体列举的其他处罚种类，如驱逐出境等。

二、行政处罚的设定

行政处罚的设定是立法权的重要组成部分，是规范行政主体行政处罚行为的前提。根据《行政处罚法》关于行政处罚设定的规定，行政处罚的设定包括创设权和规定权。其中，创设权体现的是立法主体的创制性立法，规定权则体现的是立法主体的执行性立法。通常情况下，作为下位法除了依法进行创制性立法外，更多的是执行上位法的执行性立法。

(1)法律。根据《行政处罚法》第10条的规定，法律具有全面的处罚设定权，可以设定各种行政处罚种类，其中，限制人身自由的处罚只能由法律设定。

(2)行政法规。根据《行政处罚法》第11条的规定，行政法规的设定包含：第一，创设权。首先，行政法规可以设定除限制人身自由以外的各种行政处罚。其次，法律对违法行为未作出行政处罚规定，行政法规为实施法律，可以补充设定行政处罚。《行政处罚法》对行政法规补充设定权的实施作出了程序性的规制，即行政法规拟补充设定行政处罚的，应当通过听证会、论证会等形式广泛听取意见，并向制定机关作出书面说明。行政法规报送备案时，应当说明补充设定行政处罚的情况。第二，规定权，也可称落实权。即法律对违法行为已经作出行政处罚规定，行政法规需要作出具体规定的，必须在法律规定的给予行政处罚的行为、种类和幅度范围内规定。

(3)地方性法规。根据《行政处罚法》第12条的规定，地方性法规的设定包括：第一，创设权。首先，地方性法规可以设定除限制人身自由和吊销营业执照以外的行政处罚。其次，法律、行政法规对违法行为未作出行政处罚规定，地方性法规为实施法律、行政法规，可以补充设定行政处罚。《行政处罚法》对地方性法规补充设定权的实施作出了程序性规制，即地方性法规拟补充设定行政处罚的，应当通过听证会、论证会等形式广泛听取意见，并向制定机关作出书面说明。地方性法规报送备案时，应当说明补充设定行政处罚的情况。第二，规定权，即法律、行政法规对违法行为已经作出行政处罚规定，地方性法规需要作出具体规定的，必须在法律、行政法规规定的给予行政处罚的行为、种类和幅度范围内规定。

(4)规章。根据《行政处罚法》第13条、第14条的规定，规章的设定也包含两层含义，但首先是落实权，其次才是创设权。规章分为部门规章和地方政府规章。

部门规章可以在法律、行政法规规定的给予行政处罚的行为、种类和幅度范围内作出具体规定；尚未制定法律、行政法规的，部门规章对违反行政管理秩序的行为，可以设定警告、通报批评或者一定数额的罚款。罚款的限额由国务院规定。

地方政府规章可以在法律、法规规定的给予行政处罚的行为、种类和幅度范围内作出具体规定；尚未制定法律、法规的，地方政府规章对违反行政管理秩序的行为，可以设定警告、通报批评或者一定数额的罚款。罚款的限额由省、自治区、直辖市人民代表大会常务委员会规定。2015年5月29日，河北省第十二届人民代表大会常务委员会第十五次会议修订《河北省人民代表大会常务委员会关于贯彻实施〈中华人民共和国行政处罚法〉的决定》，规定省人民政府和设区的市的人民政府制定规章时设定罚款的限额为三万元，对危害公共安全、人身财产安全、生态环境保护、有限自然资源开发利用方面的严重违反行政管理秩序的行为，可以设定不超过十万元的罚款；超过上述限额的，应当报河北省人民代表大会常务委员会决定。

(5)法律、行政法规、地方性法规和规章以外的其他规范性文件不得创设行政处罚

【案例7-1】　王某系某出租汽车公司司机。2012年11月4日下午，王某驾驶其

出租汽车行至甲市汽车站时，乘客张某对王某说要租乘出租车去南市的赵村，王某当即同意，并让张某上车，但当车辆行使一段路程之后，王某却以他要去交手机话费为由强行将张某赶下车。第二天，张某便向南市交通运输管理处举报了王某，并说明了时间、地点、出租汽车牌号以及王某拒载的经过。11月7日上午，南市交通运输管理处向王某发出《道路运输违章车辆中止运行通知书》，以举报待查为由，暂扣王某的行驶证和出租车，并限令王某在3日内前往市交通运输管理处接受处罚。当日下午，南市交通运输管理处向王某发出《道路运输违章处罚决定书》，以王某拒载乘客，违反了市政府关于《出租汽车客运管理办法》的规定，并依据该规定给予王某停业整顿30天的行政处罚(注：南市是设区的市)。

南市交通运输管理处的处罚行为是否合法？管理处的处罚行为不合法。《行政处罚法》第十四条规定了地方政府规章在上位法尚未制定的情况下，对违反行政管理秩序的行为，可以设定警告、通报批评或者一定数额罚款的行政处罚。根据该条规定，南市政府在其制定的《出租汽车客运管理办法》中规定，对出租车违反客运管理的行为可以实施责令停业的处罚显然是违反行政处罚法的，是违法的抽象行政行为。结合本案，南市交通运输管理处有权根据市政府制定的《出租汽车客运管理办法》对出租车实施管理，但由于南市政府制定的《出租汽车客运管理办法》中关于处罚的设定是违法的，而依据违法抽象行政行为实施的具体行政行为不可能是合法的，故南市交通运输管理处对王某实施的处罚不合法。

第三节 行政处罚的实施、管辖和适用

一、行政处罚的实施主体

(一)行政机关

行政处罚是一项重要的国家权力，原则上应当由行政机关来行使。《行政处罚法》第17条规定："行政处罚由具有行政处罚权的行政机关在法定职权范围内实施。"这一条规定包含了三层意思：第一，不是所有的行政机关都享有行政处罚权。尽管行政处罚是一种行政管理手段，但不是每一个行政机关都当然享有行政处罚权，哪些行政机关享有行政处罚权，要由法律、法规明确规定。如某些负责内部事务或某项临时事务的行政机构，由于不具有社会管理职能，不对外行使职权，因而不享有行政处罚权。第二，行政机关只能对自己主管业务范围内的违反行政管理秩序的行为给予处罚。如违反市场管理法律规范的行为，由市场监督管理部门处罚，违反治安管理的行为则由公安机关处罚。限制人身自由的行政处罚通常由公安机关实施，另外，法律规定的其他机关也可实施。第三，有行政处罚权的行政机关在其管辖范围内，对违法案件可以给予什么种类的处罚，要依据法律、法规、规章的具体规定。如根据《治安管理处罚法》第10条的规定，治安管理处罚的种类分为：(一)警告；(二)罚款；(三)行政拘留；(四)吊销公安机关发放的许可证。对违反治安管理的外国人，可以附加适用限期出境或者驱逐出境。

(二)综合行政执法机关

由于行使行政处罚权的行政机关很多,有的甚至职权相互交叉,造成多头重复处罚或者相互推诿。为了解决这个问题,同时考虑到行政机构改革以提高行政管理效能的需要,《行政处罚法》第18条规定:"国家在城市管理、市场监管、生态环境、文化市场、交通运输、应急管理、农业等领域推行建立综合行政执法制度,相对集中行政处罚权。国务院或者省、自治区、直辖市人民政府可以决定一个行政机关行使有关行政机关的行政处罚权。限制人身自由的行政处罚权只能由公安机关和法律规定的其他机关行使。"根据此条的规定国务院及省级政府享有综合行政执法机关的设置权。

综合行政执法机关,是指行使两个或两个以上的行政机关的行政职权的跨部门机关,具体到行政处罚领域,综合执法机关行使的就是两个或两个以上的行政机关的行政处罚权。但是,限制人身自由的行政处罚权只能由公安机关和法律规定的其他机关行使。《治安管理处罚法》第2条规定,扰乱公共秩序,妨害公共安全,侵犯人身权利、财产权利,妨害社会管理,具有社会危害性,依照《中华人民共和国刑法》的规定构成犯罪的,依法追究刑事责任;尚不够刑事处罚的,由公安机关依照本法给予治安管理处罚。根据《治安管理处罚法》第48条规定,冒领、隐匿、毁弃、私自开拆或者非法检查他人邮件的,处五日以下拘留或者五百元以下罚款。《反间谍法》第30条规定,以暴力、威胁方法阻碍国家安全机关依法执行任务的,依法追究刑事责任。故意阻碍国家安全机关依法执行任务,未使用暴力、威胁方法,造成严重后果的,依法追究刑事责任;情节较轻的,由国家安全机关处十五日以下行政拘留。

(三)被授权组织

《行政处罚法》第19条规定:"法律、法规授权的具有管理公共事务职能的组织可以在法定授权范围内实施行政处罚。"

关于被授权组织应注意以下几点:(1)必须是法律、法规的授权,规章的授权视为委托;(2)被授权组织必须在法定的授权范围内实施行政处罚,超出法定授权范围内的处罚行为是违法无效的行为;(3)被授权组织是以自己的名义实施行政处罚,并独立承担其行为后果。

(四)受委托组织

《行政处罚法》第20条规定:"行政机关依照法律、法规、规章的规定,可以在其法定权限内书面委托符合本法第21条规定条件的组织实施行政处罚。行政机关不得委托其他组织或者个人实施行政处罚。"

关于行政委托应注意以下几点:(1)委托人是行政机关。有行政处罚权的行政机关可以根据法律、法规、规章的规定,在法定权限范围内实施委托;(2)被委托人必须是符合法定条件的组织。根据《行政处罚法》第21条的规定,被委托组织必须具备以下条件:第一,依法成立并具有管理公共事务职能的组织;第二,具有熟悉有关法律、法规、规章和业务并取得行政执法资格的工作人员;第三,对违法行为需要进行技术检查或者技术鉴定的,应当有条件组织进行相应的技术检查或者技术鉴定。(3)被委托组织只能在委托的范围内实施处罚,并不得再委托其他组织或者个人实施行政处罚;(4)被委托组织必须以委托机关的名义实施行政处罚,行为后果由委托机关承担;(5)委托机关必须对被委托组织的处罚行为进行监督并对被委托组织的处罚行为承担法律责任。(6)行政机关实施委托处罚，应与被委托组织签订委托书，委托书应当载明委托的具体事项、权限、期限等内容。委托行政机关和受委托组织应当将委托书向社会公布。

二、行政处罚的管辖

行政处罚的管辖是要解决有处罚权的行政主体最初处理行政处罚案件的权限分工。根据《行政处罚法》和其他相关法律规定，行政处罚的管辖主要有以下几种：

(一)职能管辖

职能管辖是指不同职能的行政机关之间在实施处罚方面的权限分工。职能不同的行政机关享有的处罚权是不同的，行政机关只能对自己职能范围内的违法案件享有处罚管辖权。对此，各种行业性的行政法规范作了具体规定，如根据《治安管理处罚法》的规定，公安机关对治安违法案件有权实施处罚，根据《税收征收管理法》的规定，税务机关对税收违法案件有权实施处罚。

(二)级别管辖

级别管辖是指不同级别行政机关之间在实施处罚方面的权限分工。即解决不同级别的行政机关对行政违法案件的处罚管辖权。《行政处罚法》第23条规定："行政处罚由县级以上地方人民政府具有行政处罚权的行政机关管辖。法律、行政法规另有规定的，从其规定。"因此，当法律、法规和规章未对级别管辖作出规定或规定的不明确时，可以推定县级行政机关拥有处罚管辖权，当然法律、行政法规另有规定的除外。

(三)地域管辖

地域管辖是指不同地域的行政机关之间在实施处罚方面的权限分工。职能管辖解决的是由哪一类行政机关管辖的问题，级别管辖解决的是由哪一级行政机关管辖的问题，而地域管辖则解决的是两个以上的同级行政机关之间、特别是县级行政机关之间由谁管辖的问题。由于各级行政机关均是在明确的行政区域基础上设置的，每个行政机关均有其确定的管理区域，所以《行政处罚法》第22条规定："行政处罚由违法行为发生地的行政机关管辖。法律、行政法规、部门规章另有规定的，从其规定。"这一规定确立了行政处罚地域管辖的一般原则，即违法行为发生在何处，就由当地的有处罚权的行政机关管辖。违法行为发生地，是指实施行政违法行为的整个过程，包括行为发生地、经过地和危害结果发生地。但是，法律、行政法规、部门规章另有规定的除外。如《船舶登记条例》规定，对违反该条例的行为，由船舶登记机关依法给予行政处罚。

(四)指定管辖

指定管辖是赋予上级行政机关在处罚管辖上一定的自由裁量权，以适应复杂的实际情况。根据《行政处罚法》第25条的规定，对管辖发生争议的，应当协商解决，协商不成的，报请共同的上一级行政机关指定管辖；也可以直接由共同的上一级行政机关指定管辖。对于两个以上的机关对案件都有管辖权的，由最先立案的行政机关管辖。

实践中，指定管辖主要适用于管辖权发生争议的案件。管辖权争议的表现形式有两种：一是两个以上行政机关对同一案件都认为自己有管辖权；二是两个以上行政机关对同一案件都认为自己没有管辖权。不论哪一种管辖冲突都应按指定管辖的程序办理。应当由最先立案的机关管辖，同时立案的，争议机关协商解决，协商不成的，报请他们共同的上一级行政机关指定管辖，或上一级机关直接指定管辖。上级机关在指定管辖时，应当按照有利于查处案件的原则解决。

（五）移送管辖

《行政处罚法》第27条第1款规定："违法行为涉嫌犯罪的，行政机关应当及时将案件移送司法机关，依法追究刑事责任。对依法不需要追究刑事责任或者免予刑事处罚，但应当给予行政处罚的，司法机关应当及时将案件移送有关行政机关。"

行政处罚是针对那些违反行政管理秩序的违法行为实施的，如果同一行为既违反了行政法律规范又触犯了刑律，行政机关应按照"刑罚优先"的原则，将案件移送给有管辖权的司法机关，依法追究犯罪行为人的刑事责任。行政机关不得擅自管辖，更不能以行政处罚代替刑罚。

对于行政机关已经受理但不属于自己管辖的行政违法案件，也同样适用移送管辖原则，应移送给有管辖权的行政机关。

另外，对依法不需要追究刑事责任或者免予刑事处罚，但应当给予行政处罚的，司法机关应当及时将案件移送有关行政机关。因此，《行政处罚法》第27条第2款特别强调了，行政处罚实施机关与司法机关之间应当加强协调配合，建立健全案件移送制度，加强证据材料移交、接收衔接，完善案件处理信息通报机制。

（六）行政处罚权下移

为了有效解决行政执法实践中存在的"管得着的看不见，看得见的管不着"等突出问题，《行政处罚法》第24条规定："省、自治区、直辖市根据当地实际情况，可以决定将基层管理迫切需要的县级人民政府部门的行政处罚权交由能够有效承接的乡镇人民政府、街道办事处行使，并定期组织评估。决定应当公布。承接行政处罚权的乡镇人民政府、街道办事处应当加强执法能力建设，按照规定范围、依照法定程序实施行政处罚。有关地方人民政府及其部门应当加强组织协调、业务指导、执法监督，建立健全行政处罚协调配合机制，完善评议、考核制度。"这一规定有利于将行政处罚实施权向乡镇人民政府及街道办事处延伸，提高执法效能。但县级人民政府应当加强监督，完善行政处罚的评议、考核制度，发现问题，及时纠正，确保行政相对人的合法权益不受侵害。

2021年3月31日，河北省第十三届人民代表大会常务委员会第二十二次会议审议通过《河北省乡镇和街道综合行政执法条例》，该《条例》自2021年7月15日起施行。《河北省乡镇和街道综合行政执法条例》共8章52条，分别从执法机构、执法范围、执法规范、执法机制、执法监督及法律责任等方面对河北省乡镇和街道综合行政执法作出了全面的规制。

三、行政处罚的适用

行政处罚的适用是指实施处罚的行政主体在认定行为人行政违法的基础上，依法决定对行为人是否给予行政处罚和如何予以行政处罚的活动。它是将行政法律规范规定的行政处罚的原则、种类、具体方法等运用到特定行政违法案件中的活动。

(一)行政处罚适用的条件

(1)前提条件。行政处罚必须以行政相对人行政违法行为的实际存在为前提,这是给予行政处罚的客观条件。另外,对行为人的违法行为,行政主体必须做到查证属实,否则不得处罚。

(2)依据条件。实施行政处罚必须具有法定的处罚依据。即法律、法规、规章明文规定应予处罚的,行政主体才可以依法实施处罚。

(3)主体条件。行政处罚必须由享有处罚权的适格主体实施,即享有行政处罚权的主体必须在自己的职权范围及管辖范围内实施处罚。

(4)对象条件。行政处罚的对象包括两类,一类是自然人;另一类是组织。其中组织都是具有责任能力的主体,可以适用行政处罚。而对自然人则要求必须达到责任年龄、具备责任能力才可以适用行政处罚。

(5)时效条件。违法行为尚未超过法律规定的追究行政责任的有效期限。

(二)行政处罚的适用原则

行政主体实施行政处罚除了应遵循《行政处罚法》规定的各项基本原则外,在行政处罚的适用活动中还应遵循以下原则。

1. 处罚与责令改正相结合的原则

《行政处罚法》第28条规定:"行政机关实施行政处罚时,应当责令当事人改正或者限期改正违法行为。"这一规定,是行政处罚的处罚与教育相结合原则在适用阶段的具体反映。行政处罚只是手段,其目的不是为罚而罚,而在于纠正违法和防范再度违法。如果实施行政处罚只是一罚了事,对违法行为本身及后果不予纠正而任其存在,则并未达到行政处罚的目的,甚至会形成以处罚认可违法的不良后果。因此,行政主体在实施行政处罚时,必须责令当事人改正或限期改正违法行为,以恢复被破坏的行政管理秩序。这一原则在我国的许多法律规范中已得到体现。如《土地管理法》第75条规定,违反本法规定,占用耕地建窑、建坟或者擅自在耕地上建房、挖沙、采石、采矿、取土等,破坏种植条件的,或者因开发土地造成土地荒漠化、盐渍化的,由县级以上人民政府自然资源主管部门、农业农村主管部门等按照职责责令限期改正或者治理,可以并处罚款;构成犯罪的,依法追究刑事责任。

责令改正侧重纠正违法行为造成的危害后果,而行政处罚侧重惩戒行政违法行为,因而两者在概念、内容、形式及目的等方面有所不同。行政处罚是一种法律制裁,通过警告、罚款、没收、吊证、责令停产停业、拘留等形式对行为人的人身权、财产权予以限制或剥夺,达到制裁违法的目的。责令改正是要求行为人停止违法或改正违法,通过责令退还、责令赔偿、责令改正、限期治理等形式实现对违法行为的纠正或危害后果的消除,达到恢复合法状态的目的。

2. 一事不再罚原则

由于法律、法规、规章都可以设定行政处罚,当事人的一个违法行为可能同时触犯多个法律规范,为了防止重复处罚和多头处罚,真正体现过罚相当的法律准则,实施行政处罚必须坚持一事不再罚的原则。《行政处罚法》第29条规定:"对当事人的同一个违法行为,不得给予两次以上罚款的行政处罚。同一个违法行为违反多个法律规范应当给予罚款处罚的，按照罚款数额高的规定处罚。"这一规定正是"一事不再罚"原则的具体体现。从该条的立法本意来看，如果行为人的一个行为同时违反了两个以上法律规范的规定，在实施处罚时，一个处罚机关给予一次处罚尚不能达到制裁目的的，可以由其他行政机关给予相关的行政处罚。后处罚的机关在裁量处罚时，应考虑被处罚人已被处罚的因素，不宜作出与前处罚机关相同或相类似的处罚，以免重复处罚。

具体而言，一事不再罚是指针对一个违法行为不得给予两种同样的行政处罚。首先，针对一个违法行为，一个处罚主体或多个处罚主体不能根据同一法律规范再次作出处罚；其次，针对一个违法行为，一个处罚主体或多个处罚主体不能根据不同的法律规范作出同一种类的处罚。在此需要注意的是，同一法律规定可以并处两种或两种以上处罚、或者不同法律规定不同种类处罚的(如罚款和吊销营业执照)，依照法律给予两种或两种以上处罚并不违反本原则。如《食品安全法》第128条规定，违反本法规定，事故单位在发生食品安全事故后未进行处置、报告的，由有关主管部门按照各自职责分工责令改正，给予警告；隐匿、伪造、毁灭有关证据的，责令停产停业，没收违法所得，并处十万元以上五十万元以下罚款；造成严重后果的，吊销许可证。

【案例7-2】 2007年4月9日早晨6时许，周志刚驾驶轻型厢式货车在运输途中因载物超过定载质量，被江苏省沭阳县公安局交通巡逻警察大队处罚200元；上午10时因驾驶安全设施不全的机动车，被江苏省宝应县公安局交通巡逻警察大队处罚200元；同日下午14时许，周从扬州往镇江方向行驶至扬溧高速57公里处，遇镇江市公安局交通巡逻警察支队沪宁高速公路大队的执勤民警例行检查，再次因超载被罚款2000元。周不服，认为镇江市公安局交通巡逻警察支队沪宁高速公路大队的行政处罚违反了"一事不再罚"原则，遂向江苏省镇江市润州区人民法院提起行政诉讼，要求撤销镇江市公安交通巡逻警察支队沪宁高速公路大队作出的对其罚款2000元的行政处罚决定。

江苏省镇江市润州区法院审理后认为，周志刚因违法超载被沭阳县公安局交通巡逻警察大队处罚后，继续超载行驶，直至被镇江市公安局交通巡逻警察支队沪宁高速公路大队执勤民警查处，属于在不同的时间、不同的行为地实施的违法超载行为，视为其又实施了新的违法行为。镇江市公安局交通巡逻警察支队沪宁高速公路大队对其上述新的违法超载行为进行处罚，不属于对同一违法行为给予再次罚款的行政处罚。据此，一审法院判决：维持镇江市公安局交通巡逻警察支队沪宁高速公路大队对周作出罚款2000元的公安行政处罚决定。

(三)行政处罚的量罚情节

情节本身虽然不是行政处罚的法定条件，但对行政处罚的适用将产生重要影响。

1. 从轻或减轻处罚的情节

从轻是在法定处罚种类或幅度以内给予较轻的处罚种类或较低的处罚幅度，减轻则是在应予处罚的种类之下或法定幅度之下处罚。

根据《行政处罚法》第30条、第32条的规定，有下列情形之一的，应当依法从轻或减轻处罚。

(1) 已满14周岁不满18周岁的未成人有违法行为的。

(2) 主动消除或者减轻违法行为危害后果的。指行为人想尽办法除去、挽回或者减轻、减弱危害后果及其不良影响。例如，某企业造成环境污染，发现后积极主动地利用科学的方法，在最短的时间内减轻了污染度。

(3) 受他人胁迫或者诱骗实施违法行为的。指行为人由于受到威胁、强迫或恐吓后不得已实施违法行为或者由于利诱而实施违法。

(4) 主动供述行政机关尚未掌握的违法行为的。指行为人主动提供行政机关未掌握的案件线索，使行政机关发现查处其他行政违法案件。

(5) 配合行政机关查处违法行为有立功表现的。如行为人如实承认并主动提供案件线索，使行政机关顺利弄清行政违法案件真实情况的。这是违法行为人以实际行动对违法行为予以补救的最积极的表现，应予以鼓励。

(6) 法律、法规、规章规定其他应当从轻或减轻处罚的。如违法行为人态度很好，又是初犯或过失违法等。

另外，《行政处罚法》第31条规定，尚未完全丧失辨认或者控制自己行为能力的精神病人、智力残疾人有违法行为的，可以从轻或者减轻行政处罚。

2. 从重处罚

从重处罚是指在法律规定的处罚种类、幅度范围内，适用较重的处罚种类或者较高的处罚幅度。《行政处罚法》第49条规定："发生重大传染病疫情等突发事件，为了控制、减轻和消除突发事件引起的社会危害，行政机关对违反突发事件应对措施的行为，依法快速、从重处罚。"

《突发事件应对法》第3条规定："本法所称突发事件，是指突然发生，造成或者可能造成严重社会危害，需要采取应急处置措施予以应对的自然灾害、事故灾难、公共卫生事件和社会安全事件。按照社会危害程度、影响范围等因素，自然灾害、事故灾难、公共卫生事件分为特别重大、重大、较大和一般四级。法律、行政法规或者国务院另有规定的，从其规定。突发事件的分级标准由国务院或者国务院确定的部门制定。"

《突发公共卫生事件应急条例》第2条规定："本条例所称突发公共卫生事件（以下简称突发事件），是指突然发生，造成或者可能造成社会公众健康严重损害的重大传染病疫情、群体性不明原因疾病、重大食物和职业中毒以及其他严重影响公众健康的事件。"

3. 不予处罚的情节

不予处罚是指因有法律、法规、规章所规定的法定事由存在，行政主体对某些形式上虽违法，但实质上不应承担法律责任的人不适用行政处罚。

根据《行政处罚法》第30条、第31条、第33条的有关规定，不予处罚包括以下几种情形：

(1) 不满十四周岁的未成年人实施违法行为的；

(2) 精神病人、智力残疾人在不能辨认或者不能控制自己行为时实施违法行为的；

(3) 违法行为轻微并及时纠正，没有造成危害后果的；

(4) 初次违法且危害后果轻微并及时改正的；

(5)当事人有证据足以证明没有主观过错的。法律、行政法规另有规定的,从其规定;

(6)违法已过追责时效的。

以上六种不予处的情形,只有第四种是可以不予处罚,其他是应当不予处罚。

(四)行政处罚与刑罚竞合

行政违法行为人应受到行政处罚的制裁,犯罪人应受到刑罚的惩处,这本是顺理成章的事,但在现实生活中却常会遇到一个违法行为既违反了行政法律法规又触犯了刑律的情况,从而出现行政处罚和刑罚竞合的问题。对其适用处罚,可按以下规则进行。

(1)单处刑罚。即给予刑罚就能够达到惩戒和预防目的的,就不再给予行政处罚,如结伙斗殴致人伤亡的。

(2)刑罚与行政处罚并处。如果仅处刑罚,仍不足以消除行为人违法犯罪的全部危害,不足以彻底纠正行政违法行为的,刑罚与行政处罚并处。如对生产假药的企业,除处以刑罚外,还必须吊销其生产药品许可证等方能全面制裁其违法犯罪。

(3)给予行政处罚。当事人的违法行为构成犯罪,但情节轻微,法院免予追究刑事责任时,行政机关可以依法给予行政处罚。如《刑法》第 37 条规定,对于犯罪情节轻微不需要判处刑罚的,可以免予刑事处罚,但是可以根据案件的不同情况,予以训诫或者责令具结悔过、赔礼道歉、赔偿损失,或者由主管部门予以行政处罚或者行政处分。《行政处罚法》第 27 条对此也作出了规定。

(4)折抵刑罚。根据《行政处罚法》第 35 条规定:"违法行为构成犯罪,人民法院判处拘役或者有期徒刑时,行政机关已经给予当事人行政拘留的,应当依法折抵相应刑期。违法行为构成犯罪,人民法院判处罚金时,行政机关已经给予当事人罚款的,应当折抵相应罚金;行政机关尚未给予当事人罚款的,不再给予罚款。"因此,行政处罚中的拘留和罚款与刑罚中的短期自由刑和罚金应当折抵适用。

折抵发生于以下情况:即同一行为同时违反了行政法律规范和刑事法律规范,并且依法都应给予处罚;只是由于行政机关先是认为该行为只违反了行政法律规范,给予了行政处罚并已执行,后来发现该行为同时触犯了刑律,应由司法机关处以刑罚,遂移送司法机关。司法机关在量刑时应当进行折抵。折抵是行政拘留折抵有期徒刑或拘役,罚款折抵罚金。其中,拘留一日折抵有期徒刑、拘役一日,罚款一元折抵罚金一元。《治安管理处罚法》第 92 条规定,对决定给予行政拘留处罚的人,在处罚前已经采取强制措施限制人身自由的时间,应当折抵。限制人身自由一日,折抵行政拘留一日。

(五)追责时效

追责时效,是指行政主体对违法行为人实施行政处罚的有效期限。根据《行政处罚法》第 36 条的规定,行政违法行为的追责有效期限一般是二年,但涉及公民生命健康安全、金融安全且有危害后果的,追责有效期为五年。法律另有规定的除外。如《治安管理处罚法》规定的追责时效为六个月。又如《税收征收管理法》规定的追责时效为五年。

追责时效的起始日从违法行为发生之日起计算;违法行为有连续或继续状态的,从行为终了之日起计算。在这里,连续状态是指连续实施数个同一种类的违法行为,继续状态是指同一个违法行为在时间上的延续。

（六）法律适用规则

为了更好地保护行政相对人的合法权益，同时体现法不溯及既往的原则，《行政处罚法》第37条关于行政处罚法律适用规定了"从旧兼从轻"的原则。实施行政处罚，适用违法行为发生时的法律、法规、规章的规定。但是，作出行政处罚决定时，法律、法规、规章已被修改或者废止，且新的规定处罚较轻或者不认为是违法的，适用新的规定。

第四节 行政处罚程序

行政处罚权如何行使，行政处罚决定如何得以实现，直接影响着行政相对人的合法权益，也影响着社会公共利益和国家利益。行政处罚程序是保证行政处罚权正确实施、实现的规则。行政主体实施行政处罚行为必须按照法律规定的步骤、顺序进行，同时还要采取法定方式、遵循法定时限，以避免发生违法处罚和不当处罚的行为。

《行政处罚法》规定的行政处罚程序包括决定程序和执行程序两部分。

一、行政处罚的决定程序

行政处罚决定程序是指行政主体实施行政处罚的步骤、顺序、方式和时限的总和，《行政处罚法》规定的决定程序包括简易程序、普通程序。

2019年1月3日，国务院办公厅印发了《关于全面推行行政执法公示制度执法全过程记录制度重大执法决定法制审核制度的指导意见》。《指导意见》对全面推行行政执法公示制度、执法全过程记录制度、重大执法决定法制审核制度（称为"三项制度"）作出了具体部署、提出了明确要求。"三项制度"聚焦行政执法的源头、过程、结果等关键环节，对促进严格规范公正文明执法具有基础性、整体性、突破性作用，对切实保障人民群众合法权益，维护政府公信力，营造更加公开透明、规范有序、公平高效的法治环境具有重要意义。行政处罚是行政执法的核心和重点，2021年新修订的《行政处罚法》将"三项制度"上升为法律规定。

（一）决定程序的一般规定

根据《行政处罚法》的规定，在整个的行政处罚决定程序中应当坚持：

1. 信息公开

行政执法公示是保障行政相对人和社会公众知情权、参与权、表达权、监督权的重要措施。根据《行政处罚法》的规定，行政处罚的实施机关、立案依据、实施程序和救济渠道等信息应当公示。行政机关依照法律、行政法规规定利用电子技术监控设备收集、固定违法事实的，其设置地点应当向社会公布。具有一定社会影响的行政处罚决定应当依法公开。公开的行政处罚决定被依法变更、撤销、确认违法或者确认无效的，行政机关应当在三日内撤回行政处罚决定信息并公开说明理由。

但是，行政机关及其工作人员对实施行政处罚过程中知悉的国家秘密、商业秘密或者个人隐私，应当依法予以保密。

2. 查证属实

行政主体必须查明违法事实，才能给予行政处罚；违法事实不清、证据不足的不得处罚。

行政处罚决定必须以事实为根据，以法律为准绳，对当事人违法事实的认定必须建立在确凿证据的基础上。行政处罚的证据种类包括：书证、物证、视听资料、电子数据、证人证言、当事人的陈述、鉴定意见、勘验笔录和现场笔录。证据必须经查证属实，方可作为认定案件事实的根据。以非法手段取得的证据，不得作为认定案件事实的根据。《行政处罚法》第41条第2款规定，电子技术监控设备记录违法事实应当真实、清晰、完整、准确。行政机关应当审核记录内容是否符合要求；未经审核或者经审核不符合要求的，不得作为行政处罚的证据。

3. 告知听取意见

行政处罚是损益性行政行为，基于程序的正当性考虑，行政主体在作出处罚决定前，必须告知当事人拟作出的行政处罚内容及事实、理由、依据，并告知当事人依法享有的陈述、申辩、要求听证等权利。

当事人有权进行陈述和申辩，行政主体必须充分听取，并不得因当事人的申辩而给予更重的处罚。行政机关对当事人提出的事实、理由和证据，应当进行复核，成立的，应当采纳。《行政处罚法》第62条规定："行政机关及其执法人员在作出行政处罚决定之前，未依照本法第44条、第45条的规定向当事人告知拟作出的行政处罚内容及事实、理由、依据，或者拒绝听取当事人的陈述、申辩，不得作出行政处罚决定；当事人明确放弃陈述或者申辩权利的除外。"

根据《行政处罚法》第42条第3款的规定，行政机关利用电子技术监控设备收集、固定违法事实的，应当及时告知当事人违法事实，并采取信息化手段或者其他措施，为当事人查询、陈述和申辩提供便利。不得限制或者变相限制当事人享有的陈述权、申辩权。

4. 回避

回避是行政程序公正原则的制度体现，也是行政处罚公正原则的基本要求。根据《行政处罚法》的规定，在行政处罚实施的过程中，执法人员与案件有直接利害关系或者有其他关系可能影响公正执法的，应当回避；当事人认为执法人员与案件有直接利害关系或者有其他关系可能影响公正执法的，有权申请回避；当事人提出回避申请的，行政机关应当依法审查，由行政机关负责人决定。决定作出之前，不停止调查。

5. 执法全过程记录

行政执法全过程记录是行政执法活动合法有效的重要保证。行政执法机关要通过文字、音像等记录形式，对行政执法的启动、调查取证、审核决定、送达执行等全部过程进行记录，并全面系统归档保存，做到执法全过程留痕和可回溯管理。《行政处罚法》第47条规定："行政机关应当依法以文字、音像等形式，对行政处罚的启动、调查取证、审核、决定、送达、执行等进行全过程记录，归档保存。"

6. 执法主体与文明执法

执法主体合法是行政行为合法的要件之一。根据《行政处罚法》的规定，行政处罚应当由具有行政执法资格的执法人员实施。执法人员不得少于两人，法律另有规定的除外。

《行政处罚法》特别强调了执法人员应当文明执法，尊重和保护当事人合法权益。文明是人类社会进步的体现和标志。文明执法就是强调行政执法人员在行政执法的过程中，应当树立以人为本、依法行政、执政为民的理念，充分尊重行政相对人的权益，严格遵循法律规定的执法程序，坚持教育与处罚相结合，管理与服务相结合，不断提高行政执法效能，为建设和谐社会和法治社会提供保障。

(二)简易程序

简易程序是指在特定的条件下，按照简单的方式、步骤，对违反行政管理秩序的行为人，可以当场作出处罚决定的一种程序规则。因此，也被称为当场处罚程序。简易程序的设置，一是有利于节约执法成本；二是有利于提高行政效率，及时处理应急事件。

1. 适用简易程序的条件

根据《行政处罚法》第51条的规定，适用简易程序须同时具备以下三个条件：

(1)违法事实确凿。即行政执法人员已当场掌握了充足的证据材料，证明违法事实的存在。

(2)具有法定依据。即法律、法规、规章明文规定对当事人的这一违法行为应当给予行政处罚。

(3)在行政处罚的种类上，适用警告以及对公民处以二百元以下、对法人或其他组织处以三千元以下罚款的处罚。

2. 简易程序的步骤

根据《行政处罚法》的有关规定，适用简易程序的具体步骤如下：

(1)表明身份。表明身份是一切具体行政行为实施的基本程序要求之一，它强调行政机关及其工作人员在进行行政行为之前，要向行政相对人出示相关执法身份证件，以表明自己享有进行某种行政行为的职权或资格，防止假冒、诈骗和执法人员越权。如《税收征收管理法》第59条规定，税务机关派出的人员进行税务检查时，应当出示税务检查证和税务检查通知书，并有责任为被检查人保守秘密；未出示税务检查证和税务检查通知书的，被检查人有权拒绝检查。

根据《行政处罚法》的规定，行政执法人员在实施处罚前，应向当事人出示执法证件，即所谓"亮证"处罚。这里的执法证件一般情况下可以是工作证，如果法律、法规、规章规定须持专门执法证件的，必须出示专门的执法证件。如2003年河北省政府颁布的(2010年修改)《河北省行政执法和行政执法监督规定》第11条规定，行政执法人员从事行政执法活动，必须取得省级人民政府颁发的行政执法证或者持有经备案认可的其他执法证件。未取得行政执法证或者未持有经备案认可的其他执法证件的人员，不得从事行政执法活动。

(2)确认违法事实，履行告知和听取意见的义务。行政执法人员首先应当确认违法事实的存在，有证据和证人在场的，应取得证据，并请证人当场作证。尔后向当事人说明拟作出的行政处罚内容及事实、理由、依据，并告知当事人依法享有的陈述权和申辩权。对当事人陈述、申辩中成立的部分在作出处罚决定时应予采纳，并不得因当事人的申辩而给予更重的处罚。

(3)填写并交付行政处罚决定书。行政执法人员应填写预定格式、编有号码的行政处罚决定书。行政处罚决定书应当载明当事人的违法行为，行政处罚的种类和依据、罚款数额、时间、地点，申请行政复议、提起行政诉讼的途径和期限以及行政机关名称，并由执法人员签名或者盖章。行政处罚决定书应当场交付当事人,当事人拒绝签收的,应当在行政处罚决定书上注明。

(4)备案。行政执法人员当场作出的行政处罚决定,必须报所属行政机关备案。具体备案形式是由执法人员上交处罚决定书的存根或副本。备案是一种事后监督,它的主要意义是便于执法人员所属行政机关进行监督、检查,以便发现问题及时纠正。同时,也便于行政机关应对当事人申请行政复议或提起行政诉讼。

(三)普通程序

普通程序,是相对于简易程序而言。普通程序是行政处罚的基本程序,是行政主体处理绝大多数违法案件所应遵循的程序,它具有内容完整、要求严格、适用广泛的特点。除法律、法规另有规定的外,任何一个行政处罚决定都必须适用普通程序作出,否则,将直接影响到该处罚决定的效力。设置普通程序的意义在于以完整、科学、公正、民主的处罚程序来规范行政处罚权,以保护行政相对人运用程序权利对抗行政主体违法、不当的行政处罚权。

1. 适用普通程序的条件

除可以适用简易程序的案件以外的所有处罚案件均应适用行政处罚的普通程序。

2. 普通程序的步骤

(1)立案。立案是指行政主体对于行政相对人的检举、控告或自身在行政执法过程中发现的违法情况或者有较大嫌疑的问题,经初步审查认为有进一步调查的必要,因而决定专项查处的活动。《行政处罚法》特别规定,符合立案标准的,行政机关应当及时立案。

立案是行政处罚程序的开始。立案的目的是要对违法行为进行追究。立案可以防止处罚权的滥用,可以避免靠非法手段逃避处罚的情况发生,可以使应罚而不罚的责任明确,可以提高行政效率。

立案的条件:①事实条件。即在已获得的相关材料中,初步证明违法行为事实的存在;②法律条件。即行政违法行为是依法应予处罚的行为;③属于本部门职权范围并归本机关管辖;④不属于适用简易程序的案件。符合立案条件的,应当填写立案报告表,由机关负责人批准,同时确定承办案件的执法人员。

(2)调查取证。行政机关在立案后,应当对案件进行全面的调查,对主要事实、情节和证据进行查对核实,取得必要证据。先取证、后裁决,是实施行政处罚最基本的行为准则。在调查取证的过程中,行政机关可以搜集包括书证、物证、证人证言、视听资料、电子数据、当事人陈述、鉴定意见、勘验笔录和现场笔录等证据材料。另外,根据《行政处罚法》的规定,行政机关还可以采取抽样取证的方法;在证据可能灭失或者以后难以取得的情况下,经行政机关负责人批准,可以先行登记保存,并应在7日内及时作出处理决定,在此期间,当事人或者有关人员不得销毁或者转移证据。在调查取证过程中,行政机关必须遵循全面、客观、公正的原则。《行政处罚法》规定行政主体有一般调查取证的权力,但如行使影响当事人基本权利的检查权时,就必须有法律、法规的明确授权。调查取证是普通程序区别于简易程序的一个重要特征。

在调查取证或检查时,行政机关应遵循以下规则:①执法人员不得少于二人;②调查、检查前,应当主动向当事人或有关人员出示证件。当事人或者有关人员有权要求执法人员出示执法证件。执法人员不出示的,当事人或者有关人员有权拒绝接受调查或者检查;③调查询问、检查均要制作笔录。④执法人员与当事人有直接利害关系的应主动回避,当事人也有权申请回避。

(3)告知与听取意见。告知的内容包括:告知当事人拟作出的行政处罚内容及事实、理由、依据,并告知当事人依法享有的陈述、申辩、要求听证等权利。对于当事人的陈述和申辩,行政机关必须充分听取,对当事人提出的事实、理由和证据,应当复核,如果成立,行政机关应予采纳。

(4)法制审核。重大执法决定法制审核是行政执法三项制度内容之一,该项制度是确保行政执法机关作出的重大执法决定合法有效的关键环节。其具体内容体现在行政执法机关作出重大执法决定前,要严格进行法制审核,未经法制审核或者审核未通过的,不得作出决定。《行政处罚法》吸收了该制度的内容,其第58条规定:"有下列情形之一,在行政机关负责人作出行政处罚的决定之前,应当由从事行政处罚决定法制审核的人员进行法制审核;未经法制审核或者审核未通过的,不得作出决定:(一)涉及重大公共利益的;(二)直接关系当事人或者第三人重大权益,经过听证程序的;(三)案件情况疑难复杂、涉及多个法律关系的;(四)法律、法规规定应当进行法制审核的其他情形。"

(5)审查决定。行政执法人员通过调查取证,认为案件事实已经查清,证据确凿、充分,即可写出案件调查终结报告(包括全部案件情况和处理意见等),连同案卷材料(包括立案登记表及相关证据材料等)提交行政机关负责人审查。审查后根据不同情况,分别作出不同的处理决定:①确有应受行政处罚的违法行为,根据情节轻重及具体情况,作出行政处罚决定;②违法行为轻微,依法可以不予行政处罚的,不予行政处罚;③违法事实不能成立的,不予行政处罚;④违法行为涉嫌犯罪的,移送司法机关。对情节复杂或者重大违法行为给予行政处罚,行政机关负责人应当集体讨论决定。

(6)制作行政处罚决定书。对决定给予行政处罚的案件,应当制作行政处罚决定书,并应载明下列事项:①当事人的基本情况。当事人是公民的,应当写明姓名、性别、年龄、民族、工作单位和住址。当事人是法人或其他组织的,应写明单位名称、地址、法定代表人(或负责人)的姓名、职务,单位是企业的,还应写明组织形式、经营方式和经营范围等。②违法的事实和证据。写明当事人违反法律、法规、规章规定的事实情节和认定违法事实的证据;③行政处罚的种类和依据。写明给予当事人何种处罚及处罚幅度和所依据的法律、法规、规章的具体条文;④行政处罚的履行方式和期限。写明当事人采取何种履行方式以及履行的期限。对交纳罚款的,还应当告知当事人交款的银行名称及地址;⑤救济办法。写明当事人不服行政处罚决定,申请行政复议或者提起行政诉讼的途径和期限;⑥作出行政处罚决定的机关名称及作出决定的日期。行政处罚决定书必须盖有作出行政处罚决定的行政机关的印章,没有加盖印章的不具有法律效力。

根据《行政处罚法》第60条的规定,行政机关应当自行政处罚案件立案之日起九十日内作出行政处罚决定。法律、法规、规章另有规定的,从其规定。

(7)送达。送达是指行政机关依照法定方式,将行政处罚决定书送交当事人的行为。根据《行政处罚法》第61条的规定,行政处罚决定书应当在宣告后当场交付当事人;当事人不在场的,行政机关应当在七日内依照《民事诉讼法》的有关规定,将行政处罚决定书送达当事人。当事人同意并签订确认书的,行政机关可以采用传真、电子邮件等方式,将行政处罚决定书等送达当事人。

【案例 7-3】 2020 年 3 月 1 日,第三人赵林从原告河北禾壮肥业有限公司购进 10 吨"禾茂"牌含氯复混肥后直接销售给第三人张金。2020 年 11 月 7 日,第三人张金向被告 A 市市场监督管理局投诉称该批化肥有质量问题,其用于土豆种植后导致减产。同月 14 日,被告工作人员与被告委托的某鉴定机构工作人员,在未通知第三人赵林和原告河北禾壮肥业有限公司人员到场,只有当事人张金在场的情况下,在 A 市城关镇,对标称生产者为河北禾壮肥业有限公司,标称商标为"禾茂",张金所谓使用后剩余的 10 袋复混肥料进行抽样取证,检验结论为"不合格"。之后,A 市市场监督管理局根据《产品质量法》第 39 条的规定,认定第三人赵林的行为属于以不合格产品冒充合格产品的违法行为,遂依据《产品质量法》第 50 条的规定,决定对赵林的违法行为作如下处罚:一、责令立即停止销售;二、罚款一万元。

根据《市场监督管理行政处罚程序暂行规定》第 28 条的规定:"市场监督管理部门抽样取证时,应当通知当事人到场。办案人员应当制作抽样记录,对样品加贴封条,开具清单,由办案人员、当事人在封条和相关记录上签名或者盖章。"这里所称的"当事人",应当包括市场监督管理机关认定存在行政违法嫌疑的行政相对人。该《暂行规定》之所以如此规定,其目的在于让行政相对人对所抽检样品的真实性及抽样程序的合法性予以见证确认,从而保证其对将来作出的检验结论以及处罚决定信服并认可。特别是像本案由于抽样取证地点不在销售者处而是在消费者处,并且销售行为已经发生较长时间(八个多月)的情况下,市场监督管理机关更应通过行政相对人到场的方式,让行政相对人确认所抽样取证的产品系其生产或者销售,确认产品质量与销售行为发生时相一致(没有在销售行为完成后发生变化)。

本案中,被告在未通知原告和第三人赵林到场的情况下,对张金投诉的化肥进行抽样取证,违反了法定抽样程序规定。检验结论属于严重违反法定程序收集的证据材料,依照《行政诉讼法》第 43 条第 3 款及〈最高人民法院关于适用《行政诉讼法》的解释〉第 43 条第(一)项的规定,不能作为认定案件事实的根据。最终法院撤销了 A 市市场监督管理局的行政处罚决定。

(四)听证程序

听证,一般是指在国家机关作出决定之前,给利害关系人提供发表意见的机会,对特定事项进行质证、辩驳的程序。听证的内涵是听取意见,听证的外延则涉及立法、司法和执法。《行政处罚法》借鉴国外经验在我国第一次规定了听证程序。行政处罚中的听证,是指行政机关在作出行政处罚决定之前,采取听证会的形式,由行政机关主持,由利害关系人参加,为弄清案件事实正确实施处罚而听取各方意见的活动。听证的本质就在于实现程序的公正,它通过给被处罚人公开陈述意见的机会,以防止行政机关违法、不当处罚的发生。设置听证程序,一来有利于维护行政相对人的合法权益,二来有助于行政机关全面调查案情,防止偏听、偏信。

第七章 行政处罚

听证程序不是与简易程序、普通程序相并列的行政处罚决定程序，它只是普通程序中的一个环节。

1. 适用听证程序的条件

根据《行政处罚法》第63条的规定，听证程序的适用必须具备两个条件：

(1) 必须符合法定的处罚种类。听证一般适用于较重的行政处罚，根据《行政处罚法》的规定，可以适用听证的处罚种类具体包括：①较大数额罚款；②没收较大数额违法所得、没收较大价值非法财物；③降低资质等级、吊销许可证件；④责令停产停业、责令关闭、限制从业；⑤其他较重的行政处罚；⑥法律、法规、规章规定的其他情形。

根据《行政处罚法》的规定，限制人身自由的行政处罚不适用听证程序，仍依照《治安管理处罚法》的规定执行，人身罚不适用听证程序，主要是由于适用条件尚不成熟。

(2) 必须有当事人申请听证的请求。听证程序的适用以当事人申请为前提，只有当事人要求听证的，行政机关才举行听证，并且只要当事人（涉及上述种类处罚）依法提出申请，行政机关就必须举行听证。

2. 听证程序的步骤

根据《行政处罚法》第64条的规定，听证的具体步骤包括：

(1) 提出听证申请。当事人要求听证的，应当在收到听证告知书之日起五日内，向行政机关提出听证的请求，如果被处罚人在五日内没有提出申请，就视为放弃听证权利。听证的提出，一般应采用书面形式。

(2) 通知听证。行政机关应当在举行听证的七日前，通知当事人及有关人员举行听证的时间、地点。

(3) 听证会的举行。听证会由行政机关指定的非本案调查人员主持。首先由调查人员提出当事人违法的事实、证据和行政处罚的建议，再由当事人对指控的事实及相关的问题进行申辩和质证，接着经过双方的相互辩论后，当事人作最后陈述。当事人可以亲自参加听证，也可以委托律师或其他公民一至二人代理。当事人及其代理人无正当理由拒不出席听证或者未经许可中途退出听证的，视为放弃听证权利，行政机关终止听证。当事人认为主持人与本案有直接利害关系的，有权申请回避。除涉及国家秘密、商业秘密或者个人隐私依法予以保密外，听证会一律公开举行。

听证会的全部过程要制作听证笔录。听证结束后，笔录应交付当事人、证人等有关参加人阅读或向他们宣读，有遗漏或差错的应予补正或改正，确认没有错误的由主持人、书记员和当事人及其他参加人分别签字或盖章后，作为处罚的依据封卷上交行政机关。当事人或者其代理人拒绝签字或者盖章的，由听证主持人在笔录中注明。

(4) 听证后的处理决定。听证程序只是普通程序中的一个特殊调查处理阶段，并不包括行政处罚程序的全过程。与普通程序中的调查取证阶段相比较，只是对比较重大的处罚案件适用特殊方式的调查取证而已。因而，听证结束后，行政机关仍按普通程序的有关规定作出处理决定。行政机关应根据听证笔录作出相应决定。

【案例7-4】 2016年11月29日，刘军将位于县城某处门面楼租给贾某经营，并约定因租赁房屋涉及的一切费用（包括房产税、所得税、房屋税等）均由贾某承担。

后因有人举报未进行纳税申报，2018年6月21日该县税务稽查局对刘军自2016年11月29日至2017年11月29日履行纳税义务情况进行检查，认为此期间取得房屋出租总收入40万元，未申报纳税。稽查局遂于2018年8月2日作出处理决定：责令刘军自收到决定书之日起15日内补缴各种税费合计123032.6元。由于对刘军的违法行为拟罚款369096.8元，税务稽查局于同日作出税务行政处罚事项告知书，于当日邮寄送达。刘军于8月8日提出听证申请，该局于2018年8月28日作出税务行政处罚听证通知书，于2018年8月29日送达给刘军，告知于2018年9月3日14时在该局三楼会议室举行听证，并由该局负责人亲自担任听证主持人。

本案中，县税务稽查局有三处不符合法律规范有关听证程序的相关规定：

一是告知举行听证的时间少于七日。根据《行政处罚法》第64条第2项的规定："行政机关应当在举行听证的七日前，通知当事人及有关人员听证的时间、地点。"本案税务县稽查局于2018年8月29日告知当事人刘军于2018年9月3日14时举行听证。告知举行听证的时间显然少于七日，违反了法定程序。

二是没有在法定时间内举行听证。《行政处罚法》虽没有统一规定举行听证会的时间，但国家税务总局在《税务行政处罚听证程序实施办法（试行）》（国税发[1996]190号）第五条中规定："税务机关应当在收到当事人听证要求后15日内举行听证，并在举行听证的7日前将《税务行政处罚听证通知书》送达当事人，通知当事人举行听证的时间、地点、听证主持人的姓名及有关事项。"当事人刘军是在2018年8月8日提出听证申请，县税务稽查局准备在2018年9月3日举行听证，从当事人提出申请到行政机关举行听证，其时间超过了15天。

三是听证主持人的确定有违正当程序。《税务行政处罚听证程序实施办法（试行）》第7条规定："税务行政处罚的听证，由税务机关负责人指定的非本案调查机构的人员主持，当事人、本案调查人员及其他有关人员参加。听证主持人应当依法行使职权，不受任何组织和个人的干涉。"本案中，县税务稽查局负责人担任听证主持人，表明该局对此案件的重视，但却不符合法律规范的相应规定，即由税务机关负责人指定非本案调查机构的人员主持。虽说法律规范中没有明确规定机关负责人不得担任听证主持人，但《行政处罚法》明确规定了机关负责人对行政处罚案件的审查决定权，而且听证本身只是普通程序中适用于较重处罚案件的一个特殊听取意见环节，听证结束后还是要由机关负责人对行政处罚案件行使审查决定权。同时《行政处罚法》也确立了回避制度，因此，基于公正的考量，从法理角度分析，由税务机关负责人担任听证主持人显然是不符合正当程序的，这样的听证会严重侵害行政相对人的合法权益，也有违法律设置听证制度的立法目的。

《行政处罚法》对适用听证程序的较大数额罚款没有作统一规定。这是由于我国各地区的政治、经济、文化等发展不平衡，情况差异较大；各部门实施处罚的领域不同，情况亦有差别。因此，难以对"较大数额罚款"在全国范围内确定一个统一标准。本案县税务稽查局根据《税务行政处罚听证程序实施办法（试行）》第3条的规定："税务机关对公民作出2000元以上（含本数）罚款或者对法人或者其他组织作出1万元以上（含本数）罚款的行政处罚之前，应当向当事人送达《税务行政处罚事项告知书》，告知当事人已经查明的违法事实、证据、行政处罚的法律依据和拟将给予的行政处罚，并告知有要求举行听证的权利。"告知当事人听证权。

二、行政处罚的执行程序

行政处罚的执行程序是指行政处罚决定得以实现的程序要求。执行直接关系到处罚内容能否得以实现的问题，但同时执行也直接涉及行政相对人的权益，故严格遵守《行政处罚法》规定的执行程序，才能达到行政处罚的目的，为此，必须要坚持以下几个原则。

（一）行政处罚不停止执行的原则

行政处罚是行政主体代表国家作出的体现国家意志的行为，具有国家强制力，一经作出便具有法律效力，任何机关或个人非依法均不得撤销或变更，相应的组织或个人均受其约束。当事人对行政处罚不服，申请行政复议或提起行政诉讼，除法律另有规定的外，行政处罚不停止执行。行政处罚行为不停止执行是原则，停止执行是例外，只有在法律规定的情况下，在复议和诉讼期间，行政处罚决定可暂缓执行。例如，《治安管理处罚法》第107 规定，被处罚人不服行政拘留处罚决定，申请行政复议、提起行政诉讼的，可以向公安机关提出暂缓执行行政拘留的申请。公安机关认为暂缓执行行政拘留不致发生社会危险的，由被处罚人或者其近亲属提出符合本法第一百零八条规定条件的担保人，或者按每日行政拘留二百元的标准交纳保证金，行政拘留的处罚决定暂缓执行。又如《税收征收管理法》第 88 条第 3 款规定，当事人对税务机关的处罚决定逾期不申请行政复议也不向人民法院起诉、又不履行的，做出处罚决定的税务机关可以采取本法第四十条规定的强制执行措施，或者申请人民法院强制执行。另外，《行政诉讼法》第 56 条对此作了专门规定。

根据《行政处罚法》的规定，当事人申请行政复议或者提起行政诉讼的，加处罚款的数额在行政复议或者行政诉讼期间不予计算。

（二）罚缴分离

《行政处罚法》确立了罚缴分离的制度，即作出罚款决定的机关与收缴罚款的机构分离。除《行政处罚法》规定可以当场收缴的罚款外，作出行政处罚决定的机关及其执法人员均不得自行收缴罚款。当事人应当自收到行政处罚决定书之日起十五日内到指定银行或者通过电子支付系统缴纳罚款。银行应当收受罚款，并将罚款直接上缴国库。

（三）当场收缴

根据《行政处罚法》第 68 条、第 69 条的规定，当场收缴罚款有以下两种情况：

（1）依职权当场收缴罚款。行政执法人员适用简易程序作出罚款决定的，有下列情形之一的，可以当场收缴罚款：第一，依法给予一百元以下罚款的；第二，不当场收缴事后难以执行的。第二种情况主要是针对流动性较大、身份不易确认的人员。

（2）依申请当场收缴罚款。行政执法人员适用简易程序或者普通程序作出罚款处罚决定的，在同时具备下列条件时，可当场收缴：第一，在边远、水上、交通不便地区；第二，由于到指定银行或者通过电子支付系统缴纳罚款确有困难的，当事人要求当场收缴的。

关于收缴规则。①应当向当事人出具国务院财政部门或者省、自治区、直辖市人民政府财政部门统一制发的专用票据，否则，当事人有权拒绝缴纳罚款。②执法人员应当自收缴之日起二日内，交至行政机关；水上收缴的，应当自抵岸之日起二日内交至行政机关。③行政机关应当在二日内将罚款缴付指定的银行。④行政机关实施罚款、没收违法所得等处罚所收缴的款项，必须全部上缴国库，财政部门不得以任何形式向作出行政处罚决定的机关返还这些款项的全部或部分。⑤罚款及没收的违法所得或者没收非法财物拍卖的款项，不得同作出行政处罚决定的行政机关及其工作人员的考核、考评直接或者变相挂钩。除依法应当退还、退赔的外，财政部门不得以任何形式向作出行政处罚决定的行政机关返还罚款、没收的违法所得或者没收非法财物拍卖的款项。

（四）强制执行

当事人应当自觉履行行政处罚决定，对确有经济困难的当事人，经行政机关批准可以暂缓或分期缴纳罚款。但是，对当事人无正当理由逾期不履行行政处罚决定的，行政机关可以强制执行。根据《行政处罚法》第72条的规定，行政机关可以采取以下执行措施。

（1）到期不缴纳罚款的，每日按罚款数额的百分之三加处罚款。该加处罚款属于行政强制执行中的执行罚，其目的在于敦促义务人及时履行义务。只要义务人履行了行政处罚所确定的义务，执行罚即应停止。根据《行政处罚法》的规定，加处罚款的数额不得超出行政罚款的数额。

（2）根据法律规定，将查封、扣押的财物拍卖、依法处理或者将冻结的存款、汇款划拨抵缴罚款。实施这一措施，必须有法律依据。另外，拍卖查封、扣押的财物必须按国家规定公开进行或按国家有关规定处理。同时，拍卖财物抵缴的罚款必须全部上缴国库。

（3）根据法律规定，采取其他行政强制执行方式。《行政强制法》规定的行政强制执行方式包括：加处罚款或者滞纳金；划拨存款、汇款；拍卖或者依法处理查封、扣押的场所、设施或者财物；排除妨碍、恢复原状；代履行；等等。

（4）依照《行政强制法》的规定申请人民法院强制执行。依法没有强制执行权的行政机关，只能申请人民法院强制执行。依法享有行政强制执行权的行政机关，法律、法规规定也可以申请人民法院强制执行的，也可选择申请人民法院强制执行。根据《行政处罚法》的规定，行政机关批准延期、分期缴纳罚款的，申请人民法院强制执行的期限，自暂缓或者分期缴纳罚款期限结束之日起计算。

◎ 导例分析：

行政处罚是国家授权行政机关对社会实施管理的一项重要手段，通常情况下，国家通过法律、法规、规章将行政处罚权授予国家行政机关，当然某些社会组织在得到法律、法规授权的情况下，也可以取得行政处罚权。从本案来看，学校（包括学校后勤处）不是行政机关，一般不具有公权力，在没有法律、法规授权的情况下不能以自己的名义实施行政处罚行为，所以，学校对张某实施的500元"行政处罚"的行为并不属于我国《行政处罚法》所规定的行政处罚种类之一的"罚款"，其性质实际上属于赔偿金，是张某对其由于违反校纪校规所造成的公私财物毁损的赔偿。

第七章 行政处罚

◎ **思考题**

1. 行政处罚与刑罚、行政处分有哪些区别？
2. 试论我国行政处罚应遵循的原则。
3. 简述行政处罚的种类。
4. 简述行政处罚适用的原则。
5. 试述行政处罚的程序。
6. 简述行政处罚的听证程序。

◎ **综合训练**

案例1. 经A市人民政府批准，A市B区市场监督管理局受市市场监督管理局的委托对跨B区某企业实施罚款人民币1万元、吊销企业营业执照的行政处罚。B区市场监督管理局的执法人员甲、乙、丙便以区市场监督管理局的名义对该企业当场作出行政处罚决定书，并自行收缴罚款，扣留企业营业执照。第二日，执法人员甲某电话通知了该企业法定代表人可以要求听证。

问：(1)本案中作出行政处罚决定的合法主体应当是谁？为什么？

(2)根据一事不再罚原则，本案所适用的行政处罚是否得当？

(3)市场监督管理局执法人员在实施行政处罚过程中，有哪些程序上的不足？

△要点提示：

(1)本案中作出行政处罚决定的合法主体应当是A市市场监督管理局。因为B区市场监督管理局是接受市市场监督管理局的委托作出处罚行为的，所以，合法主体应当是A市市场监督管理局。

(2)本案是对同一当事人的同一个违法行为给予两种行政处罚，并不是给予两次以上罚款的行政处罚，因此，适用得当，不违反一事不再罚原则。

(3)有以下程序上的不足：第一，行政处罚决定书应当以A市市场监督管理局的名义作出。第二，不能适用简易程序。行政机关对个人处以二百元以下罚款，单位三千元以下罚款或者警告处罚的才可以适用简易程序，本案不符合此条件。第三，行政执法人员不应自行收缴罚款。根据《行政处罚法》罚缴分离的原则，行政机关只有在符合法定条件的情况下，才可当场收缴罚款。第四，行政执法人员不应在处罚决定作出之后才告知听证权。根据《行政处罚法》的规定，行政机关作出较大数额罚款；没收较大数额违法所得、没收较大价值非法财物；降低资质等级、吊销许可证件；责令停产停业、责令关闭、限制从业；等等行政处罚决定之前，应当告知当事人有要求举行听证的权利。

案例2. 个体户肖某于2018年1月7日，在甲县某农贸市场出售青蛙，被野生动植物自然保护站工作人员发现，当即抽样检查认定其中有虎蚊蛙，为国家二类保护的野生动物。根据《野生动物保护法》第48条的规定：出售国家重点保护野生动物的，由市场监督管理部门查处，可以没收实物和违法所得，并处罚款。野生动物保护站遂将此案移交给甲县市场监督管理局。甲县市场监督管理局对肖某作出处罚：第一，没收全部虎蚊蛙并予以放生;第二,对肖某处以罚款六百元。肖某当场申辩称:"市场上卖蛙的也不只我一个,为什么只罚我?"市场监督管理局的工作人员回答说:"你自己应该明白为什么只罚你不罚别人。"遂制作了处罚决定书,并在处罚决定书中规定,限三日内将罚款交到某县工商行分理处。肖某对处罚不服,于交纳罚款的第二天向某县人民法院提起行政诉讼。

问:县市场监督管理局对肖某的处罚是否正确?为什么?

△要点提示:

甲县市场监督管理局给予肖某的行政处罚,在实体上是正确的,在程序上有违法之处。

具体表现为:第一,作出处罚决定前,没有履行告知和听取意见的义务。第二,本案不具备适用简易程序的条件,所以不能当场作出处罚决定。第三,让当事人履行义务的期限不符合法律规定。

第八章 行政强制

◎ **知识目标**
  掌握行政强制措施的概念、特征、种类、设定、程序,行政强制执行的概念、特征、方式、设定、程序

◎ **能力目标**
  能辨别和区分行政强制措施和行政强制执行
  能准确适用行政强制行为的程序

◎ **素质目标**
  能够深刻领悟法律规范对行政强制权规制的重要意义,了解《行政强制法》在法治政府建设中的重要作用
  理解尊重、保护当事人合法权益和文明执法的关系

◎ **本章导例**:某税务局在税务检查中发现某大型企业存在偷税漏税情况。税务局对该企业有问题的账目封存待查,同时依法扣押了该企业价值20万元的产品。后经进一步调查,查实该企业偷税10万元。税务局对该企业作出了追缴税款和罚款的决定。决定生效后,该企业拒不履行。税务局依法拍卖了部分扣押的产品抵缴了税款,同时申请人民法院对罚款决定给予强制执行。试分析,该案中存在哪些行政强制行为?分别属于哪类行政强制行为?税务局是否具有强制执行权?

第一节 行政强制概述

2011年6月30日,十一届全国人大常委会第二十一次会议表决通过了《中华人民共和国行政强制法》,该法自2012年1月1日起施行。《行政强制法》是一部规范行政强制行为的设定和实施,保障和监督行政机关依法履行职责,维护公共利益和社会秩序,保护公民、法人和其他组织合法权益的重要法律,标志中国法治政府建设的又一重大进步。

《行政强制法》全文共七章,71条,全面规范了我国的行政强制制度。

一、行政强制的概念和特征

2020年初,新型冠状病毒肺炎在全国快速蔓延。2020年2月18日,武汉市人大常委会发布《关于依法全力打赢新冠肺炎疫情防控武汉保卫战的决定》,内容包括:采取最严

格措施、内防扩散、外防输出；力争做到确诊患者100%收治、疑似患者100%进行核酸检测、发热病人100%进行检测、密切接触者100%隔离、小区（村庄）100%实行二十四小时封闭管理；对不服从疫情管控的，有关部门可以依法对其采取强制措施等。其中，根据《传染病防治法》的规定，对于拒绝隔离治疗或者隔离期未满擅自脱离隔离治疗的，可以由公安机关协助医疗机构采取强制隔离治疗措施，而公安机关协助医疗机构采取强制隔离治疗措施的行为就属于行政强制行为。行政强制行为除了强制隔离治疗之外，还包括哪些行政强制行为？行政主体在何种情况之下可以实施行政强制行为？实施行政强制行为应遵守何种法律程序？本章内容将予以解答。

《行政强制法》中并未对"行政强制"加以界定，第2条仅规定，"本法所称行政强制，包括行政强制措施和行政强制执行"，后将行政强制所包含的两种行为分别予以了界定。

行政强制具有以下特征：

（1）强制性。这是行政强制最本质的特征。行政强制是国家政权的强制力在行政管理领域的具体化，是国家行政管理所必需的。没有必要的行政强制措施权和行政强制执行权作保障，国家行政就难以应付日益复杂、艰巨的社会管理任务，国家行政机关的权威性以及行政效率将无从谈起。但是在行政强制执法过程中，即使违背当事人的意志，当事人也必须服从行政机关的行政强制，否则就是妨碍公务。

（2）法定性。行政强制本身具有的损益性，使得其易为行政机关及其工作人员所滥用，因此行政强制权的享有和运用都必须严格遵守法律的规定，违法实施致使当事人或其他行政相对人权益损害的，行政机关应当根据《国家赔偿法》予以赔偿。

二、行政强制的基本原则

行政强制的基本原则是用来指导行政强制活动全过程的基本原理和准则，具有抽象性、综合性、基础性与稳定性，对于行政强制法律制度与法律规范领导与统摄作用。正确认识行政强制的基本原则，对于全面实施《行政强制法》具有重要意义。

（一）法定原则

法定原则，或称"依法强制原则"，是依法行政原则对行政强制权的基本要求。行政强制作为一项重要的行政权力，其设定和实施都必须遵循合法性原则，做到依法行政。《行政强制法》第4条规定："行政强制的设定和实施，应当依照法定的权限、范围、条件和程序。"该原则包含两层含义：

（1）行政强制的设定必须法定。行政强制的设定必须依照法定权限、范围、条件和程序进行，如果违反法律规定设定行政强制的，应当承担法律责任。①设定的权限法定。行政强制只能由《行政强制法》规定的特定的法律规范来设定，从国家机关来看，只能是由该特定法律规范的制定机关才有设定行政强制的权限。《行政强制法》完全排除了规章和其他规范性文件的行政强制设定权。②设定的范围法定。有行政强制设定权的国家机关可以设定行政强制的范围也是不同的。具体而言，法律有权设定所有行政强制，行政法规、地方性法规的设定范围都受到不同程度的限制，必须在法定范围内予以设定。③设定的条件法定。行政管理事务复杂，需采取行政强制措施的条件各不相同，例如《行政强制法》

第 2 条中设定行政强制措施一般应符合制止违法行为、防止证据损毁、避免危害发生、控制危险扩大的条件。依法作出的行政决定应当得到执行，因此行政强制执行的设定限制较少。④设定的程序法定。设定行政强制是一种立法行为，行政强制的设定程序就是法律、法规的立法程序，应遵守《立法法》《行政法规制定程序条例》等法律规范对于立法程序的规定。

(2)行政强制的实施必须法定。行政强制的实施必须依据《行政强制法》以及各单行法律、法规的规定实施。①实施的权限法定。有权实施行政强制的行政机关必须是对社会事务进行管理、承担行政管理职责、依照法律法规授权具有行政强制权的行政机关。②实施的范围法定。依法具有行政强制权的行政机关只能在法定职权范围内实施行政强制行为，不得超越法律规定的权限范围。③实施的条件法定。法律规范中对不同行政管理领域中的行政强制行为的实施前提条件予以了规定，行政机关在其权限范围内实施行政强制行为也必须符合这些条件。④实施的程序法定。《行政强制法》第三章、第四章较为详尽地规定了行政强制措施和行政强制执行的实施程序，其他单行法也有实施程序的规定，行政机关在实施行政强制时应当严格遵守。

(二)适当原则

适当原则，是指行政强制的设定与实施，应当符合理性，手段与目的应当相当，合乎比例，非强制手段优先，尽可能采取最小伤害的做法。这是比例原则在行政强制法中的落实，是在合法性基础上对行政机关提出的更高要求，目的是防止自由裁量权的滥用。《行政强制法》第 5 条规定："行政强制的设定和实施，应当适当。采用非强制手段可以达到行政管理目的的，不得设定和实施行政强制。"该原则包含两层含义：

(1)行政强制的设定应当合理。行政强制的设定应当以必要性为要件，能够以其他手段达到行政管理目的的就不能设定行政强制。《行政强制法》第 14 条规定，有关起草单位拟设定行政强制，必须采取听证会等正式形式听取意见，并说明设定必要性、可能产生的影响以及听取和采纳意见情况，正是体现了该项原则的要求。

(2)行政强制的实施应当合理。即使法律规范设定了行政强制，实施过程中也应采取谨慎的态度，优先使用非强制手段。①情节轻微的，可不强制。根据《行政强制法》第 16 条的规定，违法行为情节显著轻微或者没有明显社会危害的，可以不采取行政强制措施。《行政强制》第 39 条规定，对没有明显社会危害，涉案财物数量较少，当事人确无能力履行，中止执行满 3 年未恢复执行的，行政机关不再执行。②对财产实施强制的应适当。根据《行政强制法》第 23 条、第 29 条的规定，不得查封、扣押与违法行为无关的场所、设施或者财物；不得查封、扣押公民个人及其所扶养家属的生活必需品；冻结存款、汇款的数额应当与违法行为涉及的金额相当。③选择的强制手段应适当。应优先选择间接强制执行的手段，在间接强制执行的手段无法实现行政目的时，才适用直接强制执行；在直接强制执行时，应选择对行政相对人损害最小的方式。

为了保证行政强制设定与实施符合适当性原则，《行政强制法》还确立了相应的评价制度。行政强制的设定机关应当定期对其设定的行政强制进行评价，并对不适当的行政强制及时予以修改或者废止；行政强制的实施机关可以对已设定的行政强制的实施情况及存在的必要性适时进行评价,并将意见报告该行政强制的设定机关;公民、法人或者其他组织可以向行政强制的设定机关和实施机关就行政强制的设定和实施提出意见和建议。有关机关应当认真研究论证,并以适当方式予以反馈。

(三)教育与强制相结合原则

强制只是手段,维护公共利益和社会公共秩序以及维护公民、法人和其他组织的合法权益才是我们的目的。因此,《行政强制法》第6条规定:"实施行政强制,应当坚持教育与强制相结合。"教育违法者和其他公民自觉守法,自觉维护社会秩序,强制才有权威,切实发挥实效,才能促进社会和谐。对此,应注意以下几点:首先,应开展广泛的宣传教育,让公众知晓《行政强制法》的立法目的和具体规定;其次,实施强制过程中,始终把教育行政相对人作为首选目的;再次,应转化执法理念,把教育作为行政机关及其执法人员的法定义务,而不是行政机关的恩赐;最后,教育无果,应当果断采取行政强制,避免教育成为规避义务和惩罚的漏洞。

(四)不得滥用权力原则

法律规范赋予行政机关行政强制的权力是出于行政管理、公共服务的需要,行政机关不能用公权谋取私利,应做到公正执法。《行政强制法》第7条规定:"行政机关及其工作人员不得利用行政强制权为单位或者个人谋取利益。"该项原则体现在《行政强制法》的诸多条文中。例如,第26条第1款规定:"查封、扣押的场所、设施或者财物,行政机关应当妥善保管,不得使用或者损毁;造成损失的,应当承担赔偿责任。"第3款规定:"因查封、扣押发生的保管费用由行政机关承担。"《行政强制法》第六章还对行政机关及其工作人员滥用行政强制权,为行政机关或者个人谋取利益的法律责任作出了规定。

(五)权利救济原则

《行政强制法》第8条规定:"公民、法人或者其他组织对行政机关实施行政强制,享有陈述权、申辩权;有权依法申请行政复议或者提起行政诉讼;因行政机关违法实施行政强制受到损害的,有权依法要求赔偿。公民、法人或者其他组织因人民法院在强制执行中有违法行为或者扩大强制执行范围受到损害的,有权依法要求赔偿。"该原则确定了行政相对人具有以下权利:

(1)陈述权、申辩权。陈述权、申辩权是行政相对人的一项基本程序权利。行政机关实施行政强制时,相对人可以针对行政机关认定的案件事实和法律适用陈述自己的观点,针对行政机关认定的证据和处理决定申诉有利于自己的理由,从而让行政机关全面掌握案件的相关情况,作出合法、公正的行政决定。《行政强制法》第18条、第35条、第36条具体规定了行政强制措施和行政强制执行程序中行政相对人的陈述权、申辩权。

(2)申告权。即依法申请复议或者提起行政诉讼的权利。当行政强制权力给公民、法人或者其他组织的合法权益造成侵害,应当为遭受侵害的行政相对人提供法定救济途径,使其能够通过申请行政复议或者提起行政诉讼获得救济,维护自身的合法权益。

(3)求偿权。因行政机关或人民法院违法实施行政强制给行政相对人造成损害,符合《国家赔偿法》规定的,相对人可以请求国家予以赔偿。对行政机关实施的行政强制行为适用行政赔偿程序的相关规定,对人民法院实施的行政强制执行适用司法赔偿程序的相关规定。

第二节 行政强制措施

一、行政强制措施的概念及特征

《行政强制法》第 2 条第 2 款规定:"行政强制措施,是指行政机关在行政管理过程中,为制止违法行为、防止证据损毁、避免危害发生、控制危险扩大等情形,依法对公民的人身自由实施暂时性限制,或者对公民、法人或者其他组织的财物实施暂时性控制的行为。"

行政强制措施具有以下特征:

(1)目的是便于行政决定的作出或者行政目的的实现。从本质上不同于行政处罚,行政强制措施不具有制裁性、惩罚性,而是为了排除执法阻碍,顺利开展执法活动,维护正常的公共秩序。

(2)适用制止违法行为、防止证据损毁、避免危害发生、控制危险扩大等情形。第一,制止违法行为。例如,根据《人民警察使用警械和武器条例》第 7 条第 1 款第 2 项的规定,人民警察遇有聚众扰乱车站、码头、民用航空站、运动场等公共场所秩序的,经警告无效的,可以使用警棍、催泪弹、高压水枪、特种防暴枪等驱逐性、制服性警械,制止违法行为;第二,避免危害发生、控制危险扩大。例如,根据《传染病防治法》第 39 条的规定,医疗机构发现甲类传染病可以对病人、病原携带者进行隔离治疗,隔离期限根据医学检查结果确定;拒绝隔离治疗或者隔离期未满擅自脱离隔离治疗的,可以由公安机关协助医疗机构采取强制隔离治疗措施。第三,防止证据损毁。例如,根据《审计法》第 34 条规定,审计机关进行审计时,被审计单位不得转移、隐匿、篡改、毁弃会计凭证、会计账簿、财务会计报告以及其他与财政收支或者财务收支有关的资料;若被审计单位有违反上述规定的行为,必要时,经县级以上人民政府审计机关负责人批准,审计单位有权封存有关资料。

(3)适用对象是人身自由或财物。可以对行政相对人的人身自由进行限制,采取强制传唤、强制隔离等强制措施;可以对行政相对人的财物,采取查封、扣押、冻结等强制措施。

(4)具有暂时性。无论是针对相对人的人身自由,还是相对人的财物,行政强制措施都是一种临时性的限制或控制。一旦采取行政强制措施的事由消除,行政主体必须立即解除强制措施,恢复行政相对人的人身自由和财产自由支配。例如,公安机关可以对醉酒的人进行强制约束,防止醉酒的人对社会公共利益或他人权益造成危害,但当醉酒的人酒醒之后,则应恢复其人身自由。

(5)是一种具体行政行为。它虽称为"措施",但是不能理解为物理意义上的手段和方法,而是一种具体行政行为。行政相对人可以直接针对行政强制措施寻求法律救济。

【案例 8-1】 驾驶员黄某将其车辆号牌进行了涂改,这样可以使得其车辆违章时不容易被识别。某日晚 11 点,当黄某驾驶其车经过该市小白楼路段时,执勤交警李某发现黄某的车辆号牌经过了涂改，于是拦住其车辆并对其处以 200 元罚款，同时责令其将涂改的号牌更换为规范的号牌。交警李某为防止黄某继续使用涂改的号牌扰乱公共交通秩序，遂扣押了黄某的驾驶证和其车的行驶证，并对黄某说："这是暂时扣押，你车的号牌规范了，我们马上还给你。"该案中，"暂扣"行为并非对黄某违法行为的惩罚，其目的是为了防止黄某继续驾驶该违规车辆，以及由此可能出现的危险状态或不利后果。这种行为是公安机关对黄某驾驶其车辆行驶行为予以限制的一种具体行政行为，属于行政强制措施。

二、行政强制措施的种类和设定

（一）行政强制措施的种类

行政强制措施适用于行政管理的各个领域，由此也决定了其种类具有多样性。在《行政强制法》出台之前，我国法律、法规、规章等各个层次的法律规范中均有行政强制措施的规定，种类繁多，重叠交叉，相当不规范。针对此种立法现状，《行政强制法》第 9 条规定了行政强制措施包括以下种类：

（1）限制公民人身自由。人身自由属于基本人权，是各国宪法保障的公民基本权利，根据《立法法》第 9 条的规定属于法律绝对保留的事项范围，只能由全国人大及其常委会制定的法律才能设定。目前我国法律中规定的限制公民人身自由的强制措施主要有：盘问、留置盘问、传唤、扣留、人身检查、强制检测、强制隔离、强行带离现场、强行驱散等。

（2）查封场所、设施或者财物。查封，也称"封存"，少数情况也称"封闭、关闭或者限制使用场所"、"禁止或者限制使用设备、设施"等。查封是行政机关限制当事人对其财产的使用和处分的强制措施，主要适用不动产或其他不便移动的财产，所采取的方式多以行政机关加贴封条限制行政相对人对财产的移动或使用。例如，《食品安全法》第 110 条规定，县级以上人民政府食品药品监督管理、质量监督部门履行各自食品安全监督管理职责，有权查封、扣押有证据证明不符合食品安全标准或者有证据证明存在安全隐患以及用于违法生产经营的食品、食品添加剂、食品相关产品；查封违法从事生产经营活动的场所。

（3）扣押财物。扣押，也称"暂扣"、"扣留"等。扣押是行政机关转移当事人对其财产的占有，并限制其处分的强制措施，主要适用动产，所采取的方式多是将财产转由行政机关留置、保管。例如，《税收征收管理法》第 37 条规定，对未按照规定办理税务登记的从事生产、经营的纳税人以及临时从事经营的纳税人，由税务机关核定其应纳税额，责令缴纳；不缴纳的，税务机关可以扣押其价值相当于应纳税款的商品、货物。

（4）冻结存款、汇款。冻结，有时也称"暂停支付"。冻结是限制金融资产流动的强制措施，适用对象包括银行存款、汇款和邮政企业汇款，还包括股票等有价证券。目前我国有《税收征收管理法》《证券法》《反洗钱法》等法律规范规定了该项强制措施。例如，《证券法》第 170 条规定，对于当事人和与被调查事件有关的单位和个人的资金账户、证券账户和银行账户，有证据证明已经或者可能转移或者隐匿违法资金、证券等涉案财产或者隐匿、伪造、毁损重要证据的，经国务院证券监督管理机构主要负责人批准，可以冻结或者查封。

（5）其他行政强制措施。行政强制措施适用的管理领域相当广泛，种类繁多，上述四类强制措施肯定无法涵盖执法实践中的所有种类。因此，立法者规定了一个兜底条款，法律、法规还可以依照法定权限设定其他强制措施的种类。例如，《道路交通安全法》第40条规定的交通管制措施，《治安管理处罚法》第87条规定的强行进入场所等。

（二）行政强制措施的设定

设定权，又称"创设权"，有权机关运用该项权力所进行的立法活动属于创制性立法；而规定权，在上位法已进行"创制性立法"的基础上，有权机关运用该项权力所进行的立法活动属于执行性立法。《行政强制法》中对行政强制措施的设定权和规定权都有所规定。

1. 设定权

根据《行政强制法》第10条的规定，以下法律规范可以设定行政强制措施：

（1）法律。《行政强制法》第10条第1款规定："行政强制措施由法律设定。"可见，法律具有当然的行政强制措施设定权，在设定种类上不受限制。

（2）行政法规。《行政强制法》第10条第2款规定："尚未制定法律，且属于国务院行政管理职权事项的，行政法规可以设定除本法第九条第一项、第四项和应当由法律规定的行政强制措施以外的其他行政强制措施。"根据该条款的规定，行政法规在符合下述法定条件时，可以设定部分行政强制措施：第一，尚未制定法律，且属于国务院行政管理职权事项。宪法、国务院组织法均规定了国务院的行政职权范围，在此范围内的事项，法律尚未规定的，行政法规才可以规定。这是法律优先原则的体现。第二，仅可以设定"除本法第九条第一项、第四项和应当由法律规定的行政强制措施以外的"强制措施。《行政强制法》第9条第1项、第4项规定的"限制公民人身自由"、"冻结存款、汇款"，此两项行政强制措施和其他应由法律规定的行政强制措施不能由行政法规设定。这是法律保留原则的体现。至于"其他应由法律规定的行政强制措施"包括哪些，《行政强制法》并没有作出明确列举，需要今后单行法作出具体的规定。

（3）地方性法规。《行政强制法》第10条第3款规定："尚未制定法律、行政法规，且属于地方性事务的，地方性法规可以设定本法第九条第二项、第三项的行政强制措施。"根据该条款的规定，地方性法规在符合下述条件时，可以设定部分行政强制措施：第一，尚未制定法律、行政法规，且属于地方性事务的。我国虽然属于单一制国家，但是各地的经济、文化、社会发展等方面存在巨大差异，有其地域的特殊性。因此，因地制宜地对地方性事务进行行政管理，将有利于合理解决地方性事务以及构建和谐的中央与地方关系。对于什么是地方性事务，有不同的理解：狭义可理解为属于地方特有的、需要针对当地实际情况作出规定的事务，例如城市养犬问题、燃放烟花爆竹问题等；广义可理解为地方行政区域内的除法律、行政法规明确规定的，属于中央事权之外的其他事务。第二，可以设定"本法第九条第二项、第三项"的强制措施。《行政强制法》第9条第二项、第三项规定的"查封场所、设施或者财物"、"扣押财物"，此两项行政强制措施可以由地方性法规设定，除此之外的行政强制措施种类均不能由地方性法规设定。

另外，根据《行政强制法》第10条第4款的规定，法律、法规以外的其他规范性文件，包括规章等均不得设定任何行政强制措施。

2. 规定权

（1）法律对行政强制措施的对象、条件、种类作了规定的，行政法规、地方性法规不得作出扩大规定。法律在设定行政强制措施时，应该就行政强制措施的对象、条件、种类进行规定，不应概括授权。当然，法律的规定不可能事无巨细，加之我国各地经济社会发展不平衡，因此允许行政法规、地方性法规在法律设定的基础上，将法律的规定加以具体化。但是不能通过扩大行政强制措施的对象，放宽行政强制措施的条件和增加行政强制措施的种类，来扩大行政强制措施的适用。

（2）法律中未设定行政强制措施的，行政法规、地方性法规不得设定行政强制措施。有关行政管理事项采取何种行政管理手段，法律在制定之初必然经过慎重权衡，若已经制定法律，但是法律并没有设定行政强制措施，则表明立法者认为无需通过行政强制措施即可达到行政管理的目的，因此该种情况之下原则上行政法规、地方性法规在制定实施性规定时，不得增加行政强制措施的设定。

（3）法律中未设定行政强制措施的，法律规定特定事项由行政法规规定具体管理措施的，行政法规可以有部分行政强制措施设定权。由于法律的规定比较原则，法律可以授权行政法规规定具体管理措施。在此种情况之下，行政法规可以进行"法条授权立法"，设定除限制人身自由、冻结存款、汇款和其他应当由法律设定的行政强制措施之外的行政强制措施种类。严格说来，这仍是行政法规设定权的规定。

三、行政强制措施实施程序

行政强制措施实施程序规定于《行政强制法》第三章，共有18个条文，分为"一般规定"、"查封、扣押"、"冻结"三节内容。

(一)实施程序的一般规定

1. 实施主体

行政强制措施由法律、法规规定的行政机关在法定职权范围内实施。行政强制措施权不得委托。依据《行政处罚法》的规定行使相对集中行政处罚权的行政机关，可以实施法律、法规规定的与行政处罚权有关的行政强制措施。行政强制措施应当由行政机关具备资格的行政执法人员实施，其他人员不得实施。

2. 一般程序

《行政强制法》的立法重点之一即是规范行政强制的实施程序，第18条规定了行政强制措施实施的一般程序：

（1）内部程序。行政机关在实施行政强制措施前须向行政机关负责人报告并经批准。情况紧急，需要当场实施行政强制措施的，行政执法人员应当在二十四小时内向行政机关负责人报告，并补办批准手续。行政机关负责人认为不应当采取行政强制措施的，应当立即解除。

（2）外部程序。行政机关实施行政强制措施应当遵守下列规定：由两名以上行政执法人员实施；出示执法身份证件；通知当事人到场；当场告知当事人采取行政强制措施的理由、依据以及当事人依法享有的权利、救济途径；听取当事人的陈述和申辩；制作现场笔录;现场笔录由当事人和行政执法人员签名或者盖章,当事人拒绝的,在笔录中予以注明;当事人不到场的,邀请见证人到场,由见证人和行政执法人员在现场笔录上签名或者盖章。

3. 特别规定

(1)限制人身自由行政强制措施的实施程序。依照法律规定实施限制公民人身自由的行政强制措施,除应当履行一般程序外,还应当遵守下列规定:第一,当场告知或者实施行政强制措施后立即通知当事人家属实施行政强制措施的行政机关、地点和期限;第二,在紧急情况下当场实施行政强制措施的,在返回行政机关后,立即向行政机关负责人报告并补办批准手续;第三,实施不得超过法定期限;第四,实施行政强制措施的目的已经达到或者条件已经消失,应当立即解除。

(2)违法行为涉嫌犯罪应当移送司法机关的,行政机关应当将查封、扣押、冻结的财物一并移送,并书面告知当事人。

(二)查封、扣押的实施程序

1. 实施主体

查封、扣押应当由法律、法规规定的行政机关或者具有公共管理职能的组织实施,其他任何行政机关或者组织不得实施。

2. 对象限制

查封、扣押限于涉案的场所、设施或者财物,不得查封、扣押与违法行为无关的场所、设施或者财物;不得查封、扣押公民个人及其所扶养家属的生活必需品;当事人的场所、设施或者财物已被其他国家机关依法查封的,不得重复查封。

3. 制作并当场交付查封扣押决定书和清单

查封、扣押决定书应当载明下列事项:当事人的姓名或者名称、地址;查封、扣押的理由、依据和期限;查封、扣押场所、设施或者财物的名称、数量等;申请行政复议或者提起行政诉讼的途径和期限;行政机关的名称、印章和日期。查封、扣押清单一式二份,由当事人和行政机关分别保存。

4. 查封、扣押的期限

一般不得超过三十日;情况复杂的,经行政机关负责人批准,可以延长,但是延长期限不得超过三十日。法律、行政法规另有规定的除外。延长查封、扣押的决定应当及时书面告知当事人,并说明理由。对物品需要进行检测、检验、检疫或者技术鉴定的,查封、扣押的期间不包括检测、检验、检疫或者技术鉴定的期间。检测、检验、检疫或者技术鉴定的期间应当明确,并书面告知当事人。另外,检测、检验、检疫或者技术鉴定的费用由行政机关承担。

5. 妥善保管义务

对查封、扣押的场所、设施或者财物,行政机关应当妥善保管,不得使用或者损毁;造成损失的,应当承担赔偿责任。对查封的场所、设施或者财物,行政机关可以委托第三人保管,第三人不得损毁或者擅自转移、处置。因第三人的原因造成的损失,行政机关先行赔付后,有权向第三人追偿。因查封、扣押发生的保管费用由行政机关承担。

6. 标的物的处理

行政机关采取查封、扣押措施后，应当及时查清事实，在法定期限内作出处理决定。对违法事实清楚，依法应当没收的非法财物予以没收；法律、行政法规规定应当销毁的，依法销毁；应当解除查封、扣押的，作出解除查封、扣押的决定。

7. 查封、扣押的解除

有下列情形之一的，行政机关应当及时作出解除查封、扣押决定：(1)当事人没有违法行为；(2)查封、扣押的场所、设施或者财物与违法行为无关；(3)行政机关对违法行为已经作出处理决定，不再需要查封、扣押；(4)查封、扣押期限已经届满；(5)其他不再需要采取查封、扣押措施的情形。

解除查封、扣押应当立即退还财物；已将鲜活物品或者其他不易保管的财物拍卖或者变卖的，退还拍卖或者变卖所得款项。变卖价格明显低于市场价格，给当事人造成损失的，应当给予补偿。

(三)冻结的实施程序

(1)实施主体。冻结存款、汇款应当由法律规定的行政机关实施，不得委托给其他行政机关或者组织；其他任何行政机关或者组织不得冻结存款、汇款。

(2)数额限制。冻结存款、汇款的数额应当与违法行为涉及的金额相当。

(3)重复冻结禁止。已被其他国家机关依法冻结的，不得重复冻结。

(4)冻结通知书。行政机关依照法律规定决定实施冻结存款、汇款的，应当履行《行政强制法》第18条第1项、第2项、第3项、第7项规定的程序，并向金融机构交付冻结通知书。

(5)金融机构的配合义务。金融机构接到行政机关依法作出的冻结通知书后，应当立即予以冻结，不得拖延，不得在冻结前向当事人泄露信息。法律规定以外的行政机关或者组织要求冻结当事人存款、汇款的，金融机构应当拒绝。

(6)冻结决定书。①交付期限。依照法律规定冻结存款、汇款的，作出决定的行政机关应当在三日内向当事人交付冻结决定书。②内容。冻结决定书应当载明下列事项：当事人的姓名或者名称、地址；冻结的理由、依据和期限；冻结的账号和数额；申请行政复议或者提起行政诉讼的途径和期限；行政机关的名称、印章和日期。

(7)冻结的期限。自冻结存款、汇款之日起三十日内，行政机关应当作出处理决定或者作出解除冻结决定；情况复杂的，经行政机关负责人批准，可以延长，但是延长期限不得超过三十日。法律另有规定的除外。延长冻结的决定应当及时书面告知当事人，并说明理由。

(8)冻结的解除。有下列情形之一的，行政机关应当及时作出解除冻结决定：①当事人没有违法行为；②冻结的存款、汇款与违法行为无关；③行政机关对违法行为已经作出处理决定，不再需要冻结；④冻结期限已经届满；⑤其他不再需要采取冻结措施的情形。行政机关作出解除冻结决定的，应当及时通知金融机构和当事人。金融机构接到通知后，应当立即解除冻结。行政机关逾期未作出处理决定或者解除冻结决定的，金融机构应当自冻结期满之日起解除冻结。

第三节 行政强制执行

一、行政强制执行概念及特征

《行政强制法》第2条第3款规定:"行政强制执行,是指行政机关或者行政机关申请人民法院,对不履行行政决定的公民、法人或者其他组织,依法强制履行义务的行为。"

行政强制执行具有以下特征:

(1)行政强制执行的前提是行政相对人逾期不履行行政决定确定的义务。行政强制执行是针对不履行行政决定确定的义务的行政相对人实施的行政强制行为,逾期不履行生效的行政决定确定的义务是其适用的前提条件。

(2)行政强制执行的主体是行政机关或人民法院。行政机关只有在法律明确规定享有行政强制权的情况之下,才能自行强制执行;若没有法律授权的情况之下,行政机关应申请人民法院依法强制执行。

(3)行政强制执行的目的是保证行政义务得以履行。行政强制执行不是为行政相对人设定新的行政义务,而是使已设定的行政义务得以履行。强制执行的内容以行政行为所确定的行政义务为限,不得超出相对人应该承担的范围。例如,通过银行强制划拨,以相对人所欠款额为限,不能超过其数额,否则应承担赔偿责任。

二、行政强制执行的方式及设定

(一)行政强制执行的方式

学理上,按照强制执行的手段能否直接实现强制执行的目的为标准,可分为间接强制和直接强制。间接强制执行,是指通过间接的强制手段迫使义务人履行义务或达到与履行义务相同状态的行政强制行为。最为典型的间接强制的方式有代履行、执行罚。直接强制执行,是指通过直接的强制手段迫使义务人履行义务或达到与义务人自己履行义务相同状态的行政强制行为。直接强制较之于间接强制,是更为严厉的强制执行手段。一方面,可以更直接、有效的实现行政目的;另一方面,也更容易造成对行政相对人合法权益的损害。因此,法律规范对直接强制的适用条件和程序有严格的规定,只有在适用间接强制仍无法实现义务或者不能适用间接强制的情况下才能采用。

法律上,《行政强制法》第12条列举了行政强制执行的方式:

1. 加处罚款或者滞纳金

这属于学理上间接强制中的执行罚。执行罚,又称"怠金",是指行政机关对拒不履行义务的行政相对人,增加新的金钱给付义务,从而其履行义务的一种强制执行方式。

(1)加处罚款。加处罚款是指行政机关对于逾期不履行罚款决定的行政相对人,增加新的金钱给付义务,迫使行政相对人履行义务的行政强制执行方式。例如,《行政处罚法》第72条第1项规定,当事人到期不缴纳罚款的,作出行政处罚决定的行政机关可以每日按罚款数额的3%加处罚款,加处罚款的数额不得超出罚款的数额。我们应注意区分"加处罚款"与"罚款"的不同:第一,性质不同,前者属于行政强制执行,后者属于行政处罚;第二,目的不同,前者是为了通过增加金钱给付义务的方式迫使行政相对人履行义务,后者是对违法行政相对人实施的法律制裁;第三,适用不同,前者针对同一事项可以反复适用直至促使行政相对人履行义务(但须遵守法律规定的最高限额),后者针对同一违法行为只能适用一次,遵循"一事不再罚"原则。

(2)滞纳金。滞纳金是指行政机关对于逾期不缴纳税、费的行政相对人增加金钱给付义务,迫使当事人缴纳税、费的行政强制执行方式。例如,《税收征收管理法》第32条规定:"纳税人未按照规定期限缴纳税款的,扣缴义务人未按照规定期限解缴税款的,税务机关除责令限期缴纳外,从滞纳税款之日起,按日加收滞纳税款万分之五的滞纳金。"

加处罚款或者滞纳金的数额不得超出金钱给付义务的数额。

2. 划拨存款、汇款

这属于直接强制执行的方式。划拨存款、汇款是法定行政机关对逾期不履行金钱给付义务的行政相对人作出划拨存款、汇款的决定,通知相关金融机构将相应款额划归到行政机关指定的账户,以实现原有金钱给付义务的行政强制执行方式。该方式主要适用于税收、征收社会保险费等领域。例如,《社会保险法》第63条第2款规定:"用人单位逾期仍未缴纳或者补足社会保险费的,社会保险费征收机构可以向银行和其他金融机构查询其存款账户;并可以申请县级以上有关行政部门作出划拨社会保险费的决定,书面通知其开户银行或者其他金融机构划拨社会保险费。"

3. 拍卖或者依法处理查封、扣押的场所、设施或者财物

这属于直接强制执行的方式。该方式是指行政机关依法查封、扣押相关场所、设施或者财物后,对于仍不履行金钱给付义务行政相对人,可以将被查封、扣押的场所、设施或者财物依法拍卖或者依法定方式处理获得相应的价款冲抵金钱给付义务的行政强制执行方式。例如,《行政处罚法》第72条第2项的规定,当事人逾期不履行行政处罚决定的,作出行政处罚决定的行政机关可以根据法律规定,可以采取将查封、扣押的财物予以拍卖的方式抵缴罚款。

4. 排除妨碍、恢复原状

该方式原为民法中所规定的民事责任形式,而作为行政强制执行方式的排除妨碍是排除对权利人的合法权益或者公共利益的阻碍,恢复原状是通过修理等手段使受到损坏的财物恢复到损坏前的状况。例如,《道路交通安全法》第106条规定:"在道路两侧及隔离带上种植树木、其他植物或者设置广告牌、管线等,遮挡路灯、交通信号灯、交通标志,妨碍安全视距的,由公安机关交通管理部门责令行为人排除妨碍;拒不执行的,处二百元以上二千元以下罚款,并强制排除妨碍,所需费用由行为人负担。"

5. 代履行

这属于间接强制执行的方式。代履行,又称"代执行",是指法定行政机关对逾期拒不履行行政决定所确定的义务的行政相对人,由该法定行政机关或者委托的第三人代替行政相对人履行义务,并由该行政相对人支付履行费用的行政强制执行方式。代履行一般适用于可以为他人代替履行的作为义务,其实质是将特定义务的形式转化为金钱给付义务一种执行方式。例如,《防洪法》第42条第1款规定:"对河道、湖泊范围内阻碍行洪的障碍物,按照谁设障、谁清除的原则,由防汛指挥机构责令限期清除;逾期不清除的,由防

汛指挥机构组织强行清除，所需费用由设障者承担。"

6. 其他强制执行方式

上述方式无法涵盖实践中所有的行政强制执行方式，因此立法者在此规定了兜底条款。单行法律规范中还规定了一些执行方式，如《外汇管理条例》第40条规定的回兑，《治安管理处罚法》第24条规定的强行带离现场等。

(二) 行政强制执行的设定

根据《行政强制法》第13条的规定，行政强制执行的设定权专属于法律，即只有全国人大及其常委会可以通过制定法律的形式创设行政强制执行，法律之外的其他法律规范没有设定行政强制执行的权限。

法律明确规定由行政机关强制执行的，由行政机关依法自行强制执行；法律没有规定行政机关强制执行的，作出行政决定的行政机关应当申请人民法院强制执行。但法律明确规定由行政机关强制执行的情况并不多，可以直接强制执行的行政机关包括公安机关、税务机关、海关等部门和地方人民政府，大部分执法机关没有直接强制执行权，必须申请法院强制执行。

【案例8-2】 2012年3月，河南周口市委、市政府发布的"1号文件"《关于进一步推进殡葬改革的实施意见》提出，全市基本农田现有坟头300多万个，占耕地面积3.5万亩。文件要求用3年时间完成农村公益性公墓全覆盖；火化率100%；彻底遏制偷埋乱葬和骨灰二次装棺；不再出现新坟头，逐步取消旧坟头。由此，河南周口掀起了规模浩大的平坟复耕运动。为执行殡葬改革的任务，当地某些行政机关实施了一些"土政策"：村干部不带头，就免职；教师不带头，就停课；党员不带头，就开除党籍。根据当时《殡葬管理条例》第20条的规定："将应当火化的遗体土葬，或者在公墓和农村的公益性墓地以外的其他地方埋葬遗体、建造坟墓的，由民政部门责令限期改正；拒不改正的，可以强制执行。"而根据2012年1月1日施行的《行政强制法》的规定，行政强制执行权只能由法律设定。显然，《殡葬管理条例》的规定与上位法《行政强制法》的规定产生冲突，根据上位法优于下位法的原则，应适用《行政强制法》的规定。当然，2013年1月1日起施行的新《殡葬管理条例》对此作出修正，取消了授予民政部门行政强制执行权的规定。

三、行政机关强制执行程序

行政强制执行程序分为行政机关强制执行程序和申请人民法院强制执行程序。行政机关强制执行程序规定于《行政强制法》第四章，共有11个条文，分为"一般规定"、"金钱给付义务的执行"、"代履行"三节内容。

(一) 执行程序的一般规定

1. 执行条件

《行政强制法》第34条规定："行政机关依法作出行政决定后，当事人在行政机关决定的期限内不履行义务的，具有行政强制执行权的行政机关依照本章规定强制执行。"由此，行政机关强制执行的条件包括：第一，前提条件，当事人逾期不履行义务；第二，主体条件，法律授予行政强制执行权的行政机关才可以强制执行，否则只能申请法院强制执行；第三，程序条件，必须依照《行政强制法》中有关"行政机关强制执行程序"一章规定的程序进行。

2. 催告程序

行政机关作出强制执行决定前，应当事先以书面形式催告当事人履行义务。催告书应载明下列事项：(1)履行义务的期限；(2)履行义务的方式；(3)涉及金钱给付的，应当有明确的金额和给付方式；(4)当事人依法享有的陈述权和申辩权。

3. 听取意见程序

当事人收到催告书后有权进行陈述和申辩。行政机关应当充分听取当事人的意见，对当事人提出的事实、理由和证据，应当进行记录、复核。当事人提出的事实、理由或者证据成立的，行政机关应当采纳。

4. 决定程序

经催告，当事人逾期仍不履行行政决定，且无正当理由的，行政机关可以作出强制执行决定。强制执行决定应当以书面形式作出，并载明下列事项：(1)当事人的姓名或者名称、地址；(2)强制执行的理由和依据；(3)强制执行的方式和时间；(4)申请行政复议或者提起行政诉讼的途径和期限；(5)行政机关的名称、印章和日期。

在催告期间，对有证据证明有转移或者隐匿财物迹象的，行政机关可以作出立即强制执行决定。

5. 送达程序

催告书、行政强制执行决定书应当直接送达当事人。当事人拒绝接收或者无法直接送达当事人的，应当依照《民事诉讼法》的有关规定送达。

6. 中止、终结与补救

(1)中止。中止执行是指在强制执行过程中，出现法定情形，可以暂时停止强制执行程序，待法定情形消失后，再恢复执行的程序。根据《行政强制法》第39条的规定，有下列情形之一的，中止执行。当事人履行行政决定确有困难或者暂无履行能力的；第三人对执行标的主张权利，确有理由的；执行可能造成难以弥补的损失，且中止执行不损害公共利益的；行政机关认为需要中止执行的其他情形。中止执行的情形消失后，行政机关应当恢复执行。对没有明显社会危害，当事人确无能力履行，中止执行满三年未恢复执行的，行政机关不再执行。

(2)终结。终结执行是指在强制执行过程中，出现法定情形，使强制执行无法或无须继续进行，进而不再强制执行的程序。根据《行政强制法》第40条的规定，有下列情形之一的，终结执行：公民死亡，无遗产可供执行，又无义务承受人的；法人或者其他组织终止，无财产可供执行，又无义务承受人的；执行标的灭失的；据以执行的行政决定被撤销的；行政机关认为需要终结执行的其他情形。

(3)补救。《行政强制法》第41条规定："在执行中或者执行完毕后，据以执行的行政决定被撤销、变更，或者执行错误的，应当恢复原状或者退还财物；不能恢复原状或者退还财物的，依法给予赔偿。"该程序相当于民事诉讼中的"执行回转"，旨在纠正错误的强制执行给行政相对人所造成的损失。补救的前提，是在执行中或者执行完毕后，据以执行的行政决定被撤销、变更，或者执行错误。补救的方式，是恢复原状或者退还财物；不能恢复原状或者退还财物的，依法给予赔偿。

7. 执行和解

行政强制执行和解，是指在行政强制执行过程中，行政强制执行机关与被执行人就执行标的、执行方式、执行期限等进行协商，达成被执行人自行履行相关义务的协议，以终结行政强制执行程序的制度。《行政强制法》第42条规定了该项制度："实施行政强制执行，行政机关可以在不损害公共利益和他人合法权益的情况下，与当事人达成执行协议。执行协议可以约定分阶段履行；当事人采取补救措施的，可以减免加处的罚款或者滞纳金。执行协议应当履行。当事人不履行执行协议的，行政机关应当恢复强制执行。"由此可见，行政强制执行和解应符合以下条件：

（1）适用前提。行政强制执行机关与被执行人的和解是以不损害公共利益和他人合法权益为前提。该前提性条件要求包括两部分：一是不损害公共利益；二是不损害他人合法权益。

（2）协商范围。协商范围为两类事项：一是"可以约定分阶段履行"，即对当事人需要履行行政法义务的分割，将义务内容分为若干个部分，在不同的时间期限内加以履行。实际上，就是将当事人履行义务的期限向后予以推迟。二是"当事人采取补救措施的，可以减免加处的罚款或者滞纳金"，即当行政主体和义务人达成和解协议时，义务人已同意自行履行义务，作为督促其履行义务的手段——"加处罚款或滞纳金"即可以适当予以减免，但对行政行为所确定的基础性金钱给付义务不可以予以减免。

（3）和解形式。行政强制执行机关与被执行人的和解以达成执行协议而终结。执行协议，从性质上属于行政合同，可以约束行政强制执行机关与被执行人双方。执行协议是否需要书面形式，《行政强制法》并未明确规定，具体执行可以在便宜和行政效率的原则下由执行机关决定。

8. 禁止性规定

行政机关不得在夜间或者法定节假日实施行政强制执行。但是，情况紧急的除外。行政机关不得对居民生活采取停止供水、供电、供热、供燃气等方式迫使当事人履行相关行政决定。

（二）金钱给付义务执行的程序

金钱给付义务是行政法上规定的行政相对人最主要的义务形式，若行政相对人逾期不履行金钱给付义务，法定机关就可以强制执行，包括以下方式：

1. 间接强制执行

主要是采取加处罚款或滞纳金的方式。行政机关依法实施加处罚款或者滞纳金超过三十日，经催告当事人仍不履行的，具有行政强制执行权的行政机关可以强制执行。行政机关实施强制执行前，需要采取查封、扣押、冻结措施的，依法定行政强制措施的程序办理。

2. 直接强制执行

针对不同的情况，行政强制执行机关可以采取不同的直接强制执行方式：

(1)划拨存款、汇款。划拨存款、汇款应当由法律规定的行政机关决定，并书面通知金融机构。金融机构接到行政机关依法作出划拨存款、汇款的决定后，应当立即划拨。法律规定以外的行政机关或者组织要求划拨当事人存款、汇款的，金融机构应当拒绝。

(2)拍卖财物。有行政强制执行权的行政机关依法拍卖财物，由行政机关委托拍卖机构依照《中华人民共和国拍卖法》的规定办理。没有行政强制执行权的行政机关应当申请人民法院强制执行，当事人在法定期限内不申请行政复议或者提起行政诉讼，经催告仍不履行的，在实施行政管理过程中已经采取查封、扣押措施的行政机关，可以将查封、扣押的财物依法拍卖抵缴罚款。

另外需要注意的是，划拨的存款、汇款以及拍卖和依法处理所得的款项应当上缴国库或者划入财政专户。任何行政机关或者个人不得以任何形式截留、私分或者变相私分。

(三)代履行程序

1. 适用条件

(1)适用前提，行政机关依法作出要求当事人履行排除妨碍、恢复原状等义务的行政决定，当事人逾期不履行；(2)必经程序，行政机关向当事人进行了催告，当事人仍不履行；(3)危害后果，已经或者将危害交通安全、造成环境污染或者破坏自然资源的程度；(4)代履行主体，行政机关或者行政机关委托没有利害关系的第三人可以代履行。

2. 程序

代履行应当遵守下列规定：(1)代履行前送达决定书，代履行决定书应当载明当事人的姓名或者名称、地址，代履行的理由和依据、方式和时间、标的、费用预算以及代履行人；(2)代履行三日前，催告当事人履行，当事人履行的，停止代履行；(3)代履行时，作出决定的行政机关应当派员到场监督；(4)代履行完毕，行政机关到场监督的工作人员、代履行人和当事人或者见证人应当在执行文书上签名或者盖章。另外，代履行不得采用暴力、胁迫以及其他非法方式。

3. 费用

代履行的费用按照成本合理确定，由当事人承担。但是，法律另有规定的除外。

4. 立即实施

需要立即清除道路、河道、航道或者公共场所的遗洒物、障碍物或者污染物，当事人不能清除的，行政机关可以决定立即实施代履行；当事人不在场的，行政机关应当在事后立即通知当事人，并依法作出处理。

四、申请人民法院强制执行程序

申请人民法院强制执行，即"非诉行政执行"，其程序规定于《行政强制法》第五章，共有9个条文，规定了行政机关向人民法院申请强制执行的程序，至于人民法院如何强制执行，还要遵循《行政诉讼法》及其相关司法解释的规定。

(一)管辖

1. 地域管辖

非诉行政执行案件原则上应当由提出申请的行政机关所在地人民法院管辖，但有例外情形：一是执行对象是不动产的，应由不动产所在地的人民法院强制执行；二是根据《最高人民法院关于人民法院执行工作若干问题的规定(试行)》的规定，对于专利处理决定和处罚决定的管辖，由被执行人住所地或财产所在地的省、自治区、直辖市有权受理专利纠纷案件的中级人民法院执行；三是国务院各部门，各省、自治区、直辖市人民政府和海关依照法律、法规作出的处理决定和处罚决定，由被执行人住所地或财产所在地的中级人民法院执行。

2. 级别管辖

非诉行政执行案件原则上由基层人民法院管辖，同时可参照行政诉讼管辖中有关级别管辖的规定，若在行政诉讼中属于中级人民法院或高级人民法院管辖的案件，非诉行政执行案件也相应的应该由中级人民法院或高级人民法院管辖，并非所有非诉行政执行案件均由基层人民法院管辖。

【案例8-3】① 甲公司从国外乙公司购买了2万吨化肥运抵A市。海关认定甲公司在无进口许可证等报关单证的情况下进口货物，且未经海关许可擅自提取货物，遂以保证金的名义向甲公司收缴人民币200万元，后又作出罚款1000万元的行政处罚决定。甲公司认为处罚过重，但既未缴纳罚款，也未申请行政复议或提起行政诉讼。为此，海关是否可以不自行强制执行而向法院申请强制执行？海关若可以向法院申请强制执行，应由哪个法院进行管辖？根据《行政强制法》第13条、《海关法》第93条的规定，海关既可以自己强制执行处罚决定，也可以申请法院强制执行自己的处罚决定。《行政强制法》第54条规定，行政机关可以向所在地有管辖权的人民法院申请强制执行；执行对象是不动产的，向不动产所在地有管辖权的人民法院申请强制执行，但并未规定级别管辖问题。《最高人民法院关于适用〈中华人民共和国行政诉讼法〉的解释》第157条第1款规定："行政机关申请人民法院强制执行其行政行为的，由申请人所在地的基层人民法院受理；执行对象为不动产的，由不动产所在地的基层人民法院受理。"综合上述条款，本案应由海关所在地的基层人民法院受理。

(二) 申请

1. 申请执行的条件

行政机关向人民法院申请强制执行必须同时符合以下条件：

(1) 当事人在法定期限内不履行行政决定。

(2) 已经过争议期限。行政机关自行强制执行无须经过争议期限，只要当事人逾期不履行行政决定即可强制执行。申请人民法院强制执行，要求当事人在法定期限内不申请行政复议或者提起行政诉讼；否则在复议、诉讼期间，行政机关是不能向人民法院申请强制执行的。

(3) 符合法定申请期限。行政机关须在当事人申请行政复议或者提起行政诉讼的法定期限届满之日起三个月内，依法向人民法院提出强制执行的申请。

(4) 已经过催告程序。行政机关申请人民法院强制执行前，应当催告当事人履行义

---

① 2007年司法考试二卷第92题改编。

务。催告书送达十日后当事人仍未履行义务的,行政机关可以向人民法院申请强制执行。

(5)须向有管辖权的人民法院申请。

【案例 8-4】 某县国土资源局对吴某未批先建的违法行为进行了查处,于2015年8月13日作出了某国土资[2015]89号《国土资源行政处罚决定书》,并将该决定书于同月15日送达吴某。吴某在法定期限内既未申请复议,也未提起行政诉讼。2016年12月22日,某县国土资源局向县人民法院申请执行某国土资[2015]89号《国土资源行政处罚决定书》。县人民法院经审查认为,根据《行政强制法》第53条之规定,当事人在法定期限内不申请行政复议或者提起行政诉讼,又不履行行政决定的,没有行政强制执行权的行政机关可以自期限届满之日起三个月内,依照本章规定申请人民法院强制执行。被执行人起诉期限是自2015年8月15日之起六个月,即2015年8月16日至2016年2月15日。由于其未在此期限内起诉,申请人的申请执行期限就应当自2016年2月16日起的3个月内,即2016年5月15日截止。然而,申请人迟至2016年12月22日才向法院申请执行,其申请已经超过法定执行期限。基于上述理由,某县人民法院对申请人的强制执行申请裁定不予受理。

2. 申请执行的材料

行政机关向人民法院申请强制执行,应当提供下列材料:(1)强制执行申请书;(2)行政决定书及作出决定的事实、理由和依据;(3)当事人的意见及行政机关催告情况;(4)申请强制执行标的情况;(5)法律、行政法规规定的其他材料。强制执行申请书应当由行政机关负责人签名,加盖行政机关的印章,并注明日期。

(三)受理

人民法院接到行政机关强制执行的申请,应当在五日内受理。行政机关对人民法院不予受理的裁定有异议的,可以在十五日内向上一级人民法院申请复议,上一级人民法院应当自收到复议申请之日起十五日内作出是否受理的裁定。

(四)审查与执行

1. 形式审查与执行

人民法院对行政机关强制执行的申请进行书面审查,对依法提供了相关申请材料,且行政决定具备法定执行效力的,除法定情形外,人民法院应当自受理之日起七日内作出执行裁定。

2. 实质审查与执行

人民法院发现有下列情形之一的,在作出裁定前可以听取被执行人和行政机关的意见:(1)明显缺乏事实根据的;(2)明显缺乏法律、法规依据的;(3)其他明显违法并损害被执行人合法权益的。人民法院应当自受理之日起三十日内作出是否执行的裁定。裁定不予执行的,应当说明理由,并在五日内将不予执行的裁定送达行政机关。

3. 对行政机关的救济

行政机关对人民法院不予执行的裁定有异议的,可以自收到裁定之日起十五日内向上一级人民法院申请复议,上一级人民法院应当自收到复议申请之日起三十日内作出是否执行的裁定。

4. 立即执行

因情况紧急,为保障公共安全,行政机关可以申请人民法院立即执行。经人民法院院长批准,人民法院应当自作出执行裁定之日起五日内执行。

(五)执行费用

(1)执行费用的承担。行政机关申请人民法院强制执行,不缴纳申请费,强制执行的费用由被执行人承担。

(2)执行费用的特殊收取方式。人民法院以划拨、拍卖方式强制执行的,可以在划拨、拍卖后将强制执行的费用扣除;依法拍卖财物,由人民法院委托拍卖机构依照《拍卖法》的规定办理。划拨的存款、汇款以及拍卖和依法处理所得的款项应当上缴国库或者划入财政专户,不得以任何形式截留、私分或者变相私分。

◎ 导例分析:

本案中国税局对该企业实施的封存账目、扣押产品、拍卖产品抵缴税款等行为都属于行政强制行为。封存、扣押行为属于行政强制措施,拍卖产品抵缴税款属于行政强制执行。税务局具有行政强制执行权,对于该企业拒不缴纳税款和罚款的行为,可以自行强制执行,也可以申请法院强制执行。

◎ 思考题

1. 行政强制措施与行政强制执行有何联系和区别?
2. 行政机关自行强制执行与申请人民法院强制执行有何联系和区别?

◎ 综合训练

某厂在未取得建设工程规划许可证的情况下,在本厂大门外建造一道围墙。3月1日,县城乡规划局认定该围墙系违建,向该厂作出《拆除违法建筑围墙的通知》,要求其自行在20日内拆除违法建筑的围墙。3月22日,该厂仍未拆除所建筑围墙,于是县城乡规划局以该厂未经规划部门批准,擅自兴建围墙,违反了《城乡规划法》的规定为由,向该厂发出《关于强制拆除违法建筑围墙的通知》,并于当天强制拆除。该厂不服,提起行政诉讼。

请问:县城乡规划局的强制拆除的行为是否合法?请说明理由。

△要点提示:

不合法。(1)主体不合法。《城乡规划法》第68条规定:"城乡规划主管部门作出责令停止建设或者限期拆除的决定后,当事人不停止建设或者逾期不拆除的,建设工程所在地县级以上地方人民政府可以责成有关部门采取查封施工现场、强制拆除等措施。"因此,县级以上地方人民政府有强制执行权,县城乡规划局没有强制执行权。即使县级以上地方人民政府"责成"县城乡规划局实施强制拆除措施,县城乡规划局也是接受委托实施行政强制执行的机关,而非行政强制执行权的主体。

(2)程序不合法。第一,作出强制执行决定前,没有进行书面催告,剥夺了当事人的陈述权、申辩权。《行政强制法》第 35 条规定："行政机关作出强制执行决定前，应当事先催告当事人履行义务。催告应当以书面形式作出，并载明下列事项：(一)履行义务的期限；(二)履行义务的方式；(三)涉及金钱给付的，应当有明确的金额和给付方式；(四)当事人依法享有的陈述权和申辩权。"第二，实施强制拆除前没有发布公告。《行政强制法》第 44 条规定："对违法的建筑物、构筑物、设施等需要强制拆除的，应当由行政机关予以公告，限期当事人自行拆除。当事人在法定期限内不申请行政复议或者提起行政诉讼，又不拆除的，行政机关可以依法强制拆除。"第三，县规划局尚未等到当事人法定救济期限届满即实施了强制拆除，剥夺了当事人申请救济的权利。同样根据《行政强制法》第 44 条的规定。

第九章　行政确认、行政征收、行政给付与行政裁决

◎ **知识目标**
　　掌握行政确认、行政征收、行政给付和行政裁决的概念和特征
　　掌握行政征收、行政给付和行政裁决的种类
◎ **能力目标**
　　能区分行政征收和行政征用
　　涉及行政裁决的纠纷，能正确选择救济途径
◎ **素质目标**
　　树立依法行政理念

◎ **本章导例：**

1. 马某取得一超市的营业执照。后该超市与李某因民事纠纷引发诉讼，诉讼期间该地市场监督管理局出具书面文件证实：马某未在我局办理有关超市的工商营业执照，其营业执照系我局核发给某饭店的营业执照。马某不服，认为市场监督管理局出具的书面文件侵犯了其合法权益，诉至法院，要求撤销市场监督管理局的行为。市场监督管理局出具书面文件的行为是哪种具体行政行为？

2. 2017年3月6日，夏津县政府经社会稳定风险评估、政府常务会议讨论、公布拟征收补偿方案等程序作出房屋征收决定并公告，决定对六五河以南棚户区改造项目片区内的房屋及附属物实施征收。该征收决定涉及的对象既包括征收范围内国有土地上的房屋，也包括征收范围内北关居委会和西关居委会的集体土地。韩某某的房屋位于征收范围内。夏津县政府的上述征收行为共涉及被征收人1400余户，目前已完成拆迁约1300户，韩某某的房屋尚未拆除。韩某某不服上述房屋征收决定，起诉请求撤销该决定。你认为，行政机关是否可以直接对集体土地上的房屋作出征收决定？

3. 李某夫妇均无工作，生活困难，2019年11月4日向上海浦东新区某街道办事处申请社会救济，按照《上海市社会救助条例》和上海市城市居民最低生活保障标准的规定，给予每人每月1160元社会救助。但李某夫妇均30多岁，有劳动能力，便多次为其介绍工作，都被李某夫妇以种种借口拒绝了。不久后，李某又申请救济，该街道办事处未批准，被李某夫妇告上法庭。法院最终判决驳回李某夫妇的诉讼请求。试分析，该案中街道办事处给予原告每月1160元社会救助的行为属于何种行政行为？街道办事处是否可以拒绝原告的救济申请？

4. 原告魏某与原告宗某，两家关于宅基地的划线已有多年纷争。他们曾在当地乡政

府的主持下立过协议。魏某翻建住宅,两家矛盾再次激发。乡政府多次协调不成,宗某天天上县政府上访。该县政府直接出面协调,最后作出《关于魏家与宗家宅基地使用权中界线的处理决定》。魏某与宗某收到县人民政府的《决定》后,均表示不服,便向当地人民法院提起诉讼。但当地法院在立案时,对于应以民事案件立案,还是以行政案件立案有不同意见。主张以民事案件立案的理由是:两户农民宅基地的纠纷属于平等主体之间的民事纠纷;主张以行政案件立案的理由是:两户农民不服并所控告的是县政府的行政处理决定,县政府作出处理决定属于行政行为,而不是民事行为。你认为法院应如何立案?

第一节 行政确认

一、行政确认的概念

甲拥有一处房产,欲将该房产卖给乙。两人签订房屋买卖合同之后,还必须到当地房产局进行房屋所有权变更登记,乙才能切实成为该处房产的所有权人。可见,房产局的房屋所有权变更登记行为在房屋买卖过程中发挥着重要作用,该种行为即是行政确认行为。

所谓行政确认是指行政主体依法对特定法律关系或有关法律事实进行甄别,给予确定、认可、证明(或否定)并予以宣告的具体行政行为。

行政确认的特征:

(1)行政确认的主体是行政主体。即行政机关和法律、法规授权的组织,针对行政法律规范规定的需要确认的事项,依照法定的程序,根据法定的条件作出的确认行为。

(2)行政确认的内容是对特定法律关系或相关法律事实的认定(肯定或否定)。行政主体通过这种"认定"活动,明确相应的权利义务,达到稳定社会秩序和行政管理秩序的目的。例如,对土地所有权、使用权的认定明确了当事人的权利义务,属于对特定法律关系的确认,对交通事故的责任认定则属于对法律事实的确认,该确认本身并未给当事人设定权利义务,但却成为确定当事人权利义务的先决条件,行政确认在先,其他处理如行政处罚在后。

(3)行政确认是行政行为。行政确认并非源于当事人的委托,而是源于行政法律规范赋予的行政管理职权,是行政主体依法对特定事项所实施的具有强制力的行政行为,有关当事人必须服从,否则将要承担相应的法律责任。

(4)行政确认是要式行政行为和羁束行政行为。行政确认应以法定的书面形式作出,与行政确认有关的人员或组织必须在行政确认文件上签名盖章,否则不产生法律效力。行政确认是依法对特定法律关系或有关法律事实的甄别,其认定的依据是客观事实和法律规定,并受到有关技术性规范的制约。因此,行政确认必须严格按照法律规定和有关技术性规范进行,没有或很少有自由裁量的空间。

二、行政确认的主要形式和分类

(一)主要形式

根据法律规范和行政活动的实际情况,行政确认主要有以下几种形式:

(1)确定。即对当事人的法律地位与权利义务的确认,如颁发土地使用证、农村宅基地使用证、房屋所有权证以确定财产所有权或使用权等。

(2)认可。即对当事人已有法律地位和权利义务的承认和肯定,如对产品质量是否合格的认证(非强制性认证)等。

(3)证明。即行政主体向其他人明确被证明人的法律地位和权利义务,如各种学历、学位证明,居民身份证等。

(4)登记。即行政主体依申请人申请,在政府有关登记簿册中记载行政相对人的某种情况或事实,并依法予以正式确认的行为,如户口登记、房屋产权登记等。

(5)鉴证。即行政主体对特定的法律关系的合法性予以审查后确认或证明其效力的行为,劳动行政部门对劳动合同是否合法的鉴证。

(二)分类

(1)以行政机关是否主动进行为标准,可以划分为依申请的行政确认和依职权的行政确认。依申请的行政确认是必须由行政相对人提出申请,行政主体才能进行的确认。如婚姻登记等。依职权的行政确认是行政主体依据法定职权,不待行政相对人申请而主动实施的行政确认,如纳税鉴定、审计鉴定等等。

(2)以行政确认的对象为标准,可以划分为身份的行政确认、对能力的行政确认和对法律关系的行政确认。对身份的行政确认,如居民身份证、结婚登记等;对能力的行政确认,如专业技术职称评定等;对法律事实的行政确认,如专利权、商标权等的确认等。

三、行政确认的作用

(1)行政确认可作为法院的审判活动的处理依据。对合法行为的肯定,行政相对人法律地位的明确,对行为性质的承认,对法律关系的维护,为处理和解决当事人之间的争议提供了准确、可靠的客观依据。

(2)行政确认有利于预防各种纠纷的发生。通过行政确认,可以明确当事人之间的法律关系以及相关法律事实,提前预防因为法律关系或法律事实的不明确而可能引发的争议。

(3)行政确认是科学的行政管理手段之一。行政确认的本质在于使主体的法律地位及权利义务得到法律上的承认。在法律承认的基础上,才能取得相关权利或保护自身的合法权益不受侵犯。

第二节 行政征收

一、行政征收的概念

我国《宪法》第13条规定:"公民的合法的私有财产不受侵犯。"但是,为什么税务机关可以对公民个人的合法收入征收个人所得税,即无偿占有公民的合法私有财产?收税属于什么性质的行政行为?再如,经国务院批准,财政部、国家发展改革委、国家工商总局联合发出通知决定,从2008年9月1日起,在全国统一停止征收个体工商户管理费和集贸市场管理费。为什么此前工商机关可以向个体工商户和私营企业收取这些费用？收费属于什么性质的行政行为？以上问题的回答，就涉及到本节的核心概念"行政征收"。

我国传统行政法理论一般认为，行政征收是指行政主体基于公共利益的需要，依据法律以强制方式无偿取得行政相对人财产所有权的一种行政行为。它主要包括行政征税和行政收费两种形式。然而，2004年《宪法》第13条规定了一般征收制度，第10条规定了对土地的征收制度，其中明确行政征收可以依照法律的规定给予补偿。就此，传统行政法理论中行政征收的"无偿性"与宪法的规定产生了冲突，应予以修正。因此，我们认为，行政征收是行政主体基于公共利益的需要，以强制方式取得行政相对人财产所有权的行政行为。

行政征收具有以下特征：

(1)公益性。行政征收的目的必须是出于社会公共利益的需要，这是行政征收的前提，也是衡量其是否合法的标准。财产权是人权的重要组成部分，是人类谋求生存与发展的基本权利，也是维系人类自由与尊严的根基。我国宪法明确规定，公民的合法私有财产不受侵犯。因此，作为对行政相对人一定财产所有权无偿取得的行政征收行为，必须是为了公共利益的需要才能采取，否则就是对公民财产所有权的侵犯。

(2)强制性。享有行政征收权的行政主体无需征得行政相对人的同意，即可依照法律规定实施行政征收行为，行政相对人有依法配合的义务；甚至在行政相对人不同意的情况下，行政主体可以运用法律赋予的强制权强制执行。这是行政权强制性在行政征收行为上的表现。

(3)法定性。行政征收必须依法进行。"从来没有哪个制度否认过宪法的征收权，重要的是对征收的法律限制。"行政征收是国家正常运转的需要，但毕竟是强制地获得行政相对人财产所有权的行为，对行政相对人的权益具有一定的侵害性。因此，为了防止行政主体滥用行政征收权侵害行政相对人的合法权益，扩大这种"侵害性"，行政征收权的设定和运用必须严格按照法律的规定进行。无论是征税行为，还是收费行为，都应是羁束行政行为，而非裁量行政行为。

行政征收与行政征用制度密切相关。行政征用，是指行政主体基于公共利益的需要，依据法律、法规的规定，强制性地取得行政相对人的财产使用权行政行为。可见，行政征收与行政征用的显著差异是征收取得的是行政相对人财产的所有权，而征用取得的是行政相对人财产的使用权。

二、行政征收的种类

行政征收主要包括税收征收、行政收费和财物征收。

(一)税收征收

税收征收，即征税，是指行政征税机关依照法律规范预定的标准，非惩罚性的、强制的、无偿的取得财政收入的一种行政行为。征税具有法定性、强制性、无偿性和固定性等属性，其中法定性是征税的根本属性。

税收征收的主体，我国目前主要包括：税务局、海关。税收征收的程序依据是《税收征收管理法》《海关法》及相关法律规范进行。

(二)行政收费

行政收费,是指行政机关基于公共利益的需要,在为行政相对人提供一定的公益服务,或者授予国家资源或资金的使用权的同时,依法向行政相对人强制收取一定费用的行政行为。行政收费具有强制性、单向性和临时性等特征。

行政收费存在的原因是国家"特别支出"由"特别收入"来满足。国家机器运转的一般支出或费用,由税收这一"一般收入"来满足,但行政机关在为行政相对人提供一定的公益服务或授予行政相对人国家资源或资金的使用权而支出的属于"特别支出",应由受益人支付。即向其征收一定的货币作为"特别收入"负担公共利益的损失。

我国没有制定统一的行政收费法,目前规定行政收费的法律依据包括各个效力等级的法律规范。有权收费机关几乎包括所有的行政机关。收费项目,主要集中在资源费征收、建设资金征收、排污费征收、特定行政管理费征收等方面。

(三)财物征收

财物征收,是指行政机关基于公共利益的需要,强制剥夺行政相对人财物所有权,以实现特定行政目的的行政行为。财物征收实际上是国家的一种"强制性购买"行为,并非属于自由市场交易行为的范畴。我国《宪法》第10条第3款、第13条第3款规定,财物征收权必须基于公共利益的需要才能行使;《立法法》第8条第6项规定,对非国有财产的征收权属于法律保留的范畴,即只能通过制定法律来创设。例如,《土地管理法》第2条第4款规定:"国家为了公共利益的需要,可以依法对土地实行征收或者征用并给予补偿。"财物征收,基于财物性质的不同,包括土地征收、企业征收和其他财产征收等类型。

【案例9-1】 2010年,吉林省人民政府作出批复,同意对向阳村集体土地实施征收,王江超等3人所有的房屋被列入征收范围。后王江超等3人与征收部门就房屋补偿安置问题未达成一致意见,2013年11月19日,长春市国土资源管理局作出责令交出土地决定。2015年4月7日,经当地街道办事处报告,吉林省建筑工程质量检测中心作出鉴定,认定涉案房屋属于"D级危险"房屋。同年4月23日,长春市九台区住房和城乡建设局(以下简称九台区住建局)对涉案房屋作出紧急避险决定。在催告、限期拆除未果的情况下,九台区住建局于2015年4月28日对涉案房屋实施了强制拆除行为。王江超等3人对上述紧急避险决定不服,提起行政诉讼,请求法院判决确认该紧急避险决定无效、责令被告在原地重建房屋等。长春市九台区人民法院一审认为,本案紧急避险决定所涉的房屋建筑位于农用地专用项目的房屋征收范围内,应按照征收补偿程序进行征收。九台区住建局作出紧急避险决定,对涉案房屋予以拆除的行为违反法定程序,属于程序违法。一审判决撤销被诉的紧急避险决定,但同时驳回王江超等3人要求原地重建的诉讼请求。王江超等人不服,提起上诉。长春市中级人民法院二审认为,涉案房屋应当由征收部门进行补偿后,按照征收程序予以拆除。根据《城市危险房屋管理规定》相关要求,提出危房鉴定的申请主体应当是房屋所有人和使用人,而本案系当地街道办事处申请,主体不适格;九台区住建局将紧急避险决定直接贴于无人居住的房屋外墙,送达方式违法;该局在征收部门未予补偿的情况下,对涉案房屋作出被诉的紧急避险决定,不符合正当程序,应予撤销。但王江超等

3人要求对其被拆除的房屋原地重建的主张，不符合该区域的整体规划。二审法院遂判决驳回上诉、维持原判。①

第三节 行政给付

一、行政给付的概念

行政给付，又称"行政物质帮助"，是指行政主体在特定情况下，依照有关法律、法规、规章或者政策的规定，赋予符合条件的行政相对人一定的物质权益或与物质相关权益的行政行为。

获得物质帮助是我国公民的一项重要的宪法上的权利。我国《宪法》第45条规定："中华人民共和国公民在年老、疾病或者丧失劳动能力的情况下，有从国家和社会获得物质帮助的权利。国家发展为公民享受这些权利提供所需要的社会保险、社会救济和医疗卫生事业。国家和社会保障残疾军人的生活，抚恤烈士家属，优待军人家属。国家和社会帮助安排盲、聋、哑和其他有残废的公民的劳动、生活和教育。"根据宪法的这一规定，给予有困难的行政相对人物质帮助是政府的法定义务，获得政府的物质帮助是行政相对人的法定权利。

行政给付具有以下特征：

(1)对象的特定性。行政给付是政府为社会公众提供的一种社会救助行为，其对象是符合法定条件或政策条件的特定的社会公众，即出现了特殊困难和特殊情况的行政相对人。例如，政府为地震灾区居民提供救灾款和救灾物资，政府向因战、因公伤残人员发放抚恤金等。

(2)内容的授益性。行政给付的内容是赋予行政相对人以一定的物质权益或与物质相关权益，从这个意义上讲，行政给付是一种授益性行政行为。在行政给付法律关系中，行政主体负有给付义务，行政相对人享有获得给付的权利。行政相对人通过行政主体的行政给付行为无偿获得了一定的物质帮助，可以是物质权益，亦可以是与物质相关的权益。

(3)依据的广泛性。行政给付必须依法实施，不得任意给付，这里的"法"应做广义的理解，除了法律、法规、规章之外，还应包括政策。行政给付必须按照法律、法规、规章或政策规定的内容、程序来实施，并且为了保护行政相对人的合法权利，行政机关在实施行政给付的时候，应当告知行政相对人一定的救济途径。

二、行政给付的内容和种类

(一)行政给付的内容

(1)物质上的利益。表现为给付行政相对人一定数量的金钱或实物。

---

① 最高人民法院征收拆迁典型案例(第二批)王江超等3人诉吉林省长春市九台区住房和城乡建设局紧急避险决定案．https：//www.sohu.com/a/231827196_394074

（2）与物质利益有关的权益。这是赋予行政相对人一定与物质有关的权利，如让行政相对人免费入学受教育，享受公费医疗，优先安排就业等。

（二）行政给付的种类

关于行政给付的种类散见于单行法律、法规之中，如《社会保险法》《残疾人保障法》《消防法》《退役军人保障法》《社会救助暂行办法》《城市居民最低生活保障条例》《军人抚恤优待条例》《烈士褒扬条例》《法律援助条例》《城市生活无着的流浪乞讨人员救助管理办法》《自然灾害救助条例》等法律规范中均有行政给付的相关规定。综合我国现有规范，根据给付内容的不同，行政给付可以概括为以下几种：

1. 发放货币

这是最常见的行政给付种类，表现为行政主体向符合条件的给付对象发放一定的现金。主要名目包括：（1）抚恤金。发放对象主要是烈士、因公牺牲或病故的军人、人民警察、参战民兵以及党政机关、民主党派、人民团体工作人员的家属，或者是因战因公伤残人员。如《军人抚恤优待条例》第7条规定："现役军人死亡被批准为烈士、被确认为因公牺牲或者病故的，其遗属依照本条例的规定享受抚恤。"另外，烈军属、复员退伍军人生活补助费、退伍军人安置费等都是抚恤金的表现形式。（2）生活困难救济金。发放对象主要是农村五保户和贫困户、城镇无依无靠、无生活来源的孤老残幼和贫困户等。如农村五保供养金、农村贫困户救助金、城镇居民最低生活保障金等。（3）自然灾害救济金。发放对象主要是发生自然灾害的灾民，用于安置、抢救、转移以及灾后灾民的生产、生活恢复。如《自然灾害救助条例》第19条第3款规定，受灾地区人民政府应急管理等部门应当向经审核确认的居民住房恢复重建补助对象发放补助资金和物资，住房城乡建设等部门应当为受灾人员重建或者修缮因灾损毁的居民住房提供必要的技术支持。

2. 给付实物

此类行政给付表现为行政主体向符合条件的给付对象发放一定的救助物资。救助物资的范围主要为生活必需品、灾害救助物资等，例如《自然灾害救助条例》第21条规定，自然灾害发生后的当年冬季、次年春季，受灾地区人民政府应当为生活困难的受灾人员提供基本生活救助。

3. 收容安置

此类行政给付表现为行政主体建立各种设施，对符合条件的给付对象予以收留，并向其提供基本物质生活需要。例如《城市生活无着的流浪乞讨人员救助管理办法》第7条规定，救助站应当根据受助人员的需要提供：符合食品卫生要求的食物；符合基本条件的住处；对在站内突发急病的，及时送医院救治；帮助与其亲属或者所在单位联系；对没有交通费返回其住所地或者所在单位的，提供乘车凭证。

4. 减免费用

此类行政给付表现为行政主体对符合条件的给付对象减免特定的费用。例如，《烈士褒扬条例》第22条第2款规定，烈士子女在公办学校就读的，免交学费、杂费，并享受国家规定的各项助学政策。

5. 提供服务

此类行政给付表现为行政主体对符合条件的给付对象提供免费的特定服务。如《法律援助条例》第 10 条明确规定，对经济困难没有委托代理人的公民提供法律援助。

6. 给予优待

此类行政给付表现为行政主体对符合条件的给付对象提供与物质相关的优厚待遇，如在治病、住房、就业、入学、贷款等诸方面的优厚待遇。例如《军人抚恤优待条例》第 39 条第 1 款规定，义务兵和初级士官退出现役后，报考国家公务员、高等学校和中等职业学校，在与其他考生同等条件下优先录取。

【案例 9-2】 2021 年 1 月初，石家庄爆发新型冠状病毒肺炎疫情。为进一步做好石家庄市新型冠状病毒感染的肺炎疫情防控工作，帮助因疫情滞留在石家庄市主城区的临时遇困人员安全度过疫情防控的阶段，石家庄市人民政府现向社会公布石家庄市救助站救助保护热线，帮助因疫情无法返乡的学生或者因中途转车、探亲访友等原因临时遇困的人员，同时石家庄市救助站还为滞留人员提供御寒衣物、食品、临时居住场所。

三、行政给付的程序

我国目前在行政给付方面尚无统一的法律规定，但在不同的法律、法规、规章中对不同形式的行政给付程序均作了相应规定。根据提供方式的不同，主要包括以下三种程序：

(1) 定期发放的行政给付程序。有的行政给付是定期发放的，如伤残抚恤金、军烈属生活困难补助等。此种行政给付通常应由给付对象本人或所在组织、单位提出申请，主管行政机关依法进行审查、评定等级，在有些情况下还需要通过专门鉴定，确定标准，然后定期发给。

(2) 一次性发放的行政给付程序。有的行政给付是一次性发放的，如烈士家属抚恤金、退伍军人的安置费等。此种行政给付通常由给付对象提出申请，主管行政机关予以审查核实，然后按照法定的标准一次性发给。

(3) 临时发放的行政给付程序。有的行政给付是临时发放的，如自然灾害救助物资、救济金等。此种行政给付，有的是由给付对象提出申请，有的则是由有关基层组织确定给付对象，并提出申请报告，主管行政机关审查、批准后，再直接发给给付对象或经有关基层组织分发给给付对象。

虽然行政给付种类不同，程序各异，但一般为依申请的行政行为，需经过申请、审查、批准、给付等环节。另外，由于行政给付的内容一般多为财物，因而在给付程序中还要求办理一定的财务手续和物品登记、交接手续。

第四节 行 政 裁 决

一、行政裁决概述

甲乙两村民由于宅基地使用权产生纠纷，遂找到镇政府理论。镇政府经过调查，认定

第九章 行政确认、行政征收、行政给付与行政裁决

该宅基地为村民甲使用。村民乙不服,诉至法院。甲乙两村民在发生民事纠纷之后,首先找到了行政机关而非法院。在对此纠纷的解决过程中,行政机关的地位类似于法院,是中立的第三方。行政机关解决此纠纷的行为,属于行政裁决行为。

行政裁决有广义与狭义之分。广义上,行政主体处理行政纠纷、行政事项以及与行政管理有关的民事争议行为均可称为行政裁决。狭义上,行政裁决仅指处理与行政管理有关的民事争议的行为。本书在狭义上介绍行政裁决。

所谓行政裁决,是指行政主体依照法律规定,对与行政管理活动密切相关的民事纠纷进行审查,并作出决定的行政行为。

行政主体在行使行政职权过程中,裁决与行政管理活动相关的民事纠纷,是当今世界各国普遍存在的事实,也是现代行政发展的一个明显特征。根据传统分权理论,解决民事纠纷应属于法院的职能,但是由于社会经济迅速发展,利益多元化和个性化的情况越来越突出,使得社会生活中平等主体之间的权益纠纷大量增多,而且往往与行政管理活动密切相关,带有很强的专业性和技术性。要解决这些纠纷,完全依靠法院,法院将不堪重负。因此,行政裁决应运而生,为当事人受到损害的民事权益提供一种快捷的行政审查机制。当然,行政相对人对行政裁决结果不服,根据法律规定仍然可以向法院提起行政诉讼,通过司法审查维护合法权益。

行政裁决主要有以下特征:

(1)主体是特定的行政主体。并非所有的行政主体都拥有行政裁决权,只有法律、法规明确规定享有行政裁决权的行政主体才可以作出行政裁决行为。行政裁决权不是行政主体的一般行政职权,需要经过法律、法规的明确授权才可以行使。例如,《土地管理法》第14条规定:"土地所有权和使用权争议,由当事人协商解决;协商不成的,由人民政府处理。单位之间的争议,由县级以上人民政府处理;个人之间、个人与单位之间的争议,由乡级人民政府或者县级以上人民政府处理。当事人对有关人民政府的处理决定不服的,可以自接到处理决定通知之日起三十日内,向人民法院起诉。在土地所有权和使用权争议解决前,任何一方不得改变土地利用现状。"因此,对于单位间的土地权属纠纷,县级以上人民政府拥有行政裁决权,;对于个人之间、个人与单位之间的土地权属纠纷,县级以上人民政府和乡级人民政府均有行政裁决权。

(2)对象是特定的民事纠纷。法律规范规定行政主体可以进行裁决的民事纠纷,只是与行政管理活动密切相关的民事纠纷,并非涉及所有民事领域。"与行政管理活动密切相关",意味着行政主体对与民事纠纷相关的行政事项具有行政管理职能。例如《土地管理法》规定的因土地所有权和使用权发生争议而交由行政机关裁决的情况,是因为土地权属纠纷与行政机关对自然资源的管理活动密切相关,行政机关比较了解其相关状况,交由其裁决更有利于纠纷的公平合理解决。

(3)性质是一种行政司法行为。行政主体的行为根据其运用权力的特性可以分为行政立法行为、行政执法行为和行政司法行为。行政裁决是行政主体作为中立第三方,对当事人之间产生的民事争议进行审查的行为;它遵循的是类似于司法程序的一种准司法程序;要求行政裁决中的行政主体客观公正的审查证据,调查事实,依法作出公正裁决。因此,行政裁决行为属于行政司法行为。同时,行政裁决是针对特定行政相对人的特定民事纠纷

作出的一种具体行政行为，当事人若不服行政裁决而产生的争议属于行政争议，可以依法通过行政复议或行政诉讼获得救济。

二、行政裁决的种类

根据我国现行法律规范的规定，行政裁决的种类主要有以下三种：

（1）自然资源权属纠纷裁决。自然资源权属纠纷，是指平等主体之间发生的关于土地、矿藏、水流、森林、山岭、草原、荒地、滩涂、海域等自然资源的所有权或使用权的争议。发生自然资源权属纠纷时，当事人首先协商解决；协商不成的，可以向行政机关请求确认权属问题并作出裁决。例如，《土地管理法》第14条第1款规定的"由人民政府处理"，即是由人民政府作出行政裁决。

（2）专利强制许可使用费纠纷裁决。专利强制许可使用费纠纷，是指专利权人与取得实施强制许可的单位或者个人关于使用费发生的纠纷。例如，《专利法》第62条规定："取得实施强制许可的单位或者个人应当付给专利权人合理的使用费，或者依照中华人民共和国参加的有关国际条约的规定处理使用费问题。付给使用费的，其数额由双方协商；双方不能达成协议的，由国务院专利行政部门裁决。"

（3）劳动工资、经济补偿、赔偿纠纷裁决。用人单位违反国家规定，拖欠或者未足额支付劳动报酬，或者拖欠工伤医疗费、经济补偿或者赔偿金的，劳动者可以向劳动行政部门投诉，劳动行政部门应当依法处理。劳动行政部门的责令限期支付的处理决定，在性质上属于行政裁决。

◎ 导例1分析：

本案中市场监管管理局出具的书面文件属于对工商登记证实的确认行为，而且属于行政确认中的证明。该确认行为是对马某现有法律地位的甄别和宣告，本身并不创设新的权利义务，却会间接影响马某的权利义务。马某若认为该行为侵犯了其合法权益，可以提起行政诉讼。

◎ 导例2分析：

不可以。本案涉及"城中村"旧城改造中的征收补偿问题。此类片区既有国有土地上的房屋，也有集体土地上的房屋。国有土地上房屋的征收与集体土地的征收，在征收程序和所适用的法律等方面存在明显区别。在集体土地未经依法征收、土地权属性质并未改变的情况下，直接作出包含该集体土地的房屋征收决定，明显违反《土地管理法》的规定，此违法性并不因征收补偿到位或尚未引发争议而消除。因此，不能在同一征收程序中既征收国有土地上的房屋，又征收集体土地上的房屋，集体土地上的房屋只有将集体土地性质转化为国有土地之后才能进行征收。

◎ 导例3分析：

本案李某夫妇无业生活困难，申请救济，上海浦东新区某街道办事处根据法律规定，给予原告全家每月1160元社会救助，此行为属于行政给付。我们国家实施行政给付的原

第九章　行政确认、行政征收、行政给付与行政裁决

则是帮困不助懒，因此，街道办事处在对李某夫妇进行救济的同时，积极为其介绍工作，可李某夫妇均以种种借口拒绝工作。根据《上海市社会救助条例》的规定，最低生活保障家庭中有劳动能力但未就业的成员，无正当理由，连续三次拒绝接受公共就业服务机构介绍的与其健康状况、劳动能力等相适应的工作的，街道办事处应当停止救助。因此，街道办事处拒绝其救助申请合法。

◎ **导例4分析：**

本案属于民事案件还是行政案件的关键在于宅基地纠纷双方的诉讼请求是什么。若宅基地纠纷双方对行政机关的"处理决定"不服，即对行政机关的行政裁决不服，法院应以行政案件立案；若宅基地纠纷双方直接以各自的宅基地使用权益受到侵害为由提起诉讼，法院应以民事案件立案。

◎ **思考题**

1. 行政征收与行政征用的区别。
2. 如何完善我国行政给付制度。
3. 试述行政裁决与司法审判的关系。

◎ **综合训练**

孙某受公司指派去机场接人。孙某从公司办公大楼下楼，欲至院内停车场开车，行至一楼门口台阶处脚滑摔倒，经医院诊断为颈髓过伸位损伤合并颈部神经根牵拉伤、上唇挫裂伤、左手臂擦伤、左腿皮擦伤。孙某申请工伤认定，区人社局认为没有证据表明摔伤事故系在工作场所造成，决定不予认定工伤。孙某不服，诉至法院请求撤销上述不予认定工伤决定。

请问：孙某的伤情是否应认定为工伤？为什么？

相关法条：

《工伤保险条例》

第十四条　职工有下列情形之一的，应当认定为工伤：

（一）在工作时间和工作场所内，因工作原因受到事故伤害的；

（二）工作时间前后在工作场所内，从事与工作有关的预备性或者收尾性工作受到事故伤害的；

（三）在工作时间和工作场所内，因履行工作职责受到暴力等意外伤害的；

（四）患职业病的；

（五）因工外出期间，由于工作原因受到伤害或者发生事故下落不明的；

（六）在上下班途中，受到非本人主要责任的交通事故或者城市轨道交通、客运轮渡、火车事故伤害的；

（七）法律、行政法规规定应当认定为工伤的其他情形。

△要点提示：

应该认定为工伤。根据《工伤保险条例》第十四条的规定工伤认定因素包括：工作时

间、工作场所和工作原因。本案中孙某在公司办公大楼中的工作岗位属于工作场所,而其为完成用人单位要求其赴机场接人的工作任务需驾驶车辆,因此车辆所在的停车场是另一工作场所。从办公大楼到停车场,属于孙某往返于两个工作场所之间的合理区域,也应当认定为工作场所。区人社局认为孙某摔伤地点不属于工作场所,将完成工作任务的合理路线排除在工作场所之外,既不符合立法本意,也有悖于常理。因此,法院应判决撤销区人社局作出的不予认定工伤的决定。

第十章 行政协议与行政指导

◎ **知识目标**
  了解行政指导行为的概念和特征
  掌握行政协议的概念及特征

◎ **能力目标**
  能区分行政协议和其他行政行为的不同
  掌握行政协议的种类

◎ **素质目标**
  增强契约意识和为民服务意识
  培养遵循客观规律办事的思维方式

◎ **本章导例**：某市教育局与当地部分中考毕业生签订的师范学校委培协议中约定，学生出资读书，学成后持毕业证回教育局报到，由教育局负责安排教师工作岗位。为此，每个家庭都给孩子花费了几万元钱。可当这部分学生学成到该教育部门报到求职时，却被告知必须参加"择优录用"考试，不保证教师工作岗位，且并非有编制和工资保障。学生们无奈将教育局告上了法庭。原告认为，原告与被告签订的委培协议，目标明确，内容合法。原告已按协议约定履行义务，交纳了全部费用并按期毕业返回向被告报到。因此，被告应按协议的承诺条款履行职责。被告则认为，原告学成毕业后持毕业证回教育局报到，因此教育局已履行协议。原告认为，被告只是部分履行了协议。因为，委培协议明确载明"为适应我市基础教育对师资的要求，市教育局决定委托某师范代培普师专业教师"，这说明协议的目的是培养教学岗位上的教师，而被告并未安排原告从事教师工作，且无编制、工资保障，因此被告未全面履行协议。试分析，该协议是否是行政协议？

第一节 行政协议

一、行政协议概述

  某乡有一砖瓦窑场，属乡办企业。由于叶某具有制砖经验和技术，乡政府与叶某签定了承包经营合同。之后，叶某将此窑场转包给吴某。吴某在履行合同5个月后，乡政府发现叶某已将窑场转包，遂决定解除与叶某合同将窑场收回。叶某不服，将乡政府告到法院。法院经审理后驳回了叶某的诉讼请求。

法院为何驳回叶某的诉讼请求？因为该案中的协议就是一个行政协议。什么是行政协议？行政协议是指行政机关为了实现行政管理或者公共服务目标，与公民、法人或者其他组织协商订立的具有行政法上权利义务内容的协议。行政机关依法签订和履行该协议的行为就是行政协议行为。从该定义中可以看出，行政协议有以下特征：

1. 行政协议的双方当事人中，必有一方是行政机关

行政协议，又称行政合同，是行政机关行使行政权的一种方式，因此，行政协议可以在行政机关之间签订，也可以在行政机关与相对人之间签订，但不能在相对人之间签订。在乡政府与叶某签定的合同中，乡政府是行政机关。当然一方当事人是行政机关的协议也不一定是行政协议，因为行政机关具有双重的法律身份，当行政机关以行政主体的身份与相对人签订协议时，该协议才可能是行政协议，而当行政机关以民事主体的身份与相对人签订合同时，该合同则是民事合同。

2. 行政协议的目的是为了实现国家行政管理目标

这是行政协议与民事合同的本质区别。由于行政协议的内容涉及到国家和社会的公共事务，因此，它的重要目的是为了执行公务，满足公共利益的需要。也就是说，签订行政协议的目的在于实施国家行政管理的目标，最终实现国家的利益，而民事合同则与此相反。虽然民事合同也不得违反社会利益和国家利益，合法有效的民事合同也可能有利于行政管理目标的实现，但是民事合同的首要目的却是双方当事人自己的利益。乡政府之所以与叶某签定合同，是为了管理乡所属企业，确保企业上交国家利润，逐步改善职工生活，是为了公共利益而非自身盈利，因而属于行政协议。

3. 行政协议的双方意思表示必须一致

这一点是行政协议（行为）区别于其他行政行为的标志。行政行为一般都具有单方面性特点，即行政主体是否实施行政行为，实施何种行政行为，完全由行政主体依法决定，不受相对人意志的左右。而行政协议（行为）则与其他行政行为有所不同。行政协议是一种双方的行政行为，它必须以双方当事人意思表示一致为成立要件，即在行政协议的订立上双方必须进行协商，在合同的具体内容上实现双方合意，行政机关不能以行政命令强迫相对人签订合同。

4. 在行政协议的履行、变更或解除中，行政机关享有行政特权

为了保证行政协议的正确执行，实现公共利益，作为行政协议中的一方当事人行政机关有权指挥另一方当事人即相对人，有权对行政协议的履行进行监督检查，有权处罚履行合同中的违法行为，甚至采取强制执行措施，根据国家行政管理需要，有权单方面变更、解除行政协议，但相对人却不享有这些特权。当然，由于行政机关行使这些特权而加重相对人负担，行政机关则会给予相对人适当的补偿。乡政府之所以选择与叶某签订合同，是因为叶某具有制砖经验和技术，只有叶某亲自完成生产经营任务，乡政府的行政管理目的才能实现。而叶某未经乡政府允许擅自转包给他人经营，影响到行政管理目的的实现，对此乡政府可以根据公共利益的需要解除或者变更行政协议。

二、行政协议的种类和作用

(一) 行政协议的种类

1. 政府特许经营协议

又称 BOT 协议,BOT 是英文 Build-Operate-Transfer 的简称,直译为建设-营运-移交。政府特许经营协议,是指吸收社会资金,建设公用基础设施,并授予公用基础设施投资者特许经营权的协议。

2. 土地、房屋等征收征用补偿协议

土地、房屋等征收征用补偿协议,是指有权国家行政机关为社会公共利益,在依法给予补偿的前提下,通过与相对人签订协议,对相对人的财产予以征收征用。补偿协议订立后,一方当事人不履行补偿协议约定的义务的,另一方当事人可以依法寻求法律救济。

3. 矿业权等国有自然资源使用权出让协议

此协议是指行政机关代表国家以国有自然资源所有者的身份将该国有自然资源使用权在一定期限内让与行政相对人,并由其向国家支付出让金的行为。

《最高人民法院关于依法平等保护非公有制经济促进非公有制经济健康发展的意见》第 12 条规定,依法保护非公有制经济主体由于对行政机关的信赖而形成的利益,维护行政行为的稳定性。行政机关为公共利益的需要,依法变更或者撤回已经生效的行政许可、行政审批,或者提前解除国有土地出让等自然资源有偿使用协议的,人民法院应依法支持非公有制经济主体关于补偿财产损失的合理诉求。这说明,对于以往按照民事诉讼程序解决的国有土地使用协议纠纷,今后要按照行政诉讼程序解决。

4. 政府投资的保障性住房的租赁、买卖等协议

此协议是指行政机关为了推行和实现福利政策,与行政相对人签订的由政府投资建设的保障性住房的租赁、买卖等协议。

5. 具有行政法上权利义务内容的政府与社会资本合作协议

此协议是指政府通过特许经营权、合理定价、财政补贴等事先公开的收益约定规则,引入社会资本参与城市基础设施等公益性事业投资和运营的协议。

6. 其他行政协议。

行政协议主要包括以上几种,需要注意的是行政机关的内部协议、人事协议等不在此列。

(二) 行政协议的作用

1. 订立行政协议可以灵活有效实现国家的行政目标

行政职能的日益膨胀,使得一些领域必须有相对人的参与、配合。因此,行政机关需要与相对人协商,通过签订行政协议将国家行政管理目标落到实处。

2. 订立行政协议有助于调动相对人参与行政活动的主动性和积极性

行政协议是双方的行政行为,在行政协议中,双方当事人可以互相选择对方,进行平等的协商对话,相对人不再处于从属地位,这样,相对人就会主动地、积极地参与行政管理,与行政机关展开合作,共同完成国家行政管理任务。

3. 订立行政协议使得行政机关与相对人的权利义务关系更加明确

行政协议是一种双方的行政行为，其协议内容对双方均是一种限制和制约。这样，既保证了国家行政目标的实现，也便于恰当合理地处理双方的责、权、利关系。

4. 订立行政协议有助于解决各种行政争议

通过订立行政协议，明确了双方当事人的权利和义务，如果在履行协议中发生争议，当事人可以据此向人民法院提起诉讼，寻求法律保护或救济。因此，订立行政协议，有助于减少纠纷。

三、行政协议的缔结、变更和解除

(一)行政协议的缔结

1. 行政协议缔结的原则

(1)适应行政需要原则。行政机关缔结行政协议必须出于行政需要，这种需要是行政机关根据法律、法规的原则精神结合具体情况分析而决定的。

(2)不超越行政权限。行政机关缔结行政协议，不能超越自己管辖的事务范围和权限范围。

(3)协议内容必须合法。行政协议的内容应当符合宪法、法律、法规、规章，党和国家的路线、政策，上级行政机关的指示、命令和行政主体的总目标、总计划以及国家利益和社会公共利益。

2. 行政协议的缔结方式

(1)招标。招标是由行政主体事先设定行政协议的标底，多方行政相对人根据预定的程序进行竞标，行政主体对竞标书进行比较后，选择最优者订立行政协议。

(2)拍卖。拍卖是行政主体向公众发出以订立协议为目的的意思表示，拍卖人在同意拍买人条件后协议即告成立的一种签约方式，拍卖通常以公开竞价的方式进行。

(3)邀请发价。邀请发价，是指行政机关为实现某种公务，发出要约，提出一定的条件邀请相对人发价，然后由行政机关综合各方面的因素，选择自己认为最恰当的相对人缔结协议。

(4)直接磋商。直接磋商，是指行政机关事先有一定的意向，与相对人直接就协议内容进行协商，从而签定协议的方式。

(二)行政协议双方的权利和义务

1. 行政机关的权利和义务

(1)行政机关的权利。

第一，对行政协议的指挥权。行政机关有权命令相对人采取他认为适当的方式履行协议，相对人必须服从。因为，行政协议的签订是为了实现公共利益，其履行也必须符合公共利益，而行政机关是公共利益的判断者，协议究竟如何履行才能符合公共利益的要求，需要由行政机关决定。

第二，单方面变更协议权。在行政协议的履行过程中，行政机关根据国家法律、政策或计划的变更，以及公共利益的需要，对协议的内容进行调整。

行政主体对协议变更权的存在，同样是基于公共利益的需要。行政协议的目的是为了满足公共利益的需要，但公共利益不是一成不变的，它在协议的履行过程中可能发生变化，行政机关必须根据公共利益的变化调整协议的内容。

第三，单方面解除协议权。行政主体在行政协议缔结后或履行过程中，由于社会情况的变化，原来的协议不再符合公共利益的需要时，随时可以解除协议。

第四，制裁权。行政机关对相对人因违反契约而进行惩戒的权力。

(2) 行政机关的义务。

第一，依法履行协议的义务。

第二，保证兑现其应给予协议相对人的优惠或照顾义务。

第三，给予相对人物质损害赔偿的义务。

2. 相对人的权利和义务

(1) 相对人的权利。

第一，取得报酬权。相对人切实履行协议的，有权依照协议约定取得报酬。

第二，补偿请求权。相对人在下述情况出现时，有权请求行政机关给予补偿：一是在协议约定以外履行了协议义务的；二是在协议履行过程中因不能遇见的困难而遭受协议约定义务以外的损失的；三是行政机关根据情势需要，单方面变更、解除协议，相对人没有过错遭受损失的。

第三，损害赔偿请求权。相对人因行政机关过错受到损害时，有权请求人民法院判决行政机关承担违约责任，并予以赔偿。

(2) 相对人的义务。

第一，按照行政协议规定的条件和期限认真履行协议的义务。

第二，接受行政机关的监督和指挥以及依法实施制裁的义务。

(三) 行政协议的履行原则

1. 实际履行原则

实际履行，是指必须按照协议规定的标的履行，不能任意变更标的或用违约金和赔偿损失的方法代替协议的履行。

2. 自己履行原则

自己履行，即相对人必须本身履行，而不能由他人代替履行。

3. 全面适当履行原则

全面适当履行，是指当事人按照协议规定的内容全面适当的履行，在任何条款上都不得违反协议约定。

(四) 行政协议的变更和解除

行政协议的变更，是指已签订生效的协议，基于行政机关的裁量权或其他法律事实的发生，在不改变协议性质的基础上，对涉及协议的主体、客体、内容的条款作出相应的修改、补充或限制。

行政协议的解除，是指协议尚未履行或尚未全面履行时，当事人提前结束约定的权利义务关系。

(五)行政协议的终止

行政协议的终止主要包括以下原因：

(1)协议履行完毕。(2)协议期限届满，如承包到期等。(3)因解除而终止。

四、行政协议的法律救济

行政协议的法律救济涉及对行政协议双方权益的保护。行政协议的法律地位在我国长期未被明确，有关行政协议的救济是通过民事诉讼解决的，如1984年最高人民法院发布的《关于人民法院经济审判庭收案范围的通知》中，规定将农村承包协议纠纷案件和经济行政案件由人民法院的经济庭受理。但随着市场经济的建立和发展，人们认识到，行政协议有着不同于民事合同的显著特征，行政协议纠纷属于行政纠纷，其不应适用民事诉讼的法律救济途径，而应适用行政救济的途径。

第一，行政协议纠纷可以通过行政诉讼得到救济。《行政诉讼法》第12条第11项规定："行政机关不依法履行、未按照约定履行或者违法变更、解除政府特许经营协议、土地房屋征收补偿协议等协议的，可以提起行政诉讼。"此规定明确了行政相对人可以对行政协议纠纷提起行政诉讼。

第二，行政协议纠纷可以适用调解。《行政诉讼法》第60条1款规定："人民法院审理行政案件，不适用调解。但是，行政赔偿、补偿以及行政机关行使法律、法规规定的自由裁量权的案件可以调解。"行政协议是基于当事人一致的意思表示而成立的，这种合意为行政协议纠纷适用调解打下了基础。

第三，行政协议承担责任的主要方式为赔偿责任。按照《行政诉讼法》78条的规定，被告不依法履行、未按照约定履行或者违法变更、解除本法第12条第1款第11项规定的政府特许经营协议、土地房屋征收补偿协议等协议的，人民法院判决被告承担继续履行、采取补救措施或者赔偿损失等责任。被告变更、解除本法第12条第1款第11项规定的政府特许经营协议、土地房屋征收补偿协议等协议合法，但未依法给予补偿的，人民法院判决给予补偿。

【案例10-1】 建安公司与县公路局签定了修筑一座公路桥的合同。之后，建安公司又与某水泥厂签定了供应1000吨425号水泥的民事合同，明确规定该水泥将用于前合同指称的公路桥。修桥工程开工后，县公路局以工程质量要求较高为由，不同意建安公司签定的供货合同，要求建安公司购买另一水泥厂的品牌425号水泥，建安公司不同意。县公路局单方面解除合同，导致建安公司与某水泥厂的民事合同不能履行。建安公司提起行政诉讼，某水泥厂要求作为第三人参加行政诉讼。理由是县公路局单方面解除合同的行为侵害了其民事合同权益。法院认为县公路局单方面解除合同行为属于行政诉讼受案范围，因此受理了该案，同时又认为判决结果将影响民事合同的履行，故准许了某水泥厂的请求。

第二节 行政指导

一、行政指导的概念

某市政府确定扶持 31 家企业，下发文件通知：A 企业要增加对 31 家企业原料供给。对此 B 企业不满，认为市政府这一文件制造了不平等，破坏了公平竞争的社会经济秩序，侵犯了自己权益，将市政府告到法院。市政府认为自己下发的文件是在取得 A 企业同意后，对其业务所作的指导，与 B 企业没关系。

市政府文件真的与 B 企业没有关系吗？真的仅仅是个指导性文件吗？要搞清这个问题，首先需要了解什么是行政指导。何谓行政指导？行政指导是指行政主体在其所管辖的事务范围内，对于特定的行政相对人运用非强制性手段，获得行政相对人的同意或协助，指导行政相对人采取或不采取某种行为，以实现一定行政目的的行为。从该定义中可以看出，行政指导有以下几个特征：

(一) 准行政性

行政指导确切地说是一种事实行为，是行政机关通过指导、劝告、建议及其他不具有法律强制力的手段对行政相对人施加的一种精神作用，行政相对人可以服从或协助，也可以不服从，不协助。行政主体和相对人之间不产生行政法律上的权利义务关系。在前述案例中市政府下发的文件对 A 企业来说是一个行政指导，但对 B 企业来说则不是。从表面上看市政府文件与 B 企业没有关系，但是它通过对 A 企业的供应条件规定，客观上限制了包括 B 企业在内的其他企业获得供给 31 家企业原料的权利。因此，这一行为使得市政府与包括 B 企业在内的其他企业之间产生了行政法律上的权利义务关系，所以这一行为不属于行政指导。

(二) 非强制性

行政指导主要以柔和的不具有国家强制力的活动形式进行，并辅以利益诱导和道德引导机制，向特定行政相对人施加作用和影响，并谋求其为一定作为或不作为，从而达到一定行政目的。一般来说，行政相对人对于行政指导，没有必须服从的义务。相对人认为行政指导合情合理，便服从，否则，可以不服从。在前述案例中由于市政府下发的文件限制了 B 企业的权利，即 B 企业无权为 31 家企业提供原料，不得参与与 A 企业平等竞争，必须服从市政府的规定，这对 B 企业来说具有了强制性，因而这一行为不属于行政指导。

(三) 能动性

行政指导是行政机关指导相对人采取或者不采取某种行为的活动，所以对于相对人的意志，行政指导具有积极的能动作用。在行政指导过程中，行政机关应尽量听取相对人的意见，尽可能取得相对人同意或协助，这是为了发挥行政指导的实效，并不是行政指导成立的必要条件。行政指导，可以基于相对人的申请作出，也可以由行政机关根据形势的需要能动地实施。由于市政府下发的文件与 B 企业有利害关系，所以在此之前，市政府应该听取包括 B 企业在内的其他企业的意见，尽可能取得他们的同意或协助，然而市政府没有经过此程序，因此这一行为不属于行政指导。

(四)实效性

行政指导要发挥实际作用,并最终达到预期的行政目的,除了利益诱导和道德引导机制的因素外,往往需要借助于行政机关通过组织法授权和其特殊地位及权威带来的实际影响力,以及行政机关在知识、资讯、资源等多方面具有的独特优势和行政机关在竞争市场中处于中立地位的特殊社会角色。而这些都是相对人的弱势。行政机关在行政指导关系中具有的这种权威性、优势性和超脱性,可以在事实上确保行政指导的实效性。

(五)不可诉性

行政指导的本质是一种非行政权行为,承受行政指导的相对人是否接受指导取决于其是否自愿,而不是行政权固有的命令与服从的强制性。行政相对人对行政指导不具有必须服从的义务,因而行政指导也不具有一般行政行为可救济性,除非有法律特别规定。行政相对人接受行政指导产生一定的法律后果,只能视为相对人在接受行政指导之前已经自愿接受此种后果。上述案子中市政府下发文件的行为实质为具有强制力的行政行为,因此具有可诉性。

【案例 10-2】 李某在某购物中心购买的物品经鉴定全部是假货,有些商品根本找不到生产厂家。于是其向本市市场监督管理局提出申请,要求收回或撤销颁发给某购物中心"购物放心商场"荣誉称号。市场监督监督管理局以"无充分理由取消其相关称号"给予书面答复,认为其授予的"购物放心商场"荣誉证书及牌匾的行为,是不具有强制力的行政指导行为,对消费者而言,只是一种对消费的引导,不具有强制力。

李某不服,将市场监督监督管理局告上法庭。法院经审理后认为,市场监督监督管理局颁发牌匾的行为属于不具有强制力的行政指导行为,不直接侵犯原告的财产权和人身权,依法驳回起诉。

二、行政指导的方式和类型

(一)行政指导的方式

根据我国行政管理实践,行政指导的方式主要包括以下几种:

指导、引导、辅导、帮助;劝告(规劝)、劝诫(告诫)、劝阻、说服;建议、意见、主张;商讨、协商、沟通;告知、指点(说明)、提醒(提示)、提议;赞成、表彰、提倡;示范、推荐、推广、宣传;鼓励、激励、勉励、奖励;调整、协调、斡旋;指导性计划、规划;导向性政策;发布官方信息。

(二)行政指导的类型

1. 助成性行政指导

是指为相对人即公民、法人和其他组织出主意的行政指导。当相对人提出申请要求给予助成性行政指导时,行政机关除正当理由外不得拒绝,必须一律公平对待。

2. 规制性行政指导

是指为了维持和增进公共利益,对违反公共利益的行为加以规范和制约的行政指导。规制性行政指导又可分为独立行政指导和附带行政指导二种。前者是指与权力性规制无关,独立进行的行政指导;后者是指在权力性规制的同时附带进行的行政指导。

3. 调整性行政指导

是指以调整相互对立的当事人之间的利害关系为目的的行政指导。此种行政指导,以行政机关在法律上对当事人一方或双方有一定的权限为基础。

三、行政指导的作用

(一)补充和替代作用

行政指导可以补充单纯法律手段的不足,更加及时有效地实现行政目标。

(二)辅导和促进作用

行政机关掌握知识、信息、政策上的优越性和宏观性,决定其行政指导能有效地引导、促进社会经济与科技健康发展,具有一种特殊的启发、导向和促进作用。

(三)协调和疏通作用

由于行政指导的非强制性和自主抉择性,以及指导主体所具有的相对于利益冲突的某种超脱性和中立性,使其在缓解和平衡社会各利益主体之间的矛盾和冲突中,可以起着一种特殊而有效的协调作用。

(四)预防和抑制作用

行政指导对于可能发生的妨害经济秩序和社会公益的行为可起到防患于未然的预防作用。对于组织(特别是经济组织)和个人为增加自身利益而不惜损害社会利益的倾向尚处于酝酿和萌芽状态或初现弊端时,行政指导可以起到抑制作用。

四、行政指导的法律救济

目前,我国没有把行政指导纳入行政复议、行政诉讼和行政赔偿的救济范畴。2018年最高人民法院行政诉讼法司法解释第1条第2款第(三)项解释规定不具有强制力的行政指导行为不属于人民法院行政诉讼的受案范围。行政指导是行政机关是以平等的身份,利用其专业知识,通过劝导、建议或者示范,让相对人自觉自愿地接受行政机关意见的行为,本身不应该具有强制执行力,司法解释的出台是基于在我国行政实践中,由于深受计划经济下的行政规制模式、传统与习惯的影响,行政机关执法人员已经形成了对指示命令的偏好,尽管已经进入了市场经济时代,中央文件也鼓励和倡导行政机关积极摸索与使用多样化的行政手段,包括柔性执法的手段。但是,行政机关执法人员有时仍然会自觉不自觉地加大其中的"行政"成分,挂"指导"之名、行"指令"之实,变成"改头换面"的行政命令。不具有强制执行力的行政指导不能纳入行政诉讼的范畴,原因之一是行政指导对行政相对人的权利和利益不具有直接的处分性,不直接产生法律后果,因而它与行政相对人合法权益的损失不存在因果关系;之二是行政指导对行政相对人不具有强制性,行政相对人对行政指导的服从是可以选择的,是否服从,完全取决于自己的意志。但如果行政机关在实施行政指导时,通过威胁的方式强迫公民、法人或者其他组织服从的,这种行政指导实际上已演变为行政命令,当事人不服有权提起行政诉讼。

◎ **导例分析:**

市教育局与中考毕业生签订的师范学校委培协议,属于行政协议。由于行政协议的最终目的是为了国家的公共的利益，国家为了保障行政机关有效地行使职权、履行职责，往往通过法律赋予行政机关种种职务上的优益条件，以保证行政协议的正确执行。因此，在行政协议的履行、变更或解除中，行政机关享有行政优益权，可以根据国家行政管理的需要，单方依法变更或解除协议。但行政主体单方面解除协议权力的行使是有条件的，必须符合公平、合理、合法的原则，并要有职权和法律上的根据。所谓"有条件"，是指协议缔结后出现了妨碍协议目的实现的客观情况。行政机关非因相对方的过错而解除协议，导致相对方财产上受到损失的，应予以合理的补偿。教育局在无公共的利益受损、毕业学生无过错情况下单方变更协议约定的分配方式，显然违反法律规定，其单方变更协议约定的行为无效。

◎ 思考题

1. 行政协议与民事合同有何不同？
2. 如何认识行政指导的性质和功能？

◎ 综合训练

案例1. 2019年9月，常德公司与市自然资源局签订国有土地使用权出让合同，并按照合同约定交纳了土地使用权出让定金，后市政府作出了《关于向常德公司出让国有土地使用权的批复》(简称【2019】36号文)。此后，常德公司开始与华语公司联合进行房地产开发。2020年3月，华语公司假借常德公司名义，向市自然资源局提出变更国有土地使用权申请，将土地变更到华语公司名下。常德公司得知情况后，立即向自然资源局提出申请，要求停止将国有土地使用权变更给华语公司。同年4月，市政府作出《关于收回常德公司国有土地使用权的批复》(简称【2020】12号文)，批复的同时宣布原【2019】36号文件废止；同日，市政府作出《关于向常州市华语公司出让国有土地使用权的批复》(简称【2020】13号文)。常德公司不服，向市中级人民法院提起行政诉讼。

请问：

1. 本案中，国有土地使用权出让合同的性质是什么？
2. 法院是否应该受理原告常德公司的起诉？

△要点提示：

1. 合同的性质属于行政协议。
2. 行政协议属于行政行为，因此对于因行政协议纠纷而提起的行政诉讼，法院应当受理。

案例2. 某县政府根据本县经济发展的实际需要和其对国内外香菇市场的了解，积极号召并指导全县农民的脱贫致富。但是，在全县农民大面积种植了香菇之后，国外市场需求量锐减，出口量不升反降，国内市场又无法消化大量的香菇，结果导致香菇价格急剧下跌。原本为脱贫致富种植香菇的农民，不但不能致富反而更加贫困。部分农民认为，自己之所以会大面积种植香菇，并最终导致亏本，原因在于县政府的指导有误，否则就不会出现这种结果。因此这些农民欲向人民法院起诉县政府。

请问：

1. 本案中，县政府是否需要承担责任？
2. 法院是否应该受理农民的起诉？

△要点提示：

1. 行政指导是以相对人的自愿接受为前提条件，对相对人不具有强制约束力。县政府的行政指导行为与种植香菇所造成的损失之间，不存在直接的因果关系，为此县政府不承担因此而造成的损失。

2. 法院不应受理农民的起诉。

第十一章 行政复议

◎ **知识目标**
　　掌握行政复议的基本原则、主要制度、受案范围、管辖、复议参加人、复议程序以及复议决定的种类等内容
◎ **能力目标**
　　能运用行政复议制度解决行政争议
◎ **素质目标**
　　培养公平公正解决行政争议的法律理念，树立权由法定，权依法使的法治意识
　　明了复议解决行政争议主渠道的立法宗旨

◎ **本章导例**：张某经营一家商店，持有烟草专卖局颁发的烟酒类专卖许可证。2018年1月1日，该县政府为扶持本县的烟酒行业，发布《禁止本县烟草专卖商跨地区批发购销烟酒的有关决定》文件。张某于2月21日从外市批发购进恩力等三十箱外地酒进行销售。该县烟草专卖局得知消息后去张某的商店进行检查，检查中并未出示检查证件，即以张某跨地区经营烟酒为由，当场对其进行了行政处罚，罚款480元，处罚后也未向张某出具正式发票和处罚单据。张某不服向县烟草专卖局的上一级机关市烟草专卖局申请行政复议，并要求市烟草专卖局对该县县政府发布的《禁止本县烟草专卖商跨地区批发购销烟酒的有关决定》的文件一并进行审查。市烟草专卖局能否受理此案件？复议机关可以作出何种复议决定呢？

第一节　行政复议概述

　　《行政复议法》是由第九届全国人民代表大会常务委员会第九次会议于1999年4月29日通过，自1999年10月1日起施行。2017年9月1日第十二届全国人民代表大会常务委员会第二十九次会议修正。2023年9月1日第十四届全国人民代表大会常务委员会第五次会议修订，2024年1月1日施行。

一、行政复议的概念和特征

　　行政复议是指公民、法人或者其他组织认为行政主体的行政行为侵犯其合法权益，依法向作出行政行为的行政机关所属人民政府，以及其他特定的行政机关提出复查申请，由受理申请的行政机关依法对行政行为合法性和适当性进行审查并作出裁决的法律活动。

行政复议具有以下特征：

(1)行政复议的主管机关是行政机关。行政复议机关一般是县级以上各级人民政府以及其他依照本法履行行政复议职责的行政机关。这是行政复议与行政诉讼的一个重要区别。

(2)行政复议解决的是行政争议。这里的行政争议是指行政主体在行政管理活动中，因实施行政行为与公民、法人或者其他组织之间发生的争议。争议的核心是行政行为的合法性和适当性。行政复议不解决民事争议，这是行政复议和行政裁决的重要区别。

(3)行政复议是依申请的行政行为。行政复议是行政机关根据行政相对人的申请而实施的行政行为。没有行政相对人的申请行为，复议机关不能主动行使复议权进行复议活动。这是行政复议和其他行政行为如行政处罚、行政强制等的区别。

(4)行政复议具有行政救济性。为了妥善解决行政机关与行政相对方之间产生的行政争议，保护公民、法人或其他组织的合法权益，有必要首先建立起行政机关内部解决争议的救济制度，以此来纠正违法或不当的行政行为，赔偿由此给相对人造成的损失。行政复议就是对违法或不当的行政行为进行补救而建立起来的一种行政救济制度。

(5)行政复议具有监督性。行政复议是具有内部监督性质的制度。复议机关审查行政机关实施的行政行为是否合法合理，对不合法不合理的行政行为予以纠正，以此对行政机关是否依法行政进行监督。

【案例11-1】 2020年4月1日某县望里镇张庄村委会在村委公开栏张贴了《关于张庄村村民宅基地确权公告通知》，村民张某从该公告通知中得知，该县自然资源和规划局未将其宅基地列入张庄村宅基地确权范围，张某申请复议，要求复议机关责令该县自然资源和规划局对自己的宅基地进行确权。根据《行政复议法》的规定，申请复议的期限为知道行政行为之日起60日，显然，张某的申请已经超过了申请期限的规定，不符合受理条件，但复议机关并未简单的作出不予受理拒绝了事。而是根据张某持有的证据材料，主动协调该县自然资源和规划局对其宅基地范围、界线、界址、权属性质、用途等情况进行权属调查，最终对张某的宅基地按照法定程序和相关规定确权在其名下，从而维护了申请人的合法权益，切实履行了复议监督的职能。

二、行政复议的基本原则

根据《行政复议法》第3条的规定，行政复议机关履行行政复议职责，实施行政复议活动，应当遵循合法、公正、公开、高效、便民和为民原则，坚持有错必纠，保障法律、法规的正确实施。

(一)合法原则

合法原则就是要求行政复议机关及其工作人员必须依法行使复议权，严格按照法律规定的权限和程序审理行政案件，并依法作出行政复议决定。具体包括以下内容：

(1)行政复议机关必须合法。行政复议机关必须是依法享有复议权的行政机关，其对于受理的行政争议案件具有行政复议的管辖权。

(2)行政复议的依据必须合法。行政复议机关审理复议案件以法律、法规、规章为依据,参照行政规范性文件。行政复议机关审理民族自治地方的复议案件,还应以民族自治地方的自治条例和单行条例为依据。这些规范性文件对复议机关所审理的案件必须是现实有效的。

(3)行政复议的程序必须合法。行政复议机关在进行行政复议活动过程中,不仅要以现行有效的实体法为依据,还要严格遵守《行政复议法》等法律对行政复议程序的规定,即行政复议活动要遵守法定的步骤、方式、顺序、期限等内容。

(二)公正原则

公正原则是指复议机关在行使复议权时应当平等地对待复议双方当事人,不能有所偏袒。行政复议是在行政系统内部解决行政争议,特别要强调公正原则。其具体要求是:

(1)不能"官官相护"。行政复议机关在复议过程中与下级行政机关的关系应把握好合理的分寸,不能有意无意地偏袒下级行政机关,真正体现复议机关对下级机关的监督和控制,纠正行政管理中的各种违法偏私行为。

(2)平等对待当事人。应该对当事人各方平等地告知权利、平等地听取各方的意见,平等地为申请人和被申请人提供申辩和质证的条件和机会。

(3)全面审查行政行为。行政复议机关应该从合法性和适当性两个层面全面审查引起争议的行政行为,并依法作出相应的复议决定。

(三)公开原则

公开原则是指行政复议机关在行政复议过程中,除涉及国家秘密、个人隐私和商业秘密外,整个过程应当向行政复议申请人和社会公开。公开原则是现代行政程序法上的一项基本原则。

这一原则的主要要求是:

(1)行政复议过程公开。它要求行政复议机关尽可能听取申请人、被申请人和第三人的意见,让他们更多地介入行政复议程序。因此,根据《行政复议法》第49条的规定,适用普通程序审理的行政复议案件,应当当面或者通过互联网、电话等方式听取当事人的意见,并将听取的意见记录在案。因当事人的原因不能听取意见的,可以书面审理。这是行政复议过程公开的一个具体体现。

(2)行政资讯公开。它要求行政复议机关在申请人、第三人的请求下,公开与行政复议案件有关的一切材料,确保申请人和第三人有效地参与行政复议程序。为此,《行政复议法》第47条规定:"行政复议期间,申请人、第三人及其委托代理人可以查阅、复制被申请人提出的书面答复、作出行政行为的证据、依据和其他有关材料,除涉及国家秘密、商业秘密、个人隐私或者危及国家安全、公共安全、社会稳定的情形外,行政复议机构应当同意。"

(3)行政复议决定公开。《行政复议法》第79条规定,行政复议机关根据被申请复议的行政行为的公开情况,按照国家有关规定将行政复议决定书向社会公开。

(四)高效原则

该原则是指行政复议机关在复议过程中,应严格遵守法定时限,禁止超越法定时限或者不合理延迟;应积极履行法定职责,禁止不作为或者不完全作为。

这一原则主要包括以下内容:

(1)及时受理复议申请。行政机关收到相对人的复议申请书后,应当及时对复议申请书进行审查,并作出是否受理的决定。

(2)抓紧进行审理案件的各项工作。行政复议机关受理复议案件后,应当抓紧时间调查、取证和收集材料,不应拖延。

(3)及时作出复议决定。通过审理复议案件了解情况后,行政复议机关应当迅速拟订复议决定并报复议机关主管负责人,由主管负责人或集体讨论作出复议决定。

(4)对复议当事人不履行复议决定的情况,行政复议机关应当及时处理。对相对方不起诉又不履行行政复议决定的,起诉期限届满后,应依法强制执行或申请人民法院强制执行。根据《行政复议法》第79条规定,申请人、第三人逾期不起诉又不履行行政复议决定书、行政复议调解书的,或者不履行最终裁决的行政复议决定的,由作出行政行为的行政机关或行政复议机关按照行政复议决定书、行政复议调解书的内容依法强制执行,或者依法申请人民法院强制执行。对作出行政行为的行政机关不履行复议决定的,《行政复议法》第77条第二款规定:"被申请人不履行或者无正当理由拖延履行行政复议决定书、调解书、意见书的,行政复议机关或者有关上级行政机关应当责令其限期履行,并可以约谈被申请人的有关负责人或者予以通报批评。"

(五)便民原则

便民原则是指行政复议机关在行政复议程序中应当尽可能为行政复议的当事人,尤其是为申请人提供必要的便利,在节省费用、时间、精力的情况下,保证行政相对人充分行使复议申请权。如《行政复议法》第20条规定申请复议的期限为60日,第22条规定申请人申请行政复议,可以通过行政复议机关指定的互联网渠道或者邮寄等方式提交行政复议申请书,也可以当面提交行政复议申请书。《行政复议法》的上述规定及其他一些条文内容均体现了便民原则。

(六)为民原则

《行政复议法》深入贯彻落实党中央关于行政复议的重大决策部署,将发挥化解行政争议的主渠道作用确立为立法目的,并围绕着这一目的对行政复议制度进行了一定程度地重新设计。比如,《行政复议法》第4条第1款规定:"县级以上各级人民政府以及其他依照本法履行行政复议职责的行政机关是行政复议机关。"该规定把原来分散于各行政机关的复议权统归县级以上人民政府行使,这样规定不但审理案件标准统一,而且更有利于防止上下级之间的"官官相护",更加有效地解决行政争议,最大限度维护相对人合法权益。

三、行政复议的基本制度

行政复议基本制度是行政复议基本原则在行政复议某一阶段、某一方面的展开和体现。具体来说,我国的行政复议基本制度主要包括:

1. 一级复议制度

一级复议制度是指公民、法人或者其他组织对行政机关作出的行政行为不服,可以向县级以上人民政府或者法律、法规规定的行政机关申请复议。对复议决定不服,应向人民法院提起诉讼,而不能再次申请复议。当然,一级复议制度也有例外情况。行政复议之所以确立一级复议制度，是基于以下理由：其一，尽快解决行政争议。无论行政复议制度如何设置，它仍然是行政系统内的一种自我纠错制度，这种自我纠错制度因其自身的缺陷难以做到完全客观、公正地审查被申请的行政行为，而多级行政复议制度也难以弥补其自身的缺陷，只会导致行政争议解决时间不必要的延长。其二，司法终局原则。现代法治社会一个基本原则是任何法律争议最终应由法院裁决。行政争议与行政相对人的合法权益关系甚密，理应由法院作出最终裁决。行政复议仅仅是给行政机关一个自我纠正错误的机会，而不是解决行政争议的最终手段。

2. 对行政行为是否合法和适当进行审查的制度

行政复议机关对行政行为的合法性进行审查，目的就是要监督作出行政行为的行政机关是否依法行政，有无超越职权、滥用职权或违反法定程序的情况。行政复议机关对行政行为适当性进行审查，主要是审查作出行政行为的行政机关所做的行政行为是否在法定的自由裁量幅度内，是否合理、适度、公正，即是否正确行使自由裁量权。行政复议机关通过对行政行为合法性及适当性的审查，从而达到监督行政的目的。

3. 适用调解制度。调解是具有方便易行、多方沟通等特点，有利于当事人之间达成一致意见，解决实际问题，推动行政争议实质性化解。《行政复议法》第5条第1款规定："行政复议机关办理行政复议案件，可以进行调解。"第2款规定了调解应遵循的原则，即"调解应当遵循合法、自愿的原则，不得损害国家利益、社会公共利益和他人合法权益，不得违反法律、法规的强制性规定。"

第二节　行政复议范围

行政复议的范围是指行政复议机关依照行政复议法律规范的规定可以受理行政争议案件的范围。行政相对人并不是对任何行政行为不服都可以向行政复议机关申请复议，只有对法律规定的属于复议范围之内的行政行为不服才可以申请复议。

一、可以申请行政复议的情形

（一）行政处罚案件

行政处罚案件是指对行政机关作出的警告、罚款、没收违法所得、没收非法财物、责令停产停业、暂扣或吊销许可证、执照、行政拘留等行政处罚决定不服而提起的行政复议的案件。

（二）行政强制案件

行政强制案件包括行政强制措施案件和行政强制执行案件。行政强制措施案件是指对行政机关暂时性限制公民的人身自由，或者暂时性对财物进行控制，如查封、扣押、冻结财产等行为不服而提起的行政复议的案件。行政强制执行案件是指对行政机关实施的加处罚款或者滞纳金、划拨、拍卖、排除妨碍、恢复原状、代履行等强制执行不服而申请复议的案件。

（三）行政许可案件

行政许可案件是指申请行政许可，行政机关拒绝或者在法定期限内不予答复，或者对有关许可的其他决定不服的案件。行政许可决定包括准予许可决定，以及对许可的变更，延续，撤回，撤销，注销等行为。一般而言，行政许可对于得到许可的相对人而言是一种授益性行政行为，而对于未得到许可的相对人来说则是一项限制性行政行为。其对于该行政许可行为可以申请复议。行政机关对许可的变更、延续、撤回、撤销、注销等行为，会影响相对人的合法权益，其不服可以申请行政复议。不予许可决定客观上剥夺了申请人从事特定活动的权利，其不服可以申请行政复议。不予答复的不作为行为同样侵害到申请人的合法权益，可以申请行政复议。

（四）关于自然资源行政确权案件

行政确权案件是指对行政机关作出的关于确认自然资源的所有权或者使用权的决定不服而申请复议的案件。如对行政机关作出的关于确认土地、矿藏、水流、森林、山岭、草原、荒地、滩涂、海域等自然资源的所有权或者使用权的决定不服而提起的行政复议的案件。行政确权往往关系到相对人切身的利益，如果行政机关违法或不当行使确认裁决权力，必然会给一方当事人造成极大的财产损失，因此，行政复议法将行政确权行为纳入行政复议范围，有利于保护公民、法人或其他组织的合法权益。

（五）行政征收征用决定及其补偿决定案件

行政征收其及补偿案件是指对行政机关实施的强制取得财产所有权并给予补偿的行政行为不服申请行政复议的案件，如行政机关征收房屋和土地并给予补偿的行为。行政征用及其补偿案件是指对行政机关实施的对相对人财产或者劳务进行征用，并给予补偿的行政行为不服而申请行政复议的案件，如《传染病防治法》第45条："传染病暴发、流行时，根据传染病疫情控制的需要，国务院有权在全国范围或者跨省、自治区、直辖市范围内，县级以上地方人民政府有权在本行政区域内紧急调集人员或者调用储备物资，临时征用房屋、交通工具以及相关设施、设备。紧急调集人员的，应当按照规定给予合理报酬。临时征用房屋、交通工具以及相关设施、设备的，应当依法给予补偿；能返还的，应当及时返还。"

需要注意的是，一般意义上的征收，还应当包括征税和行政收费，但本项所规定的征收不包括征税和行政收费，对于征税和行政收费引起的争议，行政相对人可以根据《征求意见稿》第11条第1款第8项的规定申请复议。

（六）行政赔偿案件

行政赔偿案件是指申请人要求行政赔偿，赔偿义务机关在规定期限内未作出是否赔偿的决定，或者对赔偿的方式、项目、数额有异议的，或者对赔偿义务机关作出的不予赔偿决定不服而申请复议的案件。

（七）工伤认定案件

此类案件是指对行政机关作出的不予受理工伤认定申请的决定或者工伤认定结论不服的案件。

（八）侵犯经营自主权、农村土地承包经营权以及农村土地经营权案件

经营自主权是经济活动主体依法享有的自主支配和使用其人力、物力和财力以及自行组织生产、经营、供销活动的权利。在我国不同性质的经济组织享有经营自主权的范围各有不同。如行政机关随意撤换集体企业的法定代表人，强行干预企业产品定价，不经企业

同意改变企业性质的行为等。

农村土地承包经营权是指农村土地承包人对其依法承包的土地享有占有、使用、收益和一定处分的权利。此类案件常见的有违法收回或调整农户承包地，不落实二轮承包政策，利用职权变更、解除土地承包合同，强迫承包方流转土地承包经营权，阻碍承包方依法流转土地承包经营权，侵占承包方的土地收益，违法发包农村土地等。

农村土地经营权是指从农村土地承包经营权中分离出的一项权能，就是承包农户将其承包土地流转出去，由其他组织或者个人经营，其他组织或者个人取得土地经营权。

（九）行政机关滥用行政权力排除或者限制竞争案件

公平竞争权是市场主体依法享有的在公平环境中竞争，以实现其经济利益的权利。我国《反垄断法》第五章对滥用行政权力排除、限制竞争的行为作了规定。这些行为主要有：滥用行政权力，限定或者变相限定单位或个人经营、购买、使用其指定的经营者提供的商品；妨碍商品在地区之间的自由流通；以设定歧视性资质要求、评审标准或者不依法发布信息等方式，排斥或者限制外地经营者参加本地的招标投标活动；采取与本地经营者不平等待遇等方式，排斥或者限制外地经营者在本地投资或者设立分立机构；强制经营者从事本地规定的垄断行为等。《反不正当竞争法》还规定了政府及其所属部门不得滥用行政权力限制外地商品进入本地市场，或者本地商品流向外地市场等。

（十）行政机关违法集资、摊派费用或者违法要求履行其他义务案件；

行政机关向企业、个人乱集资、乱摊派、乱收费被称为"三乱"。"三乱"干扰了国家正常的财政税收制度，加重了企业和群众负担，损害了政府形象，败坏了社会风气。相对人可以通过申请复议维护自身的合法权益。违法要求履行其他义务，如违法摊派劳务等。

（十一）不作为案件

不作为案件是指相对人申请行政机关履行保护人身权、财产权、受教育权等合法权益的法定职责，行政机关没有依法履行而申请复议的案件。对于负有保护公民人身权、财产权、受教育权等法定职责的行政机关而言，拒绝履行其法定职责，就是失职行为和违法行为，受害人可以申请复议。

（十二）行政给付案件

行政给付案件是指相对人申请行政机关依法给付抚恤金、社会保险待遇或者最低生活保障等社会保障，行政机关没有依法给付而申请复议的案件。

抚恤金是公民因公、因病致残或者死亡后，由民政部门发给其本人或者亲属的生活费用。主要包括因公死亡人员遗属的死亡抚恤金和因公致伤、致残者本人的伤残抚恤金。

最低生活保障是国家对共同生活的家庭人员人均收入低于当地最低生活保障标准的家庭给予的社会救助，以满足低收入家庭维持基本的生活需要。

社会保险是公民在年老、疾病、工伤、失业、生育等情况下，由国家和社会提供的物质帮助。包括基本养老保险、基本医疗保险、工伤保险、失业保险和生育保险等。

依法发放抚恤金等社会保障是行政机关的法定职责，享受社会保障是公民的一项权利，因此，行政机关没有依法实施行政给付构成对公民合法权益的侵害，公民有权提起行政复议。

（十三）行政协议案件

行政协议案件是指相对人认为行政机关不依法订立、不依法履行、未按照约定履行或者违法变更、解除政府特许经营协议、土地房屋征收补偿等行政协议，而申请复议的案件。

行政协议是指行政机关为了实现公共利益或者行政管理目标，在法定职责范围内，与公民、法人或者其他组织协商订立的具有行政法上权利义务内容的协议。如政府特许经营协议，土地房屋征收补偿协议等。

行政协议是公共管理和公共服务的一种方式，行政机关签订行政协议有行使公权力属性，实践中行政机关违约的比较多，将其纳入复议受案范围，有利于复议机关的监督，保护作为协议一方相对人的合法权益。

（十四）行政裁决案件

行政裁决案件是指相对人对行政机关居中就和行政管理有关的民事争议所做的裁决不服而申请复议的案件。如权属纠纷裁决，侵权纠纷裁决，损害赔偿纠纷裁决，补偿纠纷裁决、政府采购活动纠纷裁决等。

（十五）信息公开案件

信息公开案件是指对行政机关在履行政府信息公开职责的过程中的行政行为不服，认为政府信息公开行为侵犯自己的合法权益而申请复议的案件。如，不予公开，逾期未及时公开，公开的信息非申请人申请的信息，信息公开不符合法定形式等。

（十六）认为行政机关的其他行政行为侵犯其合法权益的。

此项规定的案件是指上述十四种情形之外的行政行为侵犯相对人合法权益的，可按本项规定申请复议的案件。这一项规定的目的，就是把没有列举穷尽而侵犯相对人合法权益的行政行为都纳入到行政复议中来。

二、不可申请行政复议的情形

《征求意见稿》除明确规定可以提起行政复议的事项范围外，第12条还专门就某些不能申请复议的事项做了规定。

（一）国防、外交等国家行为

国家行为是指国务院、中央军事委员会、国防部、外交部等根据宪法和法律的授权，以国家的名义实施的有关国防和外交事务的行为，以及经宪法和法律授权的国家机关宣布紧急状态、实施戒严和总动员等行为。国防行为是指国家为了防备和抵抗侵略，制止武装颠覆，保卫国家的主权、领土完整和安全所进行的军事活动。外交行为是指国家之间或者国家与国际组织之间的交往行为，如对外国国家和政府的承认、建交、断交、缔结条约、公约和协定等。

国家行为是基于国家主权并且以国家名义实施的行为，带有高度的政治性，不同于一般的行政行为，不适宜由复议机关进行监督。

（二）行政法规、规章或者行政机关制定、发布的具有普遍约束力的决定、命令等规范性文件

制定行政法规、规章是立法行为，按照我国宪法、立法法的规定，由全国人大及其常

委会和地方同级人大及其常委会或者国务院监督。

行政机关制定、发布的具有普通约束力的决定、命令，即学理上的抽象行政行为，也称其他规范性文件。我国宪法和地方组织法对上述决定、命令的监督权做了规定。因此，这些规范性文件应由宪法和地方组织法规定的有权监督的国家机关进行监督，相对人对其他规范性文件不服，不能申请行政复议。

(三)行政机关对行政机关工作人员的奖惩、任免等决定

行政机关对其所属工作人员作出的警告、记过、记大过、撤职、降级、开除等行政处分或录用、考核、调动、任免、升降、辞退、回避、退休等人事处理决定以及相应的工资福利待遇等事项的处理决定均属于内部行政行为。根据我国法律、法规的相关规定，因内部行政行为产生的纠纷应通过向本行政机关、上级行政机关或监察机关申诉的方式来解决，而不能提起行政复议。

(四)行政机关对民事纠纷作出的调解

按照现行法律规定，某些行政机关享有对民事纠纷的调解、处理权力。调解是指在行政机关的主持下，以法律为依据，本着自愿的原则，纠纷当事人双方互谅互让而达成和解协议的活动。行政机关对民事纠纷的调解，理论上称为行政调解。由于行政调解仍属于当事人协议解决纠纷，调解行为对当事人不具有约束力，对当事人的权利义务不产生直接影响，也就是说行政调解行为不具有强制力，因此，这种行为无需列入行政复议的受案范围。

【案例 11-2】 刘某是某省临城市人，2019 年 5 月 15 日，其从成都飞临城时，途中飞机上提供一份食品，该食品标签有问题，不能确定此事由哪个部门管辖。5 月 18 日早上 8 点 30 分，刘某用手机拨打临城市市场监督管理局服务热线咨询此事，工作人员答复说不清楚此事由哪个部门管辖，问清楚后再告知刘某，过了二十分钟，工作人员回复称不清楚此事由哪个部门管辖。刘某认为临城市市场监督管理局的行为已构成不作为，于是便于 6 月 2 日以邮寄的方式向临城市司法局(临城市人民政府的复议机构)递交申请复议申请书。司法局经审查认为，申请人所实施的是一种咨询行为，被申请人也进行了答复，该答复没有对申请人的权利义务产生实际影响，不是行政行为，故不属于行政复议受案范围，遂作出不予受理的决定。

三、附条件对行政规范性文件申请行政复议的情形

《行政复议法》第 13 条规定："公民、法人或者其他组织认为行政机关的行政行为所依据的下列规范性文件不合法，在对行政行为申请行政复议时，可以一并向行政复议机关提出对该规范性文件的附带审查申请：

(一)国务院部门的规范性文件；(二)县级以上地方各级人民政府及其工作部门的规范性文件；(三)乡、镇人民政府的规范性文件；(四)法律、法规、规章授权的组织的规范性文件。前款所列规范性文件不含规章。规章的审查依照法律、行政法规办理。

行政相对人对行政行为以及所依据的行政规范性文件均不服，在对行政行为申请复议

的同时，可以一并向复议机关提出对该规范性文件的复议请求。该条规定曾引起社会广泛关注和热议，原因在于该规定突破了传统的行政法理论关于抽象行政行为在任何情况下都不可争讼的观点，是行政法理论的一大发展。

理解该部分内容要注意两点：第一，相对人必须是一并提起复议申请，不能单独对行政行为所依据的规范性文件提起复议申请；第二，一并提起复议申请的只能是除国务院之外的其他行政机关及被授权组织的规范性文件。其不包括有立法权的行政机关制定的规章。对规章不能申请复议，可以按照法律、行政法规规定的其他途径对其进行监督。

第三节 行政复议参加人

行政复议参加人是指与争议的行政行为有利害关系而参加行政复议的申请人、被申请人、第三人等，他们参加行政复议的原因不同，在行政复议中的地位以及法律后果不同。

一、行政复议申请人

(一)行政复议申请人的概念和特征

行政复议申请人是指认为行政主体的行政行为侵犯其合法权益，依照行政复议法的规定以自己的名义向行政复议机关申请复议的行政相对人以及与行政行为有利害关系的公民、法人或其他组织。

根据法律、法规的规定，申请人具有如下法律特征：

1. 申请人必须是行政相对人一方当事人

这里的"相对人一方当事人"既包括行政行为的对象即行政相对人，也包括和行政行为有利害关系的行为对象以外的其他人。比如，甲因殴打乙被公安机关处罚，甲便是行政处罚行为针对的对象，其利益直接受到该处罚行为的影响，是行政处罚行为中的相对人；乙虽然不是行政处罚行为针对的对象，但是和行政处罚行为也有利害关系，该处罚行为的实施也会影响到乙的利益，因此，乙也是该处罚行为中的利害关系人。甲和乙如果对该处罚行为不服，均可以申请复议，都可以成为复议申请人。

应该注意的是，这里的相对人既包括我国的公民、法人或其他组织，也包括在华的外国人、无国籍人和外国组织。外国人、无国籍人和外国组织在中国境内必须遵守中华人民共和国的法律，同时其合法权益也受中华人民共和国法律的保护，如果其合法权益受到具体行政行为的侵害，他们与我国公民与组织一样有权作为申请人申请行政复议。

2. 申请人必须是认为行政行为侵犯了自己合法权益的人

这里的"认为"是一种主观认识，行政行为是否确实侵犯了其合法权益，必须等到行政复议机关审查后才能确定。只要申请人"认为"行政主体的行政行为侵犯了自己的合法权益，即可申请行政复议。

3. 申请人必须是以自己的名义申请复议的人

申请人必须以自己的名义申请复议。如果以他人的名义申请复议，则只能是复议代理人或法定代表人，而不是复议申请人。如果行政相对人没有申请复议，则只能是具有申请人资格的人，而不能成为复议申请人。

(二)申请人的几种情形

根据《行政复议法》及《行政复议法实施条例》的规定,复议申请人有以下几种:

(1)符合法律规定的申请人的概念和特征,向复议机关申请复议的公民、法人或者组织为申请人。

(2)合伙企业申请行政复议的,应当以核准登记的企业为申请人,由执行合伙事务的合伙人代表该企业参加行政复议;其他合伙组织申请行政复议的,由合伙人共同申请行政复议。

合伙企业以外的不具备法人资格的其他组织申请行政复议的,由该组织的主要负责人代表该组织参加行政复议;没有主要负责人的,由共同推选的其他成员代表该组织参加行政复议。

(3)股份制企业的股东大会、股东代表大会、董事会认为行政机关作出的具体行政行为侵犯企业合法权益的,可以以企业的名义申请行政复议。

如果同一行政复议案件申请人超过5人的,推选1至5名代表参加行政复议。申请人可以委托1至2名代理人参加行政复议。

(三)申请人资格的转移

一般情况下,行政行为侵害的当事人是行政复议的申请人。但是,在特定条件下,行政复议申请人的资格也可能发生转移。其申请人资格依法自然转移给有利害关系的特定公民、法人或其他组织。根据《行政复议法》第14条第2款的规定,申请人的资格转移有以下几种情况:

(1)有权申请行政复议的公民死亡,其近亲属可以申请复议。有权申请行政复议的公民为无民事行为能力人或者限制民事行为能力人的,其法定代理人可以代为申请行政复议。

这里的近亲属包括本人的配偶、父母、子女、兄弟姐妹、祖父母、外祖父母、孙子女、外孙子女。值得注意的是,死亡公民的近亲属并不是以法定代理人的身份申请复议,而是取得了申请人的资格,以自己的名义申请复议。

(2)有权申请复议的法人或者其他组织终止的,承受其权利的法人或者其他组织可以申请行政复议。法人或其他组织消灭的,其权利包括申请复议的权利,由法律规定的有关组织承受;法人或其他组织分立的,复议申请权由分立后一个或几个新的法人或新的其他组织来行使;法人或者其他组织合并后,由新成立的法人或其他组织以自己的名义申请复议。总之,不论何种原因引起的有申请权的法人或者其他组织终止,只要有承受其权利的组织,申请人资格就可以转移为其享有。

【案例11-3】 石某是A市(县级市)某街道居民,2001年3月,石某经街道办事处同意,在自家院子内建造了一处面积为55平方米的平房。9月29日,市土地管理局在检查中发现石某建平房未经土地管理局批准,即下达了处理决定书,限石某在1个月内拆除所建平房,并予以罚款2000元处罚。10月份,A市进行了机构改革,市土地管理局和其他有关部门合并成立国土资源局。石某不服市土地管理局的处理决定,于11月初以市国土资源局为被申请人提起行政复议。

二、行政复议被申请人

(一)被申请人的概念和特征

行政复议被申请人是指由申请人指控其行政行为违法或不当,侵犯申请人的合法权益,并经由复议机关通知参加复议的行政机关和法律、法规授权的组织。

被申请人是申请人的对称。并非所有的行政机关都可以成为被申请人,只有具备外部管理职能,作出了有争议的行政行为的行政主体,才有可能成为被申请人。

被申请人具有以下几个特征:

(1)被申请人是行政主体。行政复议被申请人应能够承担法律责任,因而必须是行政主体。

(2)被申请人实施了争议的行政行为。

(3)被申请人是受到申请人指控并由行政复议机关通知其参加行政复议的行政主体。如果复议机关没有通知其参加复议,那么该行政主体只能是具有被申请人资格的组织,只有经通知参加到复议活动中去,才能成为复议活动的一方当事人即被申请人。

(二)被申请人的几种情形

根据法律规定,被申请人主要有以下几种情形:

(1)申请人对行政机关的行政行为不服申请复议的,作出行政行为的行政机关是被申请人。

(2)两个或两个以上的行政机关以共同的名义作出行政行为的,共同作出行政行为的行政机关为共同的被申请人。

(3)法律、法规授权的组织作出行政行为的,该组织为被申请人。例如,根据国务院颁布的《公共场所卫生管理条例》第14条的规定,卫生防疫机构是事业单位,但根据该条例的授权,它可以根据情节轻重,对违反该条例规定的单位或个人予以警告、罚款、停业整顿、吊销卫生许可证的行政处罚。如果被处罚人不服申请复议,则卫生防疫机构就是被申请人。

(4)行政机关与被授权组织以共同的名义作出行政行为的,行政机关和被授权组织为共同被申请人。行政机关与其他组织以共同名义作出行政行为的,行政机关为被申请人,此种情况下,其他组织应当列为第三人。

(5)行政机关与其他组织以共同名义作出行政行为的,行政机关为被申请人。这里的其他组织由于没有行政主体资格,因此不能成为被申请人,但在行政赔偿案件中,可以作为第三人参加复议活动。

(6)行政机关委托的组织作出行政行为的,委托的行政机关是被申请人。因为受委托的组织不具有独立承担法律责任的能力。

(7)下级行政机关依照法律、法规、规章规定,经上级行政机关批准作出行政行为的,批准机关为被申请人。

(8)作出行政行为的机关被撤销或职权变更的,继续行使其职权的行政机关是被申请人。如果没有继续行使其职权的行政机关,则撤销机关为被申请人。

(9)政府工作部门依法设立的派出机构,如果有法律、法规授权,以自己的名义作出行政行为的,该派出机构为被申请人;如果未经法律、法规授权,对外以自己名义作出行政行为的,该行政机关为被申请人。

三、行政复议第三人

(一)行政复议第三人的概念和特征

行政复议第三人是指申请人以外的同申请行政复议的行政行为或者行政复议案件处理结果有利害关系,申请参加或者由复议机关通知参加复议活动的公民、法人或者其他组织。

第三人在行政复议中具有独立的法律地位。第三人与申请人和被申请人不同,其参加行政复议是为了维护自己的合法权益,在行政复议中不依附于申请人或者被申请人,享有与申请人基本相同的复议权利。

第三人具有以下特征:

(1)第三人是以自己的名义,为了维护自己的合法权益而参加复议活动的申请人和被申请人以外的公民、法人或者其他组织。

(2)第三人同被申请复议的行政决定有法律上的利害关系,即行政行为和行政复议决定会影响其权益。

(3)第三人是在复议活动开始后、终结前,经行政复议机关批准而参加到复议活动中的。

(4)第三人参加复议活动的方式可以是由复议机关通知参加复议,也可以是自己提出申请经复议机关批准参加复议。

参加复议活动是第三人的权利,如果第三人放弃该权利,不参加复议活动,不影响复议案件的审理。第三人可以委托一至两名代理人代为参加行政复议。

(二)常见的行政复议第三人的几种情形

(1)行政处罚案件中的加害人和受害人可互为第三人。

(2)行政机关对两个或两个以上的相对人作出同一行政行为,其中有的相对人申请了行政复议,有的没有申请复议,则未申请复议的相对人可以作为第三人参加行政复议。

(3)在行政确权和行政裁决案件中,不服行政确权和行政裁决的一方当事人是复议申请人,另一方当事人(受益方)可以作为第三人参加复议。

(4)两个或两个以上的行政机关基于同一事实,针对相同的行政管理相对人作出互相矛盾的行政行为,相对人对其中一个行政行为不服申请复议,其他行政机关可以作为第三人参加行政复议。

第四节 行政复议管辖

行政复议管辖是指行政复议机关之间受理复议申请的权限和分工。它要解决的问题是,当行政主体实施的行政行为发生争议后,应该由哪一个行政复议机关来进行审理并作出复议决定。

一、县级以上地方人民政府管辖的行政复议案件

根据《行政复议法》第 24 条规定，行政复议案件一般由下列行政机关管辖：

1. 对本级政府部门作出的行政行为不服的；
2. 对下一级人民政府作出的行政行为不服的；
3. 对本级政府依法设立的派出机关作出的行政行为不服的；
4. 对本级政府或者其工作部门管理的法律、法规、规章授权的组织作出的行政行为不服的；
5. 对本级政府部门依法设立的派出机构依照法律、法规或者规章规定，以自己的名义作出的行政行为不服的；其中，对直辖市、设区的市人民政府工作部门按照行政区划设立的派出机构作出的行政行为不服的，也可以由其所在地的人民政府管辖。

二、不服省、自治区、直辖市人民政府的复议案件由本机关自己管辖

申请人对行政复议决定不服的，可以就原行政行为向人民法院提起行政诉讼；也可以向国务院申请裁决，国务院依照本法的规定作出最终裁决。

三、省、自治区人民政府依法设立的派出机关参照设区的市级人民政府的职责权限管辖相关行政复议案件

《中华人民共和国地方各级人民代表大会和地方各级人民政府组织法》第 68 条第 1 款规定："省、自治区的人民政府在必要的时候，经国务院批准，可以设立若干派出机关。"目前省、自治区人民政府设立的派出机关是行政公署，下辖县、区、市(县级)或旗(县级)，申请人对上述县、区、市、旗的行政行为不服的，向所属的行政公署申请复议。

【案例 11-4】 2007 年 12 月某县某乡农民李某在兴修水利工程时被分配和钱某一起挖土，二人在装车过程中发生争执，钱某指责李某偷懒，李某恼羞成怒，朝钱某腰部踹了一脚，被医院认定为软组织损伤，但并未造成严重后果。乡派出所接到报案，即派人处理此事。在认定事实后于 12 月 31 日根据《治安管理处罚法》第 43 条、91 条的规定，对李某作出了罚款 500 元的行政处罚决定。第 43 条规定："殴打他人的，或者故意伤害他人身体的，处五日以上十日以下拘留，并处二百元以上五百元以下罚款；情节较轻的，处五日以下拘留或者五百元以下罚款。"第 91 条规定："治安管理处罚由县级以上人民政府公安机关决定；其中警告、五百元以下的罚款可以由公安派出所决定。"李某对此决定不服，欲提起行政复议。此案中行政处罚是乡派出所依法以自己名义作出的，因此，被申请人是派出所，按现行行政复议法的规定复议机关为县公安局或县政府。而按照《征求意见稿》关于管辖的规定，该案件的复议机关应为县政府。

四、国务院部门管辖涉及下列情形的行政复议案件

1. 对本部门作出的行政行为不服的。申请人对行政复议决定不服的,可以就原行政行为向人民法院提起行政诉讼;也可以向国务院申请裁决,国务院依照本法的规定作出最终裁决。
2. 对本部门依法设立的派出机构依照法律、行政法规、部门规章规定,以自己的名义作出的行政行为不服的;
3. 对本部门管理的法律、行政法规、部门规章授权的组织作出的行政行为不服的。

五、对海关、金融、外汇管理等实行垂直领导的行政机关、税务和国家安全机关的行政行为不服的,向上一级主管部门申请行政复议

第五节　行政复议程序

行政复议程序是申请人向复议机关申请复议到复议机关作出复议决定的各项步骤、形式、顺序和时限的总和。行政复议程序是行政复议行为的重要环节,也是行政复议合法、高效进行的重要保证。行政复议程序一般包括申请、受理、审理和决定几个环节。

一、申请

(一)申请的概念和条件

行政复议申请是指公民、法人或其他组织认为行政主体的行政行为违法或不当,侵犯其合法权益,依法向行政复议机关提出要求复查和处理以保护自己合法权益的一种意思表示。行政复议实行不告不理原则,复议机关不能主动复议。因此,相对人的申请是行政复议活动开始的前提。

行政相对人申请复议,根据《行政复议法实施条例》第28条规定,须具备以下条件:

(1)申请人适格。根据《行政复议法》的规定,申请人要么是行政行为的相对人,要么是其他利害关系人。即与争议的行政行为有法律上的利害关系,认为行政行为侵犯其合法权益的公民、法人或其他组织。提起行政复议的申请人必须符合行政复议法及其实施条例的规定,主体资格应当明确。

(2)有符合规定的被申请人。申请人申请复议必须准确确定被申请人,即被申请人须是符合法律规定的,能以自己的名义参加复议活动的行政机关或被授权组织。

(3)有具体的复议请求和理由。复议请求是申请人申请复议所要达到的目的。申请人在申请复议时,应当向复议机关提出具体的复议请求并对请求的理由进行说明。如请求撤销或变更具体行政行为、请求确认具体行政行为违法、请求国家赔偿等。

(4)属于申请复议的范围。申请人申请复议的案件,必须是依法可以申请复议的案件,也就是说,要属于法定的复议受案范围。

(5)属于受理的复议机关管辖。申请人申请复议必须向有管辖权的行政机关提出。否则,行政机关将不予受理。

(6)符合申请复议的期限。

(7)申请人没有重复申请复议,也未既复议又起诉。行政复议机关未受理过该申请人就同一行政行为提出的行政复议申请,并且人民法院未受理过该申请人就同一行政行为提起的行政诉讼。

(8)法律、法规规定的其他条件。如《中华人民共和国税收征收管理法》第88条第1款规定,纳税人对征税决定不服,应该先执行纳税决定,再申请复议,对复议决定不服的,才可以向人民法院起诉,未经复议,直接提起行政诉讼,人民法院不受理。因此,纳税人申请复议以完税为条件。

(二)申请复议的期限

申请复议的期限是指复议申请人提出复议申请的有效期限。申请人必须在法定期限内提出复议申请,否则,申请人的申请,复议机关将不予受理。

公民、法人或者其他组织认为行政行为侵犯其合法权益,向复议机关申请行政复议的,可以自知道或者应当知道行政行为之日起六十日内提出行政复议申请;但是法律规定的申请期限超过六十日的除外。

申请复议的期限包含以下几个方面的含义:

1. 申请复议的期限一般为六十日,法律规定超过六十日的从其规定

如《专利法》第41条规定,"专利申请人对国务院专利行政部门驳回申请的决定不服的,可以自收到通知之日起三个月内,向专利复审委员会请求复审。"

2. 申请期限的计算

(1)对作为形态的行政行为不服,申请复议期限的计算方法。

一般情况下,行政机关作出行政行为要通过送达等方式告知相对人行政行为的内容、作出时间及行政相对人是否具有复议请求权、申请复议期限等内容,相对人应在送达回证上签字,这便是相对人"知道"了行政行为,申请期限便从此时开始计算。

(2)对不作为形态的行政行为不服,申请复议期限的计算方法。

①履行法定职责有期限规定的,自期限届满之日起计算。

②履行法定职责没有期限规定的,自行政机关收到履行法定职责申请满六十日起计算。

公民、法人或者其他组织在紧急情况下请求行政机关履行保护人身权、财产权的法定职责,行政机关不履行的,行政复议申请期限不受前两种情况的限制。

3. 申请复议权的最长保护期

根据《行政复议法》第20条第3款及第21条规定的内容,关于最长保护期的具体规定如下:

(1)行政机关未告知救济权利的最长保护期为一年。

行政机关作出行政行为时,未告知公民、法人或者其他组织申请行政复议的权利、行政复议机关和申请期限的,申请期限从公民、法人或者其他组织知道或者应当知道之日起计算,但从知道或者应当知道行政行为内容之日起最长不得超过一年。

(2)行政机关未告知行政行为内容的最长保护期为二十年或五年。

因不动产提出的行政复议申请自行政行为作出之日起超过二十年,其他申请自行政行

为作出之日起超过五年的,行政复议机关不予受理。

4. 因不可抗力或者其他正当理由耽误法定申请期限的,申请期限自障碍消除之日起继续计算。

关于申请复议期限的规定,要求相对人应在法定期限内行使自己的复议申请权,如果没有正当理由逾期不申请复议即丧失复议请求权。

(三)申请复议的方式

申请复议应当以书面的方式提出。根据《行政复议法》第22条规定,申请人申请行政复议,可以书面申请;书面申请有困难的,也可以口头申请。书面申请的可以通过行政复议机关指定的互联网渠道或者邮寄等方式提交行政复议申请书,也可以当面提交行政复议申请书。

复议申请书应载明下列内容:

(1)申请人的基本情况。包括:公民的姓名、性别、年龄、有效身份证件号码、工作单位、住所、邮政编码;法人或者其他组织的名称、住所、统一社会信用代码、邮政编码和法定代表人或者主要负责人的姓名、职务。

(2)被申请人的名称。

(3)行政复议请求、申请行政复议的主要事实和理由。

(4)公民的签名及捺印;法人的盖章及法定代表人签名;其他组织的盖章及主要负责人签名。

(5)申请行政复议的日期。

申请人对两个以上行政行为不服的,应当分别申请行政复议。

(四)复议前置

根据《行政复议法》第23条的规定,有下列情形之一的,申请人应当先向行政复议机关申请行政复议,对行政复议决定不服的,再依法向人民法院提起行政诉讼:

1. 对当场作出的行政处罚决定不服的;
2. 认为行政机关的行政行为侵犯其已经依法取得的自然资源的所有权或者使用权的;
3. 认为行政机关存在本法第十一条规定的不作为情形的;
4. 申请政府信息公开,行政机关不予公开的;
5. 法律、行政法规规定的其他情形。

对前款规定的情形,行政机关在作出行政行为时应当告知公民、法人或者其他组织先向复议机关申请行政复议。

【案例11-5】 2019年2月5日,国家税务总局正定县税务局发现刘某未向税务机关缴纳应纳税款,令其补缴。刘认为该税款不应缴纳,于是刘某便于2月10日向国家税务总局石家庄市税务局申请复议,要求撤销县税务局的决定。过了法定期限,复议机关仍未作出复议决定。刘某便向县人民法院提起行政诉讼,但人民法院裁定不予受理,理由是《税收征收管理法》第八十八条规定:"纳税人、扣缴义务人、纳税担保人同税务机关在纳税上发生争议时,必须先依照税务机关的纳税决定缴纳或者解缴税款及滞纳金或者提供相应的担保，然后可以依法申请行政复议；对行政复议决定不服的，可以依法向人民法院起诉。"据此，法院认为纳税争议案件依法应当先进行行政复议，既然复议机关尚未作出任何决定，法院当然不应介入，因而作出不予受理的裁定。

法院如此处理是错误的，因为《行政复议法》规定，复议机关受理案件后超过行政复议期限不作答复的，公民、法人或者其他组织可以自行政复议期满之日起十五日内，依法向人民法院提起行政诉讼。本案中人民法院应受理刘某的起诉。

二、受理

（一）受理的概念

行政复议受理是指复议申请人提出复议申请后，行政复议机关经审查认为符合条件而决定立案审理的活动。申请人的申请行为和行政复议机关的受理行为相结合，标志着复议申请的成立和复议程序的开始。

（二）行政复议机构

《行政复议法》第4条规定，行政复议机关负责办理行政复议事项的机构是行政复议机构。行政复议机构同时组织办理行政复议机关的行政应诉事项。上级行政复议机构对下级行政复议机构的行政复议工作进行指导监督。

行政复议机构不是行政主体，它对自己所属的行政复议机关负责，不能以自己的名义对外行使职权。根据《行政复议法实施条例》规定，行政复议机构主要履行下列职责：

（1）受理行政复议申请；
（2）向有关组织和人员调查取证，查阅文件和资料；
（3）审查申请行政复议的行政行为是否合法与适当，拟定行政复议决定；
（4）处理或者转送有关行政规范性文件的审查等复议申请；
（5）对行政机关违反《行政复议法》规定的行为依规定权限和程序提出处理建议；
（6）办理因不服行政复议决定而提起诉讼的应诉事项；
（7）办理《行政复议法》规定的行政赔偿等事项；
（8）法律、法规规定的其他职责。

（三）行政复议申请的审查及处理

行政复议机关收到复议申请后，应当在5日内对申请书进行审查。复议机关对复议申请审查后，根据不同的情况作出不同的决定：

1. 受理

对于符合申请复议条件的应当受理，行政复议申请的审查期限届满，复议机关未作出不予受理决定的，审查期限之日视为受理。

行政复议实践中存在复议机关借故不受理复议申请的问题，损害了申请人的复议申请权，剥夺了相对人通过复议解决纠纷的权力，因此，《行政复议法实施条例》第27条规定，对相对人的复议申请，除不符合行政复议法和实施条例规定的申请条件的，行政复议机关应当受理。

2. 不予受理

行政复议机关对于不符合申请复议条件的，作出不予受理的决定，并应书面告知申请人，并说明理由。如申请超过期限，不属于复议受案范围等。对符合本法规定，但是不属于本机关受理的行政复议申请，应当告知申请人向有关行政复议机关提出。而不应简单以自己无管辖权为由将申请人拒绝了之。

3. 限期补正

行政复议申请材料不齐全或者表述不清楚的，导致行政复议机关无法判断行政复议申请是否符合本法第三十条规定的受理条件的，行政复议机关应当自收到该行政复议申请之日起五日内书面通知申请人补正。补正通知应当一次性载明需要补正的事项。申请人应当自收到补正通知之日起十日内提交补正材料。行政复议机关收到补正材料后，依照本法第三十条的规定处理。申请人无正当理由逾期不补正的，视为申请人放弃行政复议申请并记录在案。

(四) 行政复议受理应注意的其他问题

(1) 重复申请复议问题。根据《复议法实施条例》第 30 条的规定，申请人就同一事项向两个或者两个以上有权受理的行政机关申请行政复议的，由最先收到行政复议申请的行政机关受理；同时收到行政复议申请的，由收到行政复议申请的行政机关在 10 日内协商确定；协商不成的，由其共同上一级行政机关在 10 日内指定受理机关。协商确定或者指定受理机关所用时间不计入行政复议审理期限。

(2) 复议机关无正当理由不受理等问题。《行政复议法》第 35 条规定，公民、法人或者其他组织依法提出行政复议申请，行政复议机关无正当理由不予受理、驳回申请或者受理后不答复的，申请人有权向上级行政机关反映，上级行政机关应当责令其纠正；必要时，上级行政机关可以直接受理。

(3) 驳回复议申请。《行政复议法》第 33 条规定，受理行政复议申请后，发现该行政复议申请不符合本法规定的受理条件的，行政复议机关决定驳回该行政复议申请。

(五) 行政复议受理的法律后果

1. 当事人取得相应的资格，依法享有复议程序中的权利，履行复议程序中的义务。

2. 申请人与被申请人之间的行政争议正式进入复议程序。其他任何国家机关、组织都没有对本案的管辖权。申请人申请行政复议，行政复议机关已经依法受理的，或者法律、法规规定应当先向行政复议机关申请行政复议、对行政复议决定不服再向人民法院起诉的，在法定行政复议期限内不得向人民法院提起行政诉讼。

三、审理

(一) 行政复议案件审理的一般规定

1. 审理前的准备

(1) 确定行政复议人员。《行政复议法实施条例》第 32 条规定，行政复议机构审理行政复议案件，应当由 2 名以上行政复议人员参加。这里的 2 名人员是人数上的最低要求，这 2 人应当是取得专业资格的人员。根据《行政复议法》第 6 条第 2 款的规定，行政复议机关中初次从事行政复议的人员，应当通过国家统一法律职业资格考试取得法律职业资格并参加统一职前培训。

(2)更换或者追加复议参加人。复议人员如果发现复议申请人或被申请人不符合条件，应及时予以更换；如果发现必要共同复议申请人和符合第三人条件的相对人和行政主体而未参加行政复议的，应通知其参加复议。

(3)决定原行政决定是否停止执行。

(4)确定审理的方式。

2. 审理方式

行政复议机关受理行政复议申请后，依照《行政复议法》选择适用普通程序或者简易程序审理。

3. 审理内容

行政复议机关在审查行政争议案件时，不仅可以对行政行为是否合法和适当进行审查，而且还必须全面审查行政行为所依据的事实和规范性文件，不受复议申请范围的限制。

如果申请人根据《行政复议法》第13条规定，一并向行政复议机关提出对该行政行为所依据的规范性文件的审查申请，复议机关还应对其进行附带性地审查。第56条规定，申请人在申请行政复议时，依照本法第13条的规定一并提出对有关行政规范性文件的审查申请的，行政复议机关对该文件有权处理的，应当在三十日内依法处理；无权处理的，应当在七日内转送有权处理的行政机关依法处理。

4. 调解

根据《行政复议法》第5条规定，行政复议机关办理行政复议案件，可以按照合法、自愿原则进行调解，但不得损害国家利益、社会公共利益和他人合法权益，不得违反法律、法规的强制性规定。

5. 审理依据

根据《行政复议法》第37条规定，行政复议机关审理行政复议案件，依照法律、法规、规章，参照行政规范性文件。地方性法规、地方政府规章适用于本行政区域内发生的行政复议案件。行政复议机关审理民族自治地方的行政复议案件，同时依照该民族自治地方的自治条例和单行条例。

6. 撤回复议申请

申请人在行政复议决定作出前自愿撤回复议申请的，经行政复议机构准许，可以撤回。申请人撤回行政复议申请的，不得再以同一事实和理由提出行政复议申请。但是，申请人能够证明撤回复议申请违背本人真实意思表示的除外。申请人撤回复议申请的，复议机关有权终止行政复议。

7. 行政行为不停止执行

根据《行政复议法》第42条的规定，申请人申请行政复议，原则上不停止被申请的行政行为的执行。但在下列情况下，被申请的行政行为可以停止执行。(1)被申请人认为需要停止执行的。(2)行政复议机关认为需要停止执行的。(3)经申请人、第三人申请，行政复议机关认为其要求合理的，也可以作出停止执行的决定。(4)法律、法规、规章规定停止执行的。

(二)证据

1. 被申请人的举证责任

根据《行政复议法》第44条规定,被申请人对行政行为的合法性、适当性负有举证责任。被申请人应将作出行政行为的证据、依据以及其他有关材料提供给复议机关。根据《行政复议法》第46条的规定,行政复议过程中,被申请人不得自行向申请人和其他有关组织或者个人收集证据;自行收集的证据不能作为认定行政行为合法性、适当性的依据。

2. 申请人的证明责任

根据《行政复议法》第44条第2款规定,有下列情形之一的,申请人应当提供证据:(1)认为被申请人不履行法定职责的,提供曾经要求被申请人履行法定职责的证据。但被申请人应当依职权主动履行法定职责或者申请人因正当理由不能提供的除外;(2)提出行政赔偿请求的,提供受行政行为侵害而造成损害的证据,但因被申请人原因导致申请人无法举证的,由被申请人承担举证责任;(3)法律、法规规定需要申请人提供证据的其他情形。

3. 复议机构有权调取证据

根据《行政复议法》第95条规定,行政复议机关有权向有关组织和人员调查取证,查阅、复制、调取有关证据,向有关人员进行询问。申请人或者第三人在行政复议过程中提出了在原行政行为作出时没有提出的理由或者证据的,经行政复议机构准许,被申请人可以补充证据。调查取证时,行政复议人员不得少于两人,并应当向有关组织和人员出示证件。被调查的组织和人员应当配合,不得拒绝或者阻挠。需要现场勘验的,现场勘验所用时间不计入行政复议审理期限。

4. 申请人、第三人有权查阅、复制证据等材料

《行政复议法》第47条规定,行政复议期间,申请人、第三人及其委托代理人可以查阅、复制被申请人提出的书面答复、作出行政行为的证据、依据和其他有关材料,除涉及国家秘密、商业秘密、个人隐私或者可能危及国家安全、公共安全、社会稳定的情形外,行政复议机构应当同意。行政复议机关应当为申请人、第三人查阅有关材料提供场所和其他必要条件。

(三)普通程序

普通程序就是行政复议机关审理复议案件所应遵守的方式、步骤、顺序和时限。普通程序是行政复议机关审理复议案件适用最普遍的程序,除了适用简易程序审理的案件外,一律适用普通程序进行审理。

本次修订行政复议法,对审理程序进行了繁简分流,简案快办,繁案精办,如此修改既降低了申请人的时间成本,也节省了复议机关的行政资源,可谓是达到了双赢的目的。

复议机关适用普通程序,除遵守前述一般规定之外,还应遵守下列规定。

1. 有关事项的特别规定

(1)送达法律文书。根据《行政复议法》第48条规定,行政复议机构应当自行政复议申请受理之日起七日内,将行政复议申请书副本或者行政复议申请笔录复印件发送被申请人。被申请人应当自收到申请书副本或者申请笔录复印件之日起十日内,提出书面答复,并提交当初作出行政行为的证据、依据和其他有关材料。

(2)审理方式。复议机关审理案件原则上听取当事人的意见进行审理。《行政复议法》第49条规定，行政复议机关适用普通程序审理行政复议案件，应当听取当事人的意见。听取意见可以当面进行，也可以通过互联网渠道、电话等方式进行。听取的意见应当记录在案。因当事人的原因不能听取意见的，可以书面审理。

(3)审理期限。《行政复议法》第62条规定，适用普通程序审理的行政复议案件，行政复议机关应当自受理申请之日起六十日内作出行政复议决定；但是法律规定的行政复议期限少于六十日的除外。情况复杂，不能在规定期限内作出行政复议决定的，经行政复议机构的负责人批准，可以适当延长，并告知申请人、被申请人和第三人；但是延长期限最多不得超过三十日。

2. 听证程序

听证程序不是审理复议案件的必经程序，如果案件需要听证的方式进行审理，则适用该程序，否则不需要适用该程序。听证程序的相关内容表述如下。

(1)适用范围。根据《行政复议法》第50条规定，行政复议机构可以依职权组织听证，也可以依申请组织听证。

①依职权组织听证的案件。审理案情重大、疑难、复杂的行政复议案件，行政复议机构应当组织听证。行政复议机构认为有必要听证的，行政复议机构可以组织听证。

②依申请组织听证的案件是除上述案件之外，申请人请求听证的，行政复议机构可以准许，并组织听证。

(2)听证人员。根据《行政复议法》第50条第3款的规定，听证由一名行政复议人员任主持人，两名以上行政复议人员任听证员，一名记录员制作听证笔录。

(3)告知听证时间、地点和听证事项。根据《行政复议法》第51条的规定行政复议机构组织听证的，应当于举行听证的五日前将听证的时间、地点和拟听证事项书面通知当事人。

(4)被申请人的负责人应当参加听证，不能参加的，应当说明理由并要求委托相应的工作人员参加听证。

(5)听证过程。听证过程中，当事人有权进行质证和辩论。当事人应当遵守听证纪律，不得扰乱听证秩序。

(6)听证笔录。听证应当制作笔录，并交当事人及证人核对无误后签字确认。当事人或者证人拒绝签字确认的，由听证主持人在笔录中注明。经过听证的案件，行政复议机关应当根据听证笔录，依照本法作出行政复议决定。

3. 行政复议委员会

《行政复议法》第52条规定，县级以上各级人民政府应当建立相关政府部门、专家、学者参与的行政复议委员会，研究行政复议重大事项，为办理行政复议案件提供咨询意见。国务院部门可以根据需要建立行政复议委员会。

审理涉及下列情形的行政复议案件，行政复议机构可以提请行政复议委员会提出咨询意见：(1)案情重大、疑难、复杂的；(2)专业性、技术性较强的；(3)省、自治区、直辖市人民政府做被申请人的案件；(4)行政复议机构认为有必要的。

(四)简易程序

简易程序是指复议机关对符合条件的案件进行审理所遵守的方式、步骤、顺序和时限。

1. 适用条件

第一,适用标准。根据《行政复议法》第53条规定,适用简易程序应当符合三个标准,即事实清楚、权利义务关系明确、争议不大。

第二,适用类型。被申请行政复议的行政行为是依法当场作出的;警告或者通报批评;案件涉及款额三千元以下的;属于政府信息公开案件的;其他当事人各方同意适用简易程序的案件。

2. 送达法律文书。根据《行政复议法》第54条规定,适用简易程序审理的案件,行政复议机构应当自行政复议申请受理之日起三日内,将行政复议申请书副本或者行政复议申请笔录复印件发送被申请人。被申请人应当自收到申请书副本或者申请笔录复印件之日起五日内,提出书面答复,并提交当初作出行政行为的证据、依据和其他有关材料。

3. 审理方式。根据《行政复议法》第42条规定,复议机关适用简易程序审理的案件,可以书面审查。

4. 审理期限。根据《行政复议法》第62条第2款规定,适用简易程序审理的行政复议案件,行政复议机关应当自受理申请之日起三十日内作出行政复议决定。

《行政复议法》第55条规定,行政复议机构在审理过程中,发现案件不适用简易程序的,经行政复议机构负责人批准,可以转为一般程序审理。

四、行政复议决定

(一)行政复议决定

1. 行政复议决定的概念

行政复议决定是指行政复议机关在对行政行为的合法性和适当性进行审查的基础上所作出的审查结论,行政复议决定的内容以行政复议决定书的形式表现出来。

《行政复议法》第61条规定,行政复议机关依照本法审理行政复议案件,由行政复议机构对行政行为是否合法、适当提出审查意见,经行政复议机关的负责人同意或者集体讨论通过后,以行政复议机关的名义作出行政复议决定。经过听证的案件,行政复议机关应当根据听证笔录、审查认定的事实和证据,依照本法作出行政复议决定。提请复议委员会提出咨询意见的案件,复议机关应当将咨询意见作为作出复议决定的重要参考依据。

2. 行政复议决定的种类

(1)变更决定。《行政复议法》第63条规定,行政行为有下列情形之一的,行政复议机关决定变更该行政行为:①事实清楚,证据确凿,适用依据正确,程序合法,但是内容不适当的;②事实清楚,证据确凿,程序合法,但是未正确适用依据的;③事实不清、证据不足,但是经行政复议机关审理查明事实清楚、证据确凿的。

行政复议机关不得作出对申请人更为不利的变更决定,但第三人提出相反请求的除外。

(2)撤销决定。《行政复议法》第64条规定,行政行为有下列情形之一的,行政复议机关决定撤销或者部分撤销该行政行为，并可以责令被申请人在一定期限内重新作出行政行为：①主要事实不清、证据不足的；②违反法定程序的；③适用的依据不合法的；④超越或者滥用职权的。

行政复议机关决定撤销的同时，可以责令被申请人在一定期限内重新作出行政行为。被申请人不得以同一事实和理由作出与原行政行为相同或基本相同的行政行为，但是行政复议机关以违反法定程序为由决定撤销或者部分撤销的情形除外。重新作出行政行为的期限应遵守法律、法规、规章的规定，法律、法规、规章未规定期限的，重新作出行政行为的期限为 60 日。

(3) 确认违法决定。《行政复议法》第 65 条规定，行政行为有下列情形之一的，行政复议机关确认该行政行为违法，但不撤销该行政行为：①行政行为依法应予撤销，但撤销会给国家利益、社会公共利益造成重大损害的；②行政行为程序轻微违法，但对申请人权利不产生实际影响的。

行政行为有下列情形之一，不需要撤销或者责令履行的，行政复议机关确认该行政行为违法：①行政行为违法，但不具有可撤销内容的；②被申请人改变原违法行政行为，申请人仍要求确认原行政行为违法的；③被申请人不履行或者拖延履行法定职责，责令履行没有意义的。

(4) 限期履行决定。《行政复议法》第 66 条规定，被申请人不履行法定职责的，行政复议机关决定被申请人在一定期限内履行。

(5) 确认无效决定。行政行为有实施主体不具有行政主体资格或者没有依据等重大且明显违法情形，申请人申请确认无效的，行政复议机关确认该行政行为无效。

(6) 维持决定。《行政复议法》第 68 条规定，行政行为认定事实清楚，证据确凿，适用依据正确，程序合法，内容适当的，行政复议机关决定维持该行政行为。

(7) 驳回复议请求决定。《行政复议法》第 69 条规定，申请人认为被申请人不履行法定职责申请行政复议，行政复议机关受理后发现该行政机关没有相应法定职责或者在受理前已经履行法定职责的，决定驳回申请人的行政复议请求。

(8) 继续履行、采取补救措施或者赔偿损失等责任。《行政复议法》第 71 条规定，被申请人不依法订立、不依法履行、未按照约定履行或者违法变更、解除行政协议的，行政复议机关决定被申请人承担依法订立、继续履行、采取补救措施或者赔偿损失等责任。被申请人变更、解除行政协议合法，但未依法给予补偿的，行政复议机关决定被申请人依法给予合理补偿。

(9) 赔偿决定。《行政复议法》第 72 条规定，申请人在申请行政复议时一并提出行政赔偿请求，行政复议机关对依照国家赔偿法的有关规定应当不予赔偿的，在作出行政复议决定时，应当同时决定驳回行政赔偿请求；对符合国家赔偿法的有关规定应当给予赔偿的，在决定撤销或者部分撤销、变更行政行为或者确认行政行为违法、无效时，应当同时决定被申请人依法给予赔偿；确认行政行为违法的，还可以同时责令被申请人采取补救措施。

以上为《行政复议法》规定的行政复议决定的种类。《行政复议法》第 10 条规定，公民、法人或者其他组织对行政复议决定不服的，可以依法向人民法院提起行政诉讼，但是法律规定行政复议决定为最终裁决的除外。

(二)行政复议和解和调解

1. 调解

《行政复议法》第 73 条规定，当事人经调解达成协议的，复议机关应当制作复议调解书，经各方当事人签字或盖章，并加盖复议机关印章，即具有法律效力。行政复议调解书与行政复议决定具有同等效力。调解未达成协议或者调解书生效前一方反悔的，行政复议机关应当依法审查或者及时作出行政复议决定。

调解协议生效后，在当事人之间具有法律效力，任何一方都应当执行。任何一方当事人不履行调解协议，另一方都可以要求对方履行。如果是申请人、第三人不履行，可以参照不履行行政复议决定处理，由行政机关强制执行或者申请人民法院强制执行，还可以追究有关人员的法律责任。如果是被申请人不履行，也可以参照不履行行政复议决定处理，由上级行政机关责令履行，情节严重的，要依法追究有关人员的责任。

2. 和解

2007 年 8 月 1 日施行的《行政复议法实施条例》第 40 条规定："公民、法人或者其他组织对行政机关行使法律、法规规定的自由裁量权作出的具体行政行为不服申请行政复议，申请人与被申请人在行政复议决定作出前自愿达成和解的，应当向行政复议机构提交书面和解协议；和解内容不损害社会公共利益和他人合法权益的，行政复议机构应当准许。"该条明确规定当事人对自由裁量行政行为引发的争议可以通过和解解决纷争，做到案结事了。

《行政复议法》第 74 条规定，申请人与被申请人在行政复议决定作出前可以自愿达成和解，由申请人向行政复议机构撤回行政复议申请。和解内容不得损害国家利益、社会公共利益和他人合法权益，不得违反法律、法规的强制性规定。行政复议机构准予撤回行政复议申请、行政复议机关决定终止行政复议的，申请人不得再以同一事实和理由提出行政复议申请。但是，申请人能够证明撤回行政复议申请违背其真实意愿的除外。

(三)行政复议决定等的执行

行政复议决定等的执行是指行政复议决定书、行政复议调解书以及行政复议意见书生效后，负有履行义务的申请人或被申请人无正当理由拒不履行上述法律文书，行政机关或人民法院依据职权，对不履行的义务人采取强制措施，迫使其履行义务的行为。

《行政复议法》第 75 条规定，行政复议机关作出行政复议决定，应当制作行政复议决定书，并加盖印章。行政复议决定书一经送达，即发生法律效力。

第 77 条规定，被申请人应当履行行政复议决定书、行政复议调解书、行政复议意见书。被申请人不履行或者无正当理由拖延履行的，行政复议机关或者有关上级行政机关应当责令其限期履行，并可以约谈被申请人的有关负责人或者予以通报批评。

第 78 条规定，申请人、第三人逾期不起诉又不履行行政复议决定书、行政复议调解书的，或者不履行最终裁决的行政复议决定的，由作出行政行为的行政机关或者行政复议机关依法强制执行，或者依法申请人民法院强制执行。

第十一章 行政复议

◎ **导例分析：**

根据《行政复议法》第三十四条的规定，上级烟草专卖局无权受理此案，本案的复议机关为县政府，因为申请人张某对县烟草专卖局的行政处罚决定申请行政复议时，对该处罚决定依据的县政府发布的《禁止本县烟草专卖商跨地区批发购销烟酒的有关决定》文件，要求复议机关一并进行审查是符合《行政复议法》第十三条规定的。复议机关经审查认为，该规范性文件违反了上位法的规定。我国现行的行政法规、规章只规定了烟草的专卖，不允许经营者跨地区批发购销烟草，而并未规定酒类专卖，更未规定不允许经营者跨地区批发购销酒。因此，县政府发布的上述规范性文件是违法的，被申请人依据该文件作出的处罚决定亦因适用依据错误而违法，故应撤销。另外，该案中行政处罚不仅适用依据错误，而且具有不出示证件、不出具发票和收据等违反法定程序的情节，因此复议机关应该作出撤销行政处罚的复议决定。

综上所述，县政府应撤销行政处罚和上述行政规范性文件。

◎ **思考题**

1. 行政复议和行政诉讼的关系如何？
2. 行政复议基本制度有哪些？
3. 行政复议和解和调解制度的意义是什么？
4. 如何理解行政复议申请人中的利害关系人？
5. 行政复议决定有哪些？其适用条件是什么？

◎ **综合训练**

2019年4月，国家税务总局临江市临江区税务局根据群众举报，对该区明光电器有限公司的增值税缴纳情况进行稽查，在没有取证的情况下于2020年1月10日作出《税务处理决定书》，认定明光公司含税销售额900万元没有入账，造成少计应税销售额80万元，应补缴税款14万元。明光电器有限公司对该处理决定不服，欲通过法律途径维护自己的合法权益，于是便按照法律规定补缴了税款，然后于同一天向复议机关当面递交了复议申请书，也向当地人民法院邮寄了行政起诉状。问：

1. 本案是否属于行政复议范围？
2. 明光公司能否同时既申请复议，又提起行政诉讼？
3. 如果可以申请复议，请确定复议申请人，被申请人，复议机关。
4. 试分析复议机关可以作出哪种复议决定。

△**要点提示：**

1. 本案属于行政复议范围。本案争议的行政行为是行政征收，根据《行政复议法》第11条第5项的规定，"（五）对行政机关作出的征收征用决定及其补偿决定不服"可以申请复议，属于复议范围。

2. 不能同时既申请复议又提起诉讼。《税收征收管理法》第88条规定，纳税人对征税决定不服，应该先执行纳税决定，再申请复议，对复议决定不服的，才可以向人民法院起诉，未经复议，直接提起行政诉讼，人民法院不受理。

3. 如果申请复议，明光电器有限公司是复议申请人，因为其是与税收征收的行政行为有利害关系的人，具有复议申请人的资格。

国家税务总局临江区税务局为被申请人。因为其是作出《税务处理决定书》行政行为的行政主体，有被申请人资格。

国家税务总局临江市税务局为复议机关。因为税务机关实行的是以中央为主与地方政府双重领导的行政机关，按照法律规定，对税务部门的行政行为不服，上级主管机关为复议机关。

4. 应作出撤销的复议决定。先取证后裁决是实施行政行为必须遵循的程序规则，临江区税务局没有取证就认定明光电器有限公司有偷税行为，属于认定事实不清，证据不足，复议机关可以作出撤销临江区税务局《税务处理决定书》，并责成 B 区税务局退还明光公司 14 万元已缴税款的复议决定。

第十二章　行政诉讼法概述

◎ **知识目标**
　　了解行政诉讼的特征
　　掌握行政诉讼与其他诉讼的不同
　　掌握行政诉讼特有原则
◎ **能力目标**
　　能将行政诉讼与刑事诉讼、民事诉讼加以区分
　　能正确运用行政诉讼基本原则的知识指导解决实际问题
◎ **素质目标**
　　使学生形成依法解决行政争议的法律意识
　　树立遵循基本原则适用行政诉讼法律规范的法制观念

◎ **本章导例**：某县市场监督局干部鲁某在上班时间宴请自己的老同学，席间与酒店老板王某发生争吵，鲁某恼怒之下砸坏了包厢内的电器和餐具，并扬言要吊销王某的营业执照。事后，王某多次向鲁某要求赔偿无效的情况下，遂以鲁某系县市场监督局干部为由，要求市场监督局赔偿损失。遭到拒绝后，王某欲起诉县市场监督局。请问：王某能向县人民法院提起行政诉讼吗？

第一节　行政诉讼与行政诉讼法

一、行政诉讼的概念和特征

行政诉讼是指公民、法人或者其他组织认为行政主体及其工作人员行使行政职权的行为侵犯其合法权益，向人民法院提起诉讼，由法院审理该行政争议并做出裁判的活动。

行政诉讼的特征：

(1) 行政诉讼解决的是特定范围内的行政争议。所谓行政争议是指行政主体行使行政职权管理社会事务，因实施行政行为与公民、法人或其他组织之间发生的争议。行政诉讼就是人民法院专门解决行政争议的一项法律制度。但并不是所有的行政争议都可以通过行政诉讼解决，只有依法属于人民法院受案范围的行政争议才可以通过行政诉讼解决。

(2) 行政诉讼中原被告身份具有恒定性。行政诉讼的原告与被告的身份是恒定的，不能互换。

即行政诉讼的原告是行政相对人一方的公民、法人或其他组织,被告是做出行政行为的行政主体一方的行政机关或法律、法规授权的组织。行政诉讼原被告身份的这一特性,与民事诉讼、刑事诉讼明显不同。之所以行政诉讼原被告的身份具有恒定性,是因为,一方面行政诉讼的审查对象是行政行为,而行政行为是由行政主体做出的,因而行政主体总是处于被诉的地位。另一方面,行政主体拥有行政强制执行或申请人民法院强制执行的权力,当相对人不履行行政行为所设定的义务时,行政主体可以采取行政强制执行措施或申请人民法院强制执行,使其行政管理活动得以实现,而无须通过起诉相对人的方式来达到目的。而行政相对人因其在行政管理关系中处于被管理的被动地位,他们无权擅自否定行政行为的合法性和有效性,因而只能以原告的身份向人民法院提起行政诉讼,通过司法程序保护自己的合法权益。

(3)行政诉讼以合法性为审查标准。《行政诉讼法》第6条规定:"人民法院审理行政案件,对行政行为是否合法进行审查。"这表明,第一,人民法院审查的是行政行为;第二,人民法院审查的是行政行为合法性,对行政行为合理性一般不做审查。行政诉讼这一特征也是与行政复议不同之处。

(4)行政诉讼活动的主管机关是人民法院。解决行政争议的法定途径有行政诉讼和行政复议,前者主管机关是人民法院,后者主管机关是行政机关。行政诉讼就是人民法院适用行政诉讼程序解决行政争议的活动。根据我国宪法规定,各级人民法院是国家的审判机关,法院是通过审判方式解决行政争议的唯一机关。

(5)行政诉讼双方当事人在行政诉讼中法律地位平等,但双方诉讼权利义务不对等。具体表现如下。公民、法人或其他组织享有起诉权,而行政机关没有起诉权和反诉权,只能作为被告享有应诉权;在举证责任上,被告负举证责任,如不能举出据以做出行政行为的主要证据和法律依据,就要承担败诉的法律后果。并且被告在诉讼期间不能自行取证,而对原告没有这个限制。这与民事诉讼中原告、被告的诉讼权利义务对等相比,是行政诉讼的一大特色。

二、行政诉讼与民事诉讼的关系

民事诉讼是指人民法院在当事人和其他诉讼参与人的参加下,审理和解决民事争议、经济纠纷的活动。行政诉讼与民事诉讼关系非常密切。应该说,行政诉讼是从民事诉讼中分离出来的,其发展初期,往往适用民事诉讼程序。我国在制定行政诉讼法典之前,于1982年制定的《民事诉讼法(试行)》第3条第2款规定,人民法院受理法律规定可以起诉的行政案件,审理行政案件时适用民事诉讼程序。我国虽然于1989年制定了《中华人民共和国行政诉讼法》,但内容简略,对诉讼过程中的一些程序性问题,如期间、送达、集团诉讼等未作规定,因而在审理行政案件过程中,必然要参照民事诉讼法的有关条款规定。对此2015年修正后的《行政诉讼法》第101条做了明确规定:"人民法院审理行政案件,关于期间、送达、财产保全、开庭审理、调解、中止诉讼、终结诉讼、简易程序、执行等,以及人民检察院对行政案件受理、审理、裁判、执行的监督,本法没有规定的,适用《中华人民共和国民事诉讼法》的相关规定。"

行政诉讼与民事诉讼既有相同点又有很大的不同，其相同点表现在：两种诉讼活动都是在人民法院主持下进行的，因此要遵循一些共同的司法原则，如公开审判制度、回避制度、两审终审制度、合议制度等。

由于所要解决的争议性质不同，也就决定了行政诉讼与民事诉讼在许多方面存在着重大差异。具体说来，主要有以下情形：

(1) 目的不同。民事诉讼的目的是解决民事纠纷，保护当事人的合法权益，维护社会秩序、经济秩序；行政诉讼的目的不仅是解决行政争议，维护社会秩序，而且还有监督行政权力的目的。

(2) 案件性质不同。民事诉讼解决的是平等主体之间的民事争议；行政诉讼解决的是行政主体与作为行政相对人的公民、法人或其他组织之间的行政争议。

(3) 适用的实体法律规范不同。民事诉讼适用民事法律规范，如《民法典》等；行政诉讼适用行政法规范，如《治安管理处罚法》等。

(4) 当事人不同。民事诉讼发生于法人之间、自然人之间、法人与自然人之间；行政诉讼只发生于行政主体与公民、法人或者其他组织之间。

(5) 诉讼权利不同。民事诉讼中，双方当事人的诉讼权利是对等的，一方的权利表现为对方的义务，一方的义务表现为对方的权利，如原告享有起诉权，被告则享有反诉权；行政诉讼只能由公民、法人或者其他组织一方起诉，行政主体只能被动应诉，相对人享有起诉权，而被告没有起诉权和反诉权。

(6) 起诉的先行条件不同。行政诉讼要求以存在某个行政行为为先行条件；民事诉讼则不需要这样的先行条件。

(7) 举证责任不同。民事诉讼中举证责任的分担原则是"谁主张，谁举证"；行政诉讼则要求被告行政机关负举证责任。

(8) 是否适用调解不同。通过调解解决争议，是民事诉讼的结案方式之一；《行政诉讼法》明确规定，人民法院审理行政案件，不能适用调解，当然行政赔偿、行政补偿以及行政机关行使自由裁量权的案件除外。

人民法院审理行政案件时，在涉及行政许可、登记、征收、征用和行政机关对民事争议所做的裁决的行政诉讼中，当事人申请一并解决民事争议的，人民法院可以一并审理。

三、行政复议和行政诉讼的关系

公民、法人或者其他组织提起诉讼应符合法律关于行政诉讼和行政复议关系的规定。

1. 复议前置的情形

对于法律、法规规定必须经过行政复议才能向法院起诉的案件，原告未申请复议即向人民法院起诉的，人民法院应告知当事人先向复议机关申请复议，未经复议人民法院不予受理。

目前法律规定复议前置的案件主要有：

(1) 侵犯自然资源所有权或使用权案件。《行政复议法》第30条第1款规定："公民、法人或者其他组织认为行政机关的具体行政行为侵犯其已经依法取得的土地、矿藏、水流、森林、山岭、草原、荒地、滩涂、海域等自然资源的所有权或者使用权的，应当先申请行政复议；对行政复议决定不服的，可以依法向人民法院提起行政诉讼。"

（2）纳税争议案件。《税收征收管理法》第88条第1款规定："纳税人、扣缴义务人、纳税担保人同税务机关在纳税上发生争议时，必须先依照税务机关的纳税决定缴纳或者解缴税款及滞纳金或者提供相应的担保，然后可以依法申请行政复议；对行政复议决定不服的，可以依法向人民法院起诉。"

（3）海关纳税争议案件。《海关法》第64条规定："纳税义务人同海关发生纳税争议时，应当缴纳税款，并可以依法申请行政复议；对复议决定仍不服的，可以依法向人民法院提起诉讼。"

（4）安全机关行政处罚案件。《反间谍法》第35条规定："当事人对行政处罚决定、行政强制措施决定不服的，可以自接到决定书之日起六十日内，向作出决定的上一级机关申请复议；对复议决定不服的，可以自接到复议决定书之日起十五日内向人民法院提起诉讼。"

（5）驳回注册商标申请案件。《商标法》第34条规定："对驳回申请、不予公告的商标，商标局应当书面通知商标注册申请人。商标注册申请人不服的，可以自收到通知之日起十五日内向商标评审委员会申请复审。商标评审委员会应当自收到申请之日起九个月内做出决定，并书面通知申请人。有特殊情况需要延长的，经国务院工商行政管理部门批准，可以延长三个月。当事人对商标评审委员会的决定不服的，可以自收到通知之日起三十日内向人民法院起诉。"（根据中央机构改革部署，国家知识产权局原专利复审委员会并入国家知识产权权专利局，原国家工商行政管理总局商标局、商标评审委员会、商标审查协作中心整合为国家知识产权局商标局，不再保留专利复审委员会，商标评审委员会，商标审查协作中心）。

（6）驳回专利申请案件。《专利法》第41条规定："国务院专利行政部门设立专利复审委员会。专利申请人对国务院专利行政部门驳回申请的决定不服的，可以自收到通知之日起三个月内，向专利复审委员会请求复审。专利复审委员会复审后，作出决定，并通知专利申请人。专利申请人对专利复审委员会的复审决定不服的，可以自收到通知之日起三个月内向人民法院起诉。"

（7）《行政复议法》第23条规定的案件。

2. 当事人可以自由选择的情形

对于法律、行政法规未规定行政复议是行政诉讼的前置性程序的，当事人可以从两种救济途径中自由选择。如，《税收征收管理法》第88条第2款规定："当事人对税务机关的处罚决定、强制执行措施或者税收保全措施不服的，可以依法申请行政复议，也可以依法向人民法院起诉。"

若当事人既提起诉讼又申请复议的，由先受理的机关管辖；同时受理的，由当事人选择。但是对于法律规定复议终局的案件，一旦当事人选择复议，行政复议决定作出后就不能再向法院提起诉讼，行政复议决定便是最终发生法律效力的决定。

四、行政诉讼法的概念

行政诉讼法是规范行政诉讼活动的法律规范的总称。行政诉讼法是规定行政诉讼活动如何进行的程序法,行政诉讼法规定了人民法院、当事人和其他诉讼参与人实施诉讼活动、发生诉讼关系的步骤、方法、顺序和时限。因而行政诉讼法是诉讼程序法,既有别于行政实体法,也区别于规定行政行为程序的行政程序法。它既是人民法院审理行政案件的操作规程,又是诉讼参加人进行行政诉讼活动必须遵守的行为规则。

行政诉讼法的概念,一般有广义和狭义两种理解。广义的行政诉讼法又称实质意义上的行政诉讼法,只要内容上属于规定行政诉讼问题的法律规范,不论形式如何均属于行政诉讼法的范围。狭义的行政诉讼法仅指1989年4月4日由第七届全国人大二次会议通过,2014年11月1日第十二届全国人大常委会第十一次会议修正的《中华人民共和国行政诉讼法》(1990年10月1日正式实施)。这里所称广义的行政诉讼法,其表现形式有以下几种:

(1)宪法。作为国家的根本大法,既是行政诉讼法制定的依据,也是指导行政诉讼实践的重要法律规范。其中关于国家基本政治、经济、文化制度,司法制度,国家机关的组织和活动原则以及公民基本权利、义务的规定,是行政诉讼制度存在的基础。尤其是有关公民基本权利的规定对行政诉讼活动的进行具有基础性的指导和规范作用。

(2)行政诉讼法典。即《中华人民共和国行政诉讼法》,其属于我国广义行政诉讼法中最重要的组成部分,是行政诉讼法的最重要的形式。

(3)人民法院组织法和人民检察院组织法中有关行政诉讼的规定。《人民法院组织法》有关审判组织和审判程序的原则规定,以及《人民检察院组织法》中有关法律监督的规定,都是广义的行政诉讼法的组成部分。

(4)民事诉讼法典。因为行政诉讼最早规定在民事诉讼法中,这就决定了其与民事诉讼法有较密切的联系。人民法院审理行政案件,关于期间、送达、财产保全、开庭审理、调解、中止诉讼、终结诉讼、简易程序、执行等,以及人民检察院对行政案件受理、审理、裁判、执行的监督,行政诉讼法没有规定的,均可适用《民事诉讼法》的相关规定。因此,民事诉讼法也是行政诉讼法的表现形式之一。

(5)单行法律、法规。我国许多单行的法律、法规中都有关于行政诉讼受案范围、行政复议与行政诉讼的关系、起诉期限的规定等内容,这些有关行政诉讼的规定当然是行政诉讼的表现形式之一。

(6)法律解释。主要是指最高人民法院2002年7月24日公布的《最高人民法院关于行政诉讼证据若干问题的规定》、2018年2月8日实施的《最高人民法院关于适用〈中华人民共和国行政诉讼法〉的解释》。

(7)国际条约。国际条约是指两个或两个以上国家就政治、经济、文化、军事等方面达成的各种形式的协议。我国缔结或者参加的国际条约同本行政诉讼法有不同规定的,适用该国际条约的规定。我国声明保留的条款除外。因此,国际条约也是我国行政诉讼法的一个组成部分。

第二节　行政诉讼的基本原则

任何一个法律部门都有自己的基本原则。行政诉讼作为一项国家重要的诉讼制度，也必然应该贯彻一定的原则。行政诉讼活动首先应该贯彻一切诉讼活动所共同遵循的原则，其次，由于其自身所具有的特点，又应当具有行政诉讼特有的原则。

一、行政诉讼的一般原则

党的二十大报告中指出："公正司法是维护社会公平正义的最后一道防线。"为了确保司法公正，诉讼法律规范中均要求诉讼活动必须遵循一系列的基本原则。我国《行政诉讼法》在第一章总则中用列举的方式对行政诉讼的基本原则作了规定。

（一）人民法院独立行使审判权原则；
（二）以事实为依据，以法律为准绳原则；
（三）合议、回避、公开审判、两审终审原则；
（四）当事人诉讼法律地位平等原则；
（五）使用本民族语言文字进行诉讼原则；
（六）辩论原则；
（七）人民检察院对行政诉讼进行法律监督原则。

二、行政诉讼的特有原则

行政诉讼特有原则，是指由法律规定的，开展行政诉讼活动必须遵循的，不同于民事诉讼和刑事诉讼的特殊准则。这些原则包括：对行政行为的合法性审查原则，行政诉讼期间被诉行政行为不停止执行原则，被告负举证责任原则，不适用调解原则，司法变更权有限原则。

（一）行政行为合法性审查原则

《行政诉讼法》第6条规定："人民法院审理行政案件，对行政行为是否合法进行审查。"

行政诉讼以合法性审查为特点，是由司法权和行政权的关系决定的。在我国，司法权和行政权都是由宪法和国家权力机关赋予的，受国家权力机关制约，司法权和行政权各自独立，各有自己的活动领域。司法权对行政权的监督来自法律的明确授权，并且必须在法定范围内进行。因而，司法权对行政权的监督只能限于合法性。否则，国家机关职能分工的平衡状态将被打破。在行政诉讼中，人民法院应当依法行使行政审判权，对违法的行政行为予以撤销，对行政机关在法定权限范围内的活动予以尊重。司法权不得干预行政权，影响行政权的运行，更不得代替行政权。因此，行政行为合法性问题交由人民法院解决，而合理性问题则留给行政机关解决。

人民法院审理行政案件，判断行政行为是否合法应当以行政行为合法成立的要件为标准，从以下几个方面进行审查，进而判断争议的行政行为是否合法。这些要件是：行政行为认定事实是否清楚，证据是否确凿；适用法律、法规是否正确；是否符合法定程序；是否符合法定权限的规定；当然，行政行为合法，不仅要符合这些普遍要件，也要符合法律特别规定的要件。因此，法律对某一行政行为特别规定的要件也是法院审查其是否合法的标准。

作为行政行为合法性审查原则的例外，人民法院对明显不当的行政处罚，或者其他行政行为涉及对款额的确定、认定确有错误的，人民法院可以判决变更。

（二）行政诉讼期间被诉行政行为不停止执行的原则

在行政诉讼中，当事人争议的行政行为不因原告提起诉讼而停止执行，这是由国家行政管理的特殊性决定的。现代国家的行政管理，连续性是其具有的一个显著特征，行政管理是不间断的过程，如果行政行为一经行政相对人起诉便停止执行，势必破坏行政管理的连续性，使行政管理处于真空地带，更为严重的是使法律秩序处于不稳定状态，进而危害社会和公众的利益。

但是，此原则也存在例外情况，在以下几种情形下，被诉的行政行为可以停止执行。

第一，被告认为需要停止执行的。由于被告对因自己做出的行政行为发生的争议情况最为了解，在原告起诉后，被告权衡利弊得失认为需要停止执行争讼的行政行为的，可以决定停止执行，这样往往会减少违法行政行为给相对人造成的损失，有利于行政争议的解决。

第二，人民法院根据原告或利害关系人的申请裁定停止执行。在行政诉讼中，继续执行行政行为会给原告造成难以弥补的损失，同时停止执行不违背社会公共利益的，经原告或利害关系人申请人民法院可以裁定停止执行。

第三，人民法院认为该行政行为的执行会给国家利益、社会公共利益造成重大损害的。

此项内容是修正后的行政诉讼法增加的内容。为了保障行政诉讼的顺利进行，维护国家利益和社会公共利益，即使没有原告或利害关系人的申请，人民法院也可以在必要时依职权裁定停止执行。

第四，法律、法规规定可以停止执行的。如《治安管理处罚法》第107条规定："被处罚人不服行政拘留处罚决定，申请行政复议、提起行政诉讼的，可以向公安机关提出暂缓执行行政拘留的申请。公安机关认为暂缓执行行政拘留不致发生社会危险的，由被处罚人或者其近亲属提出符合本法第一百零八条规定条件的担保人，或者按每日行政拘留二百元的标准交纳保证金，行政拘留的处罚决定暂缓执行。"

（三）被告负举证责任原则

被告负举证责任，是指作为行政诉讼被告的行政主体负有提供赖以做出行政行为的证据和所依据的规范性文件的责任。

法律之所以规定由被告承担举证责任，是基于如下考虑：(1)行政诉讼中原被告争议的行政行为是被告做出的，它最清楚做出行政行为的事实与法律依据，而行政相对人也不了解行政行为的实施依据，因此，被告具有较强的举证能力，在行政诉讼中，应当负举证责任。(2)从行政法的角度看，行政主体做出行政行为应遵循"先取证，后裁决"的原则，其行政行为的实施应有相应的事实和法律依据才能有效成立。因此，当该行政行为被诉后，行政主体就须证明其行为确实是根据一定的事实和法律做出的，其行为是符合法律规定的,如果行政主体不能提供证明行政行为的事实和法律依据,就可能因此而败诉,承担行政行为被人民法院判决撤销的后果。

被告负举证责任原则,既可以促进行政机关依法行政,防止其滥用职权,又可以保护行政相对人的合法权益免受行政主体违法行为的侵害。

【案例12-1】 1995年3月2日,某市某区建设局按照合法程序给郝某发放了建筑许可证,许可郝某在某地建平房三间。现郝某邻居向该区城市管理行政执法局举报郝某所建房屋系违章建筑,行政执法局于2009年6月12日收到区住房和城乡建设局(原建设局)出具证明一份,该证明称:郝某所持建筑许可证无档案记录,且无缴费票据存根,属伪造证件。郝某认为区住房和城乡建设局给自己发放的建筑许可证是合法有效的,其向行政执法局出具证明的行政行为将导致执法局强制拆除自己的合法建筑,损害自己的合法权益。故将区住房和城乡建设局诉至法院,请求依法撤销被告2009年6月12日出具的证明。受理案件的人民法院认为,被告对作出的行政行为负有举证责任,应当提供作出该行政行为的证据和所依据的规范性文件。本案被告某区住房和城乡建设局未能提交其2009年6月12日出具的证明的证据和依据,应认定被告区住房和城乡建设局出具的证明没有证据、依据,遂判决撤销区住房和城乡建设局2009年6月12日出具的证明。

(四)行政诉讼不适用调解原则

在民事诉讼中,当事人双方可以在法院审判人员的主持下,本着合法、公正、自愿、平等协商的原则,就争议的问题达成协议,从而解决纠纷,这便是调解结案。调解结案的前提是当事人双方对争议的标的有自由处分的权利。

在行政诉讼中,争议的标的是行政行为的合法性,而行政行为是行政主体依法定职权做出的。传统的行政法理论认为,行政职权是公权,与民事上的私权不同,它既是权力,又是职责。拥有行政职权的行政主体只能依法行使职权,履行职责,而不能自由处分法定的权力,不能转让和放弃。因此,在行政诉讼中不具备调解的前提条件,人民法院不能调解结案,只能依法裁决。

这一原则也有例外情形,根据《行政诉讼法》第60条的规定,行政赔偿、行政补偿以及行政机关行使法律、法规规定的自由裁量权的案件可以调解解决,调解应当遵循自愿、合法原则,不得损害国家利益、社会公共利益和他人合法权益。此三类案件早在2007年5月29日国务院颁布的《行政复议法实施条例》中已有规定,并在行政复议实践活动中实行了一定时间,取得了良好的效果,修正后的行政诉讼法借鉴了行政法规的立法内容,使得此三类案件在行政复议和行政诉讼中均能适用调解解决。

(五)司法变更权有限原则

司法变更权是指人民法院对被诉行政行为经过审查后改变行政行为的权力。通常情况下,人民法院审理行政案件,不得改变原行政决定,只有在特定的条件和情形下才能变更原行政机关的决定。根据《行政诉讼法》第77条规定,人民法院可以判决变更的案件有以下两类。

一类是行政处罚明显不当的。一般是指处罚决定的畸轻畸重、同责不同罚、过罚颠倒、没有考虑被处罚者的实际承受能力、反复无常等。行政处罚是否明显不当不是以专业人士的判断为标准，而是以一个具有一般公正观念和一般判断能力的普通公民的判断为标准，一个有理性的普通公民都认为行政处罚显失公正，该行政处罚就是明显不当。这说明行政机关的行政处罚已经违背了通常的平等、对称、对等、比例规则，以至于使任何有正常理智的人都不认为行政机关在公平地行使权力。

行政处罚明显不当是行政机关滥用自由裁量权的一种表现。行政机关滥用职权的行为由于违反了法律的本意和目的，从而构成了广义的违法。行政诉讼法赋予法院司法变更权以便对滥用自由裁量权的行为进行更有效的监督。由于法律只规定了"行政处罚明显不当"的法院才可以判决变更，对其他行政行为明显不当的法院并不能做出变更的判决。

一类是其他行政行为涉及对款额的确定、认定确有错误的。此类案件主要是指涉及金钱数量的确定和认定的其他行政行为。确定是由行政机关作出决定，如支付抚恤金、最低生活保障待遇、社会保险待遇案件中，对抚恤金、最低生活保障费、社会保险金的确定。认定主要是对客观存在事实的肯定，如拖欠税金的案件中，税务机关对企业营业额的认定。确有错误一般是指，无论行政机关还是人民法院作出的判断都是一致的，行政机关根本没有裁量空间或者裁量空间极小。此类案件主要是计算错误，如果法院判决撤销行政行为并责令重做，实际上加大了行政成本和司法成本，因而法律规定人民法院可以判决变更。

《行政诉讼法》第77条第2款规定了诉讼禁止不利变更原则。即人民法院判决变更，不得加重原告的义务或者减损原告的权益。但利害关系人同为原告，且诉讼请求相反的除外。该原则的基本含义是，法院依法判决变更行政行为，不能增加原告的义务或者减损原告的权益，使原告处于更为不利的境地。但如果利害关系人同为原告，且诉讼请求相反的除外，如治安案件中，受害人和加害人同时对治安处罚决定提起了行政诉讼，加害人认为处罚畸重，受害人认为处罚畸轻，法院审判时就不得适用禁止不利变更原则。该内容是修正后的行政诉讼法增加的内容。行政诉讼是公民权利救济机制，而不是针对公民的违法责任追究机制。如果允许不利变更，当事人在行使诉权时就会缩手缩脚，不利于其寻求法律救济。

【案例12-2】 葛某居住的楼房原为三层，2012年9月，与同楼另两户邻居共同商量一起升建第四层，并分别口头向市城乡建设委员会(现为市住房和城乡建设局)规划科申领并填报了建设工程规划许可证呈批表，但未获批准。同年11月底葛某与两户一起升层建造完毕。三户建筑面积相同均为50平米，且工程造价相同，均为10000元。1993年1月市城乡建设委员会(现为市住房和城乡建设局)对葛某做出处罚决定，罚款4000元(工程造价的40%)。同时，对另两户单独做出处罚决定，其中一户处罚与葛某相同，另一户则处以500元罚款(工程造价的5%)并补办了准予升层的批准手续。葛某不服提起行政诉讼，要求法院变更行政机关的行政处罚，后法院将对葛某的处罚变更为500元罚款(工程造价的5%)。

(六)保障诉权、依法受理和依法应诉原则

《行政诉讼法》第3条规定:"人民法院应当保障公民、法人和其他组织的起诉权利,对应当受理的行政案件依法受理。行政机关及其工作人员不得干预、阻碍人民法院受理行政案件。被诉行政机关负责人应当出庭应诉。不能出庭的,应当委托行政机关相应的工作人员出庭。"

(1)保障诉权。行政诉讼一直存在三难问题,即立案难,审理难,执行难,尤以立案难为甚。符合法定立案条件的案件,被有些法院以各种理由挡在诉讼之外,使当事人告状无门。此次修法明文规定保障行政相对人的诉权,意在破解立案难题。为此,行政诉讼法规定了相关的配套措施,如改立案审查制为登记制,规定了法院不作为的救济途径等,这些措施无疑极大地起到保障原告诉权的作用。

(2)依法受理。实践中立案难有的来自人民法院自身怕麻烦,怕惹事,人为阻挡案件进入法院大门,还有的是行政机关不愿当被告而对法院施加压力,阻止法院受理案件。此次立法禁止行政机关非法干预法院受理案件,有利于畅通诉讼渠道,彻底解决立案难问题。

(3)依法应诉。此次法律规定行政机关负责人出庭应诉,可以很好地解决实践中行政诉讼告官不见官的问题。既可以有利于实质解决行政争议,有利于提高行政执法水平,还有利于增强负责人依法行政意识,更有利于增强人民群众对法治的信心。

◎ 导例分析:

王某以县市场监督局为被告提起行政诉讼不符合法律规定,因为,根据我国行政诉讼制度,行政诉讼的标的是行政主体的行政行为。在本案中,县市场监督局虽然是行政机关,但该主体并未实施行政行为,不符合提起行政诉讼的条件,故不能成为本案的被告。同样,王某也不能以鲁某为被告提起行政诉讼,这是因为行政诉讼的被告只能是行政主体,鲁某虽然是公务员,但却不是行政主体,因此不可能成为行政诉讼的被告。王某若要求鲁某承担赔偿责任,可以向人民法院提起民事诉讼。

◎ 思考题

1. 行政诉讼与民事诉讼有何区别?
2. 行政诉讼特有原则有哪些?
3. 行政诉讼为何又叫"民告官"的诉讼?
4. 如何理解合法性审查原则?

◎ 综合训练

王某系某市初三学生,家人认为,王某真实年龄已满16周岁,准备为其申领十年期的身份证。于是家人便陪同王某,于2015年4月初向当地公安机关提出办证要求,填写了《居民身份证申领登记表》,并按要求提交了王某的户口簿。同时家人向公安部门说明,王某户口簿上显示为2000年1月1日出生,实际上其是1999年1月1日出生,当初办理户口时,家人填写错误,导致户口簿上年龄与实际年龄不符,希望公安机关予以调查核

实。6月26日,公安机关为其发放有效期五年的身份证。王某及家人认为公安机关对王某的年龄未予调查核实,按照户口簿上信息认定其为未满16周岁的居民,并核发五年期的身份证的行为违法,便于6月28日向法院提起行政诉讼,要求法院撤销公安局的行为,判令被告为其发放十年期的身份证。案件审理期间,原告方提出可以在法院主持下调解解决争议的要求,法院予以拒绝。法院经审理认为,公安机关发放身份证行为合法,依据《行政诉讼法》第6条,第60条,第69条,判决驳回王某的诉讼请求。判决理由如下,《居民身份证法》第10条规定,"申请领取居民身份证,应当填写《居民身份证申领登记表》,交验居民户口簿。"该内容说明,户口簿是核发身份证的唯一合法依据。该法第5条规定,"十六周岁至二十五周岁的,发给有效期十年的居民身份证;二十六周岁至四十五周岁的,发给有效期二十年的居民身份证;四十六周岁以上的,发给长期有效的居民身份证。未满十六周岁的公民,自愿申请领取居民身份证的,发给有效期五年的居民身份证。"王某户口簿上信息显示其未满16周岁,王某明知户口簿有误,但未更正户口簿,公安机关以其提交的户口簿上信息为依据为其核发身份证的行为,没有违反法律规定,是合法行政行为,因此,判决驳回其诉讼请求。问:法院的判决体现了哪些行政诉讼的特有原则?

△要点提示:

1. 体现了合法性审查原则。《行政诉讼法》第6条规定,人民法院审理行政案件,对行政行为合法性审查,第69条规定,行政行为合法的,驳回原告的诉讼请求。

2. 体现了不适用调解原则。《行政诉讼法》第60条规定,人民法院审理行政案件,不适用调解,但行政赔偿、补偿及行使自由裁量权案件可以调解。本案不属于调解解决的案件。

第十三章 行政诉讼的受案范围与管辖

◎ **知识目标**
　　了解法律及司法解释对行政诉讼受案范围及管辖的规定
◎ **能力目标**
　　能分析具体案件是否属于人民法院受案范围
　　能分析具体案件属于哪个法院管辖
◎ **素质目标**
　　能引导当事人通过合法途径解决行政争议

◎ **本章导例**：某商场发生火灾，损失严重，经公安机关初步侦查，有证人黄某看见刘某纵火过程，刘某被确定为犯罪嫌疑人，公安机关对刘某予以刑事拘留。经调查，黄某作了伪证，火灾并非刘某所为，于是公安机关将刘某释放。刘某不服，遂向县人民法院提起行政诉讼，要求人民法院责令公安机关赔偿损失，赔礼道歉并要求逮捕黄某。问：人民法院能否受理此案？

第一节　行政诉讼受案范围

一、受案范围概述

（一）概念

A县政府为保护地方经济作出规定："本地的啤酒批发商不能经营外地啤酒，违者处3万元以下的罚款。"批发商甲一直经营外地某品牌啤酒批发业务，被A县政府处于3万元罚款。甲以侵犯其经营自主权为由，不服A县政府的罚款处罚和规定，一并向人民法院提起行政诉讼。问：此案是否属于行政诉讼的受案范围？属于，A县政府的处罚行为属于法院的受案范围；甲认为A县政府制定的规范性文件不合法，在对行政处罚提起诉讼时，可以一并请求对该规范性文件进行审查。

行政诉讼的受案范围是指人民法院受理行政案件的范围，即人民法院解决行政争议的范围和权限。行政诉讼的受案范围大小，受一个国家的宪政体系和政治、经济、文化、法律传统、学理研究等多种因素的制约。我国确定行政诉讼的受案范围主要考虑三方面因素：一是给行政相对人的合法权益提供强有力的司法保障；二是法院的审判力量、法院与行政机关的关系；三是行政相对人的行政诉讼意识。

(二)我国行政诉讼受案范围的确定方式

我国确定行政诉讼受案范围的方式采取混合式规定。

首先,以概括的方式确定受案范围的基本界限,我国《行政诉讼法》第2条规定:"公民、法人或者其他组织认为行政机关和行政机关工作人员的行政行为侵犯其合法权益,有权依照本法向人民法院提起诉讼。前款所称行政行为,包括法律、法规、规章授权的组织作出的行政行为。"《行政诉讼法》第12条第1款第12项规定:"认为行政机关侵犯其他人身权、财产权等合法权益的……"第12条第2款规定:"除前款规定外,人民法院受理法律、法规规定可以提起诉讼的其他行政案件。"

其次,以列举的方式从肯定和否定两个方面对受案范围作出规定。肯定规定包括《行政诉讼法》第12条第1款第1-11项列举了11种典型的行政案件,否定规定包括《行政诉讼法》第13条规定的4种不受理事项,《适用解释》第1条第2款规定的10项不受理事项。除此之外,单行的法律、其他司法解释中对行政诉讼的受案范围也有规定。

二、人民法院受理的案件

我国《行政诉讼法》第12条规定了人民法院受理的行政案件,它主要包括以下几种:

(1)对行政拘留、暂扣或者吊销许可证和执照、责令停产停业、没收违法所得、没收非法财物、罚款、警告等行政处罚不服的;

(2)对限制人身自由或者对财产的查封、扣押、冻结等行政强制措施和行政强制执行不服的;

(3)申请行政许可,行政机关拒绝或者在法定期限内不予答复,或者对行政机关作出的有关行政许可的其他决定不服的;

(4)对行政机关作出的关于确认土地、矿藏、水流、森林、山岭、草原、荒地、滩涂、海域等自然资源的所有权或者使用权的决定不服的;

(5)对征收、征用决定及其补偿决定不服的;

(6)申请行政机关履行保护人身权、财产权等合法权益的法定职责,行政机关拒绝履行或者不予答复的;

(7)认为行政机关侵犯其经营自主权或者农村土地承包经营权、农村土地经营权的;

(8)认为行政机关滥用行政权力排除或者限制竞争的;

(9)认为行政机关违法集资、摊派费用或者违法要求履行其他义务的;

(10)认为行政机关没有依法支付抚恤金、最低生活保障待遇或者社会保险待遇的;

(11)认为行政机关不依法履行、未按照约定履行或者违法变更、解除政府特许经营协议、土地房屋征收补偿协议等协议的;

(12)认为行政机关侵犯其他人身权、财产权等合法权益的。

除以上案件外,人民法院受理法律、法规规定可以提起诉讼的其他行政案件。

三、人民法院不受理的事项

根据我国《行政诉讼法》第13条和《适用解释》第1条第2款,下列行为不属于行政诉讼的受案范围。

(一) 国家行为

国家行为是指国务院、中央军事委员会、国防部、外交部等根据宪法和法律的授权，以国家的名义实施的有关国防和外交事务的行为，以及经宪法和法律授权的国家机关宣布紧急状态等行为。各国一般都规定针对国家行为不能提起行政诉讼，主要原因是：第一，国家行为是一种政治行为，是以国家的名义作出的；第二，国家行为具有主权性、政治性、整体性的特征，国家行为虽也涉及到行政相对人的利益，但个人利益要服从国家的整体利益，不能因为公民、法人或其他组织的权益受到损害，致使国家行为无效；第三，国家行为以国家的基本政策为依据，随着国际政治形势而转移，体现国家主权，法院难以对国家行为的合法性进行审查。

(二) 抽象行政行为

《行政诉讼法》第13条第2款规定："行政法规、规章或者国务院制定、发布具有普遍约束力的决定不属于行政诉讼受案范围。"具有普遍约束力的决定、命令，是指行政机关针对不特定对象发布的能反复适用的规范性文件。抽象行政行为具有对象不确定和反复适用的特点，对抽象行政行为的监督主要通过同级人大和上级行政机关监督，不能针对抽象行政行为直接提起行政诉讼。

需要注意的是，我国《行政诉讼法》第53条规定："公民、法人或者其他组织认为行政行为所依据的国务院部门和地方人民政府及其部门制定的规范性文件不合法，在对行政行为提起诉讼时，可以一并请求对该规范性文件进行审查。前款规定的规范性文件不含规章。"在实践中，行政机关作出的表面上看是"抽象"规范性文件，实际上是针对具体的人和事作出的，该"假抽象行政行为"也是可以起诉的。

(三) 行政机关对其工作人员奖惩、任免等内部行政行为

行政机关对其工作人员的奖惩、任免等决定是指行政机关作出的涉及行政机关工作人员公务员权利义务的决定。除了奖惩和任免决定外，还包括培训、考核、离退休、工资、休假等方面的决定。对这些决定不服，虽不能提起行政诉讼，但可以走复核、申诉、人事争议仲裁等救济途径。

(四) 法律规定由行政机关最终裁决的行政行为

行政终局裁决行为是指法律规定由行政机关最终作出决定的行为。这里的法律仅指全国人民代表大会及其常委会制定、通过的规范性文件。行政机关最终裁决意味着排除司法机关对该行为的司法审查权，对该行为不服不可以提起行政诉讼。

目前涉及行政终局裁决的规定主要有以下内容：

1.《出入境管理法》第64条规定，外国人对依照本法规定对其实施的继续盘问、拘留审查、限制活动范围、遣送出境措施不服的，可以申请行政复议，该复议决定为最终决定。其他境外人员对依照本法规定对其实施的遣送出境措施不服，申请行政复议的，适用前款规定。

2.《行政复议法》第26条规定："对国务院部门或省、自治区、直辖市人民政府的具体行政行为不服的，向作出该具体行政行为的国务院部门或省、自治区、直辖市人民政府申请复议。对行政复议决定不服的，可以向人民法院提起行政诉讼；也可以向国务院申请裁决，国务院依照本法作出最终裁决。"

(五)公安机关、国家安全机关等依照刑事诉讼法明确授权实施的行为

公安机关、国家安全机关等依照刑事诉讼法明确授权实施的行为又称刑事司法行为,包括拘传、取保候审、监视居住、刑事拘留、逮捕等刑事强制措施,也包括勘验、检查、搜查、扣押、鉴定等行为。

公安机关等机关具有行政管理和刑事侦查双重职能,区分其实施的行为是行政行为还是刑事侦查行为很有必要。刑事司法行为应具备以下四个特征:一是刑事目的性。侦查行为的目的是为了查明犯罪事实,查获犯罪嫌疑人;二是法律授权性。刑事侦查行为,应当获得刑事诉讼法的明确授权;三是程序法定性。采取的侦查措施应当具有完整的刑事诉讼法要求的手续;四是主体特定性。根据刑事诉讼法的规定,侦查行为必须有公安机关、国家安全机关、军队保卫部门和监狱等法定的国家机关行使,其他任何机关、团体、个人不得行使。

(六)调解行为以及法律规定的仲裁行为

调解行为是指在行政机关的主持下,当事人双方自愿达成协议,从而解决双方当事人民事争议的行政活动。调解行为不具有行政职权的强制力,对当事人不产生必然的约束力,行政机关的调解行为不具有可诉性。但是,如果行政机关借调解之名,违背当事人的意志作出具有强制性的决定,当事人可以对其提起行政诉讼。

法律规定的仲裁行为仅指全国人民代表大会及其常务委员会制定的法律所规定的仲裁。主要包括劳动争议仲裁委员会依据《劳动争议调解仲裁法》对劳动争议的仲裁行为和人事争议仲裁委员会依据《公务员法》对聘任制公务员人事争议仲裁行为。当事人对仲裁结果不服的,只能以对方当事人为被告提起民事诉讼。

(七)行政指导行为

行政指导是指行政机关以倡导、示范、建议、咨询等方式,引导行政相对人自愿配合行政管理而达到行政目的的行为。行政指导对行政相对人不产生强制力和必然约束力,行政相对人有自己是否接受的自由,不接受也不承担任何法律后果。

实践中,如果行政机关借行政指导之名,实际上采取强制的方式要求行政相对人必须服从,如果公民、法人或其他组织对此行为不服,向人民法院起诉,人民法院应当理。

(八)驳回当事人对行政行为提起申诉的重复处理行为

重复处理行为,是指行政机关没有改变原行政行为确定的法律关系,未对行政相对人已有的权利义务关系带来新的影响的行为。如行政机关以已经存在的行政行为不得随意变更或者撤销为由,明示或者默示拒绝行政相对人的申请。因其并不发生法律效果,故不属于人民法院的受案范围。如果允许行政相对人对重复处理行为提起诉讼,意味着行政诉讼的起诉期限规定失去实际意义。

(九)行政机关作出的不产生外部法律效力的行为

外部法律效力,是指行政行为对于行政主体之外的人发生法律效果,如果行政行为的效力仅停留在行政管理内部领域,并未对公民、法人或者其他组织的权利义务产生直接影响,则该行政行为不具有可诉性。例如,公安局指挥调度系统中登记的信息,属于公安机关的内部工作记录,因内部行为欠缺对外性而不产生外部法律效力,不属于行政诉讼的受案范围。

（十）行政机关为作出行政行为而实施的准备、论证、研究、层报、咨询等过程性行为

行政主体在行政程序中所作的程序性行为以及过程性行为的合法性问题，可以在对最终的行政决定的合法性审查中予以解决。行政主体程序性行为、过程性行为，通常不能单独申请行政复议或提起诉讼，除非该程序性行为具有事实上的最终性，并影响公民、法人或者其他组织的合法权益。

最高人民法院《关于审理行政许可案件若干问题的规定》第3条规定："公民、法人或者其他组织仅就行政许可过程中的告知补正申请材料、听证等通知行为提起行政诉讼的，人民法院不予受理，但导致许可程序对上述主体事实上终止的除外。"

（十一）行政机关根据人民法院的生效裁判、协助执行通知书作出的执行行为

实践中，法院的执行活动常常需要相关行政机关的协助，如涉及房屋产权、土地使用权、商标权、专利权、股权变更等，这是行政机关的协助执行行为。如果行政机关实施的协助执行行为所依据的生效裁判或者协助执行通知书被撤销，行政机关的协助行为也不属于行政诉讼的受案范围。需要注意的是，如果行政机关扩大执行范围或者采取违法方式实施的，仍然属于行政诉讼的受案范围。

（十二）上级行政机关基于内部层级监督关系对下级行政机关作出的听取报告、执法检查、督促履责等行为

行政机关内部层级监督不可诉，主要是基于内部层级监督行为不具有诉的必要性，行政相对人完全可以针对下级行政机关的行为提起行政诉讼，没有必要针对上级行政机关的监督行为提起诉讼。如若内部层级监督行为可诉，上级行政机关必将陷入大量诉讼纠纷之中，扰乱正常的行政活动。需要注意的是，我国现行行政诉讼法及司法解释规定，上级行政机关不履行对下级行政机关一般意义上的监督职责不可诉；但不排除适用于特定行政管理领域的法律规范，明确规定的上级行政机关不履行对下级行政机关的监督职责行为可诉。

（十三）行政机关针对信访事项作出的登记、受理、交办、转送、复查、复核意见等行为

信访是指公民、法人或者其他组织采用书信、电子邮件、传真、电话、走访等形式，向各级人民政府、县级以上人民政府工作部门反映情况，提出建议、意见或者投诉请求，依法由有关行政机关处理的活动。《信访条例》第34条和第35条对信访事项的处理程序有明确的规定，对信访事项的答复不是可诉的行政行为，原告选择通过信访方式解决其所请求事项，就应当按《信访条例》的规定申请复查和复核，而不能提起行政诉讼。

（十四）对公民、法人或者其他组织权利义务不产生实际影响的行为

行政行为的相对人以及其他与行政行为有利害关系的公民、法人和其他组织有权提起行政诉讼，如果行政行为对公民、法人和其他组织不产生实际影响，该行为不属于行政诉讼的受案范围。例如城市规划部门出具规划审批函的行为，是在其职权范围内确定有关事实是否存在的行为，仅仅是某种事实状态的记载，并未对当事人创设新的权利义务关系，对其权利义务不产生实际影响，不属于行政诉讼的受案范围。

第二节　行政诉讼管辖

一、行政诉讼管辖概述

(一) 行政诉讼管辖的概念

行政诉讼管辖，是指人民法院之间受理第一审行政案件的权限分工。对于法院来说，它是具体明确法院之间对行政案件的管辖权，规定案件应当由哪一个法院受理审判，不同法院对行政案件应如何分工；对于公民、法人或其他组织来说，管辖是要解决其向哪一个法院起诉的问题。

(二) 确定行政诉讼管辖的原则

根据行政诉讼法的规定，行政诉讼管辖的确定一般遵循以下几个原则：

1. 便于当事人进行诉讼

便于当事人诉讼原则，是指管辖的确定要方便当事人参加诉讼活动，在空间、时间、经济、行为上提供便利，减轻当事人的负担。

2. 便于法院行使审判权

确定管辖时应便于法院行使审判权，使人民法院查明案件事实，公正、及时地审理案件，使法院的判决和裁定顺利执行。基层人民法院管辖第一审行政案件，既便于当事人参加诉讼，又有利于法院就地、就近审判。同时，当被告级别比较高时，提高一审法院的级别，既有利于排除减轻行政机关的干扰，也有利于法院公正审判。

3. 法院负担均衡

法院负担均衡原则包括两个方面：一是同级法院之间审判工作的合理分工，二是上下级法院之间审判工作的合理分工。各级各地法院审判工作负担均衡，有助于实现案件审理数量与质量最优化。

4. 原则性与灵活性相结合

行政诉讼案件情况复杂，仅有法定管辖尚不足以满足审判的实际需要。除法定管辖外，通过指定管辖、移送管辖、管辖权转移、跨行政区域管辖等管辖规则，实现管辖原则性与灵活性相结合。

二、法定管辖

(一) 级别管辖

级别管辖，是指不同审级即上下级人民法院之间受理第一审行政案件的权限划分。

1. 基层人民法院管辖的第一审行政案件

《行政诉讼法》第 14 条规定："基层人民法院管辖第一审行政案件。"除法律规定由上级法院管辖的特殊情形之外，行政案件都应当由基层法院管辖。因为：(1) 基层人民法院遍布全国各地，数量多、分布广，有力量承担行政案件的审判工作；(2) 基层人民法院一般情况下既是当事人所在地，又是行政争议的发生地，便于当事人参加诉讼和法院及时审理案件。

2. 中级人民法院管辖的第一审行政案件

根据《行政诉讼法》第 15 条之规定，中级人民法院管辖下列第一审行政案件：

（1）对国务院部门或者县级以上地方人民政府所作的行政行为提起诉讼的案件。

行政行为的被告级别较高，规定这类案件由中级人民法院管辖，有助于人民法院排除干扰、公正审判。

（2）海关处理的案件。

海关处理的案件主要包括海关处理的纳税案件或海关行政处罚、行政强制等案件。规定这类案件由中级法院管辖，主要理由是：第一，海关的设置与分布，大多在全国各大中城市，其职权范围大多与中级法院的辖区相吻合；第二，海关的业务具有较强的专业性，由中级法院管辖更有利于保障办案的质量。

（3）本辖区内重大、复杂的案件。

《适用解释》第 5 条规定"本辖区重大、复杂的案件"是指：一是社会影响重大的共同诉讼。"社会影响重大"一般是指审理难度大、群众反映强烈、涉及面广、行政处罚重、涉及公共利益、案件的处理结果可能对社会产生较大影响。二是涉外或者涉及香港特别行政区、澳门特别行政区、台湾地区的案件。三是其他重大、复杂的案件。

（4）其他法律规定由中级人民法院管辖的案件。

3. 高级人民法院管辖的第一审行政案件

根据《行政诉讼法》第 16 条规定："高级人民法院管辖本辖区内重大、复杂的第一审行政案件。"所谓"本辖区内重大、复杂"的案件，是指在省、自治区、直辖市范围内，案情重大、涉及面广等具有重大影响的案件。例如，第一审反倾销和反补贴案件中，原告应当向高级人民法院起诉，高级法院受理后既可以决定自行管辖，也可以指定辖区内的中级法院管辖。

4. 最高人民法院管辖的第一审行政案件

《行政诉讼法》第 17 条规定："最高人民法院管辖全国范围内重大、复杂的第一审行政案件。"最高人民法院是国家的最高审判机关，它负责监督地方各级人民法院和专门人民法院的审判工作，对审判中如何运用法律进行解释。最高人民法院一般不受理第一审行政案件，只有在全国范围内具有重大影响的案件才由最高人民法院管辖。

（二）地域管辖

地域管辖是指同级人民法院之间受理第一审行政案件的权限和分工。主要包括以下内容：

1. 一般地域管辖

（1）一般地域管辖是指适用于一般行政案件、按照一般标准确定的地域管辖。《行政诉讼法》第 18 条第 1 款规定："行政案件由最初作出行政行为的行政机关所在地人民法院管辖"，确定了行政诉讼地域管辖的一般标准。该标准包含着两层含义：一是遵循"原告就被告"的原则，公民、法人或其他组织应该向被告行政机关所在地人民法院起诉；二是公民、法人或其他组织应该向最初作出行政行为的行政机关所在地人民法院起诉。之所以加"最初"一词，是因为有些行政案件经过行政复议，客观上存在两个行政机关。

（2）经过复议的案件管辖。《行政诉讼法》第 18 条第 1 款规定："经过复议的案件，也可以由复议机关所在地法院管辖。"《适用解释》第 134 条第 3 款规定"复议机关作共同被告的案件，以作出原行政行为的行政机关确定案件的级别管辖。"

（3）跨行政区域管辖。《行政诉讼法》第 18 条第 2 款规定："经最高人民法院批准，高级人民法院可以根据审判工作的实际情况，确定若干人民法院跨行政区域管辖行政案件。"

2. 特殊地域管辖

特殊地域管辖是指以诉讼当事人或诉讼标的所在地来确定人民法院对行政案件的管辖。

（1）对限制人身自由的行政强制措施不服而提起诉讼的，由被告所在地或者原告所在地人民法院管辖。《适用解释》第 8 条第 1 款规定：原告所在地是指原告户籍所在地、经常居住地和被限制人身自由所在地。户籍所在地是指公民的住所地，以公安机关的户籍登记地为准；经常居住地，是指公民离开住所地，最后连续居住满 1 年以上的地方，但公民住院就医的地方除外；被限制人身自由地，是指公民被行政机关采取强制措施限制人身自由的场所。被告所在地是指作出行政行为的行政机关的主要办事机关所在地。为便于对限制人身自由的行政强制措施不服的原告进行诉讼，原告可以选择被告所在地或者原告所在地人民法院管辖。

《适用解释》第 8 条第二款规定："行政机关基于同一事实，既采取限制公民人身自由的行政强制措施，又采取其他行政强制措施或者行政处罚不服的，由被告所在地或者原告所在地的人民法院管辖。"

【案例 13-1】 因安检人员不允许携带金属质地烟筒登机，周某在长沙黄花机场安检过程中与安检人员发生冲突，造成安检通道关闭，湖南省公安厅机场公安局长沙黄花机场派出所对周某采取了使用手铐、盘查 12 个小时的措施并最终作出罚款 200 元的行政处罚决定。周某系海南省昌江黎族自治县人，黄花机场派出所所在地为湖南省长沙市长沙县。若周某对黄花机场派出所的行为均不服，哪些法院拥有管辖权？被告所在地法院——长沙市长沙县人民法院；被限制人身自由地——长沙市长沙县人民法院；原告所在地法院——昌江黎族自治县人民法院，均拥有管辖权。

（2）因不动产提起诉讼的，由不动产所在地人民法院管辖。《行政诉讼法》第 20 条规定："因不动产提起的行政诉讼，由不动产所在地法院管辖。"

确定不动产案件专属管辖，便于人民法院调查、勘验、取证、测量及就近执行。《适用解释》第 9 条规定："因不动产提起的行政诉讼"是指因行政行为导致不动产物权变动而提起的诉讼。"所谓"因行政行为导致不动产物权变动"是指因行政行为直接导致不动产物权设立、变更、转让、消灭等法律效果。

最高人民法院《关于审理房屋登记案件若干问题的规定》第 7 条规定："房屋登记行政案件由房屋所在地人民法院管辖，但有下列情形之一的，也可由被告所在地人民法院管辖：（1）请求房屋登记机构履行房屋转移登记、查询、复制登记资料的职责的；（2）对房屋登记机构收缴房产证行为提起行政诉讼的；（3）对行政复议改变房屋登记行为提起行政诉讼的。"

(三)共同管辖

共同管辖，是指两个以上的法院对同一个诉讼案件都有合法的管辖权。《行政诉讼法》第 21 条规定："两个以上人民法院都有管辖权的案件，原告可以选择其中一个人民法院提起诉讼。原告向两个以上有管辖权的人民法院提起诉讼的，由最先立案的人民法院管辖。"有管辖权的法院同时立案，由争议双方协商解决，协商不成的，报请它们共同的上级法院指定管辖。

三、裁定管辖

(一)裁定管辖的概念

裁定管辖，是指人民法院在特殊情况下，以裁定方式确定行政案件的管辖法院。裁定管辖是法定管辖的补充，也是人民法院在管辖方面灵活性的体现。

(二)裁定管辖的种类

1. 移送管辖

移送管辖，是指人民法院受理原告起诉后，发现受理的行政案件不属于本院管辖时，将该案件移送到有管辖权的法院。《行政诉讼法》第 22 条规定："人民法院发现受理的案件不属于本院管辖的，应当移送有管辖权的人民法院，受移送的人民法院应当受理。受移送的人民法院认为受移送的案件按照规定不属于本院管辖的，应当报请上级人民法院指定管辖，不得再自行移送。"

【案例 13-2】 童某向安徽省发改委申请政府信息公开，后向安徽省政府申请行政复议，安徽省政府认为安徽省发改委在案件受理前已经依法履行了政府信息公开职责且答复行为符合法律规定，作出《驳回行政复议申请决定书》。童某不服向安徽省合肥市中级人民法院提起诉讼。本案合肥市中级人民法院在立案审查期间，认为童某的本次起诉依法不属于该院管辖，向童某释明后，童某仍坚持向合肥市中级人民法院起诉。合肥市中级人民法院依据《行政诉讼法》第 49 条第 1 款第 4 项、第 51 条第 2 款的规定，作出不予立案裁定。请问：本案是否符合移送管辖的条件？

本案安徽省政府作为行政复议机关驳回了童某的复议申请，童某不服提起诉讼，应当以作出原行政行为的行政机关安徽省发改委确定案件的级别管辖，即由基层法院管辖。对此，合肥市中级人民法院已向其释明，童某仍坚持向该法院起诉，故裁定不予立案并无不当。移送管辖的前提是案件已经受理，而本案尚未被受理，法院在立案阶段即发现案件不属于该院管辖，可以迳行裁定不予立案，故本案不符合移送管辖的条件。

2. 指定管辖

指定管辖，是指上级人民法院指定行政案件由下级人民法院进行管辖。《行政诉讼法》第 23 条规定："有管辖权的人民法院由于特殊原因不能行使管辖权的，由上级人民法院指定管辖。人民法院对管辖权发生争议，由争议双方协商解决。协商不成的，报他们的共同上级人民法院指定管辖。"

指定管辖主要有以下几种情形：由于特殊原因，有管辖权的法院不能行使管辖权的；法院之间对管辖权发生争议的；由于当事人直接向中院起诉，中院指定基层法院管辖的；基层法院报请中院指定管辖的。

3. 移转管辖

移转管辖，又称管辖权的移转，是指行政案件的管辖权在上下级人民法院之间的移动。

我国《行政诉讼法》第24条规定："上级人民法院有权审理下级人民法院管辖的第一审行政案件。下级人民法院对其管辖的第一审行政案件，认为需要由上级人民法院审理或者指定管辖的，可以报请上级人民法院决定。"

四、管辖权异议

管辖权异议，是指行政诉讼的当事人，对受诉法院或者受诉法院向其移送案件的法院对案件无管辖权时，而向受诉法院或受移送案件的法院提出的不服管辖的意见或主张。当事人提出管辖异议，应符合下列条件：

第一，管辖异议的主体，是行政诉讼案件的当事人。

第二，管辖异议必须向受理该案件的人民法院提出，且只能向第一审法院提出。

第三，被告提出的管辖异议，应当在收到起诉状副本之日起十五日内以书面形式提出。

对当事人提出的管辖异议，人民法院应当进行审查。有下列情形之一的，人民法院不予审查：(1)人民法院发回重审或者按第一审程序再审的案件，当事人提出管辖异议的；(2)当事人在第一审程序中未按照法律规定的期限和形式提出管辖异议，在第二审程序中提出的。人民法院经审查，异议成立的，裁定将案件移送有管辖权的人民法院；异议不成立的，裁定驳回。当事人对管辖异议裁定不服的，有权提起上诉。人民法院对管辖异议审查后确定有管辖权的，不因当事人增加或者变更诉讼请求等改变管辖，但违反级别管辖、专属管辖规定的除外。

◎ 导例分析：

县公安局的拘留行为是在刑事诉讼的侦查阶段实施的，所针对的对象是犯罪嫌疑人刘某，并且依据刑事诉讼法实施拘留，其行为属于刑事拘留，是刑事司法行为。根据《适用解释》规定，刑事拘留行为是行政诉讼排除受案范围行为，所以刘某向人民法院提起行政诉讼，人民法院不能受理。虽然刘某的损害不能通过行政诉讼要求行政赔偿，但是可以依据国家赔偿法提起刑事赔偿进行救济。

◎ 思考题

1. 我国行政诉讼受案范围中不受理的事项有哪些？
2. 如何完善我国行政诉讼的受案范围？
3. 什么是行政诉讼管辖？它包括哪几种类型？
4. 中级人民法院管辖的第一审行政案件有哪些？

◎ 综合训练

案例 1. 原告刘某和张某因琐事争吵，互相殴打，二人都受伤，张某受伤较重。县公安局在接到张某报案后，未作认真调查，偏听偏信，即对刘某处以行政拘留 15 天。刘某不服，依法向市公安局申请复议，市公安局维持了处罚决定。刘某仍然不服，欲提起行政诉讼。请问：本案中有管辖权的法院是哪个？

△要点提示：

行政复议机关维持了行政决定的，既可以由复议机关市公安局所在地的基层人民法院管辖，也可以由最初作出拘留决定的县公安局所在地的基层人民法院管辖。

案例 2. 某行政机关干部张某利用出国考察的机会，从国外带回若干违禁的物品，受到海关罚款 1000 元的行政处罚。其所在单位了解情况后，又给予其撤职行政处分。张某不服，认为处罚、处分太重，便分别以海关和所在行政机关为被告，向法院提起行政诉讼，要求撤销上述处罚和处分。问题：

(1) 人民法院应否受理张某的起诉？为什么？

(2) 如受理，应当由哪个法院管辖？

△要点提示：

(1) 以海关为被告受理，以行政机关为被告不受理。海关的行为属于行政处罚，受理；行政机关的行为属于行政处分，不受理。

(2) 应当由海关所在地的中级人民法院管辖。

第十四章　行政诉讼参加人

◎ **知识目标**
　　掌握行政诉讼原告的法律规定
　　掌握行政诉讼被告的法律规定
　　掌握行政诉讼第三人的法律规定
　　掌握行政诉讼代理人的种类及条件
◎ **能力目标**
　　识别行政诉讼的原告资格
　　确定行政诉讼的被告
◎ **素质目标**
　　合法途径解决行政争议，防止滥诉

◎ **本章导例**：加拿大籍华人田某对北京市某区民政局为其父亲与郑某办理结婚登记行为不服，向某区法院提起行政诉讼。田某诉称，其父亲患有法定的禁婚疾病，不符合法定结婚条件。被告某区民政局为其父亲与郑某办理结婚登记手续，免去了婚前健康检查证明，程序严重违法。被告的结婚登记行为给原告造成经济损失，要求人民法院依法确认被告某区民政局颁发结婚证的行政行为违法，判令被告撤销结婚登记，并承担违法行政责任，限期恢复财产，并赔偿经济损失人民币11万余元。本案中田某是否拥有原告资格？

第一节　行政诉讼参加人概述

一、行政诉讼参加人的概念

　　行政诉讼参加人是指依法参加诉讼活动，享有诉讼权利，承担诉讼义务，与争议的行政行为或诉讼结果有利害关系的人。行政诉讼参加人包括原告、被告、第三人、共同诉讼人和诉讼代理人。
　　诉讼参加人与诉讼主体不同。诉讼主体是指能够通过其诉讼行为引起诉讼程序发生、变更和消灭的组织或个人，包括人民法院及诉讼参加人。
　　诉讼参加人与诉讼参与人不同。广义的诉讼参与人是指除人民法院外参与到行政诉讼过程中的人，包括诉讼参加人和其他诉讼诉讼参与人；狭义的诉讼参与人称为其他诉讼参与人，包括证人、鉴定人、勘验人、翻译人员等。

二、行政诉讼当事人的概念和特征

行政诉讼的当事人是指与争议的行政行为有法律上的利害关系,以自己的名义进行诉讼,并受人民法院裁判拘束的主体。

行政诉讼的当事人有广义与狭义之分。广义的当事人包括原告、被告、第三人、共同诉讼人。狭义的当事人仅指原告和被告。在行政诉讼的不同阶段,当事人有不同的称谓。在一审程序中,称为原告、被告和第三人;在二审程序中,称为上诉人和被上诉人;在执行程序中,称为申请执行人和被申请执行人。

行政诉讼当事人具有以下特征:

(1)以自己的名义进行诉讼。所谓以自己的名义进行诉讼,也就是按自己的意志、为自己的利益参加诉讼。这一特征可区分当事人与行政诉讼代理人,诉讼代理人是以当事人的名义进行诉讼。

(2)与被诉行政行为或者与案件的处理结果有利害关系。这一特征可区分当事人与其他诉讼参与人。当事人是为了维护自己的合法权益参加行政诉讼,案件的处理结果与其有直接的利害关系;而其他诉讼参与人为了协助人民法院进行诉讼,与案件的结果没有直接利害关系。

(3)受人民法院裁判的拘束。这一特征可区分当事人与其他诉讼参与人。由于人民法院的裁判是针对当事人之间的行政争议作出的,只针对当事人有效,裁判一旦生效,当事人就应当自觉履行相关义务,否则可能会导致强制执行;裁判对其他诉讼参与人不发生拘束力。

第二节 行政诉讼原告

一、原告的概念和原告资格

行政诉讼的原告是指认为行政行为侵犯其合法权益并依法向人民法院提起诉讼的公民、法人或者其他组织。《行政诉讼法》第2条规定:"公民、法人或者其他组织认为行政机关和行政机关工作人员的行政行为侵犯其合法权益,有权依照本法向人民法院提起诉讼。"《行政诉讼法》第25条第1款规定:"行政行为的相对人以及其他与行政行为有利害关系的公民、法人或者其他组织,有权提起诉讼。"

原告资格是指公民、法人或者其他组织充当行政诉讼原告所应具备的条件,也可以说是公民或组织请求法院保护自己合法权益所应具备的条件。根据《行政诉讼法》的规定,要成为行政诉讼的原告必须具备以下条件:

1. 原告是认为行政行为侵犯其合法权益的人

合法权益包括法定权利和法定利益,是指法律、法规、规章或规范性文件等所保护的权利和利益,主要包括人身权、财产权、受教育权、劳动权、社会保障权以及公平竞争、通风采光等合法权益。需要注意的是,认为行政行为侵犯其合法权益是原告的主观认识;侵害既包括对原告行政法上的权利义务产生影响,也包括对原告其他法律上的权利义务产生影响,例如相邻权;侵害既包括已经造成的实际损害,也包括行政行为一旦实施必将产生的影响;原告的合法权益是否造成侵害,最终要由人民法院作出判断。

2. 原告必须是行政相对人以及其他与行政行为有利害关系的公民、法人或者其他组织

"与行政行为有利害关系",一般可以理解为行政机关的行政行为对公民、法人和其他组织的权利义务已经或将会产生实际影响。"利害关系"包括不利的关系和有利的关系,但必须是一种已经或者必将形成的关系;实际影响指的是行政主体的行政行为实际上处分了行政相对人的权利义务。

3. 原告必须是向人民法院提起诉讼的公民、法人或者其他组织

如果公民、法人或者其他组织认为行政行为侵犯了自己的合法权益,但没有向人民法院起诉时,不能称为原告。

4. 原告的合法权益受损与被诉行政行为之间存在因果关系

合法权益受损与被诉的行政行为之间要具有关联性,只有合法权益受损与被诉行政行为之间有因果关系,行政相对人以及相关人才能享有原告资格。

二、利害关系及原告资格的特殊情形

1. 利害关系

关于原告资格的判断标准问题,我国行政诉讼法和司法解释同时作出概括式规定和列举式规定,其中"利害关系"应仍应限于法律上的利害关系,不宜包括反射性利益受到影响的公民、法人或者其他组织。"利害关系"一般也仅指公法上的利害关系;除特殊情形或法律另有规定,一般不包括私法上的利害关系。判断是否存在"利害关系",一方面应当考虑通过诉讼保护当事人权利的需要;另一方面,也需考虑行政秩序安定性、连续性不被过分的打扰。

2. 原告资格的几种特殊情形

《适用解释》第 12 条规定,有下列情形之一的,属于行政诉讼法第 25 条第 1 款规定的"与行政行为有利害关系":(1)被诉的行政行为涉及其相邻权或者公平竞争权的;(2)在行政复议等行政程序中被追加为第三人的;(3)要求行政机关依法追究加害人法律责任的;(4)撤销或者变更行政行为涉及其合法权益的;(5)为维护自身合法权益向行政机关投诉,具有处理投诉职责的行政机关作出或者未作出处理的;(6)其他与行政行为有利害关系的情形。

除以上情形的有利害关系的原告外,行政诉讼的原告资格还包括以下几种:

(1)债权人的原告资格。

债权人以行政机关对债务人所作的行政行为损害债权实现为由提起行政诉讼的,人民法院应当告知其就民事争议提起民事诉讼,但行政机关作出行政行为时依法应予保护或者应予考虑的除外。债权人一般不具有行政诉讼原告资格,在特殊情形下债权人可以成为行政诉讼的原告。《最高人民法院关于审理房屋登记案件若干问题的规定》第 4 条规定:"房屋登记机构为债务人办理房屋转移登记,债权人不服提起诉讼,符合下列情形之一的,人

民法院应当依法受理：(一)以房屋为标的物的债权已办理预告登记的；(二)债权人为抵押权人且房屋转让未经其同意的；(三)人民法院依债权人申请对房屋采取强制执行措施并已通知房屋登记机构的；(四)房屋登记机构工作人员与债务人恶意串通的。"

(2)合伙的原告资格。

合伙企业向人民法院提起诉讼的，应当以核准登记的字号为原告。未依法登记领取营业执照的个人合伙的全体合伙人为共同原告；全体合伙人可以推选代表人，被推选的代表人，应当由全体合伙人出具推选书。个体工商户向人民法院提起诉讼的，以营业执照上登记的经营者为原告。有字号的，以营业执照上登记的字号为原告，并应当注明该字号经营者的基本信息。

(3)股份制、联营、中外合资或者合作企业的原告资格。

股份制企业的股东大会、股东会、董事会等认为行政机关作出的行政行为侵犯企业经营自主权的，可以企业名义提起诉讼。联营企业、中外合资或者合作企业的联营、合资、合作各方，认为联营、合资、合作企业权益或者自己一方合法权益受行政行为侵害的，可以自己的名义提起诉讼。非国有企业被行政机关注销、撤销、合并、强令兼并、出售、分立或者改变企业隶属关系的，该企业或者其法定代表人可以提起诉讼。

(4)事业单位、社会团体、基金会、社会服务机构等原告资格。

事业单位、社会团体、基金会、社会服务机构等非营利法人的出资人、设立人认为行政行为损害法人合法权益的，可以自己的名义提起诉讼。

(5)业主委员会的原告资格。

业主委员会对于行政机关作出的涉及业主共有利益的行政行为，可以自己的名义提起诉讼。业主委员会不起诉的，专有部分占建筑物总面积过半数或者占总户数过半数的业主可以提起诉讼。

三、原告资格的转移

行政诉讼原告资格是法律赋予原告提起行政诉讼的权利，一般不能转移，但在法律规定的特殊情形下，原告资格可以转移。

原告资格的转移需要具备一定的条件：

第一，具有原告资格的主体在法律上已不存在。对自然人而言就是死亡，对法人或其他组织而言就是在法律上被终止，如破产、合并、解散等。

第二，具有原告资格的人或组织死亡或终止时，未超过法定起诉期限。

第三，原告资格转移发生在与原告有特定利害关系的主体之间。

《行政诉讼法》第25条第2、3款规定了原告资格转移的两种情况：

(1)有权提起诉讼的公民死亡，其近亲属可以提起诉讼。近亲属包括：配偶、父母、子女、兄弟姐妹、祖父母、外祖父母、孙子女、外孙子女和其他具有扶养、赡养关系的亲属。

(2)有权提起诉讼的法人或者其他组织终止，承受其权利的法人或者其他组织可以提起诉讼。

第三节 行政诉讼被告

一、被告的概念和特征

行政诉讼的被告是指原告起诉指控其行政行为违法,由人民法院通知应诉的行政机关或法律、法规、规章授权的组织。行政诉讼的被告具有以下特征:

(1)被告是行政机关或被授权组织。行政诉讼主要审查行政行为合法性,而行政行为是由具有国家行政职权的行政机关或法律、法规、规章授权的组织作出的,行政诉讼的被告应当是行政机关或被授权组织,不享有国家行政职权的其他国家机关、企事业单位、社会团体等不能成为行政诉讼的被告。

(2)被告是对被诉行政行为承担法律责任的行政主体。行政行为的实施者不一定有被告资格,如受委托的组织实施的行为由委托者承担法律责任,被告是对被诉行政行为承担法律责任的行政机关或者法律、法规、规章授权组织,即被告应当具备行政主体资格。

(3)被告是行政行为受原告指控并经人民法院通知应诉的行政主体。行政机关或被授权组织成为行政诉讼的被告,其前提是所实施的行政行为被原告指控,并最终由人民法院确认并通知应诉。

二、被告的确定

根据《行政诉讼法》、《适用解释》的规定,行政诉讼被告的确定主要有以下几种情况:

1. 直接起诉情形下被告的确定

直接向人民法院提起诉讼的,作出行政行为的行政主体是被告。

2. 行政复议机关作为或不作为情形下的被告确定

经复议的案件,复议机关决定维持原行政行为的,作出原行政行为的行政机关和复议机关为共同被告。"复议机关决定维持原行政行为",包括复议机关驳回复议申请或者复议请求的情形,但以复议申请不符合受理条件为由驳回的除外。

复议机关改变原行政行为的,复议机关是被告。复议机关改变原行政行为,是指复议机关改变原行政行为的处理结果。复议机关改变原行政行为所认定的主要事实和证据、改变原行政行为所适用的规范依据,但未改变原行政行为处理结果的,视为复议机关维持原行政行为;复议机关确认原行政行为无效,属于改变原行政行为;复议机关确认原行政行为违法,属于改变原行政行为,但复议机关以违反法定程序为由确认原行政行为违法的除外。

行政复议决定既有维持原行政行为内容,又有改变原行政行为内容或者不予受理申请内容的,作出原行政行为的行政机关和复议机关为共同被告。

复议机关在法定期限内未作出复议决定,公民、法人或者其他组织起诉原行政行为的,作出原行政行为的行政机关是被告;起诉复议机关不作为的,复议机关是被告。

3. 共同作出行政行为的被告确定

两个以上行政机关共同作出同一行政行为的，共同作出行政行为的行政机关是共同被告。不具有国家行政职权的组织(如党团组织、工会等)与具有国家行政职权的行政机关或被授权组织共同署名作出行政行为所引发的诉讼，不具有国家行政职权的组织不能作为行政诉讼中的共同被告，但可以作为第三人参加诉讼。

4. 被授权组织的被告确定

被授权组织能够以自己的名义进行行政管理，并对其管理行为独立承担法律责任。公民、法人或其他组织对其实施的行政行为不服提起行政诉讼的，该组织是被告。

5. 被委托组织的被告确定

由行政机关委托的组织所作的行政行为，委托行政机关是被告。在委托关系中，受委托组织以委托机关的名义实施行政行为，行为后果也由委托机关承担，受委托组织不具备独立承担法律责任的主体资格。

【案例 14-1】 某市水利局自 2002 年起委托该市自来水公司向城区范围内企业征收水资源管理费，由自来水公司在收水费时一并收取。2006 年自来水公司石某到棉纺厂征收水费和水资源管理费时，因对该厂接待不满，以棉纺厂自备水井未经水利部门批准为由，要求该厂多交纳水资源管理费 1 万元，该厂以水井长期搁置不用为由拒绝交纳。石某扬言，如不悉数交纳，将对该厂停止供水。厂里害怕影响生产和工人生活，委曲求全多交纳了 1 万元水资源管理费，石某向棉纺厂出具了盖有水利局公章的收据。第二天，棉纺厂到自来水公司要求退还多收费用，自来水公司说他们是代水利局收费，有事找水利局反映；棉纺厂找到水利局，水利局说钱没有转到水利局，水利局不能退。棉纺厂欲提起行政诉讼。公司受水利局委托收取水资源管理费，由此产生纠纷的法律责任由水利局承担，本案水利局应为被告。

6. 行政机关被撤销或者职权变更的情形下的被告确定

行政机关被撤销或者职权变更的，继续行使其职权的行政机关是被告。行政机关被撤销或者职权变更，没有继续行使其职权的行政机关的，以其所属的人民政府为被告；实行垂直领导的，以垂直领导的上一级行政机关为被告。

7. 经批准作出行政行为的被告确定

当事人不服经上级行政机关批准的行政行为，向人民法院提起诉讼的，应当以对外发生法律效力的文书上署名的机关为被告。

8. 行政机构的被告确定

行政机关组建并赋予行政管理职能但不具有独立承担法律责任能力的机构，以自己的名义作出行政行为，当事人不服提起诉讼的，应当以组建该机构的行政机关为被告。

法律、法规或者规章授权行使行政职权的行政机关内设机构、派出机构或者其他组织实施的行为，在法定授权范围内实施行政行为，当事人不服提起诉讼的，应当以实施该行为的机构或者组织为被告；法律、法规或者规章授权行使行政职权的行政机关内设机构、派出机构或者其他组织，超出法定授权范围实施行政行为，当事人不服提起诉讼的，应当以实施该行为的机构或者组织为被告。

没有法律、法规或者规章规定，行政机关授权其内设机构、派出机构或者其他组织行使行政职权的，属于委托。当事人不服提起诉讼的，应当以该行政机关为被告。

9. 开发区管理机构的被告确定

当事人对由国务院、省级人民政府批准设立的开发区管理机构作出的行政行为不服提起诉讼的，以该开发区管理机构为被告；对由国务院、省级人民政府批准设立的开发区管理机构所属职能部门作出的行政行为不服提起诉讼的，以其职能部门为被告；对其他开发区管理机构所属职能部门作出的行政行为不服提起诉讼的，以开发区管理机构为被告；开发区管理机构没有行政主体资格的，以设立该机构的地方人民政府为被告。

10. 村居两委的被告确定

当事人对村民委员会或者居民委员会依据法律、法规、规章的授权履行行政管理职责的行为不服提起诉讼的，以村民委员会或者居民委员会为被告；当事人对村民委员会、居民委员会受行政机关委托作出的行为不服提起诉讼的，以委托的行政机关为被告。

11. 事业单位行业协会的被告确定

当事人对高等学校等事业单位以及律师协会、注册会计师协会等行业协会依据法律、法规、规章的授权实施的行政行为不服提起诉讼的，以该事业单位、行业协会为被告；当事人对高等学校等事业单位以及律师协会、注册会计师协会等行业协会受行政机关委托作出的行为不服提起诉讼的，以委托的行政机关为被告。

12. 房屋征收的被告确定

市、县级人民政府确定的房屋征收部门组织实施房屋征收与补偿工作过程中作出行政行为，被征收人不服提起诉讼的，以房屋征收部门为被告。征收实施单位受房屋征收部门委托，在委托范围内从事的行为，被征收人不服提起诉讼的，应当以房屋征收部门为被告。

由于行政诉讼审查的是行政行为的合法性，被告必须能独立承担法律责任。若原告所起诉的被告不适格，人民法院应当告知原告变更被告，原告不同意变更的，则由法院裁定驳回起诉；而人民法院认为原告遗漏被告，在告知原告应追加被告而原告不同意的情况下，人民法院应当尊重原告的意见，通知应当追加的被告以第三人的身份参加诉讼。

需要注意的是，复议机关维持原行政行为的，原告只起诉原行政行为的行政机关或者复议机关的，人民法院应当告知原告追加被告。原告不同意追加的，人民法院应当将另一机关列为共同被告。《最高人民法院关于正确确定县级以上地方人民政府行政诉讼被告资格若干问题的规定》规定了人民法院的指导和释明被告的义务，明确了土地征收中的强制拆除以及县级以上地方人民政府责成有关职能部门对违法建筑实施强制拆除情形下被告资格、法定具体职能部门经县级以上地方人民政府指导作出行政行为情形下被告资格、县级以上地方人民政府将履责申请转送法定下级人民政府或者相应职能部门情形下被告资格、涉不动产登记以及政府信息公开案件中被告资格等确定规则。

第四节　行政诉讼第三人

一、第三人的概念和特征

行政诉讼中的第三人是指同被诉行政行为有利害关系，或者同案件处理结果有利害关系的为了维护自己的合法权益申请或者由人民法院通知参加诉讼的公民、法人或其他组织。

行政诉讼第三人有以下特征：

(1)第三人必须是与被诉行政行为或者同案件处理结果有利害关系。这里的利害关系是指与被诉行政行为有法律上的权利、义务关系或者与案件处理结果有利害关系。例如，在治安管理处罚行政案件中，受害人与案件有利害关系，可以作为行政诉讼的第三人。

(2)行政诉讼第三人必须是原、被告以外的公民、法人或其他组织。

(3)行政诉讼第三人参加诉讼，必须是在诉讼开始之后尚未审结之前。如果诉讼没有开始，或已经审结，那就不产生第三人之诉问题。

(4)行政诉讼第三人在诉讼中具有独立的法律地位。行政诉讼第三人参加诉讼是为了维护自己的合法权益，可以提出与本案有关的诉讼主张，也可委托代理人、申请回避、提供证据、进行辩论。判决第三人承担义务或者减损权益的第三人，有权依法提起上诉。

行政诉讼确立第三人制度有利于人民法院查明案情，提高办案的质量；有利于保护第三人的合法权益；有利于监督行政主体依法行政；有利于减少重复诉讼；有利于节省诉讼时间和诉讼费用，提高办案效率。

二、第三人的种类

行政诉讼第三人主要有以下几种情况：

(1)行政处罚案件中的加害人与受害人，互为第三人。

(2)行政机关的同一行政行为涉及两个以上的利害关系人，其中一部分利害关系人对行政行为不服提起诉讼，对于没有起诉的其他利害关系人，法院应当通知其作为第三人参加诉讼。

(3)行政裁决案件中的一方不服裁决向法院提起诉讼的，未起诉的一方可以作为第三人参加诉讼。行政机关对平等主体之间的民事争议进行裁决，其实质是对当事人的权利义务进行分配。如果一方当事人不服，向法院起诉，必然涉及另一方当事人的权利，因此，没有起诉的一方应作为第三人参加诉讼。

(4)行政机关和非行政机关共同署名作出的处理决定，非行政机关作为第三人参加诉讼。由于非行政机关不具备行政主体资格，不能成为行政诉讼的被告。但因其共同署名行为与行政行为存在利害关系，作为第三人参加诉讼并承担相应的法律责任。

(5)两个以上的行政机关就同一行政事项作出相互矛盾的行政行为，公民、法人和其他组织对其中部分行政机关的行政行为不服而提起行政诉讼的，其他行政机关为第三人。

【案例 14-2】 县规划局批准了张某的建房申请,但张某的房屋被县水行政主管部门以影响河道行洪为由强行拆除。张某对县水行政主管部门的强行拆除行为不服,向人民法院起诉,县规划局可以作为第三人参加诉讼。县规划局的批准建房行为同县水行政主管部门的强行拆除行为是相互矛盾的,如果法院认为被诉的行政行为合法,则意味着县规划局的许可行为违法,要承担相应的赔偿责任。

(6)对应当追加被告而原告不同意追加的,人民法院应通知应成为被告的一方以第三人的身份参加诉讼。复议机关维持原行政行为,原告只起诉原行政机关或复议机关的除外。

三、第三人参加诉讼的程序

行政诉讼第三人参加诉讼的方式有两种,一是申请参加,即第三人向法院主动申请参加诉讼,法院对当事人的申请进行审查后,认为符合条件以书面形式通知其参加诉讼,如果认为不符合条件的,则裁定予以驳回。二是法院依职权通知参加。人民法院通知其以第三人的身份参加诉讼,是否参加由第三人自己决定。行政诉讼第三人参加诉讼的时间为原告起诉之后,一审庭审结束之前。

第五节 行政诉讼共同诉讼人

一、共同诉讼人的概念

《行政诉讼法》第 27 条规定:"当事人一方或者双方为二人以上,因同一行政行为发生的行政案件,或者因同类行政行为发生的行政案件、人民法院认为可以合并审理并经当事人同意的,为共同诉讼。"所谓共同诉讼,是指当事人一方或者双方为两人以上的诉讼,共同诉讼人就是参与共同诉讼的当事人。构成共同诉讼必须具备以下条件:

(1)当事人一方或双方必须为两人以上。如原告为两人以上的,称为共同原告,如被告为两人以上的称为共同被告。

(2)诉讼标的必须共同。共同诉讼或是因同一行政行为发生或是因同类行政行为发生。诉讼标的同一是指当事人对诉讼标的有共同的、不可分的权利或义务;诉讼标的同类是指诉讼标的的权利或义务属于同种类型,对同一类行政行为的判断可以从行政行为的基本事实、法律依据、处理手段等是否同类进行。

(3)属同一人民法院管辖并由人民法院合并审理。共同诉讼的意义主要在于有利于减少诉讼成本,简化诉讼程序,使案件得以迅速解决,这样既可以促使人民法院提高办案效率、节省时间和费用,也可以避免当事人花费不必要的人力、物力、财力和时间。另外,共同诉讼还有助于维护法律的统一性,避免人民法院对同一或同类的行政案件作出相互矛盾的裁判。

二、共同诉讼人的种类

共同诉讼可以分为必要的共同诉讼和普通的共同诉讼,共同诉讼人分为必要的共同诉讼人和普通的共同诉讼人。

（一）必要共同诉讼人

必要共同诉讼，是指当事人一方或双方为两人以上，因同一行政行为发生争议而必须共同进行的诉讼。所谓"同一行政行为"是指行政机关以一个意思表示为目的，作出了一个处理决定，不论作出的行政机关有几个或者行政相对人有几个。必要共同诉讼人因同一行政行为而发生了不可分割的法律或者事实联系。共同诉讼人都是独立的法律主体，有独立的诉讼法律地位。

从行政审判实践来看，必要共同诉讼人主要有以下几种情形：

（1）两个以上的当事人对同一行政行为不服而提起诉讼的，为必要的共同原告。如在行政处罚案件中，必要的共同原告可能是共同致害人（被处罚人），也可能是共同受害人。

（2）两个以上的行政机关共同作出同一行政行为被起诉，为必要的共同被告。因必要共同诉讼的诉讼标的是同一个行政行为，各诉之间有着不可分割的联系。

（二）普通共同诉讼人

普通共同诉讼，是指当事人一方或双方为两人以上，因同类行政行为发生争议，法院认为可以合并审理的诉讼。这种共同诉讼的当事人即为普通共同诉讼人。

普通共同诉讼的重要特点是诉讼为可分之诉，人民法院认为可以合并审理并经当事人同意而形成的；如果人民法院分别审理，也可成为各自独立的案件。如甲乙两人各自经营小商品，他们分别被某税务机关多收税款，当他们分别以某税务机关为被告向同一人民法院起诉，要求税务机关改变原处理决定时，法院认为可以合并审理并经当事人同意的，就形成了普通共同诉讼。

三、诉讼代表人

诉讼代表人是指在诉讼活动中，当事人一方人数众多，由当事人推选代表人进行诉讼，人民法院作出的裁判及于全体当事人的诉讼。在代表人诉讼中，代表全体进行诉讼的当事人为诉讼代表人。《行政诉讼法》第28条规定："当事人一方人数众多的共同诉讼，可以由当事人推选代表人进行诉讼。代表人的诉讼行为对其所代表的当事人发生效力，但代表人变更、放弃诉讼请求或者承认对方当事人的诉讼请求，应当经被代表的当事人同意。"当事人一方人数众多，由当事人推选代表人；当事人推选不出的，可以由人民法院在起诉的当事人中指定代表人。当事人为十人以上的，应当推选二至五名诉讼代表人，代表人可以委托一至二人作为诉讼代理人。

第六节　行政诉讼代理人

一、诉讼代理人的概念和特征

行政诉讼代理人是指根据法律规定、法院指定或当事人委托，以当事人的名义在代理权限范围内，代理当事人进行行政诉讼的人。被代理的一方当事人，称为被代理人或委托人。诉讼代理人要依法代理当事人行使诉讼权利和承担诉讼义务。

行政诉讼代理人具有以下特征：
（1）行政诉讼代理人只能以被代理人的名义进行诉讼活动。
（2）行政诉讼代理人只能在代理权限范围内活动。诉讼代理人的代理权限取决于法律的规定或当事人授予，诉讼代理人必须认真履行职责，既不能随意放弃权利，也不能超越权限。
（3）行政诉讼代理人在代理权限范围内的诉讼行为，其法律后果归属于被代理人。但是，诉讼代理人超越代理权限所为的行为是无效的，后果由诉讼代理人自己承担。
（4）行政诉讼代理人参加行政诉讼的目的在于维护被代理人的合法权益。代理人维护的是被代理人的合法权益，决定了诉讼代理人只能代理一方当事人，而不能同时为多方代理。
（5）行政诉讼代理人必须具有诉讼行为能力。我国《行政诉讼法》确立了行政诉讼代理制度，其意义在于：①可以使无诉讼行为能力的当事人参加诉讼，以保护他们的合法权益；②可以为当事人提供法律上的帮助，使他们更有效的行使权利、提出主张；③有助于法院依法正确、及时地审理案件，接受监督，提高案件审判质量。

二、诉讼代理人的种类

根据行政诉讼代理人代理权产生的根据不同，可以把诉讼代理人分为法定代理人、指定代理人和委托代理人。

（一）法定代理人

《行政诉讼法》第30条规定："没有诉讼行为能力的公民，由其法定代理人代为诉讼。法定代理人互相推诿代理责任的，由人民法院指定其中一人代为诉讼。"由此，法定代理人是指根据法律的直接规定取得代理权，法定代理人仅适用于代理未成年人、精神病人等无诉讼行为能力的原告或第三人进行诉讼，不适用于作为被告的行政机关或被授权组织。

行政诉讼中的法定代理人，一般都是对属于自然人的被代理人负有保护和监管责任的监护人，代理人与被代理人之间存在亲权或监护关系，如父母、子女、配偶等。法定代理人一般由自然人担任，如果作为当事人监护人的亲属都已死亡，由未成年人父母的所在单位或精神病人所在单位，或他们住所地的居委会、村委会作监护人，并由他们作法定代理人。

（二）指定代理人

指定代理人是指经人民法院指定代理无诉讼行为能力的公民进行诉讼的人。指定代理人产生的条件是公民无诉讼行为能力，并且无法定代理人代为诉讼，或法定代理人不能行使代理权。

实践中产生指定代理的情况主要有：（1）因发生法定代理人死亡，被宣告失踪或因公不能参加诉讼等情况，无人代理诉讼，而诉讼又不能终止的；（2）在诉讼进行中，当事人丧失诉讼行为能力，又没有法定代理人代为诉讼的；（3）当事人有两个以上的法定代理人，但他们相互推诿代理责任，均不愿代理进行诉讼的。

指定代理人的代理权限分两种情况：一是指定代理人为法定代理人的，其权限实际就是原法定代理人的权限；二是指定代理人为法定代理人以外的人，其代理权限在法院指定时确定。指定代理人代理权限的消灭主要有案件终结，被代理人取得或恢复了诉讼行为能力，被代理人的法定代理人可以行使代理权，指定代理人死亡或丧失诉讼行为能力，法院撤销指定，取消指定代理人的代理权限等。

（三）委托代理人

委托代理人是指受当事人、法定代理人的委托，代为进行诉讼活动的人。委托代理人是基于当事人、法定代理人的授权委托产生的。

《行政诉讼法》第31条规定："当事人、法定代理人，可以委托一至二人代为诉讼。下列人员可以被委托为诉讼代理人：（一）律师、基层法律服务工作者；（二）当事人的近亲属或者工作人员；（三）当事人所在社区、单位以及有关社会团体推荐的公民。"

与当事人有合法劳动人事关系的职工，可以当事人工作人员的名义作为诉讼代理人。以当事人的工作人员身份参加诉讼活动，应当提交以下证据之一加以证明：（1）缴纳社会保险记录凭证；（2）领取工资凭证；（3）其他能够证明其为当事人工作人员身份的证据。有关社会团体推荐公民担任诉讼代理人的，应当符合下列条件：（1）社会团体属于依法登记设立或者依法免予登记设立的非营利性法人组织；（2）被代理人属于该社会团体的成员，或者当事人一方住所地位于该社会团体的活动地域；（3）代理事务属于该社会团体章程载明的业务范围；（4）被推荐的公民是该社会团体的负责人或者与该社会团体有合法劳动人事关系的工作人员。专利代理人经中华全国专利代理人协会推荐，可以在专利行政案件中担任诉讼代理人。

当事人委托诉讼代理人，应当向人民法院提交由委托人签名或者盖章的授权委托书，委托书应当载明委托事项和具体权限。委托代理因代理权限不同分为两种：即一般委托代理和特别委托代理，特别授权包括代为承认、变更或放弃诉讼请求，就赔偿问题进行和解和提起上诉等权利。公民在特殊情况下无法书面委托的，也可以由他人代书，并由自己捺印等方式确认，人民法院应当核实并记录在卷；被诉行政机关或者其他有义务协助的机关拒绝人民法院向被限制人身自由的公民核实的，视为委托成立。当事人解除或者变更委托的，应当书面报告人民法院。

代理诉讼的律师，有权按照规定查阅、复制本案有关材料，有权向有关组织和公民调查，收集与本案有关的证据。对涉及国家秘密、商业秘密和个人隐私的材料，应当依照法律规定保密。当事人和其他诉讼代理人有权按照规定查阅、复制本案庭审材料，但涉及国家秘密、商业秘密和个人隐私的内容除外。

为了促进行政机关负责人出庭应诉，我国在《行政诉讼法》第3条规定："被诉的行政机关负责人应当出庭应诉，不能出庭的，应当委托相应的工作人员出庭。"行政机关负责人包括行政机关的正职、副职负责人、参与分管被诉行政行为实施工作的副职级别的负责人以及其他参与分管的负责人。

外国人、无国籍人、外国组织在中华人民共和国进行行政诉讼，需要委托律师代理诉讼的，应当委托中华人民共和国律师机构的律师。

◎ 导例分析：

本案的案情涉及到的关键问题是起诉人田某是否具备行政诉讼原告的主体资格。《行政诉讼法》第 2 条规定:"公民、法人或者其他组织认为行政机关和行政机关工作人员的行政行为侵犯其合法权益,有权依照本法向人民法院提起诉讼。"该法第 25 条规定:"行政行为的相对人以及其他与行政行为有利害关系的公民、法人或者其他组织,有权提起诉讼。"该法第 49 条同时规定:"提起诉讼应当符合下列条件:(一)原告是符合本法第二十五条规定的公民、法人或者其他组织;(二)有明确的被告;(三)有具体的诉讼请求和事实根据;(四)属于人民法院受案范围和受诉人民法院管辖。"

对于本案而言,原告田某所诉的婚姻登记管理机关为其父与郑某办理结婚登记行为,该行为系婚姻登记管理机关与结婚登记申请人之间的行政法律关系,原告田某与该行政行为没有法律上的利害关系。本案起诉人田某不具备行政诉讼原告的主体资格。综上,应当驳回原告田某的起诉。

◎ 思考题

1. 行政诉讼的原告应当具备哪些条件?
2. 原告资格的转移需要具备哪些条件?
3. 行政诉讼被告的确定有哪些情形?
4. 行政诉讼第三人有哪些特征和种类?
5. 行政诉讼中的共同诉讼有哪些种类?

◎ 综合训练

案例 1. 孙甲与孙乙乃兄弟,孙甲 18 岁,孙乙 16 岁。二人某日到舞厅跳舞,孙甲与张某发生口角并打了起来,孙乙帮其兄孙甲打张某。派出所对孙甲、孙乙每人处以罚款 50 元的处罚。张某不服,向县政府复议,县政府改处各拘留 5 日,孙兄弟俩不服。问题:

1. 如孙兄弟俩不服行政复议决定提起行政诉讼,他们兄弟俩、张某、派出所、县政府在诉讼中各处于什么地位?
2. 孙乙可否委托其兄孙甲为诉讼代理人?
3. 如果县政府撤销了派出所对孙甲、孙乙二人的处罚,张某可否提起行政诉讼?如可以,怎样确定孙甲、孙乙、张某、派出所、县政府的诉讼地位?

△要点提示:

1. 孙甲、孙乙为共同原告,县政府为被告,张某为第三人,派出所不是诉讼参加人。
2. 孙乙不能委托孙甲为其诉讼代理人。
3. 张某为原告,县政府为被告,孙甲、孙乙为第三人,派出所不是本案当事人。

案例 2. A 区卫计委和 A 区市场监管局在执法检查中,发现张某在经营活动中有违法经营行为,以共同名义作出 1000 元罚款。张某对此不服,准备向 A 区人民法院提起行政诉讼。在这一过程中,A 区卫计委更名为 A 市卫健委,张某欲提起行政诉讼,却不幸去世,其妻王某欲提起行政诉讼,问:

1. 本案中的被告是谁?并说明理由?
2. 怎样确定王某的诉讼地位?并说明理由?

△要点提示：

1. 本案中的被告是 A 区市场监管局和 A 市卫健委。两个以上行政机关作出同一行政行为的，共同作出行政行为的行政机关是共同被告；行政机关被撤销或者职权变更的，继续行使其职权的行政机关是被告。

2. 王某是原告。张某死亡，发生原告资格的转移，王某作为近亲属以原告资格参加诉讼。

第十五章 行政诉讼证据

◎ **知识目标**
  掌握行政诉讼的举证责任分配规则
  了解行政诉讼证据的种类
  了解行政诉讼的认证规则
◎ **能力目标**
  能组织证据，制作证据目录
  能制定质证提纲
◎ **素质目标**
  遵守举证时限，养成证据意识

◎ **本章导例**：县卫健委以经营发霉变质食品为由处以蒋某罚款3000元，蒋某不服向人民法院提起行政诉讼。诉讼期间被告拒不举证，也不出庭应诉，至一审法院审结前，被告始终未能提供作出行政行为的证据和规范性文件。一审法院以事实不清、证据不足为由作出撤销行政行为的判决。被告不服提起上诉。上诉期间，上诉人向二审法院提供了作出处罚决定所依据的证据和规范性文件。试分析，法院应如何处理？

第一节 行政诉讼证据概述

行政诉讼证据制度是行政诉讼中的核心问题之一。我国有关行政诉讼据的主要法律规范包括《行政诉讼法》《适用解释》以及最高人民法院《关于行政诉讼证据若干问题的规定》（以下简称《证据规定》）。

一、行政诉讼证据概念

行政诉讼证据，是指在行政诉讼过程中，一切用来证明案件事实情况的材料。它既包括当事人向人民法院提交的证据，也包括人民法院在必要情况下依法收集的证据。不管证据来源如何，证据都必须经法庭查证属实才能作为定案依据。

二、行政诉讼证据的特征

行政诉讼证据与其他诉讼证据一样，应当具备客观性、关联性、合法性三个特征，同时行政诉讼的证据特征还包括：

1. 证据来源的特定性

行政诉讼的证据主要来自于行政程序中。根据"先取证、后裁决"的规则，特别是行政机关在作出损益性行政行为时，必须已经搜集到充足确凿的证据，行政机关在诉讼中不提供或者无正当理由逾期提供证据，则人民法院对该不利行政行为难以支持。

【案例 15-1】 某县市场监管局接到举报，位于市区的张某经营的超市在出售假货，县市场监管局于是派工作人员赶到现场，发现超市的仓库里堆了几大箱名酒，工作人员于是认定张某在销售假冒伪劣商品，对张某处以 4000 元的罚款。张某对市场监管局的罚款不服，向当地法院提起行政诉讼。该县市场监管局在收到原告的起诉状副本和应诉通知书后，发现工作人员在作出行政行为时，的确没有进行认真的调查核实，只有一份举报材料和仓库里的一些商品，对事实认定并不很清楚，法律根据也不充分，原有的诉讼证据可能会使县市场监管局败诉。于是，县市场监管局重新派工作人员收集资料，整理了一套新的证人证言交到了法院。本案中，县市场监管局在行政程序中违背了"先取证、后裁决"规则，在诉讼过程中自行收集的证据，法院不予采纳。

2. 举证责任分担特定性

在行政诉讼中，被告在诉讼中应当对作出的行政行为负有举证责任，被告不提供或者无正当理由逾期提供证据，视为没有相应证据；原告只承担其符合起诉条件等举证责任。

3. 证明对象的特殊性

行政诉讼的证据主要要证明行政行为是否合法，民事诉讼证据所要证明的是双方当事人在民事法律关系中的某种事实或行为，刑事诉讼证据所要证明是否构成犯罪及构成何罪。

三、行政诉讼证据的种类及提供证据的要求

行政诉讼证据有不同种类，具有各自不同的性质和特征，起着不同的作用。根据行政诉讼法规定，行政诉讼证据分为七类：

（一）书证

书证是指以文字、符号、图画等所表达和记载的思想内容来证明案件事实的书面文件和其他物品。

当事人向人民法院提供书证的，应当符合下列要求：（1）提供书证的原件，原本、正本和副本均属于书证的原件。提供原件确有困难的，可以提供与原件核对无误的复印件、照片、节录本；（2）提供由有关部门保管的书证原件的复制件、影印件或者抄录件的，应当注明出处，经该部门核对无异后加盖其印章；（3）提供报表、图纸、会计帐册、专业技术资料、科技文献等书证的，应当附有说明材料；（4）被告提供的被诉行政行为所依据的询问、陈述、谈话类笔录，应当有行政执法人员、被询问人、陈述人、谈话人签名或者盖章。法律、法规、司法解释和规章对书证的制作形式另有规定的，从其规定。

（二）物证

物证是指以物品的存在、形状、特质、规格、标志等来证明案件事实的一部或全部的证据形式。

当事人向人民法院提供物证的，应当符合下列要求：1. 提供原物。提供原物确有困难的，可以提供与原物核对无误的复制件或者证明该物证的照片、录像等其他证据；2. 原物为数量较多的种类物的，提供其中的一部分。

（三）视听资料

视听资料是指用以证明案件事实，利用录音、录像等设备取得的音响图象材料和利用电脑等设备取得和存储的数据材料。

当事人向人民法院提供计算机数据或者录音、录像等视听资料的，应当符合下列要求：(1)提供有关资料的原始载体。提供原始载体确有困难的，可以提供复制件；(2)注明制作方法、制作时间、制作人和证明对象等；(3)声音资料应当附有该声音内容的文字记录。

（四）电子数据

电子数据是基于电子信息技术的产生发展，以数字化等虚拟形式存在于各种电子设备载体，所载内容与载体可分离，且可多次被复制到其他载体的证据。其特征有三：一是虚拟形式存在；二是不固定依存于特定载体；三是可被复制、易被修改。电子数据的形式包括电子邮件、手机短信、电子签名、网上聊天记录、网络访问记录等等。

当事人向人民法院提供电子数据证据应当符合下列要求：(1)无法提取电子数据原始载体或者提取确有困难的，可以提供电子数据复制件，但必须附有不能或者难以提取原始载体的原因、复制过程以及原始载体存放地点或者电子数据网络地址的说明，并由复制件制作人和原始电子数据持有人签名或者盖章，或者以公证等其他有效形式证明电子数据与原始载体的一致性和完整性。(2)收集电子数据应当依法制作笔录，详细记载取证的参与人员、技术方法、步骤和过程，记录收集对象的事项名称、内容、规格、类别以及时间、地点等，或者将收集电子数据的过程拍照或录像。(3)收集的电子数据应当使用光盘或者其他数字存储介质备份。监管机构为取证人时，应当妥善保存至少一份封存状态的电子数据备份件，并随案移送，以备法庭质证和认证使用。(4)提供通过技术手段恢复或者破解的与案件有关的光盘或者其他数字存储介质、电子设备中被删除的数据、隐藏或者加密的电子数据，必须附有恢复或破解对象、过程、方法和结果的专业说明。对方当事人对该专业说明持异议，并且有证据表明上述方式获取的电子数据存在篡改、剪裁、删除和添加等不真实情况的，可以向人民法院申请鉴定，人民法院应予准许。

（五）证人证言

证人证言，是指证人就其所了解的案件事实向人民法院或当事人所作的陈述，它一般是以口头形式向法院作的陈述，也包括向法院提交书面的证人证言。

当事人向人民法院提供证人证言的，应当符合下列要求：(1)写明证人的姓名、年龄、性别、职业、住址等基本情况；(2)有证人的签名，不能签名的，应当以盖章等方式证明；(3)注明出具日期；(4)附有居民身份证复印件等证明证人身份的文件。

(六)当事人陈述

当事人陈述,是指诉讼当事人在诉讼过程中就案件的有关事实向人民法院所作的说明。

(七)鉴定意见

鉴定意见,是指鉴定人运用其专业知识,或者同时利用专门材料和设备对有关案件事实的专门技术性问题进行分析鉴别所作出的科学判断和结论。

被告向人民法院提供的在行政程序中采用的鉴定意见,应当载明委托人和委托鉴定的事项、向鉴定部门提交的相关材料、鉴定的依据和使用的科学技术手段、鉴定部门和鉴定人鉴定资格的说明,并应有鉴定人的签名和鉴定部门的盖章。通过分析获得的鉴定意见,应当说明分析过程。

(八)勘验笔录、现场笔录

勘验笔录,是指人民法院或行政机关对有关案件事实的现场或物品就地检查、测量、勘察和分析所作的书面记录。它是在案件事实出现以后,行政机关为了作出行政处理决定而制作的,或者是人民法院在当事人提起诉讼后为了收集证据而制作的。

现场笔录,是指行政机关工作人员在执行职务过程中对有关管理活动的现场情况所作的书面记录。

向人民法院提供的现场笔录,应当载明时间、地点和事件等内容,并由执法人员和当事人签名。当事人拒绝签名或者不能签名的,应当注明原因。有其他人在现场的,可由其他人签名。法律、法规和规章对现场笔录的制作形式另有规定的,从其规定。

当事人向人民法院提供证据时,除以上提供证据的要求外,还应当注意:(1)当事人向人民法院提供的在中华人民共和国领域外形成的证据,应当说明来源,经所在国公证机关证明,并经中华人民共和国驻该国使领馆认证,或者履行中华人民共和国与证据所在国订立的有关条约中规定的证明手续。当事人提供的在中华人民共和国香港特别行政区、澳门特别行政区和台湾地区内形成的证据,应当具有按照有关规定办理的证明手续。(2)当事人向人民法院提供外文书证或者外国语视听资料的,应当附有由具有翻译资质的机构翻译的或者其他翻译准确的中文译本,由翻译机构盖章或者翻译人员签名。(3)证据涉及国家秘密、商业秘密或者个人隐私的,提供人应当作出明确标注,并向法庭说明,法庭予以审查确认。(4)当事人应当对其提交的证据材料分类编号,对证据材料的来源、证明对象和内容作简要说明,签名或者盖章,注明提交日期。人民法院收到当事人提交的证据材料,应当出具收据,注明证据的名称、份数、页数、件数、种类等以及收到的时间,由经办人员签名或者盖章。

第二节 行政诉讼的举证责任

一、行政诉讼举证责任的概念和特征

(一)行政诉讼举证责任的概念

行政诉讼的举证责任,是法律规定由特定的当事人对特定的事项所承担的提供证据证明其诉讼主张成立的责任,负有举证责任的一方不能证明其诉讼主张成立的,将承担败诉或者不利后果的法律制度。

我国《行政诉讼法》第34条规定:"被告对作出的行政行为负有举证责任,应当提供作出该行政行为的证据和所依据的规范性文件。被告不提供或者无正当理由逾期提供证据,视为没有相应证据。但是,被诉行政行为涉及第三人合法权益,第三人提供证据的除外。"行政诉讼的举证责任包括两项内容:一是举证责任的分配;二是不能履行举证责任时可能承担的法律后果。举证责任将当事人举证与其诉讼结果联系起来,课以当事人一种诉讼风险,有利于案件的顺利解决;同时促使当事人注意形成和保存证据,防范诉讼风险。

人民法院送达案件受理通知书和应诉通知书时,应当告知当事人举证范围、举证期限和逾期提供证据的后果,并告知其因正当事由不能按期提供证据时应当提出延期提供证据的书面申请。

(二)行政诉讼举证责任的特征

(1)行政诉讼强调了行政机关的举证责任,未将法院依职权调取证据以及原告、第三人的举证责任置于同等地位。

(2)行政机关的举证责任是单方责任,即举证责任由被诉的行政机关单方承担,不同于民诉中"谁主张、谁举证"。

(3)行政机关的举证范围不仅局限于事实证据,还包括行政机关作出行政行为所依据的规范性文件。

【案例15-2】 某县公安局扣押甲用于客运的汽车40多日,甲多次索要无结果,某县公安局又不给甲任何扣押证件和法定的扣押手续。于是甲将县公安局告到法院。法院立案后,通知被告某县公安局提供作出扣押汽车的事实根据和合法依据,被告一直不予理睬,法院经审理依法判决撤销被告扣押汽车的行为,责令被告把汽车返还甲。

在该案中,被告不提供扣押汽车的证据,就是不履行举证责任,不能证明扣押汽车行为合法,所以法院应当判决被告败诉。

二、举证责任的分配

(一)被告的举证责任

行政诉讼的核心是行政行为的合法性审查,证明行政行为合法是行政机关的责任。

1. 举证范围

《行政诉讼法》第34规定:"被告向法院提供据以作出被诉行政行为的证据和所依据的规范性文件。被告不提供或者无正当理由逾期提供证据,视为没有相应证据。但是,被诉行政行为涉及第三人合法权益,第三人提供证据的除外。"即被诉行政机关应当对自己作出行政行为的合法性进行证明,提交合法依据和有关事实证据。

2. 举证期限

被告的举证期限是在收到起诉状副本之日起十五日内，在此期限内不提供或无正当理由逾期提供的，视为没有相应证据。

3. 延期举证、补充证据

《行政诉讼法》第 36 条规定，被告在作出行政行为时已经收集了证据，但因不可抗力等正当事由不能提供的，经人民法院准许，可以延期提供。原告或者第三人提出了其在行政处理程序中没有提出的理由或者证据的，经人民法院准许，被告可以补充证据。

被告申请延期提供证据的，应当在收到起诉状副本之日起十五日内以书面方式向人民法院提出。人民法院准许延期提供的，被告应当在正当事由消除后十五日内提供证据。逾期提供的，视为被诉行政行为没有相应的证据。

在诉讼过程中，被告及其诉讼代理人不得自行向原告、第三人和证人收集证据。

（二）原告的举证责任

虽然行政诉讼中规定被告对行政行为的合法性承担举证责任，但不排除在特定情况下由原告承担举证责任，在行政诉讼中，原告承担举证责任主要包括以下内容：

1. 举证范围

（1）原告在起诉时应当提供初步的证明材料，证明其起诉符合法定条件。

起诉条件是当事人起诉所应具备的法定要件，只有符合法定条件的起诉，人民法院才会受理。

（2）在起诉被告不履行法定职责的案件中，原告应当提供其向被告提出申请的证据。

但有下列情形之一的除外：①被告应当依职权主动履行法定职责的；②原告因正当理由不能提供证据的。

（3）在行政赔偿、补偿的案件中，原告应当对行政行为造成的损害提供证据。

在行政赔偿、补偿案件中，因被告的原因导致原告无法就损害情况举证的，应当由被告就该损害情况承担举证责任。

对于各方主张损失的价值无法认定的，应当由负有举证责任的一方当事人申请鉴定，但法律、法规、规章规定行政机关在作出行政行为时依法应当评估或者鉴定的除外；负有举证责任的当事人拒绝申请鉴定的，由其承担不利的法律后果。当事人的损失因客观原因无法鉴定的，人民法院应当结合当事人的主张和在案证据，遵循法官职业道德，运用逻辑推理和生活经验、生活常识等，酌情确定赔偿数额。

2. 原告的举证期限和延期举证

原告或者第三人应当在开庭审理前或人民法院指定的交换证据之日提供证据。因正当事由申请延期提供证据的，经人民法院许可，可以在法庭调查中提供。逾期提供证据的，人民法院应当责令其说明理由；拒不说明理由或者理由不成立的，视为放弃举证权利。

原告或者第三人在第一审程序中无正当事由未提供而在第二审程序中提供的证据，人民法院不予接纳。

需要注意的是，《行政诉讼法》第 37 条规定："原告可以提供证明行政行为违法的证据。原告提供的证据不成立的，不免除被告的举证责任。"

有下列情形之一，原告或者第三人要求相关行政执法人员出庭说明的，人民法院可以准许：（1）对现场笔录的合法性或者真实性有异议的；（2）对扣押财产的品种或者数量有异议的；(3)对检验的物品取样或者保管有异议的；(4)对行政执法人员身份的合法性有异议的；(5)需要出庭说明的其他情形。人民法院认为有必要的，可以要求当事人本人或者行政机关执法人员到庭，就案件有关事实接受询问。在询问之前，可以要求其签署保证书。《适用解释》第46条规定："原告或者第三人确有证据证明被告持有的证据对原告或者第三人有利的，可以在开庭审理前书面申请人民法院责令行政机关提交。"

第三节 行政诉讼证据的调取、保全、质证、认证

一、人民法院对证据的调取

人民法院对证据进行调取有利于其全面客观地了解案情真相，从而准确地对有争议的行政行为作出裁判。人民法院调取证据的方式有两种：

(一)依职权主动调取证据

(1)涉及国家利益、公共利益或者他人合法权益的事实认定的。现实生活中，某些行政行为牵涉面很广，如人民政府征用土地的决定等，通常都会涉及国家利益、公共利益或者他人合法权益。对于这种案件，法院应当慎重行事，在当事人未能提供足够证据时，法院为查明事实真相，维护涉及国家利益、公共利益和他人合法权益，有权主动向有关行政机关以及其他组织、公民调取证据。

《行政诉讼法》第40条规定："人民法院有权向有关行政机关以及其他组织、公民调取证据。但是，不得为证明行政行为的合法性调取被告作出行政行为时未收集的证据。"

(2)涉及依职权追加当事人、中止诉讼、终结诉讼、回避等程序性事项的。根据《行政诉讼法》《适用解释》规定，法院如发现有公民、法人或者其他组织与被诉行政行为有利害关系，可以通知其参加诉讼；法院认为需要追加其他行政机关为共同被告或第三人，可以依法追加。对于当事人提出回避申请但没有确凿证据时，法院应进行调查。

(二)依申请调取证据

我国《行政诉讼法》第41条规定，与本案有关的下列证据，原告或者第三人不能自行收集的，可以申请人民法院调取：(1)由国家机关保存而须由人民法院调取的证据；(2)涉及国家秘密、商业秘密和个人隐私的证据；(3)确因客观原因不能自行收集的其他证据。

当事人申请调查收集证据，但该证据与待证事实无关联、对证明待证事实无意义或者其他无调查收集必要的，人民法院不予准许。

二、行政诉讼证据的保全

证据保全，是指在证据有可能灭失或者以后难以取得的情况下，由法院所采取的对证据进行固定和保护的制度。《行政诉讼法》第42条规定："在证据可能灭失或者以后难以取得的情况下，诉讼参加人可以向人民法院申请保全证据，人民法院也可以主动采取保全措施。"

证据保全可以发生在诉讼开始之前，也可以发生在诉讼之中。证据保全的方法因证据

的种类不同而不同,所采取的保全措施包括查封、扣押、拍照、录音、录像、复制、鉴定、勘验、制作询问笔录等保全措施。

【案例 15-3】 某市防疫站检查了某公司两辆载有 9 吨牛肉的汽车,并将车辆扣押在一个大院内。防疫站认为这批牛肉有疑点并抽样 15 袋去检验。但由于天气炎热,某公司害怕牛肉变质,请求防疫站解除扣押,将牛肉送往肉制品加工厂冷藏后由防疫站查封,待检验结果出来后再作处理。防疫站对此不同意。该公司提起行政诉讼,请求法院裁定停止被告扣押其牛肉的行为。法院审理认为,如果不停止被告的强制扣押措施,有可能会造成难以弥补的损失,但是如果停止被告的扣押行为,又可能放行可能存在质量问题的牛肉,由此对公共利益带来威胁。对此法院裁定停止被告扣押行为的执行,同时对这批牛肉依职权作出诉讼证据保全,将其查封于肉制品加工厂冷藏库内。

三、行政诉讼证据的质证

质证,是指在法官的主持下,当事人就证据进行辨认和对质,围绕着证据的真实性、关联性、合法性,针对证据有无证明效力以及证明效力大小进行辩论的活动。行政诉讼的证据应当在法庭上出示,并经庭审质证,未经庭审质证的证据,不能作为定案的依据。

(一)质证的方式

我国《行政诉讼法》第 43 条第 1 款规定:"证据应当在法庭上出示,并由当事人互相质证。对涉及国家秘密、商业秘密和个人隐私的证据,不得在公开开庭时出示。"

(二)质证的对象

行政诉讼的所有证据应当由提供证据方在法庭上出示,并经对方当事人庭审质证。未经质证的证据,不能作为定案的依据。人民法院依职权调取的证据,由法庭出示,并可就调取该证据的情况进行说明,听取当事人意见;当事人申请人民法院调取的证据,由申请调取证据的当事人在庭审中出示,并由当事人质证。

当事人在庭前证据交换过程中没有争议并记录在卷的证据,经审判人员在庭审中说明后,可以作为认定案件事实的依据。

四、行政诉讼证据的认证

证据的审核认定即认证,是指审理案件的法官在质证的基础上,依照法定的程序,根据一定的原则和规则,对经过质证的证据材料的真实性、关联性、合法性进行审查判断,以确定证据材料是否具备定案的资格及证明效力大小的活动。《行政诉讼法》第 43 条第 2 款规定:"人民法院应当按照法定程序,全面、客观地审查核实证据。对未采纳的证据应当在裁判文书中说明理由";第 3 款规定:"以非法手段取得的证据,不得作为认定案件事实的根据。"

(一)认证的时间

庭审中经过质证的证据,能够当庭认定的,应该当庭认定;不能当庭认定的,应当在合议庭合议时认定。

(二)认证的规则

1. 下列证据材料不能作为定案依据

(1)严重违反法定程序收集的证据材料;

(2)以偷拍、偷录、窃听等手段获取侵害他人合法权益的证据材料;

(3)以利诱、欺诈、胁迫、暴力等手段获取的证据材;

(4)当事人无正当事由超出举证期限提供的证据材料;

(5)在中华人民共和国领域以外或者在中华人民共和国香港特别行政区、澳门特别行政区和台湾地区形成的未办理法定证明手续的证据材料;

(6)当事人无正当理由拒不提供原件、原物,又无其他证据印证,且对方当事人不予认可的证据的复制件或者复制品;

(7)被当事人或者他人进行技术处理而无法辨明真伪的证据材料;

(8)不能正确表达意志的证人提供的证言;

(9)以违反法律强制性规定的手段获取且侵害他人合法权益的证据材料;

(10)不具备合法性和真实性的其他证据材料。

2. 不能作为认定被诉行政行为合法的依据

(1)被告及其诉讼代理人在作出行政行为后或者在诉讼程序中自行收集的证据;

(2)被告在行政程序中非法剥夺公民、法人或者其他组织依法享有的陈述、申辩或者听证权利所采用的证据;

(3)原告或者第三人在诉讼程序中提供的、被告在行政程序中未作为行政行为依据的证据。

(4)复议机关在复议程序中收集和补充的证据,或作出原行政行为的行政机关在复议程序中未向复议机关提交的证据,不能作为人民法院认定原行政行为合法的依据;需要注意的是,复议机关作共同被告的案件,复议机关在复议程序中依法收集和补充的证据,可以作为人民法院认定复议决定和原行政行为合法的依据。

3. 不能单独作为定案依据的证据

(1)未成年人所作的与其年龄和智力状况不相适应的证言;

(2)与一方当事人有亲属关系或者其他密切关系的证人所作的对该当事人有利的证言,或者与一方当事人有不利关系的证人所作的对该当事人不利的证言;

(3)应当出庭作证而无正当理由不出庭作证的证人证言;

(4)难以识别是否经过修改的视听资料;

(5)无法与原件、原物核对的复制件或者复制品;

(6)经一方当事人或者他人改动,对方当事人不予认可的证据材料;

(7)其他不能单独作为定案依据的证据材料。

4. 法庭可以直接认定的事实

(1)众所周知的事实;(2)自然规律及定理;(3)按照法律规定推定的事实;(4)已经依法证明的事实;(5)根据日常生活经验法则推定的事实。

上述(1)、(3)、(4)、(5)证据中,当事人有相反证据足以推翻的除外。

5. 证据证明力大小的认证

在对证据进行审核时，如果发现证明同一事实的数个证据，其证明效力一般可以按照下列情形分别认定：

（1）国家机关以及其他职能部门依职权制作的公文文书优于其他书证；

（2）鉴定意见、现场笔录、勘验笔录、档案材料以及经过公证或者登记的书证优于其他书证、视听资料和证人证言；

（3）原件、原物优于复制件、复制品；

（4）法定鉴定部门的鉴定意见优于其他鉴定部门的鉴定意见；

（5）法庭主持勘验所制作的勘验笔录优于其他部门主持勘验所制作的勘验笔录；

（6）原始证据优于传来证据；

（7）其他证人证言优于与当事人有亲属关系或者其他密切关系的证人提供的对该当事人有利的证言；

（8）出庭作证的证人证言优于未出庭作证的证人证言；

（9）数个种类不同、内容一致的证据优于一个孤立的证据。

◎ 导例分析：

行政诉讼法规定，被告对作出的行政行为负有举证责任，应当提供作出该行政行为的证据和所依据的规范性文件。同时被告应当在收到起诉状副本之日起 15 日内提交答辩状，并提供作出行政行为时的证据、依据；被告不提供或者无正当理由逾期提供的，应当认定该行政行为没有证据、依据，对此法院可以判决撤销或部分撤销行政行为。法院应当判决维持一审法院的判决，不能改判。

◎ 思考题

1. 行政诉讼的举证责任如何分担？
2. 行政诉讼中证据的种类有哪些？
3. 行政诉讼证据的认证规则。

◎ 综合训练

苏某系某市制药厂的职工，受该厂委托去某限价区内收购当地农民采挖的麻黄草，收购后苏某雇了个体运输户陈某的汽车，将麻黄草运往所属的制药厂。在运输途中，被该县草原监理所工作人员发现，经检查，苏某、陈某并未持有采药许可证及调运、货运的合法批准手续，该县草原监理所遂对苏某作出没收麻黄草并处以麻黄草价款两倍的罚款处罚。在执法过程中，该监理所工作人员认为苏某认错态度不好，对其进行了殴打。苏某不服，提起行政诉讼，要求撤销该处罚决定，确认该监理所工作人员的行为违法并对其所造成的人身伤害给予赔偿。

请问：

1. 本案的举证责任应如何分配？
2. 在诉讼过程中，苏某提出县草原监理所处罚对象错误，他受制药厂的委托，不应对其进行行政处罚。被告遂向法院申请补充收集与此相关的证据,法院应否准许?

3. 在诉讼过程中,被告提出原告起诉超过了法定起诉期限,此举证责任应由谁来承担?

△要点提示:

1.(1)被告县草原监理所对其行政处罚的合法性承担举证责任。(2)原告苏某应对其起诉符合法定起诉条件承担举证责任。(3)原告苏某应对行政赔偿诉讼中受侵害的事实承担举证责任。

2. 应予准许。

3. 由被告承担。

第十六章　行政诉讼程序

◎ 知识目标
　　掌握行政诉讼的各种程序以及相关制度
◎ 能力目标
　　能熟练模拟行政诉讼一审程序
◎ 素质目标
　　树立程序正义理念

◎ **本章导例**：某甲因不服县市场监督管理局对其的处罚决定而向人民法院提起行政诉讼。人民法院受理后，由1名审判员和3名陪审员组成合议庭进行审理，其中一名陪审员为市场监督管理局的副局长。在审理过程中，县委领导曾几次要求听取该案的审理情况，并要求人民法院维持县市场监督管理局处罚决定。人民法院按县委领导的意见作出了驳回原告诉讼请求的判决。在判决书送达原告5日后，县人民检察院以该审理程序不合法为由向县人民法院提出抗诉。试分析，本案中存在哪些程序违法之处？

第一节　起诉和受理

　　起诉和受理，是两种性质不同却紧密联系的诉讼活动。通过两者的结合，行政诉讼法律关系得以形成，行政诉讼程序得以启动，并由此产生一系列法律效力。

一、起诉

　　起诉，是指公民、法人或者其他组织认为行政行为侵犯其合法权益，依法请求人民法院行使审判权，审查被诉行政行为并给予司法救济的诉讼活动。

　　（一）起诉条件

　　为了保证人民法院正确、及时的审理行政案件，保障当事人的诉讼权利得以充分行使，公民、法人或者其他组织提起行政诉讼时必须符合法定条件，即《行政诉讼法》第49条规定的条件。

　　1. 原告适格

　　即起诉人必须具备原告的资格，而原告应该是行政行为的相对人以及其他与行政行为有利害关系的公民、法人或者其他组织。

　　2. 有明确的被告

所谓明确,是指所诉被告清楚、具体,所列被告的名称等信息足以使被告与其他行政机关相区别。起诉必须明确指出实施行政行为的行政机关或被授权组织的名称,也就是要明确与自己发生行政争议的行政主体的名称,否则就会出现无人应诉、无人承担诉讼后果的情况。实践中,起诉状列写被告信息不足以认定明确的被告的,人民法院可以告知原告补正;原告补正后仍不能确定明确的被告的,人民法院裁定不予立案。

3. 有具体的诉讼请求和事实根据

诉讼请求是指原告通过人民法院针对被告提出的权利主张和对人民法院作出何种裁判的要求。根据《最高人民法院关于适用〈中华人民共和国行政诉讼法〉的解释》第68条的规定,"具体诉讼请求"包括:请求判决撤销或者变更行政行为;请求判决行政机关履行特定法定职责或者给付义务;请求判决确认行政行为违法;请求判决确认行政行为无效;请求判决行政机关予以赔偿或者补偿;请求解决行政协议争议;请求一并审查规章以下规范性文件;请求一并解决相关民事争议;其他诉讼请求。当事人单独或者一并提起行政赔偿、补偿诉讼的,应当有具体的赔偿、补偿事项以及数额;请求一并审查规章以下规范性文件的,应当提供明确的文件名称或者审查对象;请求一并解决相关民事争议的,应当有具体的民事诉讼请求。当事人未能正确表达诉讼请求的,人民法院应当要求其明确诉讼请求。

事实根据是指原告向人民法院起诉所依据的事实和根据,包括案件的案情事实、证据事实以及法律、法规依据。要求原告提供事实根据只是为了证明行政争议的切实存在,以防止滥诉,而不是要求原告提供证据证明被诉行政行为违法。

4. 属于法院受案范围和受诉法院管辖

受案范围意味着当事人合法权益受司法保护的范围,即列入受案范围的案件是当事人可以起诉的案件,否则当事人起诉,人民法院不予受理。若在立案审查阶段无法判断是否属于受案范围,受理之后发现不属于受案范围的,人民法院应当裁定驳回起诉。受案范围之内的案件,在人民法院系统内还存在受案职权划分问题,即起诉必须符合管辖的规定,当事人起诉的行政案件依法应属于接受起诉状的人民法院管辖。当事人因选择管辖上的错误,并不直接导致丧失诉权。受诉人民法院应告知当事人向有权管辖法院起诉。

(二)起诉期限

起诉期限是公民、法人或者其他组织向人民法院起诉的法定时间限制。超过起诉期限,当事人将因此丧失诉权,即不得再对此行政行为提起行政诉讼;即使当事人起诉,人民法院也裁定不予受理。《行政诉讼法》第45条、第46条、第47条和第48条规定了起诉期限的相关规则。

(1)一般期限。包括两种情形:

第一,直接提起诉讼的,起诉期限是6个月。根据《行政诉讼法》第46条的规定,当事人未经复议,直接向人民法院提起诉讼的,自知道或者应当知道作出行政行为之日起6个月内向人民法院提起诉讼。

第二,经复议的案件,起诉期限是15日。根据《行政诉讼法》第45条的规定,当事人在收到行政复议决定书之日起15日内起诉;行政复议机关逾期不作决定的,申请人在复议期满之日起15日内向人民法院提起诉讼。

(2)特殊期限。无论是直接起诉的案件，还是经过复议起诉的案件，《行政诉讼法》均规定"法律另有规定的除外"，即若单行法律规定了不同于"6个月"、"15日"的起诉期限，则适用单行法律的特别规定。在此"法律"为狭义，仅指全国人民代表大会或者全国人民代表大会常务委员会制定的法律。例如，《土地管理法》第14条第3款规定："当事人对有关人民政府的处理决定不服的，可以自接到处理决定通知之日起三十日内，向人民法院起诉。"

(3)起算规则。第一，诉作为类行政行为的起算规则。根据《行政诉讼法》的规定，作为类行政行为的起诉期限何时开始计算，与四个时间点相关：一是行政行为作出之日，即行政机关何时作出行政行为的客观时间点；二是行政相对人知道或应当知道行政行为作出之日，一般是指行政机关将行政行为决定送达行政相对人之日，即行政行为作出之日一般早于行政相对人知道或应当知道行政行为作出之日，或者与行政相对人知道或应当知道行政行为作出之日是同一日；三是行政相对人知道或应当知道行政行为内容之日；四是行政相对人知道或应当知道起诉期限之日。按照四个时间点的关系，起诉期限的起算规则又可分为三种情形：

①行政相对人"全知道"的，从知道或应当知道行政行为作出之日起计算。所谓全知道，是指行政机关已经将作出的行政行为决定送达行政相对人（即行政相对人已知道行政行为的作出），明确了行政行为的内容（即行政相对人已知道行政行为的内容），并告知其起诉期限（即行政相对人已知道起诉期限）的情形。此种情形之下，行政相对人的起诉期限从知道或应当知道行政行为作出之日起计算。

②"知一半"的，从知道或应当知道行政行为起诉期限之日起计算。所谓知一半，是指行政机关已向行政相对人送达行政行为决定（即行政相对人已知道行政行为的作出），明确了行政行为的内容（即行政相对人已知道行政行为的内容），但是未告知其起诉期限的情形（即行政相对人不知道起诉期限）。此种情形之下，行政相对人的起诉期限从其知道或者应当知道起诉期限之日计算，但从知道或者应当知道行政行为内容之日起最长不得超过一年。其中"一年"是最长保护期，是法律保护行政相对人诉权的最长期限，从知道或应当知道行政行为内容之日起计算，超过该期限人民法院不予立案。

③"全不知"的，从知道或应当知道行政行为内容之日起计算。所谓全不知，是指行政机关虽然已经作出行政行为，但并未向行政相对人送达行政行为决定，行政相对人根本不知道行政行为内容的情形。此种情形之下，行政相对人的起诉期限从其知道或应当知道内容之日起计算，但不得超过法律规定的最长保护期。因不动产提起诉讼的案件自行政行为作出之日起超过二十年，其他案件自行政行为作出之日起超过五年提起诉讼的，人民法院不予受理。

第二，诉不作为类行政行为的起算规则。具体分为三种情形：

①有法定履行期限的，从行政机关履行期限届满之日起计算。

②无法定履行期限的，从行政机关在接到申请之日起两个月内不履行的，起诉期限自两个月履行期限届满之日起结算。

③紧急情况下行政机关不履行的，可立即向人民法院起诉。

(4)起诉期限的扣除和延长。公民、法人或者其他组织因不可抗力或者其他不属于其自身的原因耽误起诉期限的，被耽误的时间不计算在起诉期限内。公民、法人或者其他组织因上述情况之外的其他特殊情况耽误起诉期限的，在障碍消除后的10日内，可以申请延长期限，是否准许由人民法院决定。

【案例16-1】 2010年9月21日，某市房屋土地管理局根据张某的申报，经过审查，认定该市某房屋系张某所有，房屋所有权证于2011年11月25日送达张某。原告李某于2015年5月26日知晓该证已颁发给张某。原告认为该房属自己所有，被告将房屋的所有权证颁给第三人张某侵犯了其合法权益，遂于2015年6月18日向人民法院提起诉讼，要求法院确认其对该房屋的所有权，撤销对于第三人房屋所有权的确认。本案争议的焦点是原告的起诉是否超过起诉期限。事实上，行政机关只可能将行政文书送达给直接行政相对人，一般不向与具体行政行为有利害关系的相关人送达。因此，本案属于原告不知道行政行为内容的情况。起诉期限应从知道或应当知道行政行为内容之日起计算，即从2015年5月26日开始计算6个月的起诉期限，到2015年11月26日截止。另外，该案属于因不动产提起的诉讼案件，从2011年11月25日开始计算20年的最长保护期，到2031年11月25日截止。因此，原告的起诉并未超过起诉期限，法院应当受理。

(三)起诉方式

根据《行政诉讼法》第50条的规定，起诉应当向人民法院递交书面起诉状；书写起诉状确有困难的，可以口头起诉，由人民法院记入笔录，出具注明日期的书面凭证，并告知对方当事人。起诉状一般应列明以下事项：

(1)原告和被告的基本情况。原告是自然人的，应写明姓名、性别、年龄、民族、职业、工作单位、住所、联系方式；原告是法人或者其他组织的，应写明名称、住所和法定代表人或者主要负责人的姓名、职务、联系方式；原告是无诉讼行为能力人的，应在写明原告基本情况之后，列明法定代理人或委托代理人的姓名、性别、年龄、民族、职业、工作单位、住所、联系方式。被告的基本情况包括名称、住所等信息。

(2)诉讼请求和事实理由。

(3)证据和证据的来源。

此外，起诉状还应写明接受诉状的法院的名称和起诉的具体日期，由原告签名或者盖章。原告递交起诉状的同时，应按被告的人数递交起诉状副本，由受诉人民法院分别送达。

(四)起诉应提交的材料

公民、法人或者其他组织提起诉讼时应当提交以下起诉材料：原告的身份证明材料以及有效联系方式；被诉行政行为或者不作为存在的材料；原告与被诉行政行为具有利害关系的材料；人民法院认为需要提交的其他材料。由法定代理人或者委托代理人代为起诉的，还应当在起诉状中写明或者在口头起诉时向人民法院说明法定代理人或者委托代理人的基本情况，并提交法定代理人或者委托代理人的身份证明和代理权限证明等材料。

二、受理

受理，是指人民法院对公民、法人或者其他组织的起诉进行审查，对符合法定起诉条件的案件决定立案审查的诉讼行为。起诉是受理的前提，但是当事人起诉后，并不必然为法院所受理，法院是否决定立案进行审查是法院依法单方面作出的决定。

（一）对起诉的审查

人民法院对当事人的起诉进行审查，进而才能决定是否予以立案受理。人民法院对起诉审查的内容，即受理的条件包括：

（1）起诉是否符合法定条件，即起诉条件。

（2）起诉是否超过法定起诉期限。

（3）是否符合行政诉讼和行政复议关系的法律规定。若未按照法律、法规规定先向行政机关申请行政复议的，直接向人民法院起诉的，人民法院不予受理。

（4）是否为重复起诉。若当事人就法院作出的已经生效的裁判再提起诉讼，法院不予受理，并告知其按申诉处理；若当事人就其他法院已经受理的案件再提起诉讼，法院也不予受理。

（5）是否为撤诉后再起诉。当事人撤诉后，以同一事实和理由重新起诉的，人民法院一般不予受理。但是当事人因未按规定的期限预交案件受理费，又不提出缓交、减交、免交申请，或者申请未获批准的，按自动撤诉处理后，当事人在法定期限内再提起诉讼，并依法解决诉讼费预交问题的，人民法院予以受理。

（6）起诉是否具备其他法定要件。除了上述内容之外，法院还要审查当事人起诉是否具备其他的法定条件。

（二）对起诉的处理

根据《最高人民法院关于人民法院登记立案若干问题的规定》，人民法院对依法应该受理的一审行政起诉实行立案登记制。当事人起诉的，人民法院应当一律接收诉状，出具书面凭证并注明收到日期。

（1）登记立案。对当事人依法提起的诉讼，人民法院应当根据《行政诉讼法》第51条的规定，一律接收起诉状。能够判断符合起诉条件的，应当当场登记立案。

（2）不予立案。对不符合起诉条件的，人民法院应当作出不予立案的裁定。裁定书应注明不予立案的理由，并有释明的义务。原告对裁定不服的，可以提起上诉。

（3）接收诉状。对当场不能判定是否符合起诉条件的，应当接收起诉状，出具注明收到日期的书面凭证，并在7日内决定是否立案；7日内仍不能作出判断的，应当先予立案。

（4）告知补正。起诉状内容欠缺或者有其他错误的，应当给予指导和释明，并一次性告知当事人需要补正的内容。不得未经指导和释明即以起诉不符合条件为由不接收起诉状。

对于不接收起诉状、接收起诉状后不出具书面凭证，以及不一次性告知当事人需要补正的起诉状内容的，当事人可以向上级人民法院投诉，上级人民法院应当责令改正，并对直接负责的主管人员和其他直接责任人员依法给予处分。

人民法院既不立案，又不作出不予立案裁定的，当事人可以向上一级人民法院起诉。上一级人民法院认为符合起诉条件的，应当立案、审理，也可以指定其他下级人民法院立案、审理。

(三)受理的法律后果

(1)行政诉讼程序启动，法院享有该案审判权，行政争议双方取得原告、被告资格。

(2)被诉行政行为并不必然停止执行。诉讼期间不停止行政行为的执行。但根据《行政诉讼法》第56条的规定，有下列情形之一的，裁定停止执行：①被告认为需要停止执行的；②原告或者利害关系人申请停止执行，人民法院认为该行政行为的执行会造成难以弥补的损失，并且停止执行不损害国家利益、社会公共利益的；③人民法院认为该行政行为的执行会给国家利益、社会公共利益造成重大损害的；④法律、法规规定停止执行的。当事人对停止执行或者不停止执行的裁定不服的，可以申请复议一次。

第二节 行政诉讼一审程序

行政诉讼一审程序是最重要、最基础的程序，是行政案件基本的、必经的程序阶段。当法律规范对二审及再审程序规定不明确时，一审程序还是两类程序的参照程序。行政诉讼一审程序包括普通程序和简易程序两类，二者虽然有繁简之分，但在主要审理程序、相关制度方面是一致的。

一、一审普通程序

(一)审理前的准备

为保证人民法院审判工作的进行和案件正确及时审理，人民法院在案件受理后至开庭审理前需要进行一系列的准备活动。

(1)组成合议庭。人民法院审理行政案件采取的主要组织形式是合议制。具体要求是由审判员组成合议庭，或者由审判员、陪审员组成合议庭。合议庭成员应当是3人以上的单数。合议的成员是平等的，评议案件时实行少数服从多数原则。合议庭在审判长的主持下集体审理、共同评议，按照少数服从多数原则进行各项活动。

(2)送达诉讼文书。人民法院应当在立案之日起5日内，将起诉状的副本或起诉笔录复制本发送被告。被告应在收到起诉状副本或起诉笔录复制本之日起15日内，向人民法院提交作出行政行为的证据和所依据的规范性文件，并提出答辩状。人民法院应当在收到答辩状之日起5日内，将答辩状副本发送原告。有第三人参加诉讼的，比照上述规定发送起诉状副本或答辩状副本。被告不提交答辩状的，不影响人民法院审理。

(3)审查诉讼文书和证据材料。人民法院应当对原告、被告提供的起诉状、答辩状和各种证据材料进行审查，全面了解案情，明确原告的诉讼请求和被告的答辩理由，进而确定是否需要当事人补充证据或法院主动调查收集证据，是否需要对专门性问题进行鉴定，是否采取证据保全措施，为开庭审理做好准备。

(4)确认、更换和追加当事人。法院在了解案情的基础上，根据实际情况对诉讼主体进行全面审查，确认原告、被告及第三人资格，发现不具备当事人资格的应及时更换、追加当事人。如果有共同诉讼人或第三人需要参加诉讼的,应通知其参加。

(二)开庭审理

1. 审理方式

行政案件的审理方式以公开审理为原则,以不公开审理为例外。除涉及国家秘密、个人隐私和法律另有规定的情况之外,人民法院一般应公开审理行政案件。另外,涉及商业秘密的案件,当事人申请不公开审理的,可以不公开审理。无论公开审理,还是不公开审理,宣告判决、裁定时,都应公开进行。

2. 审理程序

(1)开庭准备。研究庭审提纲,分析应当注意的主要问题及庭审中可能出现的问题及对策,确定开庭时间、地点等相关事宜;在开庭3日前用传票传唤当事人出庭参加庭审、用通知书通知其他诉讼参与人到庭参加诉讼活动;对于公开审理的行政案件,还应公告开庭的相关事宜,以便公众旁听。

(2)开庭审理。分为宣布开庭、法庭调查、法庭辩论、合议庭评议、宣判五个阶段。

第一阶段,宣布开庭。开庭前由书记员查明当事人和其他诉讼参与人的到庭情况,宣布法庭纪律;然后由审判长宣布开庭,宣布案由,核对当事人身份,宣布合议庭组成人员或独任审判人员、书记员名单,告知当事人诉讼权利和义务,询问当事人是否申请回避。当事人申请回避,应当说明理由,在案件开始审理时提出;回避事由在案件开始审理后知道的,应当在法庭辩论终结前提出。被申请回避的人员,在人民法院作出是否回避的决定前,应当暂停参与本案的审理活动,但案件需要采取紧急措施的除外。对当事人提出的回避申请,人民法院应当在三日内以口头或者书面形式作出决定。对当事人提出的明显不属于法定回避事由的申请,法庭可以依法当庭驳回。申请人对驳回回避申请决定不服的,可以向作出决定的人民法院申请复议一次。复议期间,被申请回避的人员不停止参与本案的工作。对申请人的复议申请,人民法院应当在三日内作出复议决定,并通知复议申请人。

第二阶段,法庭调查。法庭调查是法庭在诉讼当事人和参与人的参加下,全面调查案件事实,审查判断各项证据的诉讼活动。法庭调查的任务是审核和查实各项证据,以查明案情,认定案件事实。法庭调查一般按当事人陈述、归纳小结、当事人举证、当事人质证、法庭认证的顺序进行。当事人陈述,包括被告宣读被诉行政行为内容、原告宣读起诉状、被告宣读答辩状等内容。归纳小结,是法庭在当事人陈述之后,对本案的诉讼请求、无争议事实、争议焦点等加以概括归纳的程序。当事人举证、质证,根据行政诉讼被告承担举证责任的原则,应按照"被告举证、原告质证、原告举证、被告质证"的顺序进行。当事人当庭举证应出示证据并进行说明。当事人当庭质证一般以"一举一质"或"类举类质"的方式进行。法庭应当引导当事人围绕证据的真实性、关联性、合法性,针对证据证明力有无以及证明力大小,进行辨认与辩驳。质证时,法庭应当引导质证当事人首先作出是否认可的意思表示。如不认可,应提出具体的理由。法庭认证,是当事人举证、质证后,法庭对证据进行审查核实并作出是否采信结论的程序。法庭可当庭评议或者暂时休庭评议。能够当庭宣布认证结论的,由审判长当庭宣布;不能当庭宣布的,在下次开庭时或者宣判时宣布。不能当庭认证的,应当向当事人作出说明。

第三阶段,法庭辩论。法庭辩论是指在审判人员的主持下,当事人及其代理人在法庭调查的基础上阐述自己的主张和根据，反驳对方主张的诉讼活动。当事人应当围绕各自的诉讼请求或者诉讼主张，主要围绕法律的具体适用问题展开辩论。发言的顺序是原告及其代理人、被告及其代理人、第三人及其代理人，然后双方进行辩论。第一轮辩论结束后，进入第二轮辩论，针对第一轮辩论中对方的主张和理由进行反驳，进一步阐述己方主张。辩论在审判长的主持下可以进行多轮，各方发言必须经过审判长准许。若在辩论中，法庭发现了新的事实或当事人提供了新的证据，确需进一步调查的，审判长可以决定恢复法庭调查阶段或延期审理，待事实查清后再恢复法庭辩论。法庭辩论终结，当事人有最后陈述的权利。

第四阶段，休庭评议。法庭辩论结束后，审判长宣布休庭，进行评议。根据法庭认定的证据确认案件事实，适用法律、法规和参照规章，最终形成法院对案件的判决。合议庭评议案件，以少数服从多数的原则形成评议结论，但评议中不同的意见必须记入评议笔录，笔录要有合议庭全体成员及书记员的签名。对于疑难、复杂、重大的行政案件，合议庭认为难以作出决定的，可以提请院长提交审判委员会讨论决定，合议庭必须执行该决定。

第五阶段，宣判。法院对公开审理或者不公开审理的案件都要公开宣判。当庭宣判的，应当在10日内发送判决书、裁定书或调解书、附带民事诉讼调解书；定期宣判的，应当在宣判后立即发送。宣判时，应当告知当事人上诉权利、上诉期限和上诉法院。

书记员宣读庭审笔录或告知当事人和其他诉讼参与人在5日内到庭查阅庭审笔录并签名或盖章；当事人拒绝签名或盖章的，书记员应注明情况附卷。当事人和其他诉讼参与人提出更正或补充意见时，应当记入笔录。合议庭成员或审判人员、书记员也应审阅笔录，并在笔录上签名。

另外，根据《最高人民法院关于行政诉讼简易程序试点工作的通知》的规定，适用简易程序审理的案件，一般应当一次开庭并当庭宣判。法庭调查和辩论可以围绕主要争议问题进行，庭审环节可以适当简化或者合并。

(3)审理期限。人民法院适用普通程序审理行政案件，应当在立案之日起6个月内作出一审判决。鉴定、处理管辖异议以及中止诉讼的时间不计算在内。有特殊情况需要延长期限的，由高级人民法院批准；高级人民法院审理第一审案件需要延长期限的，由最高人民法院批准；基层人民法院申请延长期限的，应当直接报高级人民法院批准，同时报中级人民法院备案。

二、一审简易程序

为保障和方便当事人依法行使诉讼权利，减轻当事人的诉讼负担，行政诉讼一审程序中设置了简易程序。

(一)适用范围

1. 法定简易

对于第一审下列案件，人民法院认为事实清楚、法律关系明确、争议不大，可以适用简易程序：

(1)被诉行政行为是依法当场作出的；

(2)案件涉及款额二千元以下的；
(3)属于政府信息公开案件的。
2. 协定简易
对于第一审案件，当事人各方同意适用简易程序的，可以适用简易程序。
3. 不得适用范围
适用简易程序的案件只能为第一审行政案件，发回重审、按照审判监督程序再审的案件均不能适用简易程序。
(二)审判组织形式
适用简易程序审理一审行政案件，由审判员一人独任审理，而不能由陪审员独任审理。
(三)审理期限
适用简易程序审理一审行政案件，人民法院应当在立案之日起45日内审结。
(四)程序转化
适用简易程序审理一审行政案件，在审理过程中，发现案件不宜适用简易程序的，裁定转为普通程序。

三、一审中的各项制度

(一)撤诉
撤诉，是指在人民法院对行政案件宣告判决或者裁定前，原告明确表示或依其行为推定撤回起诉，经法院审查予以同意的诉讼行为。
1. 撤诉的种类
撤诉有原告申请撤诉和视为申请撤诉两种。
(1)申请撤诉。它是原告主动提出申请，明确表示撤回起诉的制度。一般应符合以下条件：原告申请；在一审裁判宣告之前提出；申请为原告的真实意思表示；符合法律规定；得到法院准许。

申请撤诉，可以是原告主动提出申请，也可以是被告改变被诉行政行为而原告同意撤诉。若是由于被告改变被诉行政行为且得到原告的同意，原告申请撤诉的，根据《最高人民法院关于行政诉讼撤诉若干问题的规定》应符合以下条件：申请撤诉是当事人真实意思表示；被告改变被诉具体行政行为，不违反法律、法规的禁止性规定，不超越或者放弃职权，不损害公共利益和他人合法权益；被告已经改变或者决定改变被诉具体行政行为，并书面告知人民法院；第三人无异议。"被告改变被诉行政行为"的情形包括：改变被诉具体行政行为所认定的主要事实和证据；改变被诉具体行政行为所适用的规范依据且对定性产生影响；撤销、部分撤销或者变更被诉具体行政行为处理结果。可以视为"被告改变被诉行政行为"的情形包括：根据原告的请求依法履行法定职责；采取相应的补救、补偿等措施；在行政裁决案件中，书面认可原告与第三人达成的和解。

【案例16-2】 某化工厂因污染了附近村民的鱼塘，被村民告到县环保局。县环保局对化工厂作出罚款10万元的处罚决定。化工厂不服向县人民法院提起行政诉讼。

诉讼过程中，县环保局将罚款数额改为2万元，化工厂同意并申请撤诉。若附近村民不同意，县人民法院应裁定不准予撤诉；即使村民同意，县环保局亦应将改变罚款的情况书面告知县人民法院，才可能准予撤诉。

(2) 视为申请撤诉，又称为"按撤诉处理"。它是原告未明确表示撤回起诉，但是人民法院根据原告在诉讼中的消极诉讼行为，推定其撤诉的制度。视为申请撤诉，或称为"按撤诉处理"的情形有：原告经人民法院传票传唤无正当理由拒不到庭，或者未经法庭同意而中途退庭的；原告未按规定的期限预交案件受理费，又不提出缓交、减交、免交申请，或者提出申请未获批准的，按自动撤诉处理。

当事人申请撤诉或者依法可以按撤诉处理的案件，当事人有违反法律的行为需要依法处理的，人民法院可以不准许撤诉或者不按撤诉处理。法庭辩论终结后、人民法院宣判前，原告申请撤诉，人民法院可以准许，但涉及国家利益和社会公共利益的除外。

2. 撤诉的法律后果

在行政诉讼中，经人民法院裁定准许撤诉后，原告以同一事实和理由重新提起诉讼的，人民法院不予受理。但是原告以不同事实或理由重新起诉或重新起诉有正当理由的，人民法院应当受理；在按撤诉处理后，原告在法定期限内再次起诉，并依法解决诉讼费用预交问题的，人民法院应当受理。如果准予撤诉的裁定确有错误，原告申请再审的，人民法院应当通过审判监督程序撤销原准予撤诉的裁定，重新对案件进行审理。

另外，人民法院裁定准许行政诉讼原告撤诉，但其对已经提起的一并审理相关民事争议不撤诉的，人民法院应当继续审理。

(二) 缺席判决

缺席判决，是人民法院在开庭审理时，在一方当事人或双方当事人未到庭陈述、辩论的情况下，合议庭经过审理作出裁判的诉讼活动。缺席判决的情形有：

第一，被告经人民法院传票传唤，无正当理由拒不到庭的；

第二，被告未经法庭许可中途退庭的；

第三，原告申请撤诉，人民法院裁定不予准许，原告经传票传唤无正当理由拒不到庭的，或者未经法庭许可而中途退庭拒不返回的。

但是，如果第三人经传票传唤无正当理由拒不到庭的，或者未经法庭准许中途退庭的，不发生阻止案件审理的效果，人民法院继续审理。

人民法院对被告经传票传唤无正当理由拒不到庭，或者未经法庭许可中途退庭的，可以将被告拒不到庭或者中途退庭的情况予以公告，并可以向监察机关或者被告的上一级行政机关提出依法给予其主要负责人或者直接责任人员处分的司法建议。

【案例16-3】 吴某因赌博被县公安局罚款2000元，吴某不服向法院提起行政诉讼。法院按照行政诉讼法的规定受理了案件，同时向该县公安局送达传票，但该县公安局认为自己是堂堂的行政机关，人民法院也是国家机关，肯定会维护自己利益，所以对这个案件根本不予理睬，拒绝出庭。根据《行政诉讼法》第58条的规定，被告无正当理由拒不到庭，或者未经法庭许可中途退庭的，人民法院可以缺席判决。

（三）延期审理、诉讼中止和诉讼终结

1. 延期审理

它是指由于发生特殊情况，人民法院把已定的审理日期或正在进行的审理推迟至另一日期再审理的诉讼法律制度。延期审理的情形有：

（1）必须到庭的当事人和其他诉讼参与人有正当理由没有到庭的；

（2）当事人临时提出回避申请且无法及时作出决定的；

（3）需要通知新的证人到庭，调取新的证据，重新鉴定、勘验，或者需要补充调查的；

（4）其他应当延期的情形。

2. 诉讼中止

它是指在诉讼进行过程中，诉讼程序因特殊情况的发生而中途停止，待中止的原因消除后，诉讼程序继续进行的诉讼法律制度。中止诉讼的情形有：

（1）原告死亡，须等待近亲属表明是否参加诉讼的；

（2）原告丧失诉讼行为能力，尚未确定法定代理人的；

（3）作为一方当事人的行政机关、法人或者其他组织终止的，尚未确定权利义务承受人的；

（4）一方当事人因不可抗拒的事由不能参加诉讼的；

（5）案件涉及法律适用问题，需要送请有权机关作出解释或者确认的；

（6）案件的审判须以相关民事、刑事或者其他行政案件的审理结果为依据，而相关案件尚未审结的；

（7）其他应当中止诉讼的情形。

3. 诉讼终结

它是指在诉讼进行过程中，由于发生特殊情况，人民法院结束正在进行的诉讼程序的诉讼法律制度。终结诉讼的情形有：

（1）原告死亡，没有近亲属或者近亲属放弃诉讼权利的；

（2）作为原告的法人或者其他组织终止后，其权利义务的承受人放弃诉讼权利的；

（3）因原告死亡，须等待其近亲属表明是否参加诉讼，中止诉讼满90日，仍无人表明参加诉讼的；

（4）因原告丧失诉讼行为能力而中止诉讼满90日，仍未确定法定代理人的；

（5）因作为一方当事人的行政机关、法人或者其他组织终止而中止诉讼满90日，仍未确定权利义务承受人的。

（四）财产保全和先予执行

（1）财产保全。它是指人民法院对于因一方当事人的行为或者其他原因，可能使具体行政行为或者人民法院生效裁判不能或者难以执行的案件，可以根据对方当事人的申请或者在必要时依职权采取措施对有关财产加以保护的诉讼法律制度。

财产保全的措施主要有：查封、扣押、冻结或者法律规定的其他措施。

当事人对人民法院作出的财产保全的裁定不服，可以申请复议，复议期间不停止裁定的执行。

(2)先予执行。它又称"先行给付",是指人民法院在判决确定之前,裁定有给付义务的人预先给付对方部分财物或者为一定行为的诉讼法律制度。行政诉讼中的先予执行,是指人民法院在审理行政案件过程中,因为原告一方生活急需,在作出判决前,根据原告的申请,裁定被告给付原告一定数额的款项或者特定物,并立即执行的制度。

先予执行适用情形包括:没有依法支付抚恤金、最低生活保障金、工伤社会保险金、医疗社会保险金案件。先予执行应当同时满足两个要求:一是明确性要求,即权利义务关系明确;二是急迫性要求,不先予执行将严重影响原告生活。

当事人对人民法院作出的先予执行裁定不服的,可以申请复议一次,复议期间不停止裁定的执行。如果先予执行的裁定确有错误,或经过审理后确认申请人不具备申请先予执行的条件,申请人应退回已经得到的财物。

第三节 行政诉讼二审程序

一、二审程序的概念

行政诉讼的二审程序,又称为"上诉审程序",是指一审法院作出裁判后,诉讼当事人不服,在法定期限内提请一审法院的上一级法院重新审理并作出裁判的程序。

人民法院审理行政案件实行两审终审制度,但是并不是每个行政案件都要经过二审程序,只有当事人不服一审判决、裁定,在法定期间内,以合法形式提出上诉的案件,才经过第二审程序。

二、上诉的提起、受理及审理

(一)上诉的提起

上诉是《行政诉讼法》赋予当事人的一项基本诉讼权利,但是上诉必须符合法定条件,才能引起第二审程序。

(1)上诉人符合法律规定。上诉人必须是不服一审裁判,向上一级人民法院提起上诉的人,包括原告、被告和受到一审判决不利影响的第三人及其法定代理人、指定代理人。

(2)上诉对象符合法律规定。能够成为上诉对象的是一审法院作出的未生效的判决、裁定和二审法院发回重审的判决。最高人民法院的一审判决、裁定,地方人民法院的二审终审判决、裁定,不能提起上诉。另外,对于不予立案、驳回起诉和管辖异议三种裁定可以提起上诉。

(3)上诉期限符合法律规定。当事人不服一审法院判决的,必须在判决书送达之日起15日内提起上诉;当事人不服一审法院裁定的,必须在裁定书送达之日起10日内提起上诉。上诉期限届满,判决、裁定即发生法律效力,上诉期限的耽误和延长,适用一审程序的相关规定。

(4)上诉方式符合法律规定。提起上诉的当事人应当采用书面的上诉状方式。上诉状应载明上诉人、被上诉人的基本情况、原审法院的名称、案件编号和案由、上诉的事实和理由以及上诉的诉讼请求,并依当事人的人数向法院提交上诉状副本。

(5)交纳诉讼费。上诉人必须根据法院的要求,预交上诉费用,拒不交纳又没有申请缓交、减交或免交的,视为自动撤回上诉。

(二)上诉的受理

上诉既可以通过原审人法院提出,也可以直接向原审法院的上一级人民法院提出。原审法院收到上诉状,应当在5日内将上诉状副本送达其他当事人,对方当事人应当在收到上诉状副本之日起15内提出答辩状。原审法院应当在收到答辩状之日起5日内将副本送达当事人。原审法院收到上诉状、答辩状,应当在5日内连同全部案卷和证据材料以及上诉人预收的上诉费,报送二审法院。直接向二审法院上诉的,二审法院应当在收到上诉状之日起5日内将上诉状发交原审法院。

(三)上诉案件的审理

人民法院审理上诉案件,除《行政诉讼法》及其司法解释有特殊规定外,均适用一审程序。

(1)审判组织。人民法院审理上诉案件应当组成合议庭,合议庭必须由审判员组成,不包括陪审员。

(2)审理方式。人民法院审理上诉案件,开庭审理为原则,不开庭审理为例外。经过阅卷、调查和询问当事人,对没有提出新的事实、证据或者理由,合议庭认为不需要开庭审理的,也可以不开庭审理。

(3)审理对象。人民法院应当对原审法院的判决、裁定和被诉行政行为进行全面审查,不受一审裁判和当事人上诉范围的限制。

(4)审理期限。人民法院审理上诉案件,应当自收到上诉状之日起3个月内作出终审判决。有特殊情况需要延长的,由高级人民法院批准;高级人民法院审理上诉案件需要延长的,由最高人民法院批准。

第四节 行政诉讼审判监督程序

一、审判监督程序的概念

行政诉讼审判监督程序,是指人民法院根据当事人的申请、检察机关的抗诉或人民法院发现本院已经发生法律效力的判决、裁定确有错误,依法对案件进行再审的程序。审判监督程序不是必经程序,不具有审级性质。

二、审判监督程序的提起

1. 有权启动再审程序的主体

(1)原审人民法院。原审人民法院院长对本院已生效的判决、裁定,发现有违法情形,或者发现调解违法,认为需要再审的,应当提交审判委员会决定。(2)最高人民法院、上级人民法院。最高人民法院对地方各级人民法院已生效的判决、裁定,上级人民法院对下级人民法院已生效的判决、裁定,发现有违法情形,或者发现调解违法,认为需要再审的，既可以提审，也可以指令下级人民法院重审。(3)人民检察院。最高人民检察院对各级人民法院已经发生法律效力的裁判，向最高人民法院抗诉；上级人民检察院对下级人民法院发生法律效力的裁判，向同级人民法院抗诉；地方各级人民检察院对同级人民法院发生法律效力的裁判，报请上级人民检察院，由上级人民检察院向同级人民法院提起抗诉。人民法院开庭审理抗诉案件时，应当通知人民检察院派员出庭。

2. 当事人申请再审

当事人对已经发生法律效力的判决、裁定，认为确有错误的，可以申请再审，是否启动再审程序，需要人民法院审查决定。当事人向上一级人民法院申请再审，应当在判决、裁定或者调解书发生法律效力后六个月内提出。但是，有下列情形之一的，当事人可以自知道或者应当知道之日起六个月内提出再审申请：有新的证据，足以推翻原判决、裁定的；原判决、裁定认定事实的主要证据是伪造的；据以作出原判决、裁定的法律文书被撤销或者变更的；审判人员审理该案件时有贪污受贿、徇私舞弊、枉法裁判行为的。

根据《行政诉讼法》第91条的规定："当事人的申请符合下列情形之一的，人民法院应当再审：（一）不予立案或者驳回起诉确有错误的；（二）有新的证据，足以推翻原判决、裁定的；（三）原判决、裁定认定事实的主要证据不足、未经质证或者系伪造的；（四）原判决、裁定适用法律、法规确有错误的；（五）违反法律规定的诉讼程序，可能影响公正审判的；（六）原判决、裁定遗漏诉讼请求的；（七）据以作出原判决、裁定的法律文书被撤销或者变更的；（八）审判人员在审理该案件时有贪污受贿、徇私舞弊、枉法裁判行为的。"另外，发现调解违反自愿原则或者调解书内容违法的，经法定程序，人民法院可以决定启动再审程序，人民检察院可以通过抗诉启动再审程序。

三、审判监督程序的审理

人民法院决定按照审判监督程序审理行政案件，其程序为：第一，裁定中止原裁判的执行。上级法院决定提审或指令下级法院再审，应当作出裁定，情况紧急的，可以口头通知负责执行的法院或原审法院中止执行，并在口头通知后10日内发送裁定书。裁定由院长署名，加盖人民法院印章。第二，重新组成合议庭。原审合议庭人员应自行回避，不再参与再审案件的审理工作。第三，适用第一审程序或第二审程序进行审理。人民法院决定再审的案件，发生法律效力的裁判是由第一审人民法院作出的，按照第一审程序审理，所作裁判，当事人可以上诉；发生法律效力的裁判是由第二审人民法院作出的，按照第二审程序审理，所作裁判是终审裁判；上级人民法院提审或指令的再审案件，按照第二审程序审理，所作裁判是终审裁判。

法院审理再审案件，认为原生效裁判确有错误，在撤销原生效裁判的同时，可以重新作出裁判；也可以裁定撤销原审裁判，发回作出生效裁判的法院重新审理。但下列情形应当裁定发回作出生效判决、裁定的人民法院重新审理：(1)审理本案的审判人员、书记员应当回避而未回避的；(2)依法应当开庭审理而未经开庭即作出判决的；(3)未经传票传唤当事人而缺席判决的；(4)遗漏必须参加诉讼的当事人的；(5)对与本案有关的诉讼请求未予裁判的；(6)其他违反法定程序可能影响案件正确裁判的。

法院审理再审案件，对原审法院受理、不予受理或者驳回起诉错误的，应当分别情况作如下处理：(1)第一审人民法院作出实体判决后，第二审人民法院认为不应当受理的，在撤销第一审人民法院判决的同时，可以发回重审，也可以迳行驳回起诉；(2)第二审人民法院维持第一审人民法院不予受理裁定错误的，再审法院应当撤销第一审、第二审人民法院裁定，指令第一审人民法院受理；(3)第二审人民法院维持第一审人民法院驳回起诉裁定错误的，再审法院应当撤销第一审、第二审人民法院裁定，指令第一审人民法院审理。

◎ 导例分析：

本案中，在法院合议庭的组成人数、组成人员以及县检察院对法院判决的监督等方面均有违法之处，都违反了行政诉讼程序的基本要求。行政诉讼和其他诉讼一样，作为一种司法审查机制，在程序方面有严格的要求。

◎ 思考题

1. 试述行政诉讼起诉状、答辩状和代理词的书写要点。
2. 试分析延期审理、诉讼中止和诉讼终结制度的区别。
3. 行政诉讼二审程序有哪些特点？
4. 简述有权启动审判监督程序的主体及其程序。

◎ 综合训练

公民李一对 A 机关的行政处罚不服，依法向 A 机关的上一级行政机关申请复议。复议机关维持原处罚。李一向法院提起行政诉讼。在诉讼过程中，复议机关发现原行政处罚确有错误，于是作出决定，撤销了自己作出的复议决定，同时撤销原行政处罚决定。但是李一不愿意撤诉，要求法院继续审理并作出判决。而法院认为，既然被诉行政行为已经被撤销，诉讼已无意义，因此裁定终止诉讼。

请简要分析法院作出裁定的理由是否正确。

△要点提示：

不正确。因为根据《行政诉讼法》第 62 条的规定，人民法院判决、裁定宣告前，被告改变其所做的行政行为，原告同意并申请撤诉的，是否准许由法院裁定。当原告不同意撤诉，法院应当继续审理，而不能终止诉讼。

第十七章 行政诉讼的判决、裁定与决定

◎ **知识目标**
　　了解行政诉讼法律适用规则
　　了解行政诉讼一审判决的种类
　　掌握行政诉讼一审判决的适用条件
◎ **能力目标**
　　能在区分不同的法律规范在行政诉讼中的作用
　　能起草简单的行政诉讼的判决
◎ **素质目标**
　　加强行政诉讼裁判文书的释法说理，发挥裁判定纷止争和价值引领作用

◎ **本章导例**：2020年9月27日，齐来发与济南长途汽车运输有限责任公司签订协议，承包鲁A48307号客车，营运路线为济南至角峪。2021年11月9日，齐来发向山东省交通运输厅道路运输局邮寄申请，认为山东省交通运输厅道路运输局颁发道路运输许可证的鲁S30886号客车超线路经营，侵占了其营运路线，要求：依法查处该车超线路经营行为；禁止该车侵占其路线营运；吊销客运经营者的道路运输经营许可证。该局收到申请后，一直未作出答复。齐来发不服，起诉至济南市市中区人民法院。一审法院认为，根据道路运输管理条例有关规定，客运经营者不按规定路线行驶的，由县级以上道路运输管理机构进行查处，情节严重的，由原许可机关吊销道路运输经营许可证，故一审法院作出驳回判决。二审法院认为《山东省道路交通运输条例》等规定，只有在客运经营者存在着不按照规定线路行驶的行为且情节严重的情况下，原许可机关才具有吊销道路运输经营许可权的权力。但是山东省交通运输厅道路运输局收到齐来发申请后，应当根据其职权范围的规定作出相应指导。请问二审法院该作出何种判决？

第一节　行政诉讼法律适用

一、行政诉讼法律适用的含义

　　行政诉讼法律适用是指人民法院按照法定的程序，将法律、法规以及规章具体运用到各种行政案件，对被诉行政行为的合法性进行审查的活动。
　　行政诉讼法律适用的法律规范包括：行政诉讼法、行政实体法和行政程序法。人民法

院适用行政诉讼法主要解决行政诉讼程序的相关问题,以保证人民法院对被诉行政行为的审查能够顺利进行,主要是行政诉讼法、最高人民法院的司法解释、单行法律、法规中有关诉讼程序的条款以及民事诉讼法的相关规定;适用行政实体法和行政程序法规范,主要是解决人民法院对被诉行政行为的合法性审查判断标准问题,进而对行政行为的合法性作出裁判。

二、行政诉讼法律适用的规则

(一)法律、法规是行政审判的依据

行政诉讼案件的审判依据是指人民法院审理行政案件对行政行为是否合法进行审查和裁判时必须依据的根据。

行政诉讼是对行政行为合法性进行审查的司法活动。行政审判机关在查明案件事实之后,必须明确应以什么样的标准和尺度来判断行政行为合法性的问题。为此,我国《行政诉讼法》第63条规定:"人民法院审理行政案件,以法律和行政法规、地方性法规为依据。地方性法规适用于本行政区域内发生的行政案件。人民法院审理民族自治地方的行政案件,并以该民族自治地方的自治条例和单行条例为依据。"依据这一规定,人民法院审理行政案件以法律、法规为依据。

作为审理行政案件依据的法律、法规包括:

1. 法律

法律是国家最高权力机关(全国人民代表大会以及全国人民代表大会常务委员会)制定的,在全国范围内具有普遍约束力的规范性文件。在我国的法律规范层级体系中,法律的效力仅次于宪法,人民法院审查行政行为的效力时,必须以法律为依据。

2. 行政法规

行政法规是指最高行政机关(国务院)依据宪法和法律,按照法定程序制定,在全国范围内具有普遍约束力的规范性文件。行政法规的具体名称包括条例、规定和办法,行政法规的法律地位仅次于法律,在全国范围内具有普遍的约束力,是人民法院行政审判的依据。

3. 地方性法规

地方性法规是指由省、自治区、直辖市的人民代表大会及其常务委员会,设区的市、自治州的人民代表大会及其常务委员会按照法定程序制定的规范性文件。地方性法规在本区域内有效,人民法院审理本行政区域内的行政案件,以地方性法规为依据。

4. 自治条例、单行条例

自治条例和单行条例是民族自治区、自治州、自治县人民代表大会依照宪法、民族区域自治法和其他法律规定的权限,结合当地的政治、经济和文化的特点制定的规范性文件,它是民族自治地方权力机关代表民族自治地方各族人民行使民族自治权利的体现。自治条例和单行条例在本民族区域内具有普遍的约束力。人民法院审理民族自治地方行政案件应以民族自治地方的自治条例和单行条例为依据。

(二)规章的参照适用

在我国,规章可分为部门规章和地方政府规章两种。国务院各部、委员会、中国人民银行、审计署和具有行政管理职能的直属机构以及法律规定的机构，可以根据法律和国务院的行政法规、决定、命令，在本部门的权限范围内，制定规章。部门规章在全国范围内具有普遍约束力和执行力，属于中央行政立法的范畴，在效力等级上低于法律和行政法规；地方政府规章是指省、自治区、直辖市以及设区的市、自治州的人民政府根据法律、行政法规及地方性法规所制定的适用于本区域的规范性文件的总称。

《行政诉讼法》第63条第3款规定："人民法院审理行政案件，参照规章。"

"参照"规章是与"依据"法律、法规相对应的。"依据"是指人民法院审理行政案件时，必须适用该规范，不能拒绝适用，是一种无条件的适用；"参照"规章则是指人民法院审理行政案件时，对规章进行参酌和鉴定后，是一种有条件的适用。对符合法律、行政法规的规章予以适用，参照规章进行审理，将规章作为审查行政行为的根据；对于不符合或不完全符合法律、法规原则精神的规章，人民法院有灵活处理的余地，可以不予适用。

需要注意的是，参照规章的前提是对规章进行审查，通过审查确定规章的合法性，从而决定是否适用。这种审查是有限的，如果人民法院认为规章违法，不能宣布撤销规章或者宣布规章无效，只能向权力机关或者相应的行政机关提出司法建议要求撤销或者变更。

人民法院审理行政案件，可以在裁判文书中引用合法有效的规章。

(三)法律解释在行政诉讼中的地位

在我国正式有效的法律解释包括立法解释、行政解释、司法解释。我国《立法法》第50条规定，全国人民代表大会常务委员会的法律解释同法律具有同等效力。行政解释是指国家行政机关在依法行使职权时，对有关法律、法规如何具体应用所做的解释。司法解释是最高人民法院在审判过程中如何具体应用法律问题进行的解释，是对法律的具体化。目前，司法解释在我国法律体系中发挥着重要的作用，《适用解释》第100条规定"人民法院审理行政案件，适用最高人民法院司法解释的，应当在裁判文书中援引。"

(四)国际条约及其他国际法规范

国际条约包括我国参与制定、批准或者同意、接受、承认的各种国际双边、多边条约。国际条约一般经立法机关缔结、签订或者事先同意、事后审议通过、法律授权签订等途径达成并经公告后，具有法律效力，成为国内法的组成部分，构成一国法律规范的一个重要渊源。

一般而言，国际条约的适用应经国内法进行转化，但也存在直接适用的情形。对国际条约的适用一般都发生在涉外行政诉讼案件中，如果我国缔结或者参加的国际条约同国内法有不同的，适用该国际条约的规定，中华人民共和国声明保留的条款除外。

(五)其他规范性文件在行政诉讼中的地位

其他规范性文件，是指规章以下的具有普遍约束力的行政决定、命令的总称。在我国，规章以下的规范性文件是大量的行政行为的依据。《适用解释》第100条第2款规定"人民法院审理行政案件，可以在裁判文书中引用合法有效的规章及其他规范性文件。"公民、法人或者其他组织在对行政行为提起诉讼时一并请求对所依据的规范性文件审查的，由行政行为案件管辖法院一并审查。《适用解释》第149条规定："人民法院经审查认为行政行为所依据的规范性文件合法的，应当作为认定行政行为合法的依据；经审查认为规范性文件不合法的，不作为人民法院认定行政行为合法的依据，并在裁判理由中予以阐明。"

三、行政诉讼法律冲突的适用规则

(一)行政诉讼法律冲突

行政诉讼法律冲突是指人民法院在行政诉讼过程中，发现同一法律事实或者法律关系，有两个或者两个以上的法律规范作了不同的规定，如果适用不同的法律规定将导致不同的裁判结果的情形。

由于我国立法体制的复杂性，法律渊源存在多种形式，法律规范的冲突是不可避免的。但是法律规范的冲突有些是合法的，如特别法与一般法的冲突；也有的是不合法的，如规章与行政法规的冲突。研究法律规范冲突的目的是如何减少或者消除不合法的冲突和选择适用合适的法律规范。

(二)行政诉讼法律冲突的适用规则

行政诉讼法律冲突的适用规则，是指行政诉讼中存在同一法律事项的相互冲突时，指导人民法院解决法律适用冲突，选择应当适用的法律规范，以此审查行政行为合法性的具体原则和方法。在行政诉讼中，人民法院解决相应法律适用冲突的规则包括：

1. 层级冲突适用规则

层级冲突，也称纵向冲突，是指不同法律效力层级的法律规范之间发生的冲突。

对于层级冲突，解决的规则是：高层级的法律规范优于低层级的法律规范。在行政法律规范体系中，宪法、法律、行政法规、地方性法规和规章的法律层级排列有序，低层级的法律规范不得与高层级的法律规范相抵触。宪法具有最高的法律效力，法律的效力高于行政法规、地方性法规、规章。行政法规的效力高于地方性法规、规章。地方性法规的效力高于本级和下级地方政府规章。省、自治区的人民政府制定的规章的效力高于本行政区域内的市人民政府制定的规章。

此外，民族自治地方的自治条例、单行条例依法对法律、行政法规、地方性法规作变通规定的，在本自治地方适用自治条例和单行条例的规定。经济特区法规根据授权对法律、行政法规、地方性法规作变通规定的，在本经济特区适用经济特区法规的规定。

需要注意的是，根据授权制定的法规与法律规定不一致，不能确定如何适用时，由全国人民代表大会常务委员会裁决；地方性法规与部门规章出现冲突时，法律并没有明确规定地方性法规与部门规章之间效力的高低，《立法法》第95条第2项规定："地方性法规与部门规章之间对同一事项的规定不一致，不能确定如何适用时，由国务院提出意见，国务院认为应当适用地方性法规的，应当决定在该地方适用地方性法规的规定；认为应当适用部门规章的，应当提请全国人民代表大会常务委员会裁决。"

2. 平级冲突适用规则

平级冲突也可以称为横向冲突。是指由不同的制定主体制定，但是具有同等法律效力的法律规范之间所发生的冲突。我国《立法法》规定规章之间具有同等效力，部门规章之间、部门规章与地方政府规章出现冲突时，冲突的解决方法是：人民法院认为地方人民政府制定、发布的规章与国务院部、委制定、发布的规章不一致的，以及国务院部、委制定、发布的规章之间不一致的，送请国务院作出解释或者裁决。

3. 特别冲突适用规则

一般法是关于某类事项的普遍的一般的规定，特别法是对这种普遍规定的例外。特别冲突的解决规则一般是：特别法优于普通法。《立法法》第92条规定："同一机关制定的法律、行政法规、地方性法规、自治条例和单行条例、规章，特别规定与一般规定不一致的，适用特别规定。"

在同一效力层级上，特别法优于一般法。如《行政处罚法》与《治安管理处罚法》都属于法律，《行政处罚法》中的法律规范属于一般法规范，《治安管理处罚法》中的规范属于特别法规范。人民法院在审理治安行政案件时，《治安管理处罚法》优于《行政处罚法》。

4. 新旧冲突适用规则

新旧法冲突适用规则应体现为新法优于旧法和法律不溯及既往原则。当新的行政法律规范与旧的行政法律规范相冲突时，除旧法具有溯及力，人民法院应当适用新法，即对新法生效后发生的事件适用新法，对新法生效前发生的事件适用旧法，但新法明确规定有溯及力的除外。

需要注意的是，人民法院对于法律、行政法规和地方性法规没有审查权，当运用有关的冲突解决方法不能解决适用问题的时候，应报请国家权力机关或国务院裁决。法律之间对同一事项的新的一般规定与旧的特别规定不一致，不能确定如何适用时，由全国人民代表大会常务委员会裁决。行政法规之间对同一事项的新的一般规定与旧的特别规定不一致，不能确定如何适用时，由国务院裁决。同一机关制定的地方性法规的新的一般规定与旧的特别规定不一致时，由制定机关裁决。

除了以上主要的冲突外，还有包括人际法律冲突、区际冲突等。

另外我们所说的冲突的解决规则是在法律没有明确规定的情况下，按照法理确定的规则。如果法律当中有有效的专门的冲突规范，则应当按照专门的冲突规范确定适用。

第二节 判决、裁定与决定

一、判决

(一)行政诉讼判决的概念和特征

行政诉讼判决，简称行政判决，是指人民法院审理行政案件终结时，根据审理所查清的事实，依据法律规定对行政案件实体问题作出的结论性处理决定。

行政诉讼判决是人民法院行使国家审判权，对行政机关的行政行为进行监督的集中体现，也是人民法院审理行政案件和当事人参加诉讼的结果的表现形式。

行政诉讼判决具有以下特征：

(1)行政诉讼判决是人民法院以国家审判机关的名义依法作出的。其他任何国家机关和个人都无权行使国家审判权，作出行政判决。

(2)行政诉讼判决是人民法院对行政案件的实体问题所作出的处理决定。实体问题是指被诉的行政行为是否合法，或者行政处罚是否显失公正，以及如何处理被诉行政行为所做的决定。由于行政案件的核心问题是实体问题，所以行政判决在行政诉讼中起着十分重要的作用,也是与裁定、决定的重要区别。

(3)行政诉讼判决是人民法院在行政案件审理终结时对案件所作的结论性的处理决定。

行政诉讼判决是人民法院经过一系列审理程序,在查清案件事实的基础上,根据有关法律对案件争议作出的结论性评价。人民法院对案件宣告判决后,就标志着案件审理的终结,一个案件只能有一个结果,所以一个审理程序只能有一个判决。

(二)行政诉讼判决的种类

按照不同的标准,判决有不同种类的划分。

(1)按照审级标准可将判决分为一审判决、二审判决和再审判决。一审判决是人民法院在第一审程序中所作出的判决,当事人对其不服,在规定的时间内有权向上一级人民法院提出上诉。二审判决是人民法院在第二审程序中作出的裁判,为终审判决,当事人对其不服,不可以提出上诉。再审判决指人民法院对确有错误且已经生效的判决,按照审判监督程序进行审理后作出的判决。

(2)按照判决是否发生法律效力又将判决分为生效判决和未生效判决。生效判决是已经发生法律效力的判决,包括已过了上诉期限的一审判决以及二审判决。未生效判决是尚未发生法律效力的判决,主要指一审未过上诉期限的判决,当事人如果对未生效判决不服有权向上一级人民法院提出上诉,最高人民法院的一审判决除外。

(3)按行政诉讼判决的内容不同,可将判决分为驳回判决、撤销判决、履行判决、给付判决和变更判决、确认判决等。

(三)一审判决

1. 一审判决的内容

一审判决书的内容包括:(1)人民法院的名称、判决书的类别;(2)原告的姓名或名称等基本情况,被告的名称和所在地址,第三人的姓名或名称等基本情况,法定代表人的姓名、职务,委托代理人的姓名等基本情况;(3)审判人员及书记员的姓名;(4)案由及诉讼事实与理由;(5)判决认定的事实、理由及适用的法律;(6)判决结果(包括诉讼费的承担);(7)上诉期限和上诉审法院;(8)日期。

2. 一审判决的种类

根据《行政诉讼法》和《适用解释》的规定,行政诉讼的一审判决主要有以下八种:

(1)驳回原告诉讼请求判决。

驳回原告诉讼请求判决,是指人民法院通过审理,在查清全部案件事实的情况下,认为被告的行政行为合法或者原告申请被告履行法定职责或者给付义务理由不能成立,人民法院作出否定原告诉讼请求的判决。

第一,被诉的行政行为合法。

根据《行政诉讼法》第69条的规定,人民法院作出驳回原告诉讼请求的判决,必须同时满足以下三个条件:①行政行为证据确凿,即行政行为所依据的证据确实可靠,并足以证明行政行为认定事实的存在;②适用法律、法规正确,即被诉的行政行为所适用的法律、法规及相应的条款正确;③符合法定程序。

第二,原告申请被告履行法定职责或者给付义务理由不能成立。

在原告起诉被告不作为的案件中,如果被告确有正当理由不履行其法定职责,如因不可抗力未履行或行政机关无此职责,人民法院不宜作出履行判决或撤销判决,应判决驳回原告的诉讼请求。

(2)撤销判决。

撤销判决是指撤销或部分撤销行政行为。这种判决是人民法院在查清全部案件事实的基础上认定行政机关的行政行为部分或全部违法,从而部分或全部撤销行政行为的判决。它是人民法院对行政机关的行政行为合法性的部分或全部否定。

根据《行政诉讼法》第70条规定,行政行为具备以下情形之一的,人民法院可以作出撤销判决,并可以判决被告重新作出行政行为:

第一,主要证据不足的。指被诉行政行为缺乏必要的证据,不足以证明被诉行政行为所认定的事实情况。主要证据不足意味着行政机关没有彻底查清案件基本情况或没有充分证据,行政行为缺乏事实基础,所以人民法院有权撤销。

第二,适用法律、法规错误的。指行政机关作出行政行为时,错误地适用法律、法规或者法律、法规的具体条款。主要表现为如下几种形式:应当适用此法却适用彼法;选择适用的法律条款不正确;适用了尚未生效或者已经失效、废止的法律、法规;适用法律不全面,未考虑特殊情况;违反了法律冲突适用规则等。

第三,违反法定程序的。指行政机关在实施行政行为时,违反了法律规定实施该行为时应当遵循的步骤、顺序、方式和时限等要求。例如应当组织听证而未组织听证、先作出决定后调查取证等。

第四,超越职权的。指行政机关实施行政行为超越了法律、法规授予的限度,实施了无权实施的行政行为。法律法规在赋予行政机关权力的同时也规定了其行使权力的范围和幅度,行政机关必须在法定的权限范围内活动,否则作出的行政行为违法。

第五,滥用职权的。指行政机关具备实施行政行为的权力,并且其行为形式上也合法,但行政机关行使权力的目的违反法律、法规赋予其该项权力的目的。它属于行政权力的不正当行使,出于不正当的动机和目的行使权力。

第六,明显不当的。是指被诉的行政行为明显不合理。主要是指行政机关行使自由裁量权作出的行政行为,明显逾越了合理性的限度。把明显不当列入到了合法性审查的范畴,并作为撤销的理由,一定程度上扩大了合法性审查的范围。

人民法院判决被告重新作出行政行为的,被告不得以同一的事实和理由作出与原行政行为基本相同的行政行为。

(3)履行判决。

履行判决是指人民法院经过审理认定被告负有法定职责无正当理由而拒不履行或拖延履行的,责令被告限期履行法定职责的判决。

人民法院作出履行判决必须同时满足三个条件:

第一,被告负有法定职责。该法定职责既不可以拒绝也不能推诿,这是人民法院作出履行判决的前提条件。

第二,被告没有履行该法定职责。它包括不履行、拖延履行、不完全履行等。不履行是指行政机关明确拒绝履行法定职责;拖延履行是指行政机关不及时履行自己的法定职责，或者是否履行态度不明确、不理睬；不完全履行是指行政机关的履行未完全符合法律、法规对其职责的规定。

第三，被告没有正当理由拒不履行或者拖延履行。未履行职责不存在客观不能的理由，如因不可抗力未能履行，则不构成行政机关的不作为。

《适用解释》第91条规定："原告请求被告履行法定职责的理由成立，被告违法拒绝履行或者无正当理由逾期不予答复的，人民法院可以根据行政诉讼法第七十二条的规定，判决被告在一定期限内依法履行原告请求的法定职责；尚需被告调查或者裁量的，应当判决被告针对原告的请求重新作出处理。"《适用解释》第92条规定："原告申请被告依法履行支付抚恤金、最低生活保障待遇或者社会保险待遇等给付义务的理由成立，被告依法负有给付义务而拒绝或者拖延履行义务的，人民法院可以根据行政诉讼法第七十三条的规定，判决被告在一定期限内履行相应的给付义务。"

(4) 变更判决。

变更判决是指人民法院经审理认定行政处罚行为明显不当，或者其他行政行为涉及到款额的确定、认定确有错误的，运用国家审判权直接改变行政处罚行为的判决。人民法院依法进行变更判决，是人民法院拥有司法变更权的具体表现。

第一，行政处罚明显不当。

明显不当，是指行政处罚虽然形式不违法，但是处罚结果明显不公正，损害了公民、法人和其他组织的合法权益。其主要表现形式为结果的畸轻畸重、同等情况未同等对待等。行政处罚主体运用自由裁量权不当，造成行政处罚的明显不合理。

同时，我国《行政诉讼法》第77条第2款规定："人民法院判决变更，不得加重原告的义务或者减损原告的权益。但利害关系人同为原告，且诉讼请求相反的除外。"

第二，其他行政行为涉及到对款额的确定、认定有错误的。

这里主要是指数额计算有错误的情形。比如被告房屋征收机关作出征收补偿决定的程序并无违法，但对所征收房屋面积的认定确有错误，面积认定与征收补偿款数额挂钩，该错误损害了被征收人合法权益。人民法院如果交由行政机关重做，既不利于解决纠纷，也不利于提高行政效率，人民法院可以作出变更判决。

【案例】魏某与迎面驶来的骑车人李某相撞，因二人皆出言不逊，发生争执并相互厮打。李某经诊断系脑外伤综合症，"右手挫伤，左中下腹部挫伤"，魏某"左手软组织挫伤，右前臂表皮挫伤"。对此，某区公安分局依据《治安管理处罚法》，分别以殴打他人为由，给予魏某拘留15日处罚，李某拘留10日处罚。魏某、李某均不服，向市公安局申请复议。市公安局维持了对魏某处罚，对李某改为罚款200元。魏某对行政复议决定不服，向人民法院提起行政诉讼，人民法院受理后，通知李某作为第三人参加诉讼。法院经审理认为，市公安局对魏某的处罚并无不当，但是对李某处罚畸轻，显失公正，变更为拘留10日。人民法院有权对行政复议机关作出的行政处罚决定直接予以变更，但是不能直接加重对第三人的行政处罚，所以对李某变更为10日不合法。

(5) 给付判决。

给付判决是指被告负有给付义务，但没有履行，法院判决其履行的判决形式。《行政诉讼法》第 73 条规定，人民法院经过审理，查明被告依法负有给付义务，判决被告履行给付义务。

《适用解释》第 93 条规定："原告请求被告履行法定职责或者依法履行支付抚恤金、最低生活保障待遇或者社会保险待遇等给付义务，原告未先向行政机关提出申请的，人民法院裁定驳回起诉。人民法院经审理认为原告所请求履行的法定职责或者给付义务明显不属于行政机关权限范围的，可以裁定驳回起诉。"

(6) 确认判决。

确认判决是指人民法院通过对被诉的行政行为进行审查，确认被诉行政行为违法的一种判决。根据我国《行政诉讼法》第 74 条规定，以下两种情形适用确认判决：

第一，行政行为有下列情形之一的，人民法院判决确认违法，但不撤销行政行为：

①行政行为依法应当撤销，但撤销会给国家利益、社会公共利益造成重大损害的。

②行政行为程序轻微违法，但对原告权利不产生实际影响的。程序轻微违法包括：有下列情形之一，且对原告依法享有的听证、陈述、申辩等重要程序性权利不产生实质损害的，属于行政诉讼法第七十四条第一款第二项规定的"程序轻微违法"：处理期限轻微违法；通知、送达等程序轻微违法；其他程序轻微违法的情形。

第二，行政行为有下列情形之一，不需要撤销或者判决履行的，人民法院判决确认违法：

①行政行为违法，但不具有可撤销内容的。例如公安机关在执行公务中殴打、捆绑等违法行为；被告改变原违法行政行为，原告仍要求确认原行政行为违法的。

②被告不履行或者拖延履行法定职责，判决履行没有意义的。例如甲遭受抢劫打电话报警请求公安机关保护，但公安机关不履行法定职责，致使甲的人身、财产权遭受损失。

(7) 确认无效判决。

无效的行政行为，是具有重大明显违法的行政行为，该行为自始无效。《行政诉讼法》第 75 条规定："行政行为有实施主体不具有行政行为主体资格或者没有依据等重大且明显违法情形，原告申请行政行为无效的，人民法院判决确认无效。"明显重大违法包括：行政行为实施主体不具有行政主体资格；减损权利或者增加义务的行政行为没有法律规范依据；行政行为的内容客观上不可能实施；其他重大且明显违法的情形。

《行政诉讼法》第 76 条规定："人民法院判决确认违法或者无效的，可以同时判决责令被告采取补救措施；给原告造成损失的，依法判决被告承担赔偿责任。"《适用解释》第 94 条规定："公民、法人或者其他组织起诉请求确认行政行为无效，人民法院审查认为行政行为不属于无效情形，经释明，原告请求撤销行政行为的，应当继续审理并依法作出相应判决；原告请求撤销行政行为但超过法定起诉期限的，裁定驳回起诉；原告拒绝变更诉讼请求的，判决驳回其诉讼请求。"《适用解释》第 95 条规定："人民法院经审理认为被诉行政行为违法或者无效，可能给原告造成损失，经释明，原告请求一并解决行政赔偿争议的，人民法院可以就赔偿事项进行调解；调解不成的，应当一并判决。人民法院也可以告知其就赔偿事项另行提起诉讼。"

(8) 被告承担继续履行、采取补救措施或者赔偿损失等责任判决。

指被告不依法履行、未按照约定履行或者违法变更、解除行政协议的,人民法院判决被告承担继续履行、采取补救措施或者赔偿损失等责任判决。《行政诉讼法》第 78 条规定:"被告不依法履行、未按照约定履行或者违法变更、解除本法第 12 条第 1 款第 11 项规定协议的,人民法院判决被告承担继续履行、采取补救措施或者赔偿损失等责任;被告变更、解除本法第 12 条第 1 款第 11 项规定的协议合法,但未依法给予补偿的,人民法院判决给予补偿。"

需要注意的是,法院在审理复议机关与作出原行政行为的行政机关做共同被告的案件,在作出上述判决时,人民法院应当对复议决定和原行政行为一并作出判决。

3. 一审判决的效力

除最高人民法院一审判决外,当事人有权在收到一审判决后 15 天内向上一级人民法院提出上诉。当事人逾期不提出上诉的,一审判决即为生效的判决,具有执行力,当事人不履行判决所确定的义务时,另一方当事人可以向人民法院申请强制执行。

(四) 二审判决

二审判决是第二审人民法院在第二审程序中就上诉案件所作出的判决。它不仅要对行政诉讼当事人之间的行政争议所涉及的事实根据和法律依据进行审查,还要对一审裁判的事实和根据作出结论。根据行政诉讼法的规定,二审判决包括以下几种:

1. 维持原判

即二审法院通过对上诉案件的审理,确认一审判决、裁定认定事实清楚,适用法律、法规正确,从而判决或者裁定驳回上诉人上诉,维持原判决、裁定。

维持原判的条件是:(1) 原判决、裁定认定事实清楚。指一审判决、裁定所依据的事实有充分的证据予以证明;(2) 适用法律、法规正确。指一审判决、裁定在正确认定事实的基础上,准确适用了法律、法规的规定。

2. 依法改判

指第二审法院经过审理后,直接改正一审法院错误内容的判决形式。改变是二审法院对一审判决内容的改变,它既可以对原判的内容全部加以改变,也可以对原判的内容部分予以改变。它通常适用于以下几种情形:

(1) 原判决、裁定认定事实错误或者适用法律、法规错误的;

(2) 原判决认定基本事实不清、证据不足的,发回原审人民法院重审,或者查清事实后改判。

3. 发回重审

发回重审是指二审法院在审理中认为原审法院的判决存在基本事实不清、证据不足、遗漏当事人等错误情形,裁定撤销原判决,发回原审法院重新审理的判决。

(1) 原判决认定基本事实不清、证据不足的,发回原审人民法院重审;

(2) 原判决遗漏当事人或者违法缺席判决等严重违反法定程序的,裁定撤销原判决,发回原审人民法院重审;

(3) 原审判决遗漏行政赔偿请求,第二审人民法院经审理认为依法应当予以赔偿的,在确认被诉行政行为违法的同时,可以就行政赔偿问题进行调解;调解不成的,应当就行政赔偿部分发回重审。

需要注意的是，对于第二种情形，第二审人民法院只能撤销原判，发回重审，不可以依法改判。

原审人民法院对发回重审的案件作出判决后，当事人提起上诉的，第二审人民法院不得再次发回重审。

4. 撤销、变更判决

人民法院在二审中，发现原判决、裁定认定事实错误或者适用法律、法规错误的，可以依法作出撤销或者变更判决。

5. 驳回行政赔偿请求

原审判决遗漏行政赔偿请求，第二审人民法院经审查认为依法不应当予以赔偿的，应当判决驳回行政赔偿请求。

二审法院审理上诉案件，应对原审法院的裁判和被诉的行政行为是否合法进行全面审查，因此，在进行依法改判时，会涉及对被诉的行政行为重新予以认定的问题，应当根据事实和法律对被诉的行政行为依法驳回、撤销或者变更等。

我国实行两审终审制，因而二审判决即为终审判决。上诉的行政案件一经二审法院作出判决，案件审理后即告终结，判决书一经送达立即发生法律效力。当事人无权再对其提起上诉，当事人也不得以同一事实和理由向人民法院再行起诉，非经法定程序，任何单位和个人都无权撤销或变更判决。

二、裁定

(一) 行政诉讼裁定的概念与特征

行政诉讼裁定，是指人民法院在审理或者执行行政案件过程中，就程序问题所作出的裁定。它是人民法院行使国家行政审判权的体现，具有权威性和法律效力。裁定与判决之间有很多区别，体现在以下四个方面：

第一，适用的对象不同。判决是人民法院审理行政案件终结，就实体问题所作出的处理。裁定是在案件的审理或裁决的执行过程中，就程序问题所作出的处理。

第二，适用的依据不同。判决依据的是行政实体法和程序法，而裁定主要依据的是行政程序法。

第三，表现的形式不同。判决必须用书面形式作出，而裁定可以用书面形式，也可以口头作出，但口头裁定应当记入笔录。

第四，表现的数量不同。判决是针对案件实体问题所作出的处理决定，一个审理程序只有一个判决；而裁定则不同，可以根据诉讼进程的需要，针对不同的问题可作出多个裁定。

第五，可否上诉不同。不服一审判决，都可以提起上诉；只有部分的裁定可以上诉。

(二) 行政诉讼裁定的适用范围

根据《适用解释》第101条的规定，行政诉讼裁定主要有以下类型：

(1) 不予立案；

(2) 驳回起诉；

(3)管辖异议;
(4)终结诉讼;
(5)中止诉讼;
(6)移送或者指定管辖;
(7)诉讼期间停止行政行为执行或者驳回停止执行的申请;
(8)财产保全;
(9)先予执行;
(10)准许或者不准许撤诉;
(11)补正裁判文书中的笔误;
(12)中止或终结执行;
(13)提审、指令再审或者发回重审;
(14)准许或者不准许执行行政机关的行政行为;
(15)其他需要裁定的事项。

对第(1)、(2)、(3)项裁定不服,当事人可以上诉。

裁定书应当写明裁定结果和作出该裁定的理由。裁定书由审判人员、书记员署名,加盖人民法院印章。口头裁定的,记入笔录。

(三)行政诉讼裁定的法律效力

裁定的法律效力有两种情况:对一审法院作出的不予立案裁定,驳回起诉裁定和管辖异议裁定,当事人可以在一审法院作出裁定之日起10日内向上一级人民法院提出上诉,逾期不提出上诉的,一审法院的裁定即发生法律效力;其他裁定,当事人无权提出上诉,一经宣布或送达,即发生法律效力。

三、决定

(一)行政诉讼决定的概念与特征

行政诉讼决定,是指人民法院为了保证行政诉讼的顺利进行,依法对行政诉讼中的某些特殊事项所作出的处理。

行政诉讼决定的特征有:

第一,决定所解决的问题是发生在行政诉讼过程中的某些特殊的事项,这些事项往往具有紧迫性,不同于判决要解决的实体问题和裁定要解决的程序问题。

第二,决定的作用在于保障诉讼程序的正常和顺利进行,或者为案件的正常审理提供必要的条件。

(二)行政诉讼决定的适用范围

根据《行政诉讼法》《适用解释》的有关规定,决定主要有以下几种:

1. 有关回避事项的决定

为确保诉讼程序公正,与案件有利害关系的审判人员应当回避。回避分为自行回避和申请回避。人民法院经过审查以书面或者口头作出是否回避的决定。申请人对决定不服,可以申请人民法院复议一次,但复议期间不停止执行。

2. 对妨害诉讼的行为采取强制措施的决定

人民法院作出的训诫、责令具结悔过强制措施的，通常由审判长当庭作出口头决定，并记入笔录；对于采取罚款、拘留强制措施的，应由合议庭作出书面决定，并报院长批准。当事人不服的，可以申请向上一级人民法院申请复议一次。复议期间不停止执行。

3. 审判委员会对已生效的行政案件的裁判认为需要再审的决定

对人民法院已经发生效力的裁判，发现违反法律，需要再审的，由院长提交审判委员会讨论决定是否再审。如审判委员会决定再审的，以决定的方式作出。

4. 有关诉讼期限事项的决定

公民、法人或者其他组织因不可抗力或者其他特殊情况耽误法定期限的，可在障碍消除后 10 日内，申请延长期限，是否准许，由人民法院决定。

5. 准予或不准予一并审理民事争议的决定

此外，如诉讼费用的减免，采取强制执行措施等事项，都可以适用决定。

(三) 决定的效力

在行政诉讼中，无论何种性质的决定，一经宣布或者送达，即发生法律效力，义务人必须履行决定中所确定的内容。对决定不服的，不得提出上诉。对影响当事人权利的决定，当事人可申请复议一次，但不因当事人申请复议而停止决定的执行和影响决定的效力。

◎ **导例分析：**

二审法院应作出撤销原审判决、责令履行的判决。

《山东省道路交通运输条例》等明确规定，由省内各级交通稽查机构对客运经营者不按规定路线行驶的行为进行查处。山东省交通运输厅道路运输局虽然是鲁 S30886 客车道路客运班线经营许可证的颁证机关，但不具有对该客车是否存在不按规定线路行驶的行为进行路检路查的执法权限，只有在客运经营者存在不按规定线路行驶的行为、且情节严重的情况下，该局才具有吊销道路运输经营许可证的权力。但鉴于上述规定属于行政许可法规定的行政许可机关对被许可人从事许可事项的活动进行监督检查职责的一项特殊规定，因此该局收到申请后，应当根据其职权范围的规定作出相应指导。二审法院判决撤销原审判决，责令山东省交通运输厅道路运输局自接到判决之日起 60 日内，按照其职权范围的规定对齐来发的申请作出处理。

◎ **思考题**

1. 行政诉讼法律适用规则有哪些？
2. 如何理解规章的"参照"适用？
3. 行政诉讼法律冲突的适用规则有哪些？
4. 行政诉讼一审判决的种类哪些？各自适用条件是什么？
5. 行政诉讼判决、裁定和决定之间的区别是什么？

◎ **综合训练**

1. 某区 12 户居民以某区规划局批准太平居委会搭建的自行车棚影响通风、采光和通行权为由，向法院提起行政诉讼，要求法院撤销规划局的批准决定。法院经审查，认定经规划局批准搭建的车棚不影响居民的通风、采光和通行权，且适用法律正确，程序合法。问：法院应当适用哪种判决形式？

△要点提示：

应适用驳回原告诉讼请求的判决。

2. 某区公安分局对甲作出行政拘留10天处罚决定后随即执行。甲申请复议，复议机关作出维持原处罚的复议决定。甲向法院提起诉讼，第一审法院判决驳回原告诉讼请求决定，甲在上诉中又提出行政赔偿请求。第二审人民法院经审理，认定某区公安分局对甲的行政拘留违法，应如何处理此案？

△要点提示：

二审法院应当撤销第一审判决，并撤销行政拘留处罚决定，还应就赔偿问题进行调解，调解不成的，告知甲就赔偿问题另行起诉。

第十八章 行政诉讼的执行

◎ 知识目标
   掌握行政诉讼执行的概念特征
   了解行政诉讼执行的程序
◎ 能力目标
   能掌握行政诉讼执行的当事人种类
   能启动行政诉讼的执行
◎ 素质目标
   树立依法执行意识
   树立依法履行观念

◎ **本章导例：** 在一起行政诉讼案件的执行过程中，人民法院执行人员将案外人乙的房屋当做被执行人甲的房屋进行拆迁，此时案外人乙对执行标的提出异议，法院应当如何处理？

第一节 行政诉讼执行的概述

一、行政诉讼执行的概述

行政诉讼的执行，是指行政案件当事人逾期拒不履行人民法院生效的行政裁判法律文书，人民法院或有权行政机关运用国家强制力，依法采取强制措施促使当事人履行义务，从而使生效法律文书的内容得以实现的活动。行政诉讼执行是行政诉讼的最后一个环节，它对于实现行政诉讼法的任务，保护当事人的合法权益，具有重要意义。

二、行政诉讼执行的特征

与行政诉讼程序中的其他内容不同，行政诉讼执行程序具有以下几个特征：
（1）对于已经生效的司法判决，原则上应由人民法院执行，也可以由行政机关执行，但是行政机关在强制执行时必须有法律的授权。这一点不同于民事诉讼执行。
（2）执行申请人或被执行人一方是行政机关。这是由行政案件的性质决定的，是行政法律关系在诉讼执行中的具体反映。
（3）强制执行的依据是已生效的行政裁判法律文书。包括判决书、裁定书和调解书。

能够成为行政诉讼执行的依据，是因为这些文书在法律上具有最终确定的效力，不能被其他任何行政机关的决定所推翻和替代。

(4)强制执行的目的是实现已生效的行政裁判法律文书所确定的义务。执行制度作为行政诉讼制度的重要组成部分，其有利于保障当事人的合法权益的实现，将纸上的内容变为现实，维护法律的权威与尊严，也成为构建和谐社会的一个重要内容。

第二节 行政诉讼执行主体与对象

一、行政诉讼执行主体

行政诉讼执行主体，是指在行政诉讼执行中享有权利、负有义务的各方主体，包括执行机关、执行当事人、执行参与人和执行异议人。

(1)执行机关。是拥有行政诉讼执行权、主持执行程序、采取强制执行措施的主体。在我国，执行机关是人民法院和有强制执行权的行政机关。

在人民法院作为执行机关时，一般由第一审人民法院负责执行。《适用解释》第154条规定："发生法律效力的行政判决书、行政裁定书、行政赔偿判决书和行政调解书，由第一审人民法院执行。第一审人民法院认为情况特殊，需要由第二审人民法院执行的，可以报请第二审人民法院执行；第二审人民法院可以决定由其执行，也可以决定由第一审人民法院执行。"《适用解释》157条规定："行政机关申请人民法院强制执行其行政行为的，由申请人所在地的基层人民法院受理；执行对象为不动产的，由不动产所在地的基层人民法院受理。基层人民法院认为执行确有困难的，可以报请上级人民法院执行；上级人民法院可以决定由其执行，也可以决定由下级人民法院执行。"

行政机关作为行政诉讼的执行主体属于有条件的例外情况。根据我国《行政诉讼法》第97条规定："公民、法人或者其他组织对行政行为在法定期间不提起诉讼又不履行的，行政机关可以申请人民法院强制执行，或者依法强制执行。"这里的"依法"是指行政机关只有在法律明确授权的情况下，才可以实施强制执行。

(2)执行当事人。指行政诉讼执行中的执行申请人和被执行人。此当事人身份一般由一审程序中的原告与被告转化而来，是执行案件权利与义务的争议方。一般情况下，行政诉讼执行由人民法院负责执行，执行当事人就是行政诉讼的当事人，但依照法律规定，享有强制执行权的行政机关作为行政诉讼执行的执行机关时，该行政机关就具有了双重身份：既是行政诉讼一方当事人，同时又成为了执行机关。

《行政诉讼法》第95条规定："公民、法人或者其他组织拒绝履行判决、裁定、调解书的，行政机关或者第三人可以向第一审人民法院申请强制执行，或者由行政机关依法强制执行。"

《行政诉讼法》第152条规定："对发生法律效力的行政判决书、行政裁定书、行政赔偿判决书和行政调解书，负有义务的一方当事人拒绝履行的，对方当事人可以依法申请人民法院强制执行。人民法院判决行政机关履行行政赔偿、行政补偿或者其他行政给付义务，行政机关拒不履行的，对方当事人可以依法向法院申请强制执行。"

《行政诉讼法》第158条规定："行政机关根据法律的授权对平等主体之间民事争议作出裁决后，当事人在法定期限内不起诉又不履行，作出裁决的行政机关在申请执行的期限内未申请人民法院强制执行的，生效行政裁决确定的权利人或者其继承人、权利承受人在六个月内可以申请人民法院强制执行。享有权利的公民、法人或者其他组织申请人民法院强制执行生效行政裁决，参照行政机关申请人民法院强制执行行政行为的规定。"

（3）执行参与人。指除执行当事人以外的其他参与执行过程的单位或者个人，他们与执行案件有实质的联系，并相应的承担一定的诉讼执行义务。实践中的执行参与人通常有以下两种，一是案件执行过程中涉及被执行人的财产，所涉财产所在的机构以及保护所涉财产的单位或个人就负有协助执行的义务，进而成为行政诉讼执行参与人，如银行、被执行人所在的工作单位等；二是案件执行过程中涉及财产的手续登记或变更，主管登记的机构就负有协助执行的义务，进而成为行政诉讼执行的参与人，如房屋转让执行中的不动产登记机关等。

（4）执行异议人。指没有参与执行程序，但对执行标的主张权利，提出不同意见的个人或者组织，又称案外异议人。执行异议人提出异议时一般应采用书面形式，说明异议的理由并提供相关证据，执行人员应当及时审查异议理由，并进行必要的调查核实。如果异议确有理由和事实根据，报请院长批准后中止执行；如果异议理由不成立的，驳回异议申请，继续执行程序。

二、行政诉讼执行对象与范围

（一）行政诉讼执行对象

行政诉讼执行对象，是执行根据所确定的执行行为所指向的客体。包括物、行为和人身。

（二）行政诉讼执行范围

行政诉讼执行的范围，是指物、行为、人身成为执行对象的具体界限，简称为执行对象的范围。执行中必须明确这一范围，不是所有的物都可以被执行，需要有以下几项限制：

（1）只有属于被执行人本人所有的财产才能成为执行的对象，其他的财产一律不能纳入被执行的范围。否则会侵犯到他人的合法权益，引起案外人异议。

（2）被执行人是公民的，应当保留被执行人及其扶养家属的生活必需费用和生活必需品。

（3）被执行人如果是以生产劳动为主要谋生手段的，则该被执行人赖以谋生的生产工具不能纳入执行的范围。

（4）被执行人是行政机关的，除了可供执行的款项以外，其他物是不能纳入执行范围的，如办公设备、用房等，同时必须给行政机关保留一定的款项，因为这些财物是该行政机关履行行政职能的必要条件。

第三节 行政诉讼执行措施和根据

一、行政诉讼执行措施

行政诉讼执行措施，是指执行机关运用国家强制力，强制被执行人完成所承担的义务的法律手段和方法。执行措施直接涉及对被执行人人身、财产的限制和处分，关系到被执行人的切身利益，影响很大，因此采取执行措施必须按照法律的明确规定进行。行政案件中的执行措施，因执行对象的不同而有所不同。

1. 对行政机关的执行措施

(1) 对应当归还的罚款或者应当给付的款额，通知银行从该行政机关的账户内划拨；

(2) 在规定期限内不履行的，从期满之日起，对该行政机关负责人按日处五十元至一百元的罚款；

(3) 将行政机关拒绝履行的情况予以公告；

(4) 向监察机关或者该行政机关的上一级行政机关提出司法建议。接受司法建议的机关，根据有关规定进行处理，并将处理情况告知人民法院；

(5) 拒不履行判决、裁定、调解书，社会影响恶劣的，可以对该行政机关直接负责的主管人员和其他直接责任人员予以拘留；情节严重，构成犯罪的，依法追究刑事责任。

【案例】 个体运输户张杰因涉嫌非常运输林木，被平山县林业公安分局扣押货车达一年之久，一直未予返还，车辆因长期露天放置已经部分损坏。张杰不服，向平山县人民法院提起行政诉讼，要求撤销平山县公安分局的扣车行为，并返还车辆，且赔偿损失5000元。后经法院审理查明，张杰属于合法运输林木，平山县林业公安分局属于违法扣押张杰的货车，最终作出如下判决：撤销平山县林业公安分局的扣车行为；赔偿张杰车辆损害的维修费5000元，并于判决生效后的7日内付款。双方均未上诉，但被告不履行判决。张杰向平山县人民法院申请强制执行。平山县人民法院可以采取哪些强制执行措施？

根据《行政强制法》的规定，平山县人民法院可以采取如下措施：(1) 对应当归还张杰的5000元赔偿金，通知银行从平山县林业公安分局的账户内划拨；(2) 对平山县公安分局不返还扣押车辆的行为，从期满之日起，对该行政机关负责人按日处五十元至一百元的罚款；(3) 向监察机关或者平山县林业公安分局的上一级行政机关提出司法建议。接受司法建议的机关，根据有关规定进行处理，并将处理情况告知平山县人民法院。(4) 拒不履行判决、裁定、调解书，社会影响恶劣的，可以对该行政机关直接负责的主管人员和其他直接责任人员予以拘留；情节严重，构成犯罪的，依法追究刑事责任。

2. 对公民、法人或者其他组织的执行措施

《行政诉讼法》并未对公民、法人或者其他组织的执行措施作出具体规定，人民法院

可以参照《民事诉讼法》的有关规定。在行政机关作为执行机关时，行政机关必须严格按照单行法律规定的执行措施执行。

二、行政诉讼执行根据

行政诉讼执行根据，是指执行申请人申请执行或者执行机关依职权直接采取执行措施所依据的法律文书。它是执行工作的前提和基础。

行政诉讼执行的依据包括行政判决书、行政裁定书、行政赔偿判决书和行政调解书。上述法律文书必须同时具备三个条件，才能作为执行根据。第一，据以执行的法律文书必须已经发生法律效力，没有生效的法律文书不能作为强制执行的根据。第二，该法律文书必须具有可供执行的内容，通常包括物的给付、特定行为的执行和对人身的强制行为等。如果法律文书中不具有可强制执行的内容，不能作为执行根据。第三，法律文书中可执行事项具体明确。

第四节　行政诉讼执行程序

行政诉讼执行程序，主要包括以下环节：开始、审理、阻却、完毕、补救等。这些程序与民事诉讼执行程序基本相同，但有其特殊性：

1. 期限

在行政诉讼中，《适用解释》规定所有的申请执行的期限为 2 年。申请执行时效的中止、中断，适用法律有关规定。申请执行的期限从法律文书规定的履行期间最后一日起计算；法律文书规定分期履行的，从规定的每次履行期间的最后一日起计算；法律文书中没有规定履行期限的，从该法律文书送达当事人之日起计算。逾期申请的，除有正当理由外，人民法院不予受理。

2. 中止

执行中止是指行政执行程序开始后，因出现特殊情况，人民法院暂时停止执行程序的实施。人民法院裁定中止执行的情况如下：

（1）申请人表示可以延期执行的；

（2）案外人对执行标的享有足以排除强制执行权益的；

（3）作为一方当事人的公民死亡，需要等待继承人继承权利或者义务的；

（4）作为一方当事人的法人或者其他组织终止，尚未确定权利、义务承受人的；

（5）人民法院认为应当中止执行的其他情形。裁定一经送达，即发生法律效力。执行中止的情况消失后，恢复执行。

但执行的标的物如果是上级人民法院在判决、裁定、调解书中明确指明的特定物，案外人对该特定执行标的物提出异议的，则应当根据最高人民法院《关于适用（中华人民共和国民事诉讼法）的解释》第 465 条的规定，经审查，案外人对执行标的享有足以排除强制执行的权益的，裁定中止执行。

◎ 导例分析：

案外人对执行标的提出异议的，执行人员应当按照法定程序进行审查，理由成立的，即可由院长批准中止执行。

◎ 思考题

1. 行政诉讼执行的主体有哪些？
2. 人民法院对行政机关强制执行的措施有哪些？

◎ 综合训练

某人向石家庄市新华区教育局申请颁发《办学许可证》，遭到拒绝，于是向法院提起诉讼，法院判决区教育局在判决做出后三十日内对该申请人的申请进行重新处理。判决生效后，区教育局逾期拒不履行，原告向法院提出强制执行的请求。法院于是责令市教育局对该申请人的申请予以处理。

问题：法院采取的措施是否正确？

△要点提示：

《行政诉讼法》第96条规定：行政机关拒绝履行判决、裁定、调解书的，第一审人民法院可以采取下列措施：……(四)向监察机关或者该行政机关的上一级行政机关提出司法建议。接受司法建议的机关，根据有关规定进行处理，并将处理情况告知人民法院……由此，法院可以向有关部门提出司法建议，但无权"责令"市教育局进行处理。

第十九章　行政赔偿与行政补偿

◎ **知识目标**
　　了解行政赔偿的概念、特征及行政赔偿的方式和计算标准
　　掌握行政赔偿的归责原则、构成要件及行政赔偿的范围和程序
◎ **能力目标**
　　能运用《国家赔偿法》的规定解决行政赔偿争议
◎ **素质目标**
　　深刻领悟行政赔偿制度对公民权保护的重要意义

◎ **本章导例**：2002年6月27日凌晨3时许，尹某的门市部发生盗窃，作案人的撬门声惊动了街道对面旅馆住宿的旅客吴某、程某，当他们确认有人行窃时，即打电话110向警方报案，前后两次打通了被告河南省卢氏县公安局"110指挥中心"电话并报告了案情，但公安局始终没有派人出警。20多分钟后，作案人将盗窃物品装上1辆摩托车后驶离了现场。尹某被盗物品价值总计24546.5元人民币。案发后，尹某向卢氏县公安局提交了申诉材料，要求公安局惩处有关责任人，尽快破案，并赔偿其损失。卢氏县公安局一直没有作出答复。试分析，卢氏县公安局是否应承担行政赔偿责任？尹某请求行政赔偿的途径有哪些？

第一节　行政赔偿概述

　　行政赔偿是国家赔偿制度的重要组成部分。所谓国家赔偿，从一般意义上说，是国家对国家机关及其工作人员在权力活动中的侵权损害后果承担赔偿责任的一种法律制度。1994年5月12日，第八届全国人民代表大会常务委员会第七次会议审议通过了《国家赔偿法》，并于1995年1月1日正式施行。后经2010年及2012年第十一届全国人民代表大会常务委员会第十四次会议及第二十九次会议两次修正。
　　《国家赔偿法》全文共六章，42条，对行政赔偿的归责原则、范围、方式与标准以及赔偿程序等作了全面规定。

一、行政赔偿的概念

　　行政赔偿是指国家行政机关及其工作人员违法行使职权侵犯公民、法人和其他组织的合法权益造成损害的，由国家承担赔偿责任的法律制度。行政赔偿主要有以下特征：

(一)侵权主体的特定性

行政赔偿的侵权主体是行政机关及其工作人员。侵权主体的特定性是行政赔偿区别于其他赔偿的一个重要方面。首先,它与民事赔偿不同。民事赔偿是平等主体之间因民事侵权造成的赔偿。二者之间的根本区别在于,行政赔偿是行政权力的违法行使而引起,而民事赔偿的产生不涉及公权力行使的问题,因此,行政赔偿在归责原则、赔偿构成要件、赔偿范围、赔偿程序乃至赔偿方式、赔偿计算标准等方面均有别于民事赔偿。其次,它区别于司法赔偿。司法赔偿是指司法机关及其工作人员在行使职权过程中侵犯公民、法人或其他组织的合法权益并造成损害,由国家承担的赔偿责任。司法赔偿包括刑事赔偿和民事、行政诉讼赔偿。行政赔偿与司法赔偿同属国家赔偿,二者之间的主要区别在于侵权主体、赔偿程序及追偿程序的不同。此外,行政赔偿也不同于行政补偿。行政补偿是指国家对行政机关及其工作人员在行使职权过程中因合法行为损害行政相对人合法权益而采取的补救措施,如土地征用补偿。行政赔偿与行政补偿最大的区别在于,赔偿是由违法行政行为引起,而补偿是由合法行政行为引起。

(二)请求赔偿的权利主体是合法权益受到侵权损害的公民、法人和其他组织

我国《国家赔偿法》第2条规定:"国家机关和国家机关工作人员行使职权,有本法规定的侵犯公民、法人和其他组织合法权益的情形,造成损害的,受害人有依照本法取得国家赔偿的权利。"行政赔偿的请求人不仅仅局限于具体行政行为所指向的对象,凡是合法权益受到行政行为侵害的,且符合国家赔偿法规定的公民、法人和其他组织都可以请求国家赔偿。

(三)行政赔偿是由行政机关及其工作人员违法执行职务的行为引起

这一特点包含两项内容,一是行政赔偿只能由行政机关及其工作人员执行职务的行为引起,非行政机关及其工作人员的行为以及行政机关及其工作人员非执行职务的行为都不能产生行政赔偿责任。二是引起行政赔偿的职务行为必须具有违法性。

(四)行政赔偿属于国家赔偿

行政赔偿的责任主体是国家,赔偿义务机关是致害的行政机关。这是由行政机关及其工作人员与国家之间的关系所决定的。行政机关及其工作人员是代表国家进行行政管理活动,违法侵权行为造成的损害要由国家承担赔偿责任。所以,行政赔偿的费用由国库支出,列入各级政府财政预算。

二、行政赔偿的归责原则和构成要件

(一)行政赔偿的归责原则

行政赔偿的归责原则是指法律规定的国家承担行政赔偿责任的依据或者标准。国家只对符合该依据和标准的行为承担赔偿责任。《国家赔偿法》第2条没有对国家赔偿归责原则作具体表述,而是规定了不同情形下的国家侵权,应当根据《国家赔偿法》具体条文的规定适用不同的归责原则。具体而言,根据《国家赔偿法》第3条、第4条、第17条、第18条、第38条的规定,我国国家赔偿法确立的归责原则是违法归责和结果归责的原则。其中,行政赔偿的归责原则是违法原则,即在行政机关及其工作人员的职务行为违法的情况下,国家承担赔偿责任。正确理解违法归责原则应注意以下几个方面:

(1)"违法"应作广义理解，既包括违反法律、法规和规章的具体规定，也包括违反法律的一般原则，如公平原则等。

(2)违法是指行为违法，而不是行为结果"违法"。如，海关对有走私罪嫌疑的李某扣留2个小时候后放行，海关的扣留行为虽然限制了李某的人身自由，对李某产生了不利影响，但其行为本身不违反法律规定，李某对此不能请求行政赔偿。行政相对人的损害如果是合法的职务行为引起的，只存在依法补偿问题，不产生国家赔偿责任。

(3)根据国家赔偿法的规定，违法行使职权的行为不仅限于具体行政行为，也包括与行使职权有关的事实行为。另外，行为违法即包括主动行使职务的作为行为，也包括怠于履行职责的不作为行为。

(4)如果行使自由裁量权仅为一般不当，不构成违法，不适用违法归责；如果行使自由裁量权达到滥用或明显不当的程度，即构成违法，国家应当承担赔偿责任。

(二)行政赔偿的构成要件

行政赔偿的构成要件是指国家承担赔偿责任的条件。它是在行政赔偿归责原则的基础上建立起来的具体标准。在我国，行政赔偿责任的构成要件包括，主体要件、行为要件、结果要件、因果关系要件，四者缺一不可。

1. 行政侵权主体

根据《国家赔偿法》的规定，原则上行政侵权主体包括两类：行政机关和行政机关工作人员。特殊情况下，法律、法规、规章授权的组织及行政机关委托的组织和个人也可以成为行政侵权主体。

2. 行政侵权行为

根据《国家赔偿法》的规定，行政侵权行为必须是在行使国家行政职权的过程中发生的行为，即国家只对侵权主体实施的执行职务的行为承担赔偿责任。换句话说，致害行为必须是与执行职务有关的行为。"执行职务"的范围既包括职务行为本身的行为(如公安机关违法实施行政处罚)，亦包括与职务有关联而不可分的行为(如讯问案件时，警察刑讯逼供，又如行政机关工作人员在执行公务途中违反交通规则将他人撞伤)。

职务行为是指行政机关及其工作人员行使职务和履行职责的行为。对于行政机关及其工作人员的行为是否属于职务行为一般应该结合具体情况、综合各方面的因素、以有利于保护行政相对人的合法权益为出发点进行判断。

根据《国家赔偿法》关于行政赔偿归责原则的规定，行政侵权主体的职务致害行为必须具有违法性，国家对于合法行政行为导致损害发生的不承担赔偿责任。

3. 必须有法定的损害事实的发生

行政赔偿责任制度确立的目的是对受害人给予赔偿，因此，损害的发生是行政赔偿责任产生的前提条件。由于职务行为违法并不都会直接给行政相对人的利益造成损害，如违法减免税收、违法颁发许可证、执照等职务行为只是给国家利益造成了直接的损害。因此，只有职务行为造成了公民、法人和其他组织合法权益的实际损害，国家才承担赔偿责任。在确定损害事实时，应注意以下三点：

(1)损害的必须是合法权益，即损害的必须是受法律保护的人身权和财产权。如果公民、法人和其他组织受到损害的是不法利益，不当得利或其他不受法律保护的权利，则该受害人无权依法请求赔偿。例如，根据《治安管理处罚法》第11条的规定，公安机关办理治安案件所查获的毒品、淫秽物品等违禁品，赌具、赌资，吸食、注射毒品的用具以及直接用于实施违反治安管理行为的本人所有的工具，应当收缴，按照规定处理。若公安机关在抓赌时损害了赌具，赌场老板是无权请求赔偿的。

（2）损害应当是已经客观存在的，而不是将来可能发生的、或臆想的，并且这种现实存在的损害，应当是直接损害，一般不包括间接损害。例如，企业被违法吊销许可证，国家只赔偿其停产停业期间维持生存的基本开支，如水电煤气费、税金、仓储费、职工的基本工资等，而对于营业额的损失国家不予赔偿。

（3）损害必须属于法律规定的赔偿范围。根据《国家赔偿法》的规定，国家只对法定赔偿范围内的损害承担赔偿责任。我国国家赔偿法目前只规定了对人身权、财产权及一定条件下的精神损害的损害赔偿，而对于其他权利的损害，如政治权、受教育权的损害等，国家不承担赔偿责任。

4. 行政侵权行为与损害结果之间具有因果关系

行政相对人的损害必须是由行政机关及其工作人员的侵权行为造成的，也就是说行政机关及其工作人员的侵权行为是使得行政相对人合法权益遭受损失的直接原因。实践中，绝大部分的因果关系是简单清晰的，但有时也会出现一因多果、多因一果的情形，对此，一般认为，侵权行为与损害事实之间存在逻辑上的直接关系即可，不要求行为必须是损害的必然原因、根本原因。

【案例18-1】 王某于2001年9月27日上午，借用他人三台农用小四轮拖拉机装载31头生猪准备到收猪点销售。路遇县交通局的工作人员查车。经检查，工作人员以没交养路费为由提出暂扣车辆。王某申明车上的货物不能停留，请求将猪卸下后再扣车，但工作人员置之不理，强行摘下拖斗后驾车离去。由于拖斗内的生猪站立不住，往一侧挤压，致使15头猪死亡。王某向交通局申请赔偿，遭拒后遂诉至法院，请求判令县交通局赔偿生猪死亡损失10500元。

本案中县交通局的行为符合行政赔偿责任的构成要件。(1)县交通局是行政机关，其工作人员是行政机关的公务员。根据《国家赔偿法》第3条的规定，县交通局符合侵权行为主体这一要件。(2)行政行为的实施应当符合立法目的及法律规范的规定，县交通局的工作人员在扣车时，不考虑公民财产的安全，甚至在王某请求将生猪运抵目的地后再扣车也置之不理，将拖斗卸下后就驾车离去。县交通局工作人员在执行暂扣车辆决定时的这种行政行为是滥用职权，符合行政行为违法这一要件。(3)王某的15头生猪因长时间受热受压而死，有实际的损害。(4)王某的15头生猪的死亡，与县交通局工作人员在执行暂扣车辆决定时实施的行政行为之间存在着因果关系。综上所述，王某的诉讼请求法院应当支持。

第二节　行政赔偿的范围

行政赔偿范围通常包括两个方面的含义：一是指国家承担赔偿责任的"行为范围"（即行政机关及其工作人员的哪些行为造成他人损害应由国家承担赔偿责任）；二是指国家承担赔偿责任的"损害范围"（即对受害人的哪些损害国家给予赔偿）。行政赔偿范围决定了国家承担赔偿责任的大小及对受害人救济程度的高低，它的确定受一国社会经济条件的影响，在一定程度上反映了不同国家对受害人的保护水平。在我国的国家赔偿法中，行政赔偿范围指能够引起行政赔偿的行政行为的范围，也就是说国家对哪些行为造成的损害予以赔偿，对哪些行为造成的损害不予赔偿。我国《国家赔偿法》第3条、第4条、第5条对行政赔偿的范围作了规定。

（一）侵犯人身权的情形

《国家赔偿法》第3条规定，行政机关及其工作人员在行使行政职权时有下列侵犯人身权情形之一的，受害人有取得赔偿的权利：

1. 违法拘留或者违法采取限制公民人身自由的行政强制措施的

违法拘留。行政拘留是限制人身自由的行政处罚，以剥夺公民的人身自由为手段，是一种较严厉的处罚形式。违反法律规范中对实施行政拘留的主体资格、拘留的条件、拘留的程序、拘留的期限的规定，或者是认定事实不清、证据不足、适用法律、法规错误等都属于违法。违法限制公民人事自由的行政强制措施。限制公民人事自由的行政强制措施具体的形式很多，如强制约束酒醒、强制隔离、强制治疗、强制带离现场等，如果实施行政强制措施存在认定事实错误、证据不足、适用法律法规错误、违反法定程序等情况即构成违法。

2. 非法拘禁或者以其他方法非法剥夺公民人身自由的

在法定的行政拘留和行政强制措施之外限制公民人身自由的行为是违法的，属于非法拘禁或者以其他方法非法剥夺公民人身自由。这种"非法"是严重的违法，包括没有法定权限的行政机关实施限制公民人身自由的行为和有限制人身自由权的行政机关严重超越其权限范围实施限制公民人身自由的行为，其手段可能是变相拘禁、关禁闭、捆绑等。

3. 以殴打、虐待等行为或者唆使、放纵他人以殴打、虐待等行为造成公民身体伤害或者死亡的

殴打、虐待等行为是严重侵犯公民人身权的违法行为，如果公务人员执行公务期间以殴打、虐待等手段或者唆使、放纵他人以殴打、虐待等手段造成公民身体伤害或者死亡的，国家应当承担赔偿责任。

4. 违法使用武器、警械造成公民身体伤害或者死亡的

武器和警械主要指枪支、警棍、警绳、手铐，在我国有权使用武器和警械的包括警察、武警部队人员等。武器和警械的使用有严格的限制，必须符合国务院制定的《人民警察使用警械和武器条例》的规定，违法使用的，无论行为人主观上有无过错，只要对公民身体造成伤害或者致其死亡的，国家就应当依法承担赔偿责任。

5. 造成公民身体伤害或者死亡的其他违法行为

这是一项概括性的规定，除了国家赔偿法中列举的侵犯公民人身权的行为之外，凡是行政机关及其工作人员在履行行政管理职责的过程中，违法造成公民身体伤害或者死亡的，国家都要依法承担赔偿责任。

(二)侵犯财产权的情形

《国家赔偿法》第4条规定，行政机关及其工作人员在行使行政职权时有下列侵犯财产权情形之一的，受害人有取得赔偿的权利：

1. 违法实施罚款、吊销许可证和执照、责令停产停业、没收财物等行政处罚的

罚款、吊销许可证和执照、责令停产停业、没收财物等行政处罚的违法实施，都会侵犯行政相对人的财产权。如果行政处罚主体在实施行政处罚时认定事实不清、适用法律错误、程序违法或超越权限范围等都构成违法处罚，为此给行政相对人造成的损失，国家应承担赔偿责任。

2. 违法对财产采取查封、扣押、冻结等行政强制措施的

查封、扣押、冻结等行政强制措施是对财产权的一种限制，该行为的实施会影响到行政相对人财产的使用和流通。实践中违法的财产强制措施主要表现为，违反法定程序、超越权限、不按照法律规定妥善保管被扣押的财产、不遵守法定期限等。

3. 违法征收、征用财产的

行政征收和行政征用，都是国家强行取得公民、法人或其他组织的财产权或者强行使用其财产的制度。征收、征用既有相同之处，又有不同之处。相同在于，都是为了公共利益需要，都要经过法定程序，都要依法给与补偿。不同在于，征收主要是所有权的改变，征用只是使用权的改变。另外，对税费的征收不涉及补偿。无论征收还是征用，都应当按照法律、法规规定的数额、标的、方式、期限、对象等实施，否则构成违法，国家就应当承担赔偿责任。

4. 造成财产损害的其他违法行为

这是财产权损害的概括性规定，是指国家赔偿法中未列举的其他侵犯财产权的情形，如违法的不作为。凡是违法造成财产权损害的，受害人都可依法请求行政赔偿。

(三)国家不予赔偿的情形

《国家赔偿法》第5条规定，属于下列情形之一的，国家不承担赔偿责任：

1. 行政机关工作人员与行使职权无关的个人行为

由于行政机关工作人员具有普通公民和国家公务人员的双重身份，因而其行为就相应地具有个人行为和职务行为两种。行政机关工作人员与行使职权无关的个人行为造成损害的，由其个人承担民事赔偿责任，国家不承担行政赔偿责任。

2. 因公民、法人和其他组织自己的行为致使损害发生的

如果行政相对人受到的损害是由自己的行为造成的，国家不负赔偿责任，因为在这种情况下，行政相对人的损失与行政主体及其工作人员的职务行为不存在因果关系，因而国家赔偿责任不能成立。

如果损害的结果是由行政相对人自己的行为和行政机关及其工作人员行使职权的行为共同造成的，应当确定双方在损害发生过程中的责任大小，国家只承担其该承担的部分赔偿责任。

3. 法律规定的其他情形

这里的法律是指全国人民代表大会及其常务委员会制定的法律文件，不包括法规、规章等规范性文件。比如不符合行政赔偿构成要件的情况，国家不承担赔偿责任。此外，按照最高人民法院《关于审理行政赔偿案件若干问题的规定》这一司法解释的规定，对于国家行为和抽象行政行为，行政相对人不能提出行政赔偿请求。

第三节 行政赔偿请求人和行政赔偿义务机关

一、行政赔偿请求人

行政赔偿请求人，是指因其合法权益受到行政机关及其工作人员违法职务行为侵犯，并造成了损害，依法有权请求国家给予行政赔偿的公民、法人和其他组织。

根据《国家赔偿法》第6条的规定，行政赔偿请求人包括以下几类：

(一)受害的公民、法人或者其他组织

行政赔偿请求人应当是受害人本人。如果受害一方的公民为无行为能力或限制行为能力人，由其监护人行使行政赔偿请求权，但赔偿请求人仍是受害的公民。

(二)受害公民的继承人和其他有扶养关系的亲属

受害公民死亡的，其继承人和其他有扶养关系的亲属有权要求赔偿。在这种情况下，行政赔偿请求人的资格发生了转移，即转移至其继承人和其他有扶养关系的亲属。这里的继承人，是指继承受害公民遗产的人。其他有扶养关系的亲属，是指继承人以外的依靠受害人扶养的没有生活来源、又缺乏劳动能力的亲属或者继承人以外扶养受害人的亲属。

"继承人和有其他抚养关系的亲属"的确定参照民法相关理论，如遗产继承人与法定继承人的问题、第一顺序与第二顺序问题等。

(三)受害的公民死亡，支付受害公民医疗费、丧葬费等合理费用的人有权要求赔偿。

(四)受害法人或者其他组织的权利承受人

受害的法人或者其他组织终止的，其权利承受人有权要求赔偿。权利承受人是指已经终止的原法人或者其他组织的权利义务的承担者，可以是法人或其他组织，也可以是公民。法人或其他组织终止后就不复存在，无法再以自己的名义提出赔偿请求，因此，法律规定赔偿请求权的转移。但是，如果企业法人或其他组织被行政机关撤销、变更、兼并、注销，认为经营自主权受到侵害，依法提起行政赔偿诉讼，原企业法人或其他组织，或者对其享有权利的法人或其他组织均具有请求人资格；法人和其他组织被行政机关作出吊销许可证或执照的行政处罚后，该法人和组织仍然具有行政赔偿请求人的资格；法人和其他组织在破产程序中，破产程序尚未终结时，破产企业仍然具有行政赔偿请求人的资格。

二、行政赔偿义务机关

行政赔偿义务机关，是指代替国家履行赔偿义务的机关，即负责受理赔偿申请、作出赔偿决定、履行赔偿义务等事项的机关。

根据《国家赔偿法》第7条的规定，行政赔偿义务机关的确定有以下几种情况：

(一) 一般赔偿义务机关

一般情况下的赔偿义务机关为实施致害行为的行政机关工作人员所在的行政机关，也就是说，哪个机关的工作人员造成的损害，哪个机关就是赔偿义务机关，除非该致害组织不是一个独立的行政机关。因此，《国家赔偿法》规定，行政机关及其工作人员行使行政职权侵犯公民、法人和其他组织的合法权益造成损害的，该行政机关为赔偿义务机关。

(二) 共同侵权后的赔偿义务机关

两个以上行政机关共同行使行政职权时侵犯公民、法人和其他组织的合法权益造成损害的，共同行使行政职权的行政机关为共同赔偿义务机关。赔偿请求人可以向共同赔偿义务机关中的任何一个赔偿义务机关要求赔偿，该赔偿义务机关应当先予赔偿。也就是说共同致害的行政机关对相应的行政赔偿负连带责任。例如，某区市场监督管理局、税务局共同作出扣押李某财产的违法决定，造成李某损失，该区市场监督管理局与税务局应共同对李某的损失承担赔偿责任，李某可以向两个行政机关中的任何一个机关要求赔偿，该机关应当先予赔偿。

(三) 授权行政侵权后的赔偿义务机关

法律、法规授权的组织在行使授予的行政权力时侵犯公民、法人或其他组织的合法权益造成损害的，被授权的组织为赔偿义务机关。法律、法规授权的组织具有行政主体资格，成为行政赔偿的义务机关是其独立承担法律责任的体现。这里应当注意的是，如果被授权组织实施的侵权行为与法律、法规所授予的职权无关，那么国家就不应当对其行为所造成的损害承担赔偿责任，受害人应当根据的规定向该组织请求民事赔偿。

(四) 委托行政侵权后的赔偿义务机关

受行政机关委托的组织或者个人在行使委托的行政权力时，侵犯公民、法人或其他组织的合法权益造成损害的，委托的行政机关为赔偿义务机关。由于受行政机关委托的组织或者个人不具有行政主体资格，不独立承担法律责任，因而不能成为行政赔偿义务机关。

【案例 18-2】 某区公安分局对辖区内常住人口进行摸底调查。由于警力有限，区公安分局将这项工作委托给各居民委员会和各单位。某居民委员会工作人员刘某对张某家的情况进行调查，在逐一核对张家人口时，张妻左某不满，让刘某出去，两人发生争执。左某随口骂了刘某一句，刘大怒，猛推左某，左某站立不住，头部碰在墙上，当即昏了过去。经医院检查，左某为脑震荡，住院 20 余天。左某遂向法院提起诉讼，要求居委会赔偿住院期间的医疗费、护理费、误工费、交通费等。

本案中，某居民委员会是受区公安分局的委托，行使公安分局的职权——对常住人口情况进行摸底调查，工作人员刘某正是因调查行为与居民发生争执，殴伤居民的。因此，赔偿义务机关应是委托机关即区公安分局，而非居委会。

(五) 致害机关被撤销后的赔偿义务机关

致害机关被撤销的，继续行使其职权的行政机关为赔偿义务机关；如果没有继续行使其职权的行政机关，撤销该赔偿义务机关的行政机关为赔偿义务机关。

(六)经过行政复议后的赔偿义务机关

经复议机关复议的,最初造成侵权行为的行政机关为赔偿义务机关,但复议机关的复议决定加重损害的,复议机关对加重的部分履行赔偿义务。

第四节 行政赔偿程序

行政赔偿程序,是指行政赔偿请求人向行政赔偿义务机关提出赔偿请求,行政赔偿义务机关处理行政赔偿申请,以及通过人民法院解决行政赔偿争议的步骤、顺序、方式和时限的总和。根据《国家赔偿法》的规定,我国行政赔偿请求的提出分为两种方式:一种是"一并式",即在对行政行为提出行政复议或者行政诉讼的同时,附带提出赔偿请求。另一种是"单独式",即单独就损害向赔偿义务机关提出赔偿请求。根据《行政诉讼法》和《国家赔偿法》的规定,受害人单独提出赔偿请求的,应当首先向赔偿义务机关提出。只有在赔偿请求人对赔偿义务机关决定不予赔偿,不作出决定或者对赔偿项目、赔偿数额、赔偿方式有异议时,才可诉请法院解决。与"一并式"程序相比,"单独式"的程序特点是赔偿必须先向赔偿义务机关提出。

一、行政先行处理程序

行政先行处理程序是指赔偿请求人请求损害赔偿时,先向有关的赔偿义务机关提出赔偿请求,双方就有关赔偿的范围、方式、数额等事项进行协商处理或由赔偿义务机关决定,从而解决赔偿争议的程序。

(一)行政赔偿请求的提出

行政赔偿请求的提出必须符合一定的要件,当具备这些要件后,请求人可以以一定的方式单独提出赔偿请求,也可以在行政复议、行政诉讼中一并提出。

1. 行政赔偿请求的要件

(1)请求人必须具有行政赔偿请求权。

行政赔偿请求权是法律赋予行政相对人主张国家赔偿的权利。一般来说,享有行政赔偿请求权的人通常为合法权益受到违法行政行为侵犯并造成损害的公民、法人或其他组织。但在特定的情况下,请求权也可转移。即有行政赔偿请求权的公民死亡的,该请求权转移给其继承人和其他有扶养关系的亲属;有行政赔偿请求权的法人或者其他组织终止的,其请求权转移给其权利承受人。

(2)必须向明确、适格的赔偿义务机关提出赔偿请求。

《国家赔偿法》明确规定了各种情形下的行政赔偿义务机关。行政赔偿请求人必须按照其规定向明确、适格的赔偿义务机关提出赔偿请求。

(3)必须在法定期限内提出行政赔偿请求。

法律对公民、法人或其他组织的行政赔偿请求权的保护是有一定时间限制的。根据《国家赔偿法》第39条的规定,赔偿请求人请求国家赔偿的时效为两年,自其知道或者应当知道行政机关及其工作人员行使职权时的行为侵犯其人身权、财产权之日起计算,但被羁押等限制人身自由期间不计算在内。赔偿请求人在赔偿请求时效的最后六个月内,因不可抗力或者其他障碍不能行使请求权的，时效中止。从中止时效的原因消除之日起，赔偿请求时效期间继续计算。超过法定的期限，行政相对人的赔偿请求权不再受法律保护。

（4）提出的赔偿请求事项必须符合法定赔偿范围。

《国家赔偿法》对行政赔偿的范围作了明确的规定，如果受害人所受损害不在行政赔偿范围之内，则赔偿请求不能成立。

2. 行政赔偿请求的方式

根据《国家赔偿法》的规定，行政赔偿请求的提出应当采取书面形式，即递交申请书。

申请书应当载明下列事项：

（1）受害人的姓名、性别、年龄、工作单位和住所。请求人是法人或者其他组织的，应写明法人或者其他组织的名称、住所和法定代表人或者主要负责人的姓名、职务。如果是受害人的法定代理人或继承人或其他有扶养关系的亲属行使请求权时，还应载明法定代理人、继承人和该亲属的姓名、性别、年龄、工作单位、住所以及与受害人的关系等事项，并提供相应证明。

（2）具体的要求、事实根据和理由。赔偿请求包括赔偿的范围、方式等，如所要求的金钱赔偿数额，是否恢复原状，是否返还财产等。根据《国家赔偿法》的规定，赔偿请求人可以根据受到的不同损害，同时提出数项赔偿要求。例如，行政机关将李某违法拘留，其间又将其殴打致伤，经住院治疗后痊愈。李某即可同时提出赔偿侵犯人身自由权的赔偿金和被殴打致伤所花费的医疗费等多项赔偿请求。事实根据是指受害人遭受损害的时间、地点、客体、范围等，若有相关证明材料的，必须一同附上。例如证明人身伤害的程度、性质的证明书，医疗费、护理费、康护费等收据及因此而受到其他损失的证明；对财产损害的，应提交修复费用的收据、购置同类财物的发票等；因死亡而要求赔偿的，应提交受害人死亡证明书或其他载明死亡的原因、时间、地点等情况的证明书，以及有关死亡人生前的职业、工资收入状况、生前扶养人的姓名、年龄等情况的证明和因死亡而支出的丧葬费收据等。理由是指损害形成的原因，如损害与违法职务行为的因果关系等。

（3）申请的年、月、日。赔偿请求人书写申请书确有困难的，可以委托他人代书，也可以口头申请，由赔偿义务机关记入笔录。

（二）行政赔偿请求的受理与处理

行政赔偿义务机关对于赔偿请求人当面递交申请书的，应当当场出具加盖本行政机关专用印章并注明收讫日期的书面凭证。申请材料不齐全的，赔偿义务机关应当当场或者在五日内一次性告知赔偿请求人需要补正的全部内容。

赔偿义务机关应当自收到申请之日起两个月内，作出是否赔偿的决定。赔偿义务机关作出赔偿决定，应当充分听取赔偿请求人的意见，并可以与赔偿请求人就赔偿方式、赔偿项目和赔偿数额依照《国家赔偿法》规定的赔偿方式和计算标准进行协商。

赔偿义务机关决定赔偿的，应当制作赔偿决定书，并自作出决定之日起十日内送达赔偿请求人。赔偿义务机关决定不予赔偿的，应当自作出决定之日起十日内书面通知赔偿请求人，并说明不予赔偿的理由。

赔偿义务机关在规定期限内未作出是否赔偿的决定，赔偿请求人可以自期限届满之日起三个月内，向人民法院提起行政赔偿诉讼。赔偿请求人对赔偿的方式、项目、数额有异议的，或者赔偿义务机关作出不予赔偿决定的，赔偿请求人可以自赔偿义务机关作出赔偿或者不予赔偿决定之日起三个月内，向人民法院提起行政赔偿诉讼。但是，赔偿义务机关作出赔偿决定时，未告知赔偿请求人诉权或者起诉期限，致使赔偿请求人逾期向人民法院起诉的，其起诉期限从赔偿请求人实际知道诉权或者起诉期限时计算，但逾期的期间自赔偿请求人收到赔偿决定之日起不得超过一年。

二、行政赔偿诉讼

行政赔偿诉讼是行政赔偿程序的一个组成部分，它是人民法院根据赔偿请求人的诉讼请求，依照行政诉讼程序和国家赔偿的基本制度、原则裁判赔偿争议的活动。

行政赔偿诉讼是一种特殊的诉讼形式。一方面，行政赔偿诉讼是因行政机关及其工作人员行使职权的行为引起，因此应纳入行政诉讼的范畴，适用行政诉讼程序；但另一方面，行政赔偿诉讼主要解决的是行政职权活动是否造成损害以及国家是否对请求人承担赔偿责任的问题，这与行政诉讼主要解决行政行为的效力问题有所不同。因此，行政赔偿诉讼是一种特殊的行政诉讼，在起诉条件、审理形式、证据规则及适用程序诸方面都有其自身的特点，与行政诉讼均有很大的不同。

首先，从起诉条件看，在单独提起行政赔偿诉讼时，要以行政赔偿义务机关先行处理为前提条件。在一并提出行政赔偿请求时，无此限制，只要符合行政诉讼法规定的起诉条件即可。

其次，从诉讼当事人看，行政赔偿诉讼实行"国家责任，机关赔偿"制度，即行政赔偿诉讼的被告不是国家本身，而是代表国家行使行政职权的赔偿义务机关。

再次，从审理形式看，行政赔偿诉讼不同于一般的行政诉讼，赔偿诉讼人民法院可以以调解作为审理程序和结案方式。《行政诉讼法》第60条规定，人民法院审理行政案件，不适用调解。但是，行政赔偿、补偿以及行政机关行使法律、法规规定的自由裁量权的案件可以调解。调解应当遵循自愿、合法原则，不得损害国家利益、社会公共利益和他人合法权益。

最后，从证据规则看，行政赔偿诉讼不完全采取"被告承担举证责任"的原则，而是参照民事诉讼的证据规则，实行举证责任合理分担，即"谁主张，谁举证"的规则。根据《国家赔偿法》第15条的规定，赔偿请求人和赔偿义务机关对自己提出的主张，应当提供证据。但是这一原则也有例外，即赔偿义务机关采取行政拘留或者限制人身自由的强制措施期间，被限制人身自由的人人身体受到伤害的，赔偿义务机关否认该损害事实或者损害事实与其违法行为存在因果关系，赔偿义务机关应当提供证据。此处采取的是举证责任倒置原则，其目的在于保护受害人的合法权益。

(一)行政赔偿诉讼的受案范围

根据《国家赔偿法》第3条、第4条规定的行政赔偿范围，行政相对人可以对具体行政行为和与行政机关及其工作人员行使行政职权有关的其他行为侵权造成的损害依法提起行政赔偿诉讼。但是，赔偿请求人单独提起的行政赔偿诉讼，必须以赔偿义务机关先行处理为前提，否则法院不予受理。法律规定由行政机关最终裁决的行政行为被确认违法后，赔偿请求人可以单独提起行政赔偿诉讼，人民法院应当依法受理。赔偿请求人对赔偿义务机关确定的赔偿项目、赔偿数额、赔偿方式有异议或者赔偿义务机关逾期不作出决定或者决定不予赔偿的，有权在法定期限内向法院提起行政赔偿诉讼，人民法院应当依法受理。赔偿请求人在提起行政诉讼的同时一并提出行政赔偿请求的，人民法院应当一并受理。

法律规定由行政机关最终裁决的具体行政行为，赔偿请求人以赔偿义务机关决定不予赔偿或者逾期不作决定或者对其确定的赔偿项目、赔偿数额、赔偿方式有异议而向法院提起行政赔偿诉讼的，人民法院应当依法受理。

(二)行政赔偿诉讼的提起和受理

根据《行政诉讼法》、《国家赔偿法》及最高人民法院《关于审理行政赔偿案件若干问题的规定》的规定，赔偿请求人单独提起行政赔偿诉讼，应当符合下列条件：(1)原告具有请求资格；(2)有明确的被告；(3)有具体的赔偿请求和受损害的事实根据；(4)赔偿义务机关已先行处理或超过法定期限不予处理；(5)属于人民法院行政赔偿诉讼的受案范围和受诉人民法院管辖；(6)符合法律规定的起诉期限。

人民法院接到原告单独提起的行政赔偿起诉状后，应当进行审查，并在七日内立案或者作出不予受理的裁定。在七日内不能确定是否受理的，应当先予受理。审理中发现不符合受理条件的，裁定驳回起诉。人民法院认为需要变更被告而原告不同意变更的，裁定驳回起诉。当事人对不予受理或者驳回起诉的裁定不服的，可以在裁定书送达之日起十日内向上一级人民法院提起上诉。

(三)行政赔偿诉讼的审理与判决

人民法院对当事人在提起行政诉讼的同时一并提出行政赔偿请求的，应当分别立案，根据具体情况可以合并审理，也可以单独审理。

人民法院审理行政赔偿案件，就当事人之间的行政赔偿争议进行审理和裁判。无论是合并审理还是单独审理，其审理的形式与一般的行政诉讼相同，也适用公开审理、合议制度、回避制度、两审终审制度等。特别之处在于，人民法院审理行政赔偿案件在坚持合法、自愿的前提下可以就赔偿方式、赔偿数额、赔偿项目进行调解。调解成立的，应当制作行政调解书，其与判决具有同等的法律效力。

被告在一审判决前同原告达成赔偿协议，原告申请撤诉的，人民法院应当依法予以审查并裁定是否准许。

被告的具体行政行为违法但尚未对原告合法权益造成损害的，或者原告的请求没有事实根据或法律根据的，人民法院应当判决驳回原告的赔偿请求。

人民法院对单独提起行政赔偿案件作出判决的法律文书的名称为行政赔偿判决书、行政赔偿裁定书或者行政赔偿调解书。

三、行政追偿

行政追偿是指国家向行政赔偿请求人支付赔偿费后，依法责令有故意或者重大过失的工作人员或者受委托的组织、个人承担部分或者全部赔偿费用的法律制度。

行政追偿的条件：1.行政赔偿义务机关已经向受害人赔偿了损失；2.行政赔偿义务机关的工作人员或者受委托的组织、个人有故意或者重大过失；3.追偿的金额以行政赔偿义务机关实际支付的费用为限，并与责任人的过错程度相适应。

【案例 18-3】 某市某区公安分局所属某新村派出所民警赵某，为查清案件，通知原告李某等到派出所，因李某与他人讲话，遭到赵某训斥，并打了李某一耳光，将李某打伤，致使李某损失医疗费、误工费3000元。李某为此向该区公安分局申请行政赔偿，对李某已支付的费用公安分局同意赔偿，但双方就后续治疗费用无法达成一致意见。该区公安分局作出行政赔偿决定，支付李某赔偿金共计5000元，李某对此赔偿数额持有异议，于是向该区人民法院提起行政赔偿诉讼，要求区公安分局赔偿其后续治疗费用8000元和精神损失费2000元。本案中李某单独提起行政赔偿诉讼的做法是否合法？

本案原告李某是在不服区公安分局的行政赔偿决定而后向法院提起行政赔偿诉讼的，根据《国家赔偿法》第9条第2款的规定及《最高人民法院关于审理行政赔偿案件若干问题的规定》第4条第2款的规定，原告李某先经过行政机关处理再单独提起行政赔偿诉讼的做法合法。

第五节 行政赔偿的方式和计算标准

一、行政赔偿的方式

行政赔偿的方式，是指国家承担行政赔偿责任的各种形式。《国家赔偿法》第32条规定，国家赔偿以支付赔偿金为主要方式。能够返还财产或者恢复原状的，予以返还财产或者恢复原状。根据这一规定，我国的国家赔偿是以金钱赔偿为主要方式，以返还财产或者恢复原状为补充，一般的损害赔偿主要通过支付货币的方式进行赔偿，只有在返还财产、恢复原状为适当时，才可以选择这两种方式。

(一) 金钱赔偿

金钱赔偿，是指赔偿义务机关以货币形式向受害人支付赔偿金，以补偿其所受到的损失的方式。行政赔偿之所以以支付赔偿金为主要方式，这缘于货币支付的简便易行，既能够起到对受害人救济的作用，也不影响行政赔偿义务机关的正常的行政管理活动。金钱赔偿方式的适应性很强，覆盖了行政赔偿的范围。无论是对受害人的财产损失、人身损害，亦或是精神损害等都可以折算成金钱予以赔偿。

(二) 返还财产

返还财产，是指行政赔偿义务机关将其违法占有或者控制的财产返还受害人的一种方式。又可以称为返还原物，原物可以是金钱，也可以是实物，可以是特定物也可以是种类物。

返还财产只适用于财产权的损害，比如行政机关违法实施的罚款、没收财物、征收、征用等。返还财产是以恢复权利之原状为目的，以原物存在并完好或者可以修复为前提。返还财产一般应该在不影响赔偿义务机关公务实施，并且比金钱赔偿更加便捷的情况下运用。

（三）恢复原状

恢复原状，是指由行政赔偿义务机关对受害人所受财产损害进行修复，或者对所受损害的与财产有关的权益复原，使它们恢复到受损害前的性状的赔偿方式。比如将损害的物品修复，重新颁发许可证和执照等。恢复原状是以恢复权利之原状为目的，以可以复原为前提。恢复原状一般也应该在不影响赔偿义务机关公务的实施，并且比金钱赔偿更加便捷的情况下运用。

（四）精神损害的赔偿

《国家赔偿法》第35条规定："有本法第3条或者第17条规定情形之一，致人精神损害的，应当在侵权行为影响的范围内，为受害人消除影响，恢复名誉，赔礼道歉；造成严重后果的，应当支付相应的精神损害抚慰金。"

精神损害是指侵权行为致使受害人心理和感情遭受创伤和痛苦，它包括精神上的悲伤、失望和忧郁等。精神损害多由于侵犯人身权而产生，但也不排除因侵犯财产权而引起。我国国家赔偿法规定的精神损害仅指由国家机关及其工作人员行使职权侵犯人身权而造成的损害。

《国家赔偿法》关于精神损害救济方式的规定包括两部分：一是消除影响，恢复名誉，赔礼道歉的精神抚慰救济方式；二是支付精神损害抚慰金的金钱赔偿救济方式。后者是对前者的补充，即对于致人精神损害，造成严重后果的，采用精神抚慰方式不足以救济损害时，就判令赔偿义务机关赔偿精神抚慰金。

二、行政赔偿的计算标准

行政赔偿的计算标准是国家赔偿立法所确立的根据损害程度确定赔偿金额的准则，是国家支付赔偿金赔偿受害人的损失时适用的标准。该标准直接关乎受害人合法权益保护的程度。

从世界各国的情况来看，发达的资本主义国家大都建立了国家赔偿制度，其赔偿标准大致有如下三种：惩罚性标准——赔偿金多于实际所受损害；补偿性标准——赔偿金等于实际所受损害；抚慰性标准——赔偿金少于实际所受损害。基于我国目前的经济实力，我国国家赔偿采用的主要是慰抚性标准。

（一）侵犯人身自由的计算标准

对于侵犯公民人身自由的，比如违法拘留、非法拘禁等，赔偿金的计算标准不是按照受害人的实际损失情况进行，而是实行工资定额赔偿。比如受害人在人身自由受限制的期间，可能获得的经济利益不在赔偿范围之内。《国家赔偿法》第33条规定："侵犯公民人身自由的，每日的赔偿金按照国家上年度职工日平均工资计算。"其中，上年度是以最终赔偿决定作出时的上一年度为准；如果最终决定维持原赔偿决定的，按原赔偿决定作出时的上一年度执行。国家上年度职工日平均工资，应当以相应的年度中在岗职工的年平均工资的数额除以全年法定工作日数来计算。职工的年平均工资的数额以国家统计局每年公布的数字为准，一年的法定工作日数一般为250天。

（二）侵犯生命健康权的计算标准

1. 致人身体伤害

一般身体伤害是指经过治疗可以恢复健康，并未造成身体残疾的人身损害。根据《国家赔偿法》的规定，造成身体伤害的，应当支付医疗费、护理费，以及赔偿因误工减少的收入。减少的收入每日的赔偿金按照国家上年度职工日平均工资计算，最高额为国家上年度职工年平均工资的5倍。这里的医疗费包括挂号费、治疗费、化验费、药费、住院费等医疗人身伤害的费用。一般应以所在地治疗医院的诊断证明和医药费、住院费的交易单据为凭证。应经医务部门批准而未获批准擅自另找医院治疗的费用，一般不予赔偿。擅自购买与损害无关的药品或治疗其他疾病的，其费用不予赔偿。护理费是指受害人因人身损害在治疗和康复期间需要他人护理而支出的费用。因误工减少的收入是指受害人因为身体受到伤害不能工作而损失的收入。《国家赔偿法》没有区分受害人的不同情况，误工费一律按照国家上年度职工日平均工资计算，最高额为国家上年度职工年平均工资的5倍。国家上年度职工日平均工资的计算方法与侵犯公民人身自由的赔偿计算中的国家上年度职工日平均工资的计算方法一样。

2. 致人身体残疾

残疾，是指受害人身体遭受损害，致使部分肌体丧失功能，不能再恢复，因而部分或全部丧失劳动能力。根据《国家赔偿法》的规定，造成部分或者全部丧失劳动能力的，应当支付医疗费、护理费、残疾生活辅助具费、康复费等因残疾而增加的必要支出和继续治疗所必需的费用，以及残疾赔偿金。残疾赔偿金根据丧失劳动能力的程度，按照国家规定的伤残等级确定，最高不超过国家上年度职工年平均工资的20倍。造成全部丧失劳动能力的，对其扶养的无劳动能力的人，还应当支付生活费。

致残的医疗费除依一般伤害的医疗费赔偿标准赔偿外，还应赔偿因残疾继续治疗所必需的费用，包括补救性的治疗费和残后的治疗费等。护理费也会因护理级别的提高而有所增加。残疾生活辅助具费按照普及型器具的费用标准赔偿。康护费是指受害人接受康复护理、器官功能恢复训练等继续治疗实际发生的必要费用。残疾赔偿金采取定型化赔偿，根据丧失劳动能力的程度，按照国家规定的伤残等级确定，但最高不超过国家上年度职工年平均工资的20倍。针对全残，对其抚养的无劳动能力的人，还要支付生活费。生活费的发放标准参照当地最低生活保障标准执行。被扶养的人是未成年人的，生活费给付至18周岁止；其他无劳动能力的人，生活费给付至死亡时止。

3. 致人死亡

根据《国家赔偿法》的规定，造成死亡的，应当支付死亡赔偿金、丧葬费，总额为国家上年度职工年平均工资的20倍。对死者生前扶养的无劳动能力的人，还应当支付生活费。生活费的支付与对全部丧失劳动能力的人所抚养的无劳动能力的人支付的生活费的具体要求相同。

(三) 侵犯财产权的计算标准

(1) 对违法取得的财物予以返还。行政机关违法实施罚款、罚金、追缴、没收财产或者违法征收征用财产的，以及行政机关违法查封、扣押、冻结财产的，都要返还财产。返还的财产可以是金钱，也可以是其他财物。返还财产涉及金钱的应当支付银行同期存款利息。

(2) 应当返还的财物损坏的，予以恢复原状。查封、扣押、冻结的财产，造成损坏的,以及其他应当返还的财产损坏的,能够恢复原状的恢复原状。

(3)不能恢复原状的,按照损害程度给付相应的赔偿金和相应的利息损失。查封、扣押、冻结的财产以及其他应当返还的财产,造成损坏并不能够恢复原状的或者灭失的,按照损害程度给付相应的赔偿金和相应的利息损失;财产已经拍卖或者变卖的,给付拍卖或者变卖所得的价款;变卖的价款明显低于财产价值的,应当支付相应的赔偿金。

(4)吊销许可证和执照、责令停产停业的,赔偿停产停业期间必要的经常性费用开支。如必要留守职工的工资;必须缴纳的税款、社会保险费;应当缴纳的水电费、保管费、仓储费、承包费;合理的房屋场地租金、设备租金、设备折旧费;维系停产停业期间运营所需的其他基本开支。

(5)对财产权造成其他损害的,按照直接损失给予赔偿。比如对知识产权的侵害、不履行保护公民财产权而造成的损害等,国家赔偿直接的损失。

直接损失是指因不法侵害而致财产遭受的直接减少或消灭,主要是指既得利益的损失或现有财产的减少,不包括可期待利益的获得。如存款利息、贷款利息、现金利息;机动车停运期间的营运损失;通过行政补偿程序依法应当获得的奖励、补贴等;对财产造成的其他实际损失。

三、行政赔偿的费用

行政赔偿费用是指行政赔偿义务机关赔偿受害人损失所需的费用。由于行政赔偿以支付赔偿金为主要方式,因而需要相当的费用。根据《国家赔偿法》的规定,赔偿费用,列入各级财政预算,由各级人民政府按照财政管理体制分级负担。

赔偿请求人凭生效的判决书、复议决定书、赔偿决定书或者调解书,向赔偿义务机关申请支付赔偿金。赔偿义务机关应当自收到支付赔偿金申请之日起七日内,依照预算管理权限向有关的财政部门提出支付申请。财政部门应当自收到支付申请之日起十五日内支付赔偿金。

赔偿费用预算与支付管理的具体办法由国务院规定。2011年1月17日国务院发布实施了《国家赔偿费用管理条例》,该条例对我国行政赔偿费用的来源和支付提供了法律依据。

赔偿请求人要求行政赔偿的,赔偿义务机关、复议机关和人民法院不得向赔偿请求人收取任何费用。对赔偿请求人取得的赔偿金不予征税。

第六节 行政补偿

一、行政补偿的概念、特征

行政补偿是指国家对行政机关及其工作人员在行使职权过程中因合法行为损害行政相对人合法权益而采取的补救措施。行政补偿有以下特征:

1. 行政补偿的前提是行政机关及其工作人员的行为合法

行政补偿的前提是行政行为的合法性,这是它与因违法行政造成损害的救济制度——

行政赔偿的主要区别。

2. 行政补偿的致害行为的目的是为了公共利益

行政补偿是行政机关为了公共利益的需要而给无义务的特定公民、法人和其他组织增加了额外负担，补偿是由国家对承担额外负担的相对人给予的救济，它调整的是公共利益与私人利益之间的关系，是一种基于社会公平负担为基础的制度设计。国家对公民因公平分配而承担的义务，不必加以补偿，如纳税、服兵役等。

3. 行政补偿主要是一种财产补偿

行政补偿一直是作为保障财产权的救济制度而出现的，其中以土地征用最为典型，其他有关行政补偿的法律规定一般也都是以补偿财产权的侵害为目的的，但也不排除对征用人力而给予的补偿。

4. 行政补偿一般为事前补偿

行政赔偿的实施一定是在行政侵权损害后果发生之后进行的，而行政补偿，其致害行为的实施是基于公共利益的需要而发生的，因此，行政补偿一般发生在损害后果产生之前，通过事先确定的补偿条件及标准等进行，当然也不排除补偿发生在损害之后。

二、行政补偿的范围

从理论上说，一切合法行政行为给相对人造成损害的，都应当给予补偿。但我国目前除个别单行法对某些行政管理领域的损害补偿有零散的规定外，整体性规范化的行政补偿制度尚未建立起来。从立法来看，下列行为应给予补偿：

（1）土地征用。在我国，城市市区的土地属于国家所有。农村和城市郊区的土地，除由法律规定属于国家所有的以外，属于农民集体所有。国家为了公共利益的需要，可以依法对集体所有的土地实行征用。《土地管理法》第2条第4款规定："国家为了公共利益的需要，可以依法对土地实行征收或者征用并给予补偿。"

（2）房屋征收。基于公共利益的需要，征收单位、个人房屋的，应当给予公平补偿。例如，《国有土地上房屋征收与补偿条例》第17条规定，作出房屋征收决定的市、县级人民政府对被征收人给予的补偿包括：（一）被征收房屋价值的补偿；（二）因征收房屋造成的搬迁、临时安置的补偿；（三）因征收房屋造成的停产停业损失的补偿。另外，该条例第8条对公共利益作了一定的界定，为了保障国家安全、促进国民经济和社会发展等公共利益的需要，有下列情形之一，确需征收房屋的，由市、县级人民政府作出房屋征收决定：（一）国防和外交的需要；（二）由政府组织实施的能源、交通、水利等基础设施建设的需要；（三）由政府组织实施的科技、教育、文化、卫生、体育、环境和资源保护、防灾减灾、文物保护、社会福利、市政公用等公共事业的需要；（四）由政府组织实施的保障性安居工程建设的需要；（五）由政府依照城乡规划法有关规定组织实施的对危房集中、基础设施落后等地段进行旧城区改建的需要；（六）法律、行政法规规定的其他公共利益的需要。

（3）公用征收。基于公共利益目的，按照法定的形式和事先公平补偿原则，以强制方法取得私人不动产的所有权或其他物权，事后给予补偿。例如，《外资企业法》第5条规定："国家对外资企业不实行国有化和征收；在特殊情况下，根据社会公共利益的需要，对外资企业可以依照法律程序实行征收,并给予相应的补偿。"

(4)公用征调。为了公共利益,在国家处理紧急状态或者紧急需要的情况下(如处理临时性、突发性事件),依照法律、法规及政策规定,征用和调集个人和组织的财物或劳务,并给予相应补偿。如《防洪法》第7条第3款规定,各级人民政府应当对蓄滞洪区予以扶持;蓄滞洪后,应当依照国家规定予以补偿或者救助。第45条规定,在紧急防汛期,防汛指挥机构根据防汛抗洪的需要,有权在其管辖范围内调用物资、设备、交通运输工具和人力,决定采取取土占地、砍伐林木、清除阻水障碍物和其他必要的紧急措施;必要时,公安、交通等有关部门按照防汛指挥机构的决定,依法实施陆地和水面交通管制。依照前款规定调用的物资、设备、交通运输工具等,在汛期结束后应当及时归还;造成损坏或者无法归还的,按照国务院有关规定给予适当补偿或者作其他处理。取土占地、砍伐林木的,在汛期结束后依法向有关部门补办手续;有关地方人民政府对取土后的土地组织复垦,对砍伐的林木组织补种。

(5)军事征调。《国防法》第48条规定,国家根据动员需要,可以依法征用组织和个人的设备设施、交通工具和其他物资。县级以上人民政府对被征用者因征用所造成的直接经济损失,按照国家有关规定给予适当补偿。

(6)公务合作。公民或组织协助行政机关履行职责而造成的损害,可以获得补偿。如《人民警察法》第34条第2款规定:公民和组织因协助人民警察执行职务,造成人身伤亡或者财产损失的,应当按照国家有关规定给予抚恤或者补偿。

(7)公共危机损害。在一定区域内已经发生或可能发生特定疫情,可能会造成公共卫生危机,国家采取预防或事后强制措施,防止或减少可能造成的危害,因而损害特定相对人的合法权益,而由国家给予一定补偿的情况。如2005年秋,我国内蒙古、湖南、安徽等地先后发生了H5N1亚型高致病性禽流感疫情,为了防止疫情的扩散,三地共捕杀销毁各类家禽13832只。为消除养殖户的后顾之忧,确保扑杀和免疫防治措施迅速地展开,国务院、农业部等国家机关先后发布一系列政策文件,规定对疫区和疫点周围三公里范围内被扑杀家禽的养殖户给予合理补偿,地方政府根据实际情况制定具体的补偿标准。

◎ 导例分析:

《中华人民共和国人民警察法》第2条规定:"人民警察的任务是维护国家安全,维护社会治安秩序,保证公民的人身安全、人身自由和合法财产,保护公共财产,预防、制止和惩治违法犯罪活动。"第21条规定:"人民警察遇到公民人身、财产安全受到侵犯或者处于其他危难情形,应当立即救助;对公民提出解决纠纷的要求,应当给予帮助;对公民的报警案件,应当及时查处。"依法及时查处危害社会治安的各种违法犯罪活动,保护公民的合法财产,是公安机关的法定职责。被告卢氏县公安局在本案中,两次接到群众报警后,都没有按规定立即出警到现场对正在发生的盗窃犯罪进行查处,不履行应该履行的法定行政职责,其不作为的行为是违法的。最高人民法院对2001年李茂润诉四川省阆中市公安局不作为一案作出的《关于公安机关不履行法定行政职责是否承担行政赔偿责任问题的批复》中指出,由于公安机关不履行法定行政职责,致使公民、法人和其他组织的合法权益遭受损害的,应当承担行政赔偿责任。据此,卢氏县公安局应当承担行政赔偿责任,赔偿尹某的损失。

根据《国家赔偿法》第9条第2款的规定，赔偿请求人要求赔偿，应当先向赔偿义务机关提出，也可以在申请行政复议或提起行政诉讼时一并提出。结合本案，卢氏县公安局对尹某的赔偿请求一直没有作出答复，尹某可向法院提起行政赔偿诉讼。

◎ 思考题

1. 行政赔偿与行政补偿的区别是什么？
2. 试述行政赔偿的归责原则与构成要件。
3. 行政赔偿的范围。
4. 国家赔偿精神损害赔偿的现状及完善。
5. 行政赔偿的方式与计算标准。
6. 获得行政赔偿的途径有哪些？公民能否单独就损害提起行政赔偿诉讼？

◎ 综合训练

案例1. 2016年10月11日晚，王某酒后在某酒店酗酒闹事，砸碎店里玻璃数块。此时某区公安分局太平派出所民警李某、赵某执勤路过酒店，李某等人欲将王某带回派出所处理，王某不从，与李某发生推搡。双方在扭推过程中，王某被推倒，头撞在水泥地上，当时失去知觉，送往医院途中死亡，后被鉴定为颅内出血死亡。2016年12月20日，王某之父申请国家赔偿。

问题：

1. 公安机关是否应当对王某的死亡承担行政赔偿责任？为什么？
2. 王某的父亲是否有权以自己的名义提出行政赔偿请求？
3. 本案请求行政赔偿的时效如何计算？
4. 本案行政赔偿义务机关是谁？
5. 若本案公安机关需承担赔偿责任，赔偿方式和标准是什么？
6. 如果公安机关对受害人赔偿后，对民警如何处理？
7. 若王某的父亲获得行政赔偿，他能否再要求民警任某承担刑事附带民事责任？
8. 王某的父亲可否提出精神损害赔偿？

△要点提示：

1. 公安机关应当对王某的死亡承担行政赔偿责任。因为公安民警在执行职务过程中与王某发生推搡致王某摔倒死亡，未尽到合理安全注意义务，其行为构成违法，王某虽也有过错，但不能免除行政赔偿责任，符合行政赔偿责任构成要件，国家应当承担赔偿责任。

2. 王某的父亲有权以自己名义提出行政赔偿请求。根据《国家赔偿法》的规定，受害的公民死亡，其继承人和其他有扶养关系的亲属有权要求赔偿。

3. 本案请求行政赔偿的时效应当自受害人知道或者应当知道行政机关及其工作人员行使职权时的行为侵犯其人身权、财产权之日起两年。

4. 本案的行政赔偿义务机关是某区公安分局。

5. 若公安机关承担行政赔偿责任，赔偿方式为支付被害人死亡赔偿金和丧葬费，总额为国家上年度职工年平均工资的20倍；对死者生前抚养的无劳动能力的人还应当支付生活费，标准参照当地民政部门有关生活救济规定办理，被抚养人是未成年人的，支付到18周岁为止，其他无劳动能力的人支付到死亡时止。

6. 公安机关对受害人实施赔偿后，若认为民警有重大过失，可以责令该民警承担部分或全部赔偿费用。

7. 王某的父亲不能再要求民警任某承担刑事附带民事责任。

8. 可以。根据《国家赔偿法》的规定，违法的行政行为侵犯人身权致人精神损害，并造成严重后果的，应当支付相应的精神损害抚慰金。

案例2. 2001年12月24日8时40分许，韩某驾驶的红旗牌出租车发生交通事故。某市公安局交通警察大队接警后，立即出警，赶到事故现场。在事故现场初步查明，韩某驾驶的红旗牌轿车已被撞变形，韩某被夹在驾驶座位中，生死不明，需要立即抢救。为了尽快救出韩某，警方先后采用了撬杠等方法，都不能打开驾驶室车门，最后采用了气焊切割的方法，在周围群众的帮助下，将韩某从车中救出送往医院。虽然在气焊切割车门时采取了安全防范措施，但切割时仍造成了轿车失火，因火势较大，事先准备的消防器材无法将火扑灭，扩大了汽车的损失。事后，韩某要求市公安局赔偿抢险警察气焊切割时造成车辆被烧毁的损失，某市公安局于2002年4月16日作出不予赔偿决定。韩某不服，提起诉讼，请求行政赔偿。

请问：

1. 国家是否应对被告的行为承担行政赔偿责任？
2. 国家是否应对被告的行为承担行政补偿责任？

△要点提示

1. 国家不应对被告的行为承担行政赔偿责任。根据《国家赔偿法》第2条第1款及第3条、第4条的规定，行政赔偿的归责原则是违法归责，因此行政机关及其工作人员违法行使职权，是国家承担行政赔偿责任的必要前提。本案中，警方是在司机韩某被夹在发生事故的轿车驾驶室里生死不明，需要紧急抢救的情况下，决定实施强行打开驾驶室车门措施的。由于当时其他方法都不能打开已经变形的车门，为及时抢救出韩某而采取气焊切割车门的方法。虽然该措施后来导致了汽车的毁损，但由于当时情况紧急，无法采取其他更安全、有效的措施抢救韩某。警方在救人过程中虽然造成了汽车的毁损，但不具有违法性，韩某要求市公安局对抢险过程中致使其汽车毁损给予行政赔偿，不符合国家赔偿法的规定。

2. 国家不应对被告的行为承担行政补偿责任。行政补偿是指国家行政机关及其工作人员在管理国家和社会公共事务的过程中，因合法的行政行为给公民、法人或其他组织的合法权益造成了损失，由国家依法予以补偿的制度。行政补偿的前提，是行政机关为了实现国家和社会公共利益所实施的合法行政行为所造成的损害。也就是说，行政补偿的致害行为的目的是为了公共利益，因此，只有行政机关基于公共利益而作出损害行政相对人权益的行为，才能导致行政补偿。

第十九章 行政赔偿与行政补偿

案例 3. 晨光广告公司在某市火车站候车室树立了某香烟的广告牌一块。某市市场监督管理局监督管理处发现该行为违反了我国《广告法》第 22 条的规定："禁止在大众传播媒介或者公共场所、公共交通工具、户外发布烟草广告。"于是对该广告公司发出通知，要求其停止该广告的发布。晨光广告公司置之不理。于是，市市场监督管理局监督管理处组织人员拆除了该广告牌，并依据《广告法》第 57 条之规定，以自己的名义对广告公司作出了罚款 20 万元的处罚。该广告公司不服，以市市场监督管理局监督管理处为被告提起行政诉讼，请求撤销其处罚决定，将拆除的广告牌恢复原状，并赔偿广告牌被拆除的损失及广告牌被拆至恢复原状期间的经济损失。

请问：

1. 市市场监督管理局监督管理处的处罚行为是否合法？
2. 晨光广告公司请求赔偿的程序是否合法？

△要点提示：

1. 不合法。因为市市场监督管理局监管处不具有独立执法的主体资格，其处罚决定应以市局的名义作出。

2. 程序合法。在本案中，晨光公司采取的是一并提起的方式，即在对行政行为提起行政诉讼的同时，一并提出赔偿请求。一并提起赔偿请求无需由行政机关先行处理。

参 考 文 献

1. 章志远著:《行政法学总论》,北京大学出版社 2014 年版。
2. 叶必丰著:《行政法与行政诉讼法》,中国人民大学出版社 2019 年版。
3. 关保英著:《行政法教科书之总论行政法》,中国政法大学出版社 2005 年版。
4. 罗豪才主编:《行政法学》,北京大学出版社 2005 年版。
5. 姜明安主编:《行政许可法条文精释与案例解析》,人民法院出版社 2003 年版。
6. 王太高著:《行政许可条件研究》,法律出版社 2016 年版。
7. 李光宇主编:《政府信息公开诉讼:理念、方法与案例》,法律出版社 2009 年版。
8. 皮纯协主编:《行政程序法比较研究》,中国人民公安大学出版社 2000 年版。
9. 杨建顺主编:《行政强制法 18 讲》,中国法制出版社 2011 年版。
10. 乔晓阳主编:《中华人民共和国行政强制法解读》,中国法制出版社 2011 年版。
11. 全国人大常委会法制工作委员会行政法室编:《中华人民共和国行政强制法》释义与案例,中国民主法制出版社 2012 年版。
12. 江必新、夏道虎主编:《中华人民共和国行政处罚法条文解读与法律适用》,中国法制出版社 2021 年版。
13. 全国人大常委会法制工作委员会研究室编:《中华人民共和国行政复议法条文释义及实用指南》,中国民主法制出版社 2009 年版。
14. 诰风涛主编:行政复议典型案例选编(第一辑),中国法制出版社 2010 年版。
15. 甘藏春主编:行政复议典型案例选编(第三辑),中国法制出版社 2013 年版。
16. 阎巍著:《行政诉讼证据规则原理与规范》,法律出版社 2019 年版。
17. 最高人民法院行政审判庭编:《行政诉讼法司法解释理解与适用》(上、下),人民法院出版社 2018 年版。
18. 姜明安主编:《行政法与行政诉讼法》(第七版),北京大学出版社、高等教育出版社 2018 年版。
19. 梁凤云编:《新行政诉讼法逐条注释》,中国法制出版社 2017 版。
20. 甘文主编:《行政诉讼法证据司法解释之评论:理由观点与问题》,中国法制出版社 2003 年版。
21. 蔡小雪著:《行政行为的合法性审查》,中国民主法制出版社 2020 年版。
22. 最高人民法院第三巡回法庭编:《典型行政案件理解与适用》,中国法制出版社 2019 年版。
23. 最高人民法院第一巡回法庭编:《行政案件裁判精要》,中国法制出版社 2020 年版。
24. 朱新力主编:《国家赔偿法要义与案例释解》,法律出版社 2011 年版。
25. 沈岿著:《国家赔偿法:原理与案例》,北京大学出版社 2011 年版。